应用型高等院校会计系列教材

高级财务会计

陈利霞　范丽芳　编著

崔　彤　　　　　主审

南开大学出版社

天　津

图书在版编目(CIP)数据

高级财务会计 / 陈利霞，范丽芳编著. —天津：南开大学出版社，2015.1

应用型高等院校会计系列教材

ISBN 978-7-310-04525-9

Ⅰ.①高… Ⅱ.①陈…②范 Ⅲ.①财务会计—高等学校—教材 Ⅳ.①F234.4

中国版本图书馆 CIP 数据核字(2014)第 123768 号

南开大学出版社出版发行

出版人:孙克强

地址:天津市南开区卫津路 94 号 邮政编码:300071

营销部电话:(022)23508339 23500755

营销部传真:(022)23508542 邮购部电话:(022)23502200

*

北京楠海印刷厂印刷

全国各地新华书店经销

*

2015 年 1 月第 1 版 2015 年 1 月第 1 次印刷

230×170 毫米 16 开本 24.5 印张 2 插页 440 千字

定价:45.00 元

如遇图书印装质量问题,请与本社营销部联系调换,电话:(022)23507125

参编人员：

陈利霞：负责第一章、第二章、第三章、第四章、第五章、第九章、第十章

范丽芳：负责第六章、第七章、第八章、第十一章

目　录

第一章　企业合并会计……1
　第一节　企业合并概述……1
　　一、企业合并的概念……1
　　二、企业合并的种类……2
　　三、企业合并的程序……4
　　【课堂测试 1-1】……4
　第二节　同一控制下企业合并的会计处理……5
　　一、权益结合法的概念及特点……5
　　二、同一控制下企业合并的会计处理……6
　　【课堂测试 1-2】……8
　第三节　非同一控制下企业合并的会计处理……9
　　一、购买法的概念及特点……10
　　二、非同一控制下企业合并的会计处理……10
　　【课堂测试 1-3】……13
第二章　合并财务报表……27
　第一节　合并财务报表概述……27
　　一、合并财务报表概念……27
　　二、合并报表范围的确定与合并理论……27
　　三、合并理论……29
　　【课堂测试 2-1】……31
　第二节　编制合并财务报表的前提和基本程序……32
　　一、编制合并财务报表的前提……32
　　二、编制合并财务报表的基本程序……33
　　【课堂测试 2-2】……35
第三章　控股权取得日合并财务报表的编制……46
　第一节　同一控制下企业合并控股权取得日合并财务报表的编制……46
　　一、基本处理原则……46
　　二、母公司持有子公司全部股权……48

三、母公司持有子公司部分股权......51
【课堂测试 3-1】......54
第二节 非同一控制下企业合并控股权取得日合并财务报表的编制......55
一、基本处理原则......55
二、母公司持有子公司全部股权......56
三、母公司持有子公司部分股权......62
【课堂测试 3-2】......64
第四章 控股权取得日后合并财务报表的编制......78
第一节 长期股权投资的会计方法......78
一、成本法......79
二、权益法......80
第二节 同一控制下企业合并控股权取得日后首期合并财务报表的编制......81
一、对子公司拥有全部股权的合并财务报表编制......82
二、对子公司拥有部分股权的合并财务报表编制......86
第三节 非同一控制下企业合并控股权取得日后首期合并财务报表的编制......91
一、对子公司拥有全部股权的合并财务报表编制......91
二、对子公司拥有部分股权的合并财务报表编制......96
【课堂测试 4-3】......101
第四节 控制权取得日后连续各期合并财务报表的编制......102
【课堂测试 4-4】......105
第五章 企业集团内部交易的会计处理......119
第一节 集团内部交易事项概述......119
一、集团内部交易事项含义......119
二、集团内部交易事项的类型......120
第二节 企业集团内部存货交易抵销的会计处理......120
一、集团内部存货交易发生当期的会计处理......121
二、以前时期发生的内部存货交易对本期影响的抵销......123
三、既有以前时期内部存货交易的影响，又有本期新发生的内部存货交易时的综合抵销......125
【课堂测试 5-2】......127
第三节 企业集团内部固定资产交易抵销的会计处理......128

一、当期发生的内部固定资产交易的抵销......128
二、以前时期内部固定资产交易对本期影响的抵销......130
【课堂测试 5-3】......136
第四节 企业集团内部债权债务抵销的会计处理......137
一、当期发生的企业集团内部债权债务交易的抵销......137
二、以前期间发生的集团内部债权债务交易对本期影响的抵销......139
第五节 企业集团内部其他交易的抵销会计处理......142
一、企业集团内部债券交易的会计处理......142
二、企业集团内部无形资产转让的抵销......143
三、企业集团内部存货交易形成的资产减值准备的抵销......144
四、企业集团内部固定资产交易形成的固定资产减值准备的抵销......148
【课堂测试 5-5】......156
第六节 合并现金流量表的概述......156
一、合并现金流量表的概述......156
二、编制合并现金流量表时应进行抵销处理的项目......157
三、母公司在报告期内增减子公司在合并现金流量表中的反映......159
四、合并现金流量表中有关少数股东权益项目的反映......160
【课堂测试 5-6】......161
第六章 所得税会计......173
第一节 所得税会计概述......173
一、所得税会计内容......173
二、所得税会计的一般程序......174
【课堂测试 6-1】......175
第二节 资产负债的计税基础及暂时性差异......175
一、计税基础......175
二、暂时性差异......180
【课堂测试 6-2】......182
第三节 递延所得税负债及递延所得税资产......182
一、递延所得税负债的确认和计量......182
二、递延所得税资产的确认和计量......184
三、递延所得税资产和递延所得税负债的披露......187
【课堂测试 6-3】......187

第四节 所得税费用......187
一、所得税费用的确认......187
二、所得税费用的计量......190
三、所得税费用的披露......192
【课堂测试 6-4】......192
第七章 外币业务会计......203
第一节 外币交易会计概述......203
一、记账本位币、外币与外币交易......203
二、外汇与汇率......205
【课堂测试 7-1】......207
第二节 外币交易的会计处理......208
一、外币交易会计处理主要考虑问题......208
二、外币交易会计处理的方法......208
三、外币交易的记账方法......210
四、外币交易的会计核算基本程序......210
五、外币交易业务的会计处理......211
【课堂测试 7-2】......218
第八章 租赁会计......227
第一节 租赁会计概述......227
一、租赁的定义......228
二、租赁的分类......228
【课堂测试 8-1】......230
第二节 承租人的会计处理......231
一、承租人对经营租赁的会计处理......231
二、承租人对融资租赁的会计处理......233
【课堂测试 8-2】......239
第三节 出租人的会计处理......240
一、出租人对经营租赁的会计处理......240
二、出租人对融资租赁的会计处理......241
【课堂测试 8-3】......246
第四节 售后租回的会计处理......246
一、售后租回交易的定义......246
二、售后租回交易的会计处理......247

【课堂测试 8-4】……250
第九章　金融工具会计……262
第一节　金融工具会计概述……262
一、金融工具概念……262
二、衍生金融工具的定义……263
三、衍生金融工具的分类……264
【课堂测试 9-1】……266
第二节　金融工具确认与计量……266
一、金融工具确认与计量……266
二、以投资为目的的金融工具的会计核算……268
【课堂测试 9-2】……273
第三节　套期会计……274
一、套期会计概述……274
二、套期关系的认定……275
三、套期的类别及会计处理……278
【课堂测试 9-3】……291
第四节　金融资产转移……292
一、金融资产转移的确认……292
二、金融资产转移的计量……294
【课堂测试 9-4】……298
第五节　金融工具列报……299
一、金融工具列示……299
二、金融工具披露……299
【课堂测试 9-5】……300
第十章　物价变动会计……312
第一节　物价变动会计概述……312
一、物价变动及对会计的影响……312
二、物价变动会计的理论基础……315
三、物价变动会计计量模式……316
【课堂测试 10-1】……316
第二节　一般物价水平会计……317
一、一般物价水平会计的基本原理……317
二、一般物价水平会计的基本程序……317

三、一般物价水平会计的优缺点……324
【课堂测试 10-2】……325
第三节 现行成本会计……327
一、现行成本会计基本原理……327
二、现行成本会计的基本程序……328
三、现行成本会计的优缺点……333
【课堂测试 10-3】……334
第四节 现行成本/不变币值会计……334
一、现行成本/不变币值会计的基本原理……334
二、现行成本/不变币值会计的基本程序……335
三、现行成本 / 不变币值会计的优缺点……339
【课堂测试 10-4】……339
第十一章 企业清算会计……349
第一节 企业清算会计概述……349
一、企业清算的概念、类型和原因……349
二、清算会计的特点……351
三、清算会计的原则……352
【课堂测试 11-1】……353
第二节 企业解散清算的会计处理……353
一、解散清算的基本程序……353
二、解散清算的会计处理……355
【课堂测试 11-2】……360
第三节 企业破产清算的会计处理……360
一、破产清算的基本程序……360
二、破产清算的会计处理……363
【课堂测试 11-3】……372
主要参考文献……381

第一章　企业合并会计

【学习目的】通过本章学习，了解企业合并的种类、程序，熟练掌握企业合并的两种会计处理方法，为进一步学习合并财务报表奠定基础。

开篇案例

华夏基金管理有限公司和中信基金管理公司 2008 年 8 月分别发布公告，宣布华夏基金与中信基金将进行合并，并明确合并方式拟采用由华夏基金吸收合并中信基金。合并后，中信基金的债权债务将由华夏基金管理有限公司承继，并将相应修改公司章程。合并后，中信基金将不复存在，而华夏基金管理有限公司在合并日是如何进行呢？

第一节　企业合并概述

一、企业合并的概念

企业合并是指将两个或者两个以上的单独企业合并形成一个报告主体的交易或事项。企业合并关键要看有关交易或事项发生前后是否引起报告主体的变化。实务中，对于交易或事项发生前后是否形成控制权的转移，应当遵循实质重于形式原则，综合可获得的各方面情况进行判断。

值得注意的是，下列交易在《企业会计准则第 20 号——企业合并》中，不被视为企业合并：

（1）两方或者两方以上形成合营企业的情况。主要指作为合营方将其拥有的资产、负债等投入所成立的合营企业，按照合营企业的章程或合营企业合营合同、协议的规定，在合营企业成立以后，由合营各方对其生产经营活动实施共同控制的情况。由于合营企业的合营各方不存在占主导地位的控制方，不属于准则中界定的企业合并。

（2）仅通过合同而不是所有权份额将两个或两个以上单独的企业合并形成一个报告主体的情况。也就是说，一个企业能够对另一个企业实施控制，不是由于持有另一个企业的股权而是通过一些非股权因素产生的。例如通过签订委托受托经营合同，作为受托方虽不掌握受托经营企业的所有权，但按合同协议的约定能够对受托经营企业的生产经营活动实施控制。这种情况下，因无法明确计量企业的合并成本，甚至不发生任何成本，虽然涉及控制权的转移，但不属于企业合并的范畴。

二、企业合并的种类

企业合并原因各不相同，在合并过程中所采取的方式也是各异的，企业根据具体情况采用不同的合并方式。按照不同的标准可将企业合并进行不同的分类，常见的分类方式包括以下几种：

（一）按法律形式分类

按照法律形式分，企业合并可分为吸收合并、新设合并和控股合并三种。

1．吸收合并

吸收合并又称兼并，指合并方（或购买方）通过企业合并取得被合并方（或被购买方）的全部净资产，合并后注销被合并方（或被购买）的法人资格，被合并（或被购买方）原持有的资产、负债，在合并后成为合并方（或购买方）的资产、负债。例如 A 公司接收了 B 公司的净资产，最终被 A 公司吸收合并，B 公司不复存在。

2．新设合并

新设合并，指参与合并方的各方在合并后法人资格均被注销，重新注册成立一家新的企业。例如 A 公司和 B 公司合并，最终形成 C 公司，A 公司和 B 公司均不复存在。

3．控股合并

控股合并，指合并方（或购买方）在企业合并中取得被合并方（或购买方）的控制权，被合并方（或被购买方）在合并后仍保持其独立的法人资格并继续经营，合并方（或购买方）确认企业合并形成的对被合并方（或购买方）的投资。例如 A 公司购买了 B 公司有表决权资本的 80%，控制了 B 公司的财务和经营政策，则 A 公司成为 B 公司的控股母公司，而 B 公司则成为 A 公司的子公司，而 B 公司仍然继续保留其法人资格。在控股合并的情况下，母公司要编制合并会计报表。

（二）按合并双方的业务集中程度分类

按合并双方的业务集中程度，企业合并可分为横向合并、纵向合并和混合合并三种。

1．横向合并

横向合并又称水平合并，是指生产或经营同类产品及劳务的企业间的合并。横向合并会削弱企业间的竞争，改善行业结构，并在很多情况下形成垄断。

2．纵向合并

纵向合并又称垂直合并，是指生产工艺、产品和劳务虽不相同，但存在生产前后连续性的企业之间的合并。纵向合并是企业将密切联系的投入——产出关系纳入企业的控制范围，使前后产品相互配套，扩大经营，达到提高企业对市场控制能力的目的。

3．混合合并

混合合并又称经营合并或多元化合并，是指在工艺上既无关联，同时产品又有极大差异的企业间的合并。混合合并可以帮助企业抵销不同时期不同行业面临的不同风险，提高企业的生存发展能力。

（三）按照是否受同一方控制分类

按照参与合并的企业是否受同一方控制，企业合并可分为同一控制下的企业和非同一控制下的企业合并。

1．同一控制下的企业合并

同一控制下的企业合并是指参与合并的企业在合并前后均受同一方或者相同的多方最终控制且该控制并非暂时性的。判断是否是同一控制下的企业合并，应遵循实质重于形式的原则。通常情况下，同一企业集团内部各子公司之间、母子公司之间的合并属于同一控制下的企业合并。

同一控制下的企业合并的特点：第一，从最终实施控制方的角度看，其所能实施的净资产没有发生变化；第二，由于参与合并的各方企业同受一方或相同的多方控制，有些合并甚至不是参与合并的企业自愿的，所以交易往往不是按照公允价值进行的，很难以双方议定的价格作为核算的基础。

2．非同一控制下的企业合并

非同一控制下的企业合并是指参与合并的各方在合并前后不受同一方或相同多方的最终控制的合并交易。

非同一控制下的企业合并的特点：第一，参与合并的各方不受同一方或相同的多方控制，企业合并大多数是出自企业自愿的行为；第二，交易过程中各方出于自身利益的考虑会进行激烈的讨价还价，交易以公允价值为基础，作价相对公平合理。

三、企业合并的程序

企业合并是市场经济条件下的一种经济现象，也是企业竞争、谋求发展和扩张的必然产物。实施企业合并，一般需经过下列程序：

（1）股东大会或者股东会做出合并决议。

（2）合并各方签订合并合同并经合并各方的股东（大）会通过，国有独资公司的合并应由国家授权投资的机构或者国家授权的部门决定(在合并合同中，约定合同的生效条件)。合并协议的内容一般应有六项：合并各方的名称、住所；合并后存续企业或新设企业的名称、住所；合并各方的债权、债务处理办法；合并各方的资产状况及其处理办法；存续企业和新设企业因合并而增资的总额；合并各方需要载明的其他事项。

（3）编制资产负债表和财产清单。合并各方协议合并时，应编制各自的资产负债表及财产清单，并委托公正的资产评估机构，对企业的流动资产、固定资产、无形资产及其他资产进行评估，确认其债权和债务。

（4）通知债权人并经债权人同意。若债权人不同意合并，则参与合并的公司必须清偿债务或提供担保，否则，不得合并。如果合并行为存在违反法律、行政法规的强制性规范的事由，利害关系人可以提起请求确认无效之诉。

（5）报主管机关批准。《公司法》第183条规定："股份有限公司合并或者分立，必须经国务院授权的部门或者省级人民政府批准。"所以，主管机关的批准是股份有限公司合并的必经程序。

（6）办理变更、注销登记。合并协议经有关主管部门审核批准后，合并各方应依法向工商行政机关分别申请变更登记、设立登记或注销登记。同时依法向税务机关申报办理税务变更登记、重新登记或注销登记手续。

【课堂测试1-1】

1．被购买方在合并后仍保持其独立的法人资格继续经营，购买方确认企业合并形成的对被合并方投资的合并形式是（　　）。

A．吸收合并　　　　B．新设合并

C．控股合并　　　　D．三种形式均是

2．一个企业通过支付现金、发行股票或债券等方式取得另一企业全部或部分有表决权的股份是（　　）。

A．吸收合并　　　　　　　　　　B．新设合并

C．控股合并　　　　　　　　　　D．横向合并

3．举一个企业合并的案例，并说明它属于什么类型的合并。

第二节　同一控制下企业合并的会计处理

同一控制下的企业合并是从合并方出发，确定合并方在合并日对于企业合并事项应进行的会计处理。我国会计准则规定，同一控制下的企业合并应按照被合并方的账面价值进行账务处理，原则上采取的是权益结合法。

一、权益结合法的概念及特点

（一）权益结合法的概念

权益结合法也称股权结合法、权益联营法，将企业合并看成是参与合并的双方通过股权交换形成的所有者权益的联合，而非资产的交易。也就是说，它是由两个或两个以上经营主体对一个联合后的企业或集团公司开展经营活动的资产贡献，即经济资源的联合。权益结合法的实质在于企业合并不是购买行为，而是各参与合并企业在新主体中的联合和继续。权益结合法下，原所有者权益继续存在，以前的会计计价基础保持不变，参与合并的各企业的资产和负债继续按其原来的账面价值记录，合并后企业的利润包括合并日之前本年度已实现的利润；以前年度累积的留存利润也应予以合并。

（二）权益结合法的特点

一般来说，权益结合法具有以下特点：

1．参与合并的企业，其净资产均按原账面价值计价。

2．合并企业不是购买行为，没有购买价格，不存在合并成本超过净资产公允价值的差额，所以没有因合并产生的商誉或营业外收入。

3．无论合并发生在会计年度的哪一时点，参与合并企业的整个年度的损益要全部包括在合并后企业的利润表中。

4．参与合并企业的以前年度留存利润均应转入合并后企业。

5．企业合并时发生的全部相关费用，均在发生时确认为当期费用

6．若参与合并的企业的会计处理方法不一致，应进行追溯调整，保持合并后企业会计处理方法的一致性，还应重新编制前期的财务报表。

二、同一控制下企业合并的会计处理

（一）同一控制下吸收合并和新设合并的会计处理

1．取得的资产和负债应按其在被合并方的原账面价值入账。

合并方对同一控制下吸收合并或新设合并中取得的资产、负债应当按照有关资产、负债在被合并的原账面价值入账。需要强调的是，合并方与被合并方在企业合并前采用的会计政策不同的，首先应基于重要性原则，统一被合并方的会计政策，并应当按照合并方的会计政策对被合并方有关资产、负债的账面价值进行调整，以调整后的账面价值确认。

2．根据确认的资产账面价值与合并对价的差额，调整资本公积、留存收益。

合并方在确认了合并中取得的被合并方的资产和负债后，以发行权益性证券的方式进行的该类合并，所确认的净资产入账价值与发行股份面值总额的差额，应冲减资本公积（资本溢价或股本溢价），资本公积（资本溢价或股本溢价）余额不足冲减的，应冲减盈余公积和未分配利润；以支付现金、非现金资产方式进行的该类合并，所确认的净资产的入账价值与支付现金、非现金资产账面价值的差额，相应地调整资本公积（资本溢价或股本溢价），资本公积（资本溢价或股本溢价）余额不足冲减的，应冲减盈余公积和未分配利润。

3．合并过程中发生的相关费用应计入当期损益。

合并过程中发生的相关费用包括与企业合并直接相关的审计费用、法律咨询服务费用、资产评估费用等增量费用，直接计入“管理费用”等科目。但以下两种情况除外：以发行债券进行的企业合并，与发行债券相关的佣金、手续费等，应计入所发行债券的初始计量金额，即构成债券入账价值的组成部分；以发行权益性证券作为合并对价的，与发行权益性证券有关的佣金、手续费等，应当抵减权益性证券的溢价收入，不足冲减的，应当冲减留存收益。

【例 1-1】滨海公司于 2013 年 3 月 15 日对同一企业集团内某全资南开公司进行了吸收合并，为了进行合并，滨海公司发行了 800 万股普通股（每股面值 1 元）作为对价。合并日，滨海公司及南开公司的所有者权益构成如表 1-1 所示：

表 1–1 滨海公司及南开公司的所有者权益 单位：万元

	滨海公司	南开公司
股本	2 400	800
资本公积	800	300

续表

	滨海公司	南开公司
盈余公积	600	500
未分配利润	2 500	1 000
合计	6 300	2 600

滨海公司的会计处理：

借：净资产（借记有关资产、贷记有关负债） 26 000 000

贷：股本 8 000 000

资本公积 18 000 000

将南开公司在合并前实现的留存收益 1 500 万元自资本公积转入留存收益

借：资本公积 15 000 000

贷：盈余公积 5 000 000

利润分配——未分配利润 10 000 000

【例 1-2】以支付资产作为合并对价的吸收合并，滨海公司和南开公司为同一公司下的两个企业。2013 年 3 月 31 日滨海公司用账面价值 600 万元、公允价值 800 万元的库存商品和 200 万元的银行存款与南开公司合并。滨海公司和南开公司净资产价值表如下：

表 1–2 滨海公司的净资产价值表 单位：万元

资产		负债及所有者权益	
项目	账面价值	项目	账面价值
货币资金	800	应付账款	1 000
库存商品	1 600	股本	1 000
固定资产	2 200	资本公积	600
		盈余公积	300
		未分配利润	400

表 1–3 南开公司的净资产价值表 单位：万元

资产		负债及所有者权益	
项目	账面价值	项目	账面价值
原材料	600	应付账款	500
固定资产	1 000	股本	400
		资本公积	200
		盈余公积	150
		未分配利润	150

滨海公司的会计处理：

（1）确认合并事项的账务处理：

借：原材料 6 000 000
　　固定资产 10 000 000
　　贷：应付账款 5 000 000
　　　　库存商品 6 000 000
　　　　银行存款 2 000 000
　　　　资本公积 3 000 000

（2）调整留存收益的账务处理：

借：资本公积 3 000 000
　　贷：盈余公积 1 500 000
　　　　利润分配——未分配利润 1 500 000

2．同一控制下控股合并的会计处理

（1）长期股权投资的成本确定

控股合并下，合并方以支付现金、转让非现金资产或承担债务方式支付对价的，应在合并日以支付的现金、转让非现金资产或承担债务的账面价值作为取得合并方长期股权投资的成本。

合并方以发行权益性证券支付对价的，应在合并日按取得被合并方账面净资产份额作为长期股权投资的成本，按发行股份面值总额作为股本或实收资本，确认的长期股权投资成本与所发行股份的面值金额的差额，调整资本公积和留存收益。

（2）合并费用的处理

合并方为进行企业合并发生的各项费用，包括审计费用、评估费用、法律服务费用等，应于发生时计入“管理费用”等相关损益科目。

【例 1-3】滨海公司和南开公司分别为甲公司控制下的两家子公司。滨海公司于 2013 年 3 月 20 日自甲公司取得南开公司 100%的股权，合并后南开公司仍维持其独立法人资格继续经营。为进行合并，滨海公司发行了 100 000 股本公司普通股（每股面值 1 元，市价 5 元）作为对价。假定滨海公司和南开公司采用的会计政策相同。合并日，南开公司的账面所有者权益总额为 60 万元。

滨海公司在合并日的账务处理：

借：长期股权投资 600 000
　　贷：股本 100 000
　　　　资本公积 500 000

【课堂测试 1-2】

1．同一控制下的控股合并，合并方在合并中形成的长期股权投资，作为其初始投资成本的不应是（　　）。

A．合并成本

B．合并日取得被合并方所有者权益份额的公允价值

C．支付的合并对价的账面价值

D．合并日取得被合并方账面所有者权益的份额

2．同一控制下的企业合并中，关于合并费用，正确的是（　　）。

A．发生时计入长期股权投资

B．发生时计入合并成本

C．发生时计入当期损益

D．分期计入当期损益

3．A 公司和 B 公司同为 P 集团的子公司，2009 年 1 月 1 日，A 公司以银行存款 710 万元取得 B 公司所有者权益的 70%，同日 B 公司所有者权益的账面价值为 1 000 万元，可辨认净资产公允价值为 1 100 万元。2009 年 1 月 1 日，A 公司应确认的资本公积为（　　）万元。

A．10（借方）　　B．10（贷方）

C．60（借方）　　D．60（贷方）

4．下列有关同一控制下企业合并的处理原则的表述正确的是（　　）。

A．合并方在合并中确认取得的被合并方的资产、负债仅限于被合并方账面上原已确认的资产和负债，合并中不产生新资产和负债

B．合并方在合并中取得的被合并方各项资产、负债应维持其在被合并方的原账面价值不变

C．合并方在合并中取得的净资产的入账价值相对于为进行企业合并支付的对价账面价值之间的差额，不作为资产的处置损益，不影响合并当期利润表，有关差额应调整所有者权益相关项目

D．同一控制下企业合并进行过程中发生的各项直接相关费用，一般应于发生时费用化记入当期损益

第三节　非同一控制下企业合并的会计处理

非同一控制是参与合并的各方在合并前后不受同一方或相同的多方最终控制。非同一控制下的企业合并与企业直接从外界购买一般资产无本质区别。因此，基本处理原则是购买法。

一、购买法的概念及特点

（一）购买法的概念

购买法是指把购买企业获取被并企业净资产的行业视为资产交易行为，即将企业合并视为购买企业以一定的价款购进被并企业的机器设备、存货等资产项目，同时承担该企业的所有负债的行为，从而按合并时的公允价值计量被并企业的净资产，将投资成本（购买价格）超过净资产公允价值的差额确认为商誉的会计方法

（二）购买法的特点

1．购买方按公允价值记录所取得的被购买方的资产和负债。

2．购买成本超过被购买方可辨认资产和负债公允价值的部分，记为商誉。企业购买成本小于合并中取得的被购买方可辨认净资产公允价值份额的部分，应计入合并当期损益。

3．合并时发生的相关费有，应分别处理：若以发行股票为代价合并其他企业，股票的登记和发行费用应当直接冲销股票的公允价值，即减少超面值缴入资本；法律费、咨询费和佣金等直接费用增加净资产或投资成本；其他间接费用确认为当期费用。

4．购买企业的利润包括当年本身实现的利润以及被并企业合并后所实现的利润。

5．购买企业的留存利润有可能因合并而减少，但不能增加；被并企业的留存利润也不能转入购买企业。

6．由于被购买方的资产、负债已按公允价值反映，因此不需要按购买方的会计政策调整被购买方的会计记录。

二、非同一控制下企业合并的会计处理

（一）非同一控制下吸收合并的会计处理

非同一控制下的吸收合并，被合并企业失去法人资格，这时要对被合并企业的资产、负债进行全面的清查核实，便于会计确认。在吸收合并过程中，购买方在购买日应当对合并成本进行分配，确认所取得的被购买方各项可辨认资产、负债及或有负债。确定的企业合并成本与所取得的被购买可辨认净资产公允价值的差额，分情况处理：

（1）购买方对合并成本大于合并中取得的被购买可辨认净资产公允价值份额的差额，应当确认为商誉。

（2）购买方对合并成本小于合并中取得的被购买方可辨认净资产公允价值份额的差额，应当对取得的被购买方各项可辨认资产、负债及或有负债的公允价值及合并成本的计量进行复核，经复核后合并成本仍小于合并中取得的被购买方可辨认净资产公允价值份额的，其差额应当计入当期损益。

【例 1-4】滨海公司以 400 万元现金购买南开公司的 100%股权，对南开公司进行吸收合并。滨海公司和南开公司为非同一控制下的两个分公司。购买日，南开公司的资产、负债的账面价值与公允价值如下表：

表 1–4　南开公司部分报表项目的账面价值和公允价值　　单位：万元

南开公司	账面价值	公允价值
货币资金	10	10
存货	9	12
应收账款	5	4
固定资产净值	26	25
无形资产	12	14
资产总计	62	65
流动负债	5	5
长期负债	15	14
负债合计	20	19
股本	36	
留存收益	6	
所有者权益合计	42	46
负债和所有者权益合计	62	

在购买日，滨海公司的账务处理如下：

借：货币资金　100 000
　　存货　120 000
　　应收账款　40 000
　　固定资产　250 000
　　无形资产　140 000
　　商誉　50 000
　　贷：流动负债　50 000
　　　　长期负债　140 000
　　　　银行存款　500 000

篇中案例

甲公司以 100 万元收购了净资产为–20 万元的乙公司。会计师 A 认为应将 120 万元作为商誉入账，会计师 B 却认为这样处理不妥当，理由是乙公司已资不抵债，有何商誉存在？因此会计师B主张将120万元的差额直接冲减资本公积。如果不考虑现行会计制度的影响，你认为上述两种观点哪种更妥当？是否还有其他更为恰当的处理方法？

（二）非同一控制下控股合并的会计处理

非同一控制下控股合并的会计处理与吸收合并相类似，不同点在于非同一控制下的吸收合并中，合并中取得的可辨认资产和负债是作为个别报表中的项目列示，合并中产生的商誉也是作为购买方账簿及个别财务报表中的资产列示。

1．长期股权投资的初始投资成本的会计处理

非同一控制下的企业合并，购买方取得对被购买方控制权，在购买日应当按照确定的企业合并成本（不包括应自被投资单位收取的现金股利或利润），作为对被购买方长期股权投资的初始投资成本，借记“长期股权投资”科目；按享有投资单位已宣告但尚未发放的现金股利或利润，借记“应收股利”科目；按支付合并对价的账面价值，贷记有关资产或借记有关负债科目，按发生的直接相关费用，贷记“银行存款”等科目，按其差额，贷记“营业外收入”或借记“营业外支出”等科目。

购买方为取得对被购买方的控制权，以支付非货币性资产为对价的，有关非货币性资产在购买日的公允价值与其账面价值的差额，应作为资产的处置损益，计入合并当期的利润表。其中，以库存商品等作为合并对价的，应按库存商品的公允价值，贷记“主营业务收入”科目，并同时结转相关的成本。

非同一控制下的控股合并，购买方应自购买日起设置备查簿，登记其在购买日取得的被购买方可辨认资产、负债的公允价值，为以后期间核算及合并财务报表的编制提供基础资料。

2．长期股权投资的成本与合并中取得的被购买方可辨认净资产公允价值份额的差额的会计处理。

非同一控制下的通过长期股权投资取得控制权后，也要编制合并财务报表。在合并资产负债表中，合并中取得的被购买方各项可辨认资产、负债应以其在购买日的公允价值计量，长期股权投资的成本大于合并中取得的被购买方可辨认净资产公允价值份额的差额，体现为合并财务报表中的商誉；长期股权投资的成本小于合并中取得的被购买方可辨认净资产公允价值份额的差额，应计入合并利润表中作为合并当期损益。因购买日不需要编制合并利润表，该差额体现在资产负债表，应调整合并资产负债表的盈余公积和未分配利润。

【例1-5】滨海公司以公允价值5 000万元，账面价值4 800万元的无形资

产置换南开公司 80%的股权，属于控股合并，在合并过程中发生的直接费用为 100 万元。购买日南开公司持有资产的情况如表：

表 1–5 南开公司部分报表项目的账面价值和公允价值 单位：万元

南开公司	账面价值	公允价值
货币资金	2 000	2 000
存货	800	600
固定资产	2 300	2 400
长期借款	500	500
股本	4 600	4 500

滨海公司在购买日的账务处理如下：

借：长期股权投资 51 000 000

贷：无形资产 48 000 000

营业外收入——处置非流动资产利得 2 000 000

银行存款 1 000 000

【例 1-6】滨海公司和南开公司为非同一控制下的两家公司，滨海公司发行 1 000 万股普通股（每股面值 1 元，市场价格为每股 2 元），取得了南开公司 60%的股权。南开公司在购买日的资产情况如表：

表 1–6 南开公司部分报表项目的账面价值和公允价值 单位：万元

南开公司	账面价值	公允价值
货币资金	1 500	1 500
存货	600	400
固定资产	3 300	3 400
长期借款	500	500
股本	3 600	3 500

滨海公司在购买日账务处理如下：

借：长期股权投资 20 000 000

贷：股本 10 000 000

资本公积 10 000 000

【课堂测试 1-3】

1．非同一控制下的企业合并，购买方应以付出的资产、发生或承担的负债及发行的权益性证券的公允价值加上为企业合并发生的各项直接相关费用之后，作为合并中形成的长期股权投资的初始投资成本。对作为合并对价付出净资产的公允价值与其账面价值的差额，正确的处理应该是（ ）。

A．应作为合并损益计入合并当期损益

B．应作为资产处置损益计入合并当期损益

C．计入资本公积

D．计入盈余公积

2．当非同一控制下的企业合并成本小于合并中取得的被购买方净资产公允价值份额的部分，下列说法正确的是（　　）。

A．在吸收合并的情况下，应计入购买方的合并当期的个别利润表

B．在控股合并的情况下，应体现在合并当期的合并利润表中

C．在吸收合并的情况下，应体现在合并当期的合并利润表中

D．在控股合并的情况下，应计入购买方的合并当期的个别利润表

3．非同一控制下的控股合并，购买日的合并资产负债表反映购买方自购买日起能够控制的经济资源，合并成本大于合并中取得的各项可辨认资产、负债公允价值份额的差额，确认为（　　）。

A．商誉　　B．当期损益

C．资本公积　　D．无形资产

4．A 公司和 B 公司不属于同一控制下的公司，2009 年 1 月 1 日，A 公司以银行存款 780 万元取得 B 公司所有者权益 80%，另支付相关税费 3 万元，同时 B 公司所有者权益的账面价值为 1 000 万元，可辨认净资产公允价值为 1 100 万元。2009 年 1 月 1 日，A 公司应确认的合并成本为（　　）万元。

A．780　　B．783

C．880　　D．800

5．A 公司于 2008 年 1 月 1 日以 800 万元取得 B 公司 10%的股份，取得投资时 B 公司净资产的公允价值为 7 000 万元。A 公司对持有的投资采用成本法核算。2009 年 1 月 1 日，A 公司另支付 4 050 万元取得 B 公司 50%的股份，从而能够对 B 公司实施控制。购买日 B 公司可辨认净资产公允价值为 8 000 万元。B 公司 2008 年实现的净利润为 600 万元（假定不存在需要对净利润进行调整的因素），未进行利润分配。2009 年 1 月 1 日合并财务报表中应确认的商誉为（　　）万元。

A．150　　B．50

C．100　　D．0

本章小结

企业合并是指将两个或者两个以上的单独企业合并形成一个报告主体的交易或事项。企业合并关键要看有关交易或事项发生前后是否引起报告主体的

变化。实务中，对于交易或事项发生前后是否形成控制权的转移，应当遵循实质重于形式原则，综合可获得的各方面情况进行判断。按法律形式分类，企业合并可分为吸收合并、新设合并和控股合并三种。按合并双方的业务集中程度，企业合并可分为横向合并、纵向合并和混合合并三种。按照参与合并的企业是否受同一方控制，企业合并可分为同一控制下的企业和非同一控制下的企业合并。同一控制下的企业合并是从合并方出发，确定合并方在合并日对于企业合并事项应进行的会计处理。我国会计准则规定，同一控制下的企业合并应按照被合并方的账面价值进行账务处理，原则上采取的是权益结合法。非同一控制是参与合并的各方在合并前后不受同一方或相同的多方最终控制。非同一控制下的企业合并与企业直接从外界购买一般资产无本质区别。因此，基本处理原则是购买法。

篇后案例

某注册会计师在审计Z公司年度财务报表时发现，Z公司已将本年7月1日收购的B公司的资产按公允价值并入Z公司的资产中，编制报表时又将B公司1~6月份的利润和B公司历年留存收益分别并入该年度的利润表和资产负债表。请以注册会计师的身份指出Z公司的处理是否恰当，并给出理由。

核心概念

企业合并（business combination）
控股合并（merger of controlling interests）
购买法（purchase method）
合并范围（consolidated scope）
购买成本（purchase cost）

思考题

1. 什么是企业合并？企业合并的分类有哪些？
2. 什么是权益结合法？权益结合法的特点是什么？
3. 什么是购买法？购买法的特点是什么？
4. 同一控制下的企业合并在长期股权投资如何核算？
5. 非同一控制下的企业合并在长期股权投资如何核算？

练习题

（一）单项选择题

1．下列业务不属于企业合并的是（　　）。

A．甲企业通过增发自身的普通股自乙企业原股东处取得乙企业的全部股权，该交易事项发生后，乙企业仍持续经营

B．企业 M 支付对价取得企业 N 的净资产，该交易事项发生后，撤销企业 N 的法人资格

C．企业 M 以自身持有的资产作为出资投入企业 N，取得对企业 N 的控制权，该交易事项发生后，企业 N 仍维持其独立法人资格继续经营

D．M 公司购买 N 公司 20%的股权

2．2005 年 12 月 20 日，A 公司董事会做出决定，准备购买 B 公司股份；2006 年 1 月 1 日，A 公司取得 B 公司 30%的股份，能够对 B 公司施加重大影响；2007 年 1 月 1 日，A 公司又取得 B 公司 40%的股份，从而能够对 B 公司实施控制；2008 年 1 月 1 日，A 公司又取得 B 公司 20%的股份，持股比例达到 90%。在上述情况下，购买日为（　　）。

A．2006 年 1 月 1 日　　B．2007 年 1 月 1 日

C．2008 年 1 月 1 日　　D．2005 年 1 月 1 日

3．同一控制下吸收合并，合并方在合并中取得的净资产的入账价值相对于为进行企业合并支付的对价账面价值之间的差额（　　）。

A．均调整所有者权益相关项目

B．作为资产的处置损益，计入合并当期损益

C．取得的净资产的入账价值大于合并对价账面价值之间的差额计入所有者权益相关项目；取得的净资产的入账价值小于合并对价账面价值之间的差额计入合并当期损益

D．取得的净资产的入账价值大于合并对价账面价值之间的差额确认为商誉；取得的净资产的入账价值小于合并对价账面价值之间的差额计入合并当期损益

4．非同一控制下的企业合并，企业合并成本包括（　　）。

A．购买方为进行企业合并支付的现金

B．购买方为进行企业合并付出的非现金资产的公允价值

C．购买方为进行企业合并发行或承担的债务在购买日的公允价值

D．购买方为进行企业合并发行的权益性证券在购买日的公允价值

5．甲公司发行 1 000 万股普通股（每股面值 1 元，市价 5 元）作为合并对价取得乙企业 100%的股权，涉及的各合并方均受同一母公司最终控制，合并日乙企业账面资产总额为 5 000 万元，账面负债总额为 2 000 万元，甲公司的合并成本为（ ）万元。

A．1 000　　B．3 000

C．5 000　　D．2 000

6．A 公司于 2009 年 7 月 1 日以账面价值 7 000 万元、公允价值 9 000 万元的资产交换甲公司对 B 公司 100%的股权，使 B 公司成为 A 公司的全资子公司，另发生直接相关税费 40 万元，此合并为控股合并，购买日 B 公司可辨认净资产公允价值为 8 000 万元。假如合并各方没有关联关系，A 公司合并成本和“长期股权投资”的初始确认为（ ）万元。

A．7 000，8 000　　B．9 000，8 000

C．9 040，9 040　　D．7 000，8 040

7．对于吸收合并，合并方对合并商誉的下列账务处理方法当中，符合我国现行会计准则的是（ ）。

A．单独确认为商誉，不予以摊销

B．确认为一项无形资产并分期摊销

C．计入“长期股权投资”的账面价值

D．调整减少吸收合并当期的股东权益

8．下列关于同一控制下的企业合并和非同一控制下的企业合并中产生的合并成本与取得的被购买可辨认净资产（账面价值）公允价值份额的差额的处理中，说法正确的是（ ）。

A．同一控制下和非同一控制下，合并方在合并中都将差额调整所有者权益相关项目，不影响企业合并当期的利润表

B．同一控制下，合并方在合并中将差额调整所有者权益相关项目，不影响企业合并当期的利润表；非同一控制下吸收合并，合并方在合并中将差额计入商誉和当期损益，影响企业合并当期的利润表

C．同一控制下，合并方在合并中将差额计入商誉和当期损益，影响企业合并当期的利润表；非同一控制下，合并方在合并中将差额调整所有者权益相关项目，不影响企业合并当期的利润表

D．同一控制下和非同一控制下，合并方在合并中都将差额计入商誉和当期损益，影响企业合并当期的利润表

9．同一控制下的吸收合并，下列说法不正确的是（　）。

A．合并方对同一控制下吸收合并中取得的资产、负债应当按照相关资产、负债在被合并方的原账面价值入账

B．以发行权益性证券方式进行的该类合并，所确认的净资产入账价值与发行股份面值总额的差额，应计入资本公积（资本溢价或股本溢价），资本公积（资本溢价或股本溢价）的余额不足冲减的，相应冲减盈余公积和未分配利润

C．合并方为进行企业合并发生的各项直接相关费用，包括为进行企业合并而支付的审计费用、评估费用、法律服务费用等，应当于发生时计入合并成本

D．以支付现金、非现金资产方式进行的该类合并，所确认的净资产入账价值与支付的现金、非现金资产账面价值的差额，相应调整资本公积（资本溢价或股本溢价），资本公积（资本溢价或股本溢价）的余额不足冲减的，应冲减盈余公积和未分配利润

10．关于非同一控制下的企业合并，下列说法不正确的是（　）。

A．购买方在购买日对作为企业合并对价付出的资产、发生或承担的负债应当按照公允价值计量，公允价值与其账面价值的差额，计入当期损益

B．购买方在购买日对作为企业合并对价付出的资产、发生或承担的负债应当按照账面价值计量，不确认损益

C．通过多次交换交易分步实现的企业合并，合并成本为每一单项交易成本之和

D．购买方为进行企业合并发生的各项直接相关费用也应当计入企业合并成本

11．甲公司和乙公司不属于同一控制下的公司，适用的增值税税率均为17%。2010年1月1日，甲公司以一台生产设备（2009年1月1日取得）投资取得乙公司所有者权益的60%，该固定资产的公允价值为2 000万元，账面价值为1 800万元，同日乙公司所有者权益的账面价值为3 100万元，公允价值为3 500万元。2010年1月1日，甲公司应确认的合并成本为（　）万元。

A．1 860　　　　B．2 140

C．2 340　　　　D．2 100

12．甲公司和乙公司同为A集团的子公司，2010年1月1日，甲公司以银行存款920万元取得乙公司所有者权益的80%，同日乙公司所有者权益的账面

价值为 1 000 万元，公允价值为 1 100 万元。假定甲公司“资本公积——资本溢价”为 100 万元，2010 年 1 月 1 日，甲公司应调减的留存收益为（　　）万元。

A. 100　　B. 120

C. 20　　D. 0

13. 企业合并采用购买法核算，购买成本小于所获净资产的公允价值差额记入的会计科目是（　　）。

A. 其他业务支出　　B. 营业外支出

C. 营业外收入　　D. 管理费用

14. 甲公司以一台固定资产和一项专利权作为对价取得同一集团内乙公司 100%的股权，固定资产原价 1 000 万元、累计折旧 400 万元的设备；专利权的原价为 600 万元、累计摊销为 150 万元。合并日乙公司账面所有者权益总额为 1 300 万元，甲公司在确认对乙公司的长期股权投资时，确认的资本公积为（　　）。

A. 贷记 250 万元　　B. 借记 250 万元

C. 不产生资本公积　　D. 贷记 300 万元

15. 甲公司与乙公司是两个彼此独立的公司，甲公司拥有丙、丁两个子公司，乙公司拥有戊子公司。下列合并中，属于同一控制下的企业合并是（　　）。

A. 甲合并乙　　B. 甲合并戊

C. 丙合并丁　　D. 乙合并丙

（二）多项选择题

1. 按照企业合并后主体的法律形式不同，企业合并的方式包括（　　）。

A. 吸收合并　　B. 创立合并

C. 控股合并　　D. 同一控制下的合并

E. 非同控制下的合并

2. 企业合并按照所涉及的行业划分，可以分为（　　）。

A. 吸收合并　　B. 纵向合并

C. 横向合并　　D. 混合合并

E. 新设合并

3. 按照我国企业会计准则规定，同一控制下企业合并购买日应编制的报表有（　　）。

A. 合并资产负债表　　B. 合并利润表

C. 合并所有者权益变动表　　D. 合并现金流量表

4．控制权取得日合并会计报表的编制方法有（　　）。

A．购买法　　B．市价法

C．权益结合法　　D．汇总法

E．成本分析法

5．下列关于购买法的表述中，正确的有（　　）。

A．购买法将一企业合并另一企业的行为视作一项交易

B．购买方合并当年净收益仅指其自身当年实现净收益

C．购买法下购买必然确认合并商誉

D．购买法仅适用于对控股合并的情形

E．与购买法相对应的是权益结合法

6．权益结合法的特点（　　）。

A．参与合并的企业，其净资产均按账面价值计价

B．企业合并不是购买行为，没有购买价格，因而不会产生合并商誉或营业外收入

C．不论合并发生在会计年度哪一个时点，参与合并企业的整个年度的损益要全部包括在合并后的利润表中

D．不论合并发生在会计年度哪一个时点，合并企业的利润包括当年本身实现的利润以及被合并企业合并后所实现的利润

E．参与合并企业的以前年度留存利润均应转入合并后企业

7．将合并商誉作为一项永久性资产并且不予以摊销，这种处理方法（　　）。

A．符合谨慎性原则的要求

B．与自创商誉的处理原则有相同之处

C．符合商誉不能脱离会计主体而独立存在的这一特性

D．是国际财务报告准则中提倡的关于合并商誉的会计处理方法

E．是我国具体会计准则——投资准则中确定的合并商誉的会计处理方法

8．企业合并与长期股权投资两者之间的关系的下列表述中，正确的有（　　）。

A．甲企业控股合并丙企业，导致甲拥有对丙的长期股权投资

B．甲企业吸收合并丙企业，不会形成甲对丙的长期股权投资

C．甲企业与乙企业合营丙企业，则甲对丙形成长期股权投资

D．甲企业是丙企业的联营方之一，则甲对丙形成长期股权投资

E．甲企业拥有丙企业15%的股权，则甲拥有对丙的长期股权投资

9．甲企业与乙企业合并前分属于两个不同的企业集团。甲企业在与乙企业的吸收合并交易中所确定的合并成本为1 150万元，乙企业当时的可辨认净资产的账面价值为1 300万元、公允价值为1 200万元。下列有关说法中正确的有（　　）。

A．甲企业确认合并业务时，应确认50万元的负商誉

B．甲企业确认合并业务时，应确认150万元的负商誉

C．甲企业确认合并业务时，应将50万元计入当期收益

D．甲企业确认合并业务时，应将150万元计入当期收益

E．甲企业在对合并业务进行确认之前，应首先对合并中涉及到的合并成本和公允价值进行复核

10．关于商誉，下列说法正确的有（　　）。

A．非同一控制控股合并下，商誉等于企业合并成本大于被投资单位可辨认净资产公允价值中享有的份额的差额

B．商誉在确定之后，持有期间不要求摊销和进行减值测试

C．非同一控制下控股合并下形成的商誉在合并财务报表中列示

D．非同一控制吸收合并情况下，商誉等于企业合并成本减去被投资单位可辨认净资产公允价值中享有的份额

E．非同一控制吸收合并下形成的商誉在购买方账簿及个别报表中列示

11．按会计准则规定，以下关于同一控制下企业合并的理解中正确的有（　　）。

A．同一控制下企业合并，既需要确认被合并方原有商誉，又需要确认新形成的商誉

B．同一控制下企业合并，需要确认被合并原有商誉

C．同一控制下企业合并，不需要确认新的商誉

D．同一控制下企业合并，不确认被合并方原有商誉

E．同一控制下企业合并，需要确认新的商誉

12．确定非同一控制下企业合并的购买方，以下正确的有（　　）

A．取得另一方半数以上表决权股份的一方为购买方

B．按照协议规定有主导被购买企业财务和经营决策权的一方为购买方

C．通过与其他投资者协议实质上拥有被购买企业半数以上表决权的

一方为购买方

D．有权任免被购买企业董事会机构绝大多数成员的一方为购买方

E．在被购买企业董事会或类似权力机构中具有绝大多数投票权的一方为购买方

13．对非同一控制下企业合并的合并成本，下列说法中正确的有（ ）

A．一次交换交易实现的企业合并，合并成本为购买方在购买日为取得对被购买方的控制权而付出的资产、发生或承担的负债以及发行的权益性证券的公允价值

B．通过多次交换交易分步实现的企业合并，合并成本为每一单项交易成本之和

C．购买方为进行企业合并发生的各项直接相关费用也应当计入企业合并成本

D．购买方为进行企业合并发生的各项直接相关费用应当计入当期损益

E．在合并合同或协议中对可能影响合并成本的未来事项做出约定的，购买日如果估计未来事项很可能发生并且对合并成本的影响金额能够可靠计量的，购买方应当将其计入合并成本。

14．关于同一控制下的企业合并，下列说法正确的有（ ）。

A．合并方在企业合并中取得的资产和负债，应当按照合并日在被合并方的账面价值计量

B．合并方在企业合并中取得的资产和负债，应当按照合并日在被合并方的公允价值计量

C．合并方取得的净资产账面价值与支付的合并对价账面价值的差额，应当调整资本公积；资本公积不足冲减，调整留存收益

D．合并方取得的净资产公允价值与支付的合并对价账面价值的差额，应当调整资本公积；资本公积不足冲减的，调整留存收益

E．合并方取得的净资产公允价值与支付的合并对价公允价值的差额，应当调整资本公积；资本公积不足冲减的，调整留存收益

15．购买方对合并成本与合并中取得的被购买方可辨认净资产公允价值份额的差额，下列说法中正确的有（ ）。

A．购买方对合并成本大于合并中取得的被购买方可辨认净资产公允价值份额的差额，应当确认为商誉

B．购买方对合并成本大于合并中取得的被购买方可辨认净资产公允

价值份额的差额，应当确认为当期损益

C．购买方对合并成本小于合并中取得的被购买方可辨认净资产公允价值份额的差额，应当确认为商誉

D．购买方对合并成本小于合并中取得的被购买方可辨认净资产公允价值份额的差额，首先对取得的被购买方各项可辨认资产、负债及或有负债的公允价值以及合并成本的计量进行复核，经复核后合并成本仍小于合并中取得的被购买方可辨认净资产公允价值份额的，其差额应当计入当期损益

E．购买方对合并成本小于合并中取得的被购买方可辨认净资产公允价值份额的差额，应当直接计入所有者权益

（三）判断题

1．就非同一控制下的企业合并而言，会计处理采用的是购买法。购买法下的“购买日”的确定重要。但有时候“购买日”与“交易日”可能不一致。（　）

2．如果企业合并业务中合并方确认了长期股权投资，则该合并必然是控股合并。（　）

3．如果企业合并业务中合并方确认了取得的有关资产和负债，则该合并必然是吸收合并或创立合并。（　）

4．吸收合并的，参与合并方法律地位均丧失。（　）

5．我国《企业会计准则第20号——企业合并》要求对非同一控制下的企业合并采用购买法进行会计处理。（　）

6．同一控制下的企业吸收合并取得有关净资产的入账价值与支付的合并对价账面价值之间差额作为合并商誉入账。（　）

7．非同一控制下的企业合并购买日应编制合并资产负债表、合并利润表和合并现金流量表。（　）

8．同一控制下企业合并中发生的与企业合并直接相关的费用，包括为进行企业合并而发生的审计费用、法律服务费用、咨询费用等，应当计入企业合并成本。（　）

9．企业合并可以是购买企业整体，也可以购买企业的某项资产或资产组合。（　）

10．通过多次交换交易实现的企业合并时，购买方首次对被购买方进行投资日为购买日。（　）

11．如果一个参与合并的主体为获得另一参与合并主体一半以上的表决权，

它就没有获得对另一主体的控制权。（ ）

12．同一控制下企业合并，不需要确认新的商誉。（ ）

13．一般情况下，合并过程中发生的各项直接相关费用，应于发生时费用化，借记“管理费用”等科目，贷记“银行存款”等科目。（ ）

14．某部门为了寻找相关的购并机会，维持该部门日常运转的有关费用，属于与企业合并直接相关的费用。（ ）

15．同一控制下编制合并日的合并财务报表时，一般包括合并资产负债表、合并利润表及合并现金流量表。（ ）

（四）核算题

1．A公司与B公司属于不同的企业集团，两者之间不存在关联关系。2009年12月31日，A公司发行500万股股票（每股面值1元）作为对价取得B公司的全部股权，对B公司实行吸收合并。该股票的公允价值为2 000万元。购买日，B公司有关资产负债表情况如下表所示。

B公司资产负债情况

单位：万元

项目	账面价值	公允价值
银行存款	400	400
固定资产	1 600	1 750
长期应付款	250	250
净资产	1 750	1 900

要求：计算A公司的购买成本、合并价差，并编制A公司记录合并业务的会计分录。

2．A公司与B公司同为甲公司控制的子公司，A公司发行了500 000股每股面值1元（每股公允价值6元）的股票，换取了C公司的全部股份，企业合并后C公司解散撤销。合并中发生的法律费8 000元，与企业合并直接相关的其他费用为20 000元。合并时两家公司的资产负债表如下表所示：

A公司与B公司资产负债表

2008年12月31日

单位：元

项目	A公司	B公司
流动资产	350 000	370 000
固定资产	500 000	630 000
资产合计	850 000	1 000 000
负债	150 000	350 000
普通股本（面值1元）	280 000	250 000
资本公积	90 000	80 000
盈余公积	330 000	320 000
权益合计	850 000	1 000 000

要求：为A公司编制合并业务的会计分录。

3．沿用上题所提供的资料，把对价形式改为：A公司发行了800 000股每股面值1元（每股公允价值20元）的股票，换取了C公司的全部股份，企业合并后C公司解散撤销。

要求：为A公司编制合并业务的会计分录。

4．长江股份有限公司（以下简称长江公司）是一家从事纺织品生产的公司，为增值税一般纳税人，增值税税率为17%，2009年所得税税率为25%。长江公司2009年发生如下经济业务事项：

长江公司按照公司发展战略规划，为进一步完善公司的产业链，优化产业结构，全面提升核心竞争力和综合实力，在2009年进行了如下并购活动：

（1）2009年2月，长江公司与甲公司签订了股权转让协议，长江公司向甲公司定向发行5 000万股普通股（每股面值1元），市价每股7元，受让甲公司持有的丁公司80%的股权。

该股权转让协议于2009年5月经双方临时股东大会表决通过，股权过户以及与股权转让的相关事项已于7月1日全部办理完毕。在本次并购事项前，长江公司与甲公司是互相熟悉的公司，长江公司与甲公司共同控制丙公司，除此以外，两公司不在其他任何关系。

2009年7月1日，丁公司资产的账面价值为8亿元，负债的账面价值为6亿元，专业资产评估机构以2009年7月1日为评估基准日，对丁公司进行评估所确定的资产的价值为9亿元，负债的价值为6亿元。为此，长江公司支付评估费50万元。

（2）2009年8月5日，长江公司支付5 000万元从证券市场购入D上市公司的股票，拥有D公司25%的表决权资产，对D公司具有重大影响。

（3）长江公司拥有E公司58%的表决权资本，自上年以来发生巨额亏损，决定在2009年9月开始停产，进行大规模技术改造，至2009年末技术改造仍在进行中。

要求：

（1）分析并判断长江公司与甲公司、D公司、E公司是否存在关联方关系，并简要说明理由。

（2）分析并判断长江公司收购丁公司属于同一控制下的合并还是非同一控制下的合并，并说明理由。指出在合并日（购买日）对长江公司支付的评估费应如何进行会计处理。

（3）分析长江公司在 2009 年末编制合并财务报表时，是否应将丁公司、D 公司和 E 公司纳入合并范围，并简要说明理由。

（4）说明长江公司在编制 2009 年度合并利润表和合并现金流量表时如何确定对丁公司的合并范围。

第二章　合并财务报表

【学习目标】通过本章学习，能够理解掌握合并财务报表的概念和意义、合并报表的合并范围；熟练掌握合并理论和基本程序，为进一步学习合并资产负债表、合并利润表和合并现金流量表的编制方法和程序奠定必要的基础。

开篇案例

A、B 公司分别为 P 公司控制下的两家子公司。2012 年 6 月 30 日，A 公司取得了对 B 公司的控制权，实现了对 B 公司的控股合并，合并后 B 公司仍维持其独立法人资格继续经营。P 公司在对外报送财务报告时，是否报送合并财务报表？同样 A 公司和 B 公司呢？

第一节　合并财务报表概述

一、合并财务报表概念

合并财务报表简称合并报表，是指将具有法人地位的控股企业和被控股企业所组成的企业集团作为一个会计主体，在集团内各企业单独会计报表的基础上，由控股企业运用规定的合并程序和方法编制的，综合反映企业集团整体的财务状况、经营成果和现金流量的财务报表。在企业合并方式中，只有控股合并才会产生合并报表的编制问题。

二、合并报表范围的确定与合并理论

（一）界定合并报表范围的基本原则

界定合并报表范围，就是把企业集团作为一个会计主体编制合并会计报表时，要确定哪些子公司应包括在合并会计报表的编报范围之内，哪些不能包括

在内。合并范围的确定在很大程序上取决于编制合并报表时所运用的合并理论，同时也受各个国家的会计法律法规的影响。但无论怎样，界定合并报表范围的基本原则是：合并财务报表的合并范围应以控制为基础予以确定。控制，是指一个企业能够决定另一个企业的财务和经营政策，并能据以从另一个企业的经营活动中获取利益的权力。只要母公司在事实上能够对子公司实施控制时，子公司就应该纳入合并会计报表的编制范围。

（二）合并报表范围的确定

我国《企业会计准则第 33 号——合并财务报表》规定，提出了两种判断标准：

1. 拥有半数以上表决权。直接或通过子公司间接拥有被投资单位半数以上的表决权，表明母公司能够控制被投资单位，应当将该被投资单位认定为子公司，纳入合并财务报表的合并范围。具体有三种情况：

（1）母公司直接拥有被投资企业过半数以上权益性资本，同时直接获得半数以上的表决权；

（2）母公司间接拥有被投资企业过半数以上权益性资本，即通过子公司而对子公司的子公司拥有其过半数以上权益性资本，同是间接获得半数以上的表决权；

（3）母公司以直接或间接方式合计拥有被投资企业过半数以上权益性资本，同时直接或间接获得半数以上的表决权。也就是说，虽然母公司拥有其半数以下的权益性资本，但通过与子公司合计拥有其过半数以上权益性资本。

2. 拥有半数或以下的表决权。母公司拥有被投资单位半数或以下的表决权，满足下列条件之一的，也可以视为母公司能够控制被投资单位，应当将其纳入合并财务报表的合并范围。

（1）通过与被投资单位其他投资者之间的协议，拥有被投资单位半数以上的表决权；

（2）根据公司章程或协议，有权决定被投资单位的财务和经营政策；

（3）有权任免被投资单位的董事会或类似机构的多数成员；

（4）在被投资单位的董事会或类似机构占多数表决权。

（三）不纳入合并范围的子公司

存在母子公司关系是编制合并财务报表的重要前提，但并不是所有子公司都无条件地一律纳入合并会计报表范围。我国《企业会计准则第33号——合并财务报表》规定，有证据表明母公司不能控制的子公司，下列子公司不纳入合并财务报表合并范围之内：

1．已经关、停、并、转的子公司；

2．按照破产程序，已宣告被清理整顿的子公司；

3．已宣告破产的子公司；

4．准备近期出售而短期持有其半数以上的权益性资本的子公司；

5．非持续经营的所有者权益为负数的子公司；

6．受所在国外汇管制及其他管制，资金调度受到限制的境外子公司。

篇中案例

2003 年的华源制药与丰原生化对江山制药合并报表之争。华源制药是否要合并江山制药关键是看其是否形成实质控制权，尽管持股比例往往决定了是否有实质控制权，但在现实中实质控制权可能不是掌握在第一大股东手中。华源制药对江山制药没有绝对控股权，但根据公司章程及董事会有关决议，华源制药对江山制药有经营管理权并负责委派和推荐高级管理人员和财务负责人，也就是取得了财务和经营政策的控制权。一个企业可能虽然持有大部分股权，但按公司章程及董事会有关决议对公司实际没有控制权，也不该合并财务报表。

三、合并理论

目前国际形成了母公司理论、实体理论和所有权理论三种编制合并报表的理论。这三种理论的主要区别体现在企业集团的界定、合并范围的确定以及少数股权和商誉的处理等方面。

（一）所有权理论

所有权理论也称业主权理论，认为母子公司之间的关系是拥有与被拥有的关系，编制合并财务报表的目的是向母公司的股东报告其所拥有的资源，而不是满足子公司少数股东的信息需求。所以当母公司合并非全资子公司的财务报表时，应采用比例合并法：按母公司实际拥有的股权比例，合并子公司的资产、负债和所有者权益；对于非全资子公司的收入、成本费用和净收益，也只能按母公司的持股比例予以合并。所有权理论在会计处理上的特点：

（1）子公司的资产、负债以公允价值列入合并财务报表，但只列母公司应占的份额，不包括少数股东权益；

（2）合并商誉按母公司持股比例计算、摊销；

（3）合并净收益只反映母公司股东应享有的部分，不反映少数股东权益，对实现的内部交易损益按母公司的股权比例予以剔除；

（4）合并财务报表既不会出现“少数股东权益”，也不会存在“少数股东损益”。

所有权理论强调的是合并母公司所实际拥有的，而不是母公司所实际控制的资源。该理论虽然稳健，但却违背了控制的实质。控制一个主体实际是控制该主体的资产，当母公司控制了子公司时，它不仅可以直接控制其所实际拥有资产的运用，而且可以控制子公司全部资产的运用。所以，所有权理论采用比例合并法编制合并财务报表，忽略了企业并购中的财务杠杆作用，在实务中较少采用。

（二）经济实体理论

经济实体理论也称实体理论，认为合并财务报表应该为合并主体的全体股东服务，而不应该仅仅为母公司的股东提供信息。母公司与子公司之间的关系是控制与被控制的关系，而不是拥有与被拥有的关系。所以该理论下的合并资产负债表揭示的是合并主体的净收益，包括少数股东拥有的净资产；合并损益表中的净收益提示的是合并主体的净收益，包括属于少数股东的净收益。企业在合并时的商誉不仅有母公司购买控股权时形成的商誉，也有少数股东的推定购买商誉。经济实体理论在会计处理上的特点：

（1）子公司资产、负债以公允价值合并，市价成本分摊到子公司所有的资产、负债中，包括少数股权；

（2）合并商誉由子公司全部市价形成，形成的商誉属于所有股东；

（3）子公司少数股权作为合并股东权益的一部分独立反映在合并财务报表中；

（4）内部交易及其未实现的损益应全部予以抵消；

（5）少数股东在子公司应分享的损益视为合并净收益在不同股东之间的利润予以反映。

经济实体理论将合并主体中的少数股东和多数股东同等看待，其合并财务报表正确揭示了合并主体全部的净资产和净收益。这种理论不论在股权集中的情况下还是在股权分散的情况下都是适用的，它对多数股东权益和少数股东权益的处理是比较合理和公正的。

（三）母公司理论

母公司理论认为合并会计报表是母公司会计报表的延伸，编制合并会计报表的目的强调为母公司的股东利益服务，合并的重心放在取得控制地位的母公司的份额上，只把子公司看做是附属机构，而不是一个单独的法律实体。母公司理论继承了所有权理论关于合并财务报表是为满足母公司股东的信息需求而编制的理论，否定了经济实体理论关于合并财务报表是为了合并主体的所有资源提供者编制的，所以它继承所有权理论和经济实体理论各自的优点，克服了这两种极端原则的合并观念固有的局限性。母公司理论在会计处理上的特点：

（1）母公司理论强调母公司股东的权益，认为编制合并财务报表的目的是向母公司的股东和债权人反映其所控制的资源；

（2）将少数股东权益在合并资产负债表中作为负债列示；

（3）将少数股东应享有的收益在合并利润表中作为费用；

（4）母公司以购买方式获取控股权时所形成的商誉，只确认其中属于母公司的部分，不确认少数股东的商誉。

母公司理论将合并主体中的少数股东作为债权人看待，优点是能够满足母公司的股东和债权人对合并财务报表信息的需求，但它混淆了合并整体中的股东权益和债权人权益，没有通过母、子公司之间的法律关系，公正地从合并整体的角度去揭示整个企业集团的财务信息。

我国《企业会计准则 33 号——合并财务报表》规定基本采用的是以实体理论为基础编制合并财务报表，但在商誉处理上保留了母公司理论的做法，即只确认母公司的商誉，不确认少数股东的商誉。

【课堂测试 2-1】

1．合并财务报表的主体为（　　）。

A．母公司

B．母公司与子公司组成的企业集团

C．总公司

D．总公司和分公司组成的企业集团

2．甲公司拥有乙公司 60%的股份，拥有丙公司 30%的股份，乙公司拥有丙公司 25%的股份，在这种情况下，甲公司编制合并会计报表时，应当将（　　）纳入合并会计报表的合并范围。

A．乙公司　　　　　B．丙公司

C．乙公司和丙公司　D．两家都不是

3．国际会计准则委员会制定发布的有关合并会计报表的准则以及我国关于合并会计报表准则采用的合并理论为（　　）。

A．所有权理论　　　B．经济实体理论

C．子公司理论　　　D．母公司理论

第二节　编制合并财务报表的前提和基本程序

一、编制合并财务报表的前提

合并财务报表的编制涉及到几个法人企业，为了使编制的合并报表准确、全面反映企业集团的真实情况，必须做好一系列的前提准备事项。

（一）统一报表决算日与会计期间

财务报表反映一定日期的财务状况和一定会计期间的经营成果，母公司和子公司的个别财务报表只有在反映财务状况的日期和反映经营成果的会计期间一致的情况下才能进行合并。为了编制合并财务报表，必须要求母、子公司的财务报表决算日和会计期间保持一致，并统一企业集团内部各企业的财务报表决算日和会计期间，以便子公司提供相同日期和会计期间的财务报表。对于境外子公司，由于当地法律限制不能与母公司财务报表决算日和会计期间一致的，可以要求其为编制合并财务报表单独编制与母公司财务报表决算日和会计期间一致的个别财务报表。

（二）统一会计政策

会计政策是指企业进行会计核算和编制财务报表时所采用的会计原则、会计程序和会计处理方法，它是编制财务报表的基础，也是保证财务报表各项目反映内容一致的基础。只有在财务报表各项目反映的内容一致的情况下，才能对其进行加总，编制合并财务报表。所以，在编制财务报表前，应统一母、子公司的会计政策，要求子公司所采用的会计政策与母公司保持一致。

（三）统一母公司与子公司的编报货币

对母公司和子公司的财务报表进行合并，其前提必须是母、子公司个别财务报表所采用的货币计量单位一致。在我国，允许外币业务比较多的企业采用某一外币作为记账本位币，境外企业一般也是采用其所在国或地区的货币作为记账本位币；在将这些企业的财务报表纳入合并时，必须将其折算为母公司所采用的记账本位币表示的财务报表。

（四）对子公司的长期股权投资采用权益法进行调整

编制合并财务报表时，母公司应当对子公司的长期股权投资按权益法进行调整。只有采用权益法调整后的情况下，母公司长期股权投资的账面价值才能反映其在被投资企业所有者权益中所享有的份额。在编制合并财务报表时进行抵消处理的项目之一，就是母公司对子公司长期股权投资与子公司所有者权益各组成项目。所以采用权益法，有利于合并财务报表的编制。

（五）子公司提供的有关资料必须满足编制合并财务报表的需要

实际工作中，属于合并范围的子公司不仅要提供个别财务报表，还应提供合并财务报表应具备的其他资料：

1. 个别财务报表；
2. 采用的与母公司不同的会计政策及其影响金额；
3. 与母公司会计期间不同的说明；
4. 与母公司以及与母公司的其他子公司之间发生的内部交易的相关资料；
5. 所有者权益变动的有关资料；
6. 编制合并财务报表所需的其他有关资料。

二、编制合并财务报表的基本程序

合并财务报表的编制程序，主要包括以下几个方面：

1. 编制合并工作底稿

合并工作底稿的作用是为合并财务报表的编制提供基础。编制合并工作底稿，便于对母子公司的个别财务报表各项金额进行汇总和抵消处理，最终计算出合并财务报表各项目的合并金额；同时，有助于减少合并过程中的差错。基本格式如表 2-1 所示。将母、子公司个别资产负债表、利润表、现金流量表、所有者权益变动表各项目的数据过入合并工作底稿，并在合并工作底稿中对母公司和子公司个别财务报表各项目的数据进行加总，结出各项目的合计金额。

表 2–1　合并工作底稿　　单位：元

项目	单独列报				合计数	抵消分录		合并数
	母公司	子公司	子公司	……		借	贷	
利润表项目								
所有者权益变动项目								
资产负债表项目								
现金流量表项目								

2. 编制调整和抵消分录

调整和抵消分录不是正式的会计分录，只是列在工作底稿中做调整抵消处理，不登记入账。目的在于将个别财务报表各项目的加总金额中重复的因素予以抵消。主要包括：

（1）对子公司的个别财务报表进行调整

属于同一控制下企业合并中取得的子公司的个别财务报表，如果不存在与母公司会计政策和会计期间不一致的情况，则不需要对该子公司的个别财务报表进行调整。属于非同一控制下企业合并中取得的子公司，除了存在与母公司会计政策和会计期间不一致的情况，需要对该子公司的个别财务报表进行调整外，还应当根据母公司为该子公司设置的备查簿的有关该子公司的各项可辨认资产、负债及或有负债等在购买日的公允价值的记录进行相应的调整。

（2）按权益法调整对子公司的长期股权投资

长期股权投资账户未采用权益法进行会计处理的，应由母公司按权益法调整对子公司的长期股权投资，并将调整结果反映在合并工作底稿中，作为合并财务报表编制的基础。

（3）母公司长期股权投资与子公司所有者权益的抵消

母公司对子公司的长期股权投资与母公司在子公司所有者权益中所享有的份额应当相互抵消，同时抵消相应的长期股权投资减值准备。各子公司之间的长期股权投资及子公司对母公司的长期股权投资，应将长期股权投资与其对应的子公司或母公司所有者权益中所享有的份额相互抵消。母公司对子公司的权益性投资，在母公司的资产负债表上表现为长期股权投资项目，而在子公司的资产负债表上则表现为实收资本等所有者权益项目。

而在非同一控制下的企业合并中长期股权投资和持有的子公司的所有者权益份额不等时，子公司可辨认净资产的公允价值与账面价值之差，抵消分录分摊至有关资产、负债项目；母公司合并成本与子公司可辨认净资产公允价值之差，抵消分录中确认为商誉。

（4）母公司与长期股权投资的投资收益的抵消与子公司利润分配项目。即为母公司的投资收益和子公司期初未分配利润与子公司本期利润和期末未分配利润的抵消。

（5）抵消公司间内部交易

集团内企业之间的交易通常被称为公司间内部交易。公司间内部交易产生的损益，就合并主体而言，只是一种内部交易，合并报表时将其抵消，如果该损益已因有关资产使用或售给合并主体以外而实现的，则不需要抵消。本书中主要介绍的公司间交易的抵消事项包括公司间存货交易的抵消、公司间固定资产交易的抵消、公司间债权债务的抵消及公司间其他交易的抵消。

3．在工作底稿上计算出各项目的合并数额

在母公司和纳入合并范围的子公司个别财务报表各项目加总数额的基础上，分别计算出资产项目、负债项目、所有者权益项目。其计算方法如下：

（1）资产类项目：其合并数据根据该项目加总的数额，加上该项目抵消分录有关的借方发生额，减去该项目抵消分录有关的贷方发生额计算确定。

（2）负债类项目：其合并数据根据该项目加总的数额，减去该项目抵消分录有关的借方发生额，加上该项目抵消分录有关的贷方发生额计算确定。

（3）所有者权益类项目：其合并数据根据该项目加总的数额，减去该项目抵消分录有关的借方发生额，加上该项目抵消分录有关的贷方发生额计算确定。

（4）收入类项目：其合并数据根据该项目加总的数额，减去该项目抵消分录有关的借方发生额，加上该项目抵消分录有关的贷方发生额计算确定。

（5）费用类项目：其合并数据根据该项目加总的数额，加上该项目抵消分录有关的借方发生额，减去该项目抵消分录有关的贷方发生额计算确定。

（6）期初未分配利润项目：其合并数据根据该项目加总的数额，减去该项目抵消分录有关的借方发生额，加上该项目抵消分录有关的贷方发生额计算确定。

（7）期末未分配利润项目：其合并数根据该项目加总的数额，加上合并工作底稿中利润表和所有者权益变动表中利润分配部分各项目（包括期初未分配利润和期末未分配利润项目）抵消分录栏的贷方发生额的合计数，减去合并工作底稿中利润表和利润分配部分抵消分录栏的借方发生额合计数，计算得出未分配利润项目的合并数。

4．根据工作底稿计算得出的各项目的合并数填列合并财务报表

根据合并工作底稿中计算的资产、负债、所有者权益各项目的合并数，填列正式的合并财务报表。

在合并财务报表的编制中，调整、抵消和合计这三个主要的步骤都是在合并财务报告的工作底稿中完成的。可见，编制合并工作底稿在编制合并财务报表的过程中是十分重要的一个步骤。

【课堂测试 2-2】

1．不属于编制合并会计报表的合并理论是（　　）。

A．所有权理论　　B．权益结合法理论

C．经济实体理论　　D．母公司理论

2．编制合并会计报表前提条件不包括（　　）。

A．母公司与子公司统一会计报表决算日和会计期间

B. 母公司与子公司统一会计政策

C. 母公司与子公司的会计报表在合并前必须经注册会计师审计

D. 对子公司权益性资本应调整为权益法核算

本章小结

企业合并时，不仅需要单独编报个别财务报表，同时，母子公司作为一个经济实体，还需要编报合并财务报表。国际上形成了三种编制合并财务报表的合并理论，分别是母公司理论、实体理论和所有权理论。我国基本采用实体理论，并围绕控制原则确定合并范围。编制合并财务报表的一般程序可为编制合并工作底稿并根据合并工作底稿编制合并财务报表。

篇后案例

太原煤气化股份有限公司主要会计政策、会计估计及合并财务报表编制方法（节选）

合并财务报表编制方法

1. 合并范围的确定原则

本公司直接或通过子公司间接拥有被投资单位半数以上的表决权，表明本公司能够控制被投资单位，将该被投资单位认定为子公司，纳入合并财务报表的合并范围，但是，有证据表明本公司不能控制被投资单位的除外。

本公司拥有被投资单位半数或以下的表决权，满足下列条件之一的，视为本公司能够控制被投资单位，将该被投资单位认定为子公司，纳入合并财务报表的合并范围。但是，有证据表明母公司不能控制被投资单位的除外：

（1）通过与被投资单位其他投资者之间的协议，拥有被投资单位半数以上的表决权；

（2）根据公司章程或协议，有权决定被投资单位的财务和经营决策；

（3）有权任免被投资单位的董事会或类似机构的多数成员；

（4）在被投资单位的董事会或类似机构占多数表决权。

本公司在确定能否控制被投资单位时，同时考虑企业和其他企业持有的被投资单位的当期可转换的可转换债券、当期可执行的认股权证等潜在表决权因素。

本公司将全部子公司纳入合并财务报表的合并范围。

2. 合并财务报表的编制方法

合并财务报表以本公司和子公司的财务报表为基础，根据其他有关资料，按照权益法调整对子公司的长期股权投资并进行合并抵销后编制而成。

合并时对内部权益性投资与子公司所有者权益、内部交易事项、内部债权债务等进行抵销。

资料来源：转引自 http://www.sx.xinhuanet.com/qyzx/shenzhou,2008-10-30。

核心概念

合并财务报表（consolidated financial statement）
控制（control）
母公司理论（parent company theoretical）
实体理论（entity theoretical）
所有权理论（ownership theory）

思考题

1．什么是合并财务报表？

2．合并财务报表的程序是什么？

3．国际上编制合并财务报表合并理论主要有哪些？他们的特点及优缺点是什么？

练习题

（一）单项选择题

1．合并报表编制的抵销分录（　）。

A．被登记到母公司的总分类账中

B．被登记到子公司的总分类账中

C．被登记到母公司和子公司的总分类账中

D．不登记到参与合并公司的账簿中

2．下列合并形式中，需要编制合并财务报表的是（　）。

A．吸收合并　　B．控股合并

C．新设合并　　D．以上三种形式

3．对 A 公司来说，下列哪一种说法不属于控制（　）。

A．A 公司拥有 B 公司 50%的权益性资本，B 公司拥有 C 公司 100%的权益性资本，A 和 C 公司的关系

B．A 公司拥有 D 公司 51%的权益性资本，A 公司和 D 公司的关系

C．A 公司在 E 公司董事会会议上有半数以上投票权，A 公司和 E 公司的关系

D．A 公司拥有 F 公司 60%的股份，拥有 G 公司 10%的股份，F 公司拥有 G 公司 41%的股份，A 公司和 G 公司的关系

4．关于合并财务报表的合并范围确定，叙述不正确的是（　）。

A．合并财务报表的合并范围应当以控制为基础予以确定

B．在确定能否控制被投资单位时应当考虑潜在表决权因素

C．小规模的子公司应纳入合并财务报表的合并范围

D．经营业务性质特殊的子公司不纳入合并财务报表的合并范围

5．下列企业中，不应纳入其母公司合并财务报表合并范围的是（　）。

A．报告期内新购入的子公司

B．规模小的子公司

C．联营企业

D．受所在国外汇管制及其他管制，资金调度受到限制的境外子公司

6．下列事项中，C 公司必须纳入 A 公司合并范围的情况是（　）。

A．A 公司拥有 B 公司 50%的权益性资本，B 公司拥有 C 公司 60%的权益性资本

B．A 公司拥有 C 公司 48%的权益性资本

C．A 公司拥有 B 公司 60%的权益性资本，B 公司拥有 C 公司 40%的权益性资本

D．A 公司拥有 B 公司 60%的权益性资本，B 公司拥有 C 公司 40%的权益性资本同时 A 公司拥有 C 公司 20%的权益性资本

7．企业集团合并财务报表的编制者是（　）。

A．母公司　　B．子公司

C．企业集团　　D．以上答案均正确

8．根据我国现行会计准则，合并范围的确定应该以“控制”为基础来确定。这里的“控制”是（　）。

A．仅指投资公司被投资公司的直接控制

B．不包括投资各方对被投资公司的共同控制

C．仅指投资公司有从被投资公司获取经济利益的权力

D．仅指投资公司能够决定被投资公司的财务和经营决策

9．根据企业会计准则，母公司应当将其全部子公司纳入合并报表的合并范围。这里的“全部子公司”指的是（　）。

A. 不包括小规模的子公司

B. 不包括与母公司经营性质不同的非同质子公司

C. 不包括母公司为特殊目的设立的特殊目的实体

D. 应该涵盖所有母公司控制的被投资单位

10. 在合并报表工作底稿中，“合并数”一栏提供的数字将构成合并报表所填列的数据。在计算以下项目的“合并数”时，需用工作底稿中相关项目的“合计数”栏数字加上“抵销与调整分录”栏的借方数字（减去贷方数字）的项目是（　）。

A.“营业收入”项目　　B.“应付账款”项目

C.“固定资产原价”项目　　D.“期初未分配利润”项目

11. 编制合并会计报表抵销分录的目的在于（　）。

A. 将母子公司个别会计报表各项目加总

B. 将个别报表各项目加总数据中集团内部经济业务的重复因素予以抵销

C. 代替设置账簿、登记账簿的核算程序

D. 反映全部内部投资、内部交易、内部债权债务等会计事项

12. 在非同一控制下控股合并，子公司的净资产公允价值与账面价值之间的差额应该调整（　）。

A. 母公司的资本公积　　B. 子公司的资本公积

C. 母公司的未分配利润　　D. 子公司组成的未分配利润

13. 根据我国《企业会计准则》的规定，母公司日常对子公司的长期股权投资核算应采用（　），在编制合并财务报表时，应将其调整为（　）。

A. 权益法，成本法　　B. 权益结合法，成本法

C. 权益结合法，购买法　　D. 成本法，权益法

14. 在合并资产负债表中，将“少数股东权益”视为普通负债处理的合并方法的理论基础是（　）。

A. 主体理论　　B. 母公司理论

C. 所有权理论　　D. 权益结合法理论

15. 甲公司拥有乙公司、丙公司和丁公司表决权资本的比例分别为 70%、50%和 40%；乙公司拥有戊公司和丁公司表决权资本的比例分别为 60%和 29%。若不考虑其他影响因素，则不应纳入甲公司合并财务报表范围的是（　）。

A. 乙公司　　B. 丙公司

C. 丁公司　　D. 戊公司

（二）多项选择题

1．下列企业与甲公司有如下关系，其中应纳入甲公司合并报表范围的有（　　）。

A．甲公司拥有 A 公司 30%的表决权，甲公司控制的另一家公司同时拥有 A 公司 35%的表决权

B．甲公司拥有 B 公司 30%的表决权，甲公司拥有 40%表决权的另一家公司同时拥有 B 公司 30%的表决权

C．甲公司拥有 C 公司 40%的表决权，同时甲公司受托管理控制另一家公司在 C 公司的 30%的表决权，从而在 C 公司股东会上有半数以上表决权

D．甲公司拥有 E 公司 60%的表决权，由于 E 公司连年亏损，所有者权益为负数，但还在继续经营

E．甲公司拥有 H 公司 60%表决权，H 公司受所在国外汇管理及其他管制，甲公司资金调度受到限制。

2．在编制合并财务报表时，不纳入合并范围的有（　　）。

A．根据公司章程或协议，有权决定被投资单位的财务和经营政策

B．已宣告被清理整顿的原子公司

C．已宣告破产的原子公司

D．合营企业

E．联营企业

3．关于确定能否控制被投资单位时对潜在表决权的考虑，下列说法正确的是（　　）。

A．潜在表决权，包括在将来某一日或将来发生某一事项才能转换的可转换公司债券或才能执行的认股权证

B．应当考虑影响潜在表决权的所有事项或情况，包括执行条款或其他合约安排

C．要考虑的是本企业在被投资单位的潜在表决权，而不用考虑其他企业或个人在被投资单位的潜在表决权

D．要考虑可能会提高或降低本企业在被投资单位持股比例的潜在表决权

E．潜在表决权影响当期母公司股东和少数股东之间的分配比例

4．下列有关合并会计报表正确的表述方法是（　　）。

A．在确定能否控制被投资单位时，应当考虑企业和其他企业持有的被

投资单位的当期可转换的可转换公司债券、当期可执行的认股权证等潜在表决权因素

B. 母公司不应当将其全部子公司纳入合并财务报表的合并范围，例如小规模的子公司、经营业务性质特殊的子公司

C. 纳入合并财务报表的合并范围的子公司，在合并工作底稿中按照权益法调整子公司的长期股权投资，编制相关调整分录

D. 将内部交易固定资产相关的销售收入、销售成本以及其原价中包含的未实现内部销售损益予以抵销

E. 母公司应当将其全部子公司无论是小规模的子公司还是经营业务性质特殊的子公司均纳入合并财务报表的合并范围

5. 合并财务报表与单独报表相比，两者不同之处主要有（· ）。

A. 反映的对象不同　B. 编制主体不同

C. 编制基础不同　D. 编制方法不同

E. 编制时间不同

6. 下列项目中在编制合并利润表时应予以抵销的有（　）。

A. 母子公司间权益性投资权益　B. 母公司的债权投资收益

C. 母公司计提的坏账准备　D. 子公司的利润分配项目

E. 子公司的财务费用

7. 在编制合并资产负债表时，合并财务报表工作底稿中编制的抵销分录中，将母公司权益性资本投资项目与子公司所有者权益项目相抵销时有可能（　）。

A. 借记或贷记“商誉”

B. 借记或贷记“少数股东权益”

C. 既不借记也不贷记“商誉”

D. 既不借记也不贷记“少数股东权益”

E. 将子公司所有者权益按母公司投资比例抵销

8. 合并财务报表的特点是（　）。

A. 合并财务报表反映的是经济意义主体的财务状况、经营成果及现金流量

B. 合并财务报表的编制主体是母公司

C. 合并财务报表的的编制基础是构成企业集团的母、子公司的个别报表

D. 合并财务报表的编制遵循特定的方法

E．合并本身并不反映任何现存企业的财务状况和经营成果

9．下列关于年度合并财务报表的表述中，正确的有（　　）。

A．在报告期内出售上年已纳入合并范围的子公司时，合并资产负债表的期初数应进行调整

B．在报告期内购买应纳入合并范围的子公司时，合并现金流量表中应包括非同一控制下企业合并取得的子公司自购买日至年末的现金流量

C．在报告期内出售上年已纳入合并范围的子公司时，合并利润表中应合并被出售子公司年初至出售日的相关收入和费用

D．在报告期内上年已纳入合并范围的某子公司发生巨额亏损导致所有者权益为负数，但仍持续经营的，则该子公司仍应纳入合并范围

E．上年已纳入合并范围的国外子公司在报告期内根据当地的法律要求改按新的会计政策执行后与母公司的会计政策不一致时，合并财务报表的期初数应按国外子公司新的会计政策予以调整

10．下列情况中，W公司没有拥有该被投资单位半数以上权益性资本，但可以纳入合并财务报表合并范围的有（　　）。

A．通过与被投资企业其他投资者之间的协议，拥有该被投资企业半数以上表决权

B．有权任免董事会等权力机构的多数成员

C．根据公司章程或协议，有权控制被投资企业财务和经营政策

D．在董事会或者类似权力机构的会议上有半数以上投票权

E．在已有的四个投资者中，W公司对其持股比例最高

11．编制合并财务报表时，需要抵销的事项有（　　）。

A．内部投资的抵销　　B．内部债权、债务的抵销

C．内部存货交易的抵销　　D．内部固定资产交易的抵销

E．内部无形资产交易的抵销

12．下列有关合并理论表述正确的是（　　）。

A．母公司理论，是指将合并财务报表视为母公司本身的财务报表反映范围的扩展，该理论主要是为母公司股东提供信息服务

B．实体理论，强调的是企业集团中所有成员构成的经济实体

C．所有权理论，强调编制合并财务报表的企业对另一企业的经济活动和财务决策具有重大影响的所有权

D．我国于2006年颁布的合并财务报表准则采用了所有权理论来编

制合并财务报表

E．我国于 2006 年颁布的合并财务报表准则采用了实体理论来编制合并财务报表

13．编制合并财务报表的前提有（　　）。

A．统一报表决算日与会计期间

B．统一会计政策

C．对子公司股权投资采用权益法核算

D．对子公司外币表示的财务报表进行折算

E．子公司提供的有关资料必须满足编制合并财务报表的需要

14．下列属于编制合并财务报表的基本程序的有（　　）。

A．将母子公司单独财务报表列于合并工作底稿中

B．编制调整和抵销分录

C．抵销分录被登记到母公司的总分类账中

D．在工作底稿上计算出各项目的合并数额

E．根据工作底稿计算得出的各项目的合并数并填列合并财务报表

15．编制合并财务报表的基本原则是（　　）。

A．以个别财务报表为基础

B．谨慎性

C．相关性

D．一体性

E．重要性

（三）判断题

1．虽然甲企业对乙企业的持股比例在 50%以下，但也有可能控制乙企业。（　　）

2．虽然甲企业对乙企业的持股比例在 50% 以上，也不意味着乙企业一定被甲企业所控制。（　　）

3．编制合并报表的需要，母公司应当统一子公司所采用的会计政策，以使子公司采用的会计政策与母公司保持一致。（　　）

4．编制合并报表的需要，母公司应当统一子公司所采用的会计期间，以使子公司采用的会计期间与母公司保持一致。（　　）

5．为了编制合并报表的需要，如果子公司的会计期间与母公司的不一致，应当按照母公司的会计期间对子公司财务报表进行调整；或者要求子公司按照母公司的会计期间另行编报财务报表。（　　）

6．编制合并报表，要遵循以单独报表为基础原则，就是指合并报表仅以母公司和其子公司的财务报表为编制依据。（ ）

7．为了编制合并报表的需要，子公司除了向母公司提供本公司的财务报表以外，还应提供编制合并报表所需要的相关资料。（ ）

8．编制合并财务报表时需要对纳入合并财务报表范围的各成员企业之间的内部交易事项对单独报表的影响予以抵销，这是一体性原则的要求。（ ）

9．在合并财务报表工作底稿中编制的有关抵销分录，并不能作为记账的依据。（ ）

10．报告中期新增的符合纳入合并财务报表范围条件的子公司，如无法提供可比中期合并财务报表，可不将其纳入合并范围。（ ）

11．持续经营的所有者权益为负数的子公司不应纳入母公司合并财务报表的合并范围。（ ）

12．母公司应当将其全部子公司纳入合并财务报表的合并范围，但小规模的子公司和经营业务性质特殊的子公司除外。（ ）

13．母公司将对子公司部分股权出售，则该被投资单位不再纳入合并报表范围。（ ）

14．公司间内部交易产生的损益，已因有关资产使用或售给合并主体以外而实现的，则不需要抵消。（ ）

15．对母公司和子公司的财务报表进行合并时母、子公司个别财务报表所采用的货币计量单位可以不一致。（ ）

（四）核算题

1．A 公司与 B 公司属于不同的企业集团，两者之间不存在关联关系。2009 年 12 月 31 日，A 公司发行 500 万股股票（每股面值 1 元）作为对价取得 B 公司的全部股权，对 B 公司实行吸收合并。该股票的公允价值为 2 000 万元。购买日，B 公司有关资产负债情况如下表所示：

B 公司资产负债情况

单位：万元

项目	账面价值	公允价值
银行存款	400	400
固定资产	1 600	1 750
长期应付款	250	250
净资产	1 750	1 900

要求：计算 A 公司的购买成本、合并价差，并编制 A 公司记录合并业务的会计分录。

2．2009 年 6 月 30 日，A 公司向 B 公司的股东定向增发 1 000 万股普通股

（每股面值 1 元，市价为 5.6 元）对 B 公司进行合并，发生时相关费用为 100 万元，用银行存款支付，并于当日取得对 B 公司 80%的股权。参与合并企业在 2009 年 6 月 30 日企业合并前，有关资产负债情况如下表所示：

A、B 公司资产负债情况（2009 年 6 月 30 日） 单价：万元

项目	A 公司	B 公司	
	账面价值	账面价值	公允价值
资产			
货币资金	1 900	100	100
应收账款	8 100	900	900
存货	10 000	4 000	5 000
长期股权投资	6 000	1 000	1 500
固定资产	15 000	8 000	9 500
无形资产	4 000	1 000	2 000
商誉			
资产合计	45 000	15 000	19 000
负债和所有者权益			
短期借款	6 000	2 500	2 500
应付账款	2 000	500	500
其他负债	2 000	1 000	1 000
负债合计	10 000	4 000	4 000
实收资本（股本）	20 000	6 000	
资本公积	5 000	2 000	
盈余公积	1 000	300	
未分配利润	9 000	2 700	
所有者权益合计	35 000	11 000	15 000
负债和所有者权益合计	45 000	15 000	19 000

假定：

（1）A 公司和 B 公司为同一集团内两个全资子公司，合并前其共同控制的母公司为 P 公司。该项合并中参与合并在合并及合并后均为 P 公司最终控制；

（2）A 公司与 P 公司在合并前未发生任何交易。

要求：

（1）编制 A 公司对 B 公司控股合并的会计分录；

（2）若 A 公司发行 1 000 万股普通股（每股面值为 1 元，市价为 12 元）对 B 公司进行吸收合并，并于当日取得 B 公司净资产。编制 A 公司对 B 公司吸收合并的会计分录。

第三章　控股权取得日合并财务报表的编制

【学习目标】通过本章学习，掌握同一控制下企业合并和非同一控制下企业合并在控股权取得日编制合并财务报表程序与方法；了解合并报表上报告少数股权的方法；理解两种合并方式下控股权取得日合并报表编制的异同。

开篇案例

P公司与S公司均为M公司的控股子公司，在2013年3月31日（合并日），P公司以银行存款920 000元获得S公司60%的有表决权的股份。在合并过程中发生的审计费、评估费和法律咨询费等为50 000元，P公司以银行存款支付。P、S公司的资产负债表均已取得，对于P公司而言，S公司属于其合并范围，请问在2013年3月31日的股权取得日，P公司是否需合并S公司的财务报表？

在会计实务中合并财务报表通常都是在会计期末编制的，而企业合并日却有两种情况：一种是合并日发生在会计期末，二是合并日发生在会计期中的某一日期。如果合并日发生在会计期末，那么母公司在股权购买日应需要编制合并财务报表，我们将其称为购买日的合并财务报表（控股权取得日合并财务报表）；如果合并日发生在会计期中的某一日期，那么母公司在股权购买日不需要编制合并报表，而在购买日之后的会计期末才编制合并财务报表，我们将其称为购买日后的合并财务报表（控股权取得日后合并财务报表）。

第一节　同一控制下企业合并控股权取得日合并财务报表的编制

一、基本处理原则

由同一控制下的企业合并形成母子公司关系的，合并方一般在股权取得日

（以下称“合并日”）编制合并财务报表。合并日的合并财务报表一般包括合并资产负债表、合并利润表及合并现金流量表。合并资产负债表中被合并方的各项资产、负债，应当按其账面价值计量；合并利润表应当包括参与合并各方自合并当期期初至合并日所发生的收入、费用和利润。被合并方在合并前实现的净利润，应当在合并利润表中单列项目反映。合并现金流量表应当包括参与合并各方自合并当期期初至合并日的现金流量。对于属于同一控制下企业合并中取得的子公司的个别财务报表，如果不存在与母公司会计政策和会计期间不一致的情况，则不需要对该子公司的个别财务报表进行调整，但需要抵销内部交易对合并财务报表的影响。如果母公司与子公司采用的会计政策或会计期间不同，则应按照母公司的会计政策和会计期间，以子公司的个别财务报表进行调整。

1．合并资产负债表的编制

通常在编制合并资产负债表时，应先将子公司的有关资产、负债以其账面价值（母公司和子公司采用的会计政策不同时，指按照母公司的会计政策，对子公司有关资产、负债进行调整后的账面价值）并入合并财务报表工作底稿；然后，对于母公司与子公司在合并日及以前期间发生的交易，应作为内部交易进行抵销；最后，将母公司对子公司的股权投资数额与子公司的所有者权益中属于母公司的份额予以抵销，并确认子公司的少数股东权益。

需要注意的是，在处理同一控制下的企业合并时，基本处理原则是视同合并后形成的报告主体在合并日及以前期间一直存在。因此，在合并资产负债表中，对于子公司在企业合并前实现的留存收益（盈余公积和未分配利润之和）中归属于母公司的部分，应按照以下规定，自母公司的资本公积转入留存收益。

（1）确认企业合并形成的长期股权投资后，母公司账面上的“资本公积”项目（资本溢价或股本溢价），贷方余额大于子公司在合并前实现的留存收益中归属于母公司的部分的，在合并资产负债表时，应将子公司在合并前实现的留存收益中归属于母公司的部分自“资本公积”转入“盈余公积”和“未分配利润”。在合并工作底稿中，借记“资本公积”，贷记“盈余公积”和“未分配利润”项目。

（2）确认企业合并形成的长期股权投资后，母公司账面上的“资本公积”项目（资本溢价或股本溢价），贷方余额小于子公司在合并前实现的留存收益中归属于母公司的部分的，在合并资产负债表中，应以母公司“资本公积”项目

（资本溢价或股本溢价）的贷方余额为限，将子公司在企业合并前实现的留存收益中归属于母公司的部分自“资本公积”转入“盈余公积”和“未分配利润”。因母公司的“资本公积”项目（资本溢价或股本溢价）的贷方余额不足，子公司在合并前实现的留存收益在合并资产负债表中未能全额恢复的，母公司应当在财务报表附注中对这一情况进行说明。

2. 合并利润表的编制

母公司在编制合并日的合并利润表时，应包含母公司及子公司自合并当期期初至合并日实现的净利润，双方在当期所发生的交易，应当按照合并财务报表的有关原则进行抵销。例如，同一控制下的企业合并发生于2013年3月31日，母公司当日编制合并利润表时，应包括母公司及子公司自2013年1月1日至2013年3月31日实现的净利润。为了帮助企业的会计信息使用者了解合并利润表中净利润的构成，发生同一控制下企业合并的当期，母公司在合并利润表中“净利润”项下应单列“其中：子公司在合并前实现的净利润”项目，反映因同一控制下企业合并在合并当期自子公司带入的损益情况。

3. 合并现金流量表的编制

合并日合并现金流量表的编制与合并利润表的编制原则相同。母公司在编制合并日的合并现金流量表时，应包含母公司与子公司自合并当期期初至合并日产生的现金流量。涉及双方当期发生内部交易产生的现金流量，应按照合并财务报表准则规定的有关原则进行抵销。

二、母公司持有子公司全部股权

母公司持有子公司全部股权时，被合并方可辨认净资产全部属于母公司，应将合并方的长期股权投资与被合并方所有者权益的账面价值抵销。在合并工作底稿中编制的抵销分录为：借记“股本”、“资本公积”、“盈余公积”和“未分配利润”项目，贷记“长期股权投资”项目。

【例3-1】滨海公司和南开公司是同一控制下的企业，2013年6月30日，滨海公司向南开公司的股东定向增发500万股普通股（每股面值为1元）对南开公司进行合并，并于当日取得滨海公司100%的股份。合并前，滨海公司和南开公司资产负债表、利润表有关资料如表3-1、表3-2。假设滨海公司和南开公司采用的会计政策相同，滨海公司和南开公司在合并日及以前期间未发生任何交易。

表 3–1　资产负债表（简表）

2013 年 6 月 30 日　　单位：元

项目	滨海公司（账面金额）	南开公司（账面金额）	南开公司（公允价值）
资产			
货币资金	6 000 000	500 000	500 000
应收账款	7 500 000	750 000	750 000
存货	10 000 000	2 500 000	2 750 000
固定资产	15 000 000	7 500 000	9 000 000
资产总计	38 500 000	11 250 000	13 000 000
负债和所有者权益			
短期借款	5 000 000	500 000	500 000
应付账款	4 000 000	2 000 000	2 000 000
长期应付款	6 000 000	1 500 000	1 500 000
负债合计	15 000 000	4 000 000	4 000 000
股本	8 500 000	3 250 000	3 250 000
资本公积	5 000 000	1 000 000	2 750 000
盈余公积	1 000 000	250 000	250 000
未分配利润	9 000 000	2 750 000	2 750 000
所有者权益合计	23 500 000	7 250 000	9 000 000
负债和所有者权益总计	38 500 000	11 250 000	13 000 000

表 3–2　利润表（简表）

2013 年 1 月 1 日至 6 月 30 日　　单位：元

项目	滨海公司	南开公司
一、营业收入	22 500 000	5 000 000
减：营业成本	15 000 000	2 500 000
营业税金及附加	1 000 000	500 000
销售费用	500 000	350 000
管理费用	750 000	500 000
财务费用	500 000	300 000
加：投资收益	1 000 000	200 000
二、营业利润	5 750 000	1 050 000
加：营业外收入	1 250 000	500 000
减：营业外支出	1 000 000	550 000
三、利润总额	6 000 000	1 000 000
减：所得税费用	2 000 000	250 000
四、净利润	4 000 000	750 000

对于上述控股合并业务，滨海公司在合并日应编制以下会计分录：

借：长期股权投资　　7 250 000

　贷：股本　　5 000 000

资本公积　　　　　　　　　　　　　2 250 000

记录合并业务后，滨海公司的资产负债表见表3—3。

表3-3　资产负债表（简表）

编制单位：滨海公司　　　　　　2013年6月30日　　　　　　单位：元

资产项目	金额	负债和所有者权益项目	金额
货币资金	6 000 000	短期借款	5 000 000
应收账款	7 500 000	应付账款	4 000 000
存货	10 000 000	长期应付款	6 000 000
长期股权投资	7 250 000	负债合计	15 000 000
固定资产	15 000 000	股本	13 500 000
		资本公积	7 250 000
		盈余公积	1 000 000
		未分配利润	9 000 000
		所有者权益合计	30 750 000
资产总计	45 750 000	负债和所有者权益总计	45 750 000

（1）滨海公司在合并日编制合并工作底稿时，对于企业合并前南开公司实现的留存收益中归属于合并方的部分（3 000 000元）应自资本公积（资本溢价或股本溢价）转入留存收益。本例中滨海公司在确认对南开公司的长期股权投资以后，其资本公积的账面余额为7 250 000（5 000 000+2 250 000）元，假定其中资本溢价或股本溢价的金额为6 000 000元。在合并工作底稿中，应编制以下调整分录：

借：资本公积　　　　　　　　3 000 000
　　贷：盈余公积　　　　　　　　250 000
　　　　未分配利润　　　　　　　2 750 000

（2）本例中滨海公司的长期股权投资是按南开公司净资产的账面价值入账的，因此不存在商誉。滨海公司和南开公司在合并前及合并当日未发生任何交易，则在编制合并工作底稿时，只需将滨海公司的长期股权投资与南开公司的所有者权益项目抵销。因此编制抵销分录如下：

借：股本　　　　　　　　　3 250 000
　　资本公积　　　　　　　1 000 000
　　盈余公积　　　　　　　　250 000
　　未分配利润　　　　　　2 750 000
　　贷：长期股权投资　　　　　　7 250 000

根据以上分录，编制合并工作底稿如表 3-4 所示。

表 3–4　合并工作底稿

2013 年 6 月 30 日　　单位：元

项目	滨海公司	南开公司	合计数	抵销分录		合并数
				借方	贷方	
利润表项目						
营业收入	22 500 000	5 000 000	27 500 000			27 500 000
营业成本	15 000 000	2 500 000	17 500 000			17 500 000
营业税金及附加	1 000 000	500 000	1 500 000			1 500 000
销售费用	500 000	350 000	850 000			850 000
管理费用	750 000	500 000	1 250 000			1 250 000
财务费用	500 000	300 000	800 000			800 000
投资收益	1 000 000	200 000	1 200 000			1 200 000
营业利润	5 750 000	1 050 000	6 800 000			6 800 000
营业外收入	1 250 000	500 000	1 750 000			1 750 000
营业外支出	1 000 000	550 000	1 550 000			1 550 000
利润总额	6 000 000	1 000 000	7 000 000			7 000 000
所得税费用	2 000 000	250 000	2 250 000			2 250 000
净利润	4 000 000	750 000	4 750 000			4 750 000
其中：被合并方在合并前实利润						750 000
资产负债表项目						
货币资金	6 000 000	500 000	6 500 000			6 500 000
应收账款	7 500 000	750 000	8 250 000			8 250 000
存货	10 000 000	2 500 000	12 500 000			12 500 000
长期股权投资	7 250 000	0	7 250 000		7 250 000	
固定资产	15 000 000	7 500 000	22 500 000			22 500 000
资产总计	45 750 000	11 250 000	57 000 000		7 250 000	49 750 000
短期借款	5 000 000	500 000	5 500 000			5 500 000
应付账款	4 000 000	2 000 000	6 000 000			6 000 000
长期应付款	6 000 000	1 500 000	7 500 000			7 500 000
负债合计	15 000 000	4 000 000	19 000 000			19 000 000
股本	13 500 000	3 250 000	16 750 000	3 250 000		13 50 000
资本公积	7 250 000	1 000 000	8 250 000	1 000 000 3 000 000		4 250 000
盈余公积	1 000 000	250 000	1 250 000	250 000	250 000	1 250 000
未分配利润	9 000 000	2 750 000	11 750 000	2 750 000	2 750 000	11 750 000
所有者权益合计	30 750 000	7 250 000	38 000 000	10 250 000	3 000 000	30 750 000
负债和所有者权益总计	45 750 000	11 250 000	57 000 000	10 250 000	3 000 000	49 750 000

三、母公司持有子公司部分股权

在母公司持有部分股权的情况下，合并日合并资产负债表的编制原理与母公司持有子公司全部股权基本相同，所不同的是，少数股东持有的股权在合并财务报表中需以少数股东权益项目反映。少数股东权益是指除母公司以外的其他投资者在子公司的所有者权益中享有的份额，即子公司所有者权益中抵销母公司所享有的份额后的余额。在合并资产负债中，“少数股东权益”项目在“所有者权益”项目下单独列示。在合并工作底稿中编制的抵销分录为，借记“股本”、“资本公积”、“盈余公积”和“未分配利润”科目，贷记“长期股权投资”和“少数股东股益”科目。

【例 3-2】沿用【例 3-1】中的有关资料，假设滨海公司向南开公司的股东定向增发 400 万股普通股（每股面值 1 元）对南开公司进行合并，取得南开公司 80%的股权，其他资料不变。在这种情况下，滨海公司对南开公司投资的价值、应增加的资本公积、盈余公积和未分配利润计算如下：

对南开公司投资的价值=7 250 000×80%=5 800 000（元）

应增加的资本公积=5 800 000－4 000 000=1 800 000（元）

滨海公司在南开公司合并前形成的留存收益中应享有的份额：

盈余公积=250 000×80%=200 000（元）

未分配利润=2 750 000×80%=2 200 000（元）

滨海公司在控股合并日的会计处理如下：

借：长期股权投资　　　　　　　5 800 000

　　贷：股本　　　　　　　　　　　　4 000 000

　　　　资本公积　　　　　　　　　　1 800 000

记录合并业务后，滨海公司的资产负债表如表 3-5 所示。

表 3–5　资产负债表（简表）

编制单位：滨海公司　　　　2013 年 6 月 30 日　　　　单位：元

资产项目	金额	负债和所有者权益项目	金额
货币资金	6 000 000	短期借款	5 000 000
应收账款	7 500 000	应付账款	4 000 000
存货	10 000 000	长期应付款	6 000 000
长期股权投资	5 800 000	负债合计	15 000 000
固定资产	15 000 000	股本	12 500 000
		资本公积	6 800 000
		盈余公积	1 000 000
		未分配利润	9 000 000
		所有者权益合计	29 300 000
资产总计	44 300 000	负债和所有者权益总计	44 300 000

（1）滨海公司在合并日编制合并工作底稿时，对于企业合并前南开公司实现的留存收益中归属于合并方的部分 2 400 000（3 000 000×80%）应自资本公积（资本溢价或股本溢价）转入留存收益。在合并工作底稿中，应编制以下调整分录：

借：资本公积　　　　　　　　2 400 000
　　贷：盈余公积　　　　　　　　　200 000
　　　　未分配利润　　　　　　　2 200 000

（2）在编制合并工作底稿时，应将滨海公司对南开公司的股权投资与南开公司所有者权益中滨海公司享有的份额抵销，少数股东在南开公司所有者权益中享有的份额作为少数股东权益列示。抵销分录如下：

借：股本　　　　　　　　　3 250 000
　　资本公积　　　　　　　1 000 000
　　盈余公积　　　　　　　　250 000
　　未分配利润　　　　　　2 750 000
　　贷：长期股权投资　　　　　　5 800 000
　　　　少数股东权益　　　　　　1 450 000

（3）编制合并工作底稿，如表 3-6 所示。

表 3–6　合并工作底稿

2013 年 6 月 30 日　　单位：元

项目	滨海公司	南开公司	合计数	抵销分录		合并数
				借方	贷方	
利润表项目						
营业收入	22 500 000	5 000 000	27 500 000			27 500 000
营业成本	15 000 000	2 500 000	17 500 000			17 500 000
营业税金及附加	1 000 000	500 000	1 500 000			1 500 000
销售费用	500 000	350 000	850 000			850 000
管理费用	750 000	500 000	1 250 000			1 250 000
财务费用	500 000	300 000	800 000			800 000
投资收益	1 000 000	200 000	1 200 000			1 200 000
营业利润	5 750 000	1 050 000	6 800 000			6 800 000
营业外收入	1 250 000	500 000	1 750 000			1 750 000
营业外支出	1 000 000	550 000	1 550 000			1 550 000
利润总额	6 000 000	1 000 000	7 000 000			7 000 000
所得税费用	2 000 000	250 000	2 250 000			2 250 000
净利润	4 000 000	750 000	4 750 000			4 750 000

续表

项目	滨海公司	南开公司	合计数	抵销分录 借方	抵销分录 贷方	合并数
其中：被合并方在合并前实利润						750 000
资产负债表项目						
货币资金	6 000 000	500 000	6 500 000			6 500 000
应收账款	7 500 000	750 000	8 250 000			8 250 000
存货	10 000 000	2 500 000	12 500 000			12 500 000
长期股权投资	5 800 000	0	5 800 000		5 800 000	0
固定资产	15 000 000	7 500 000	22 500 000			22 500 000
资产总计	45 750 000	11 250 000	57 000 000		5 800 000	51 200 000
短期借款	5 000 000	500 000	5 500 000			5 500 000
应付账款	4 000 000	2 000 000	6 000 000			6 000 000
长期应付款	6 000 000	1 500 000	7 500 000			7 500 000
负债合计	15 000 000	4 000 000	19 000 000			19 000 000
股本	13 500 000	3 250 000	16 750 000	3 250 000		13 500 000
资本公积	7 250 000	1 000 000	8 250 000	1 000 000 2 400 000		4 850 000
盈余公积	1 000 000	250 000	1 250 000	250 000	200 000	1 200 000
未分配利润	9 000 000	2 750 000	11 750 000	2 750 000	2 200 000	11 200 000
少数股东权益					1 450 000	1 450 000
所有者权益合计	30 750 000	7 250 000	38 000 000	9 650 000	3 850 000	32 200 000
负债和所有者权益总计	45 750 000	11 250 000	57 000 000	9 650 000	3 850 000	51 200 000

【课堂测试 3-1】

1．母公司对于同一控制下的控股合并所取得的对子公司的投资，应在取得日（　　）。

A．按股票面值

B．按股票公允价值计价

C．按所占子公司净资产账面价值的份额计价

D．按所占子公司净资产公允价值的份额计价

2．按照我国现行会计准则的规定，对于同一控制下的控股合并所形成的长期股权投资，在投资日母公司所支付的账面价值与所取得的子公司净资产的账面价值的份额之间的差额，应当（　　）。

A．直接计入当期损益

B．先确认为递延借项或递延贷项，然后分期摊销

C．首先调整增加或减少资本公积，当需要调整减少资本公积而资本公积不够冲减时再将差额冲减留存收益

D．直接调整增加或减少盈余公积

3．同一控制下控股合并在合并日合并财务报表编报正确的是（　　）。

A．合并资产负债表中被合并方的各项资产、负债按其账面价值计量

B．合并资产负债表中被合并方的各项资产、负债按其公允价值计量

C．合并留存收益为合并方自身和享有被合并方留存收益份额的合计数确定

D．合并留存收益为合并自身留存收益

E．被合并方合并前留存收益中归属于合并方的部分应自资本公积转入留存收益

第二节　非同一控制下企业合并控股权取得日合并财务报表的编制

一、基本处理原则

非同一控制下的企业合并中形成的母子公司关系的，由于在控股权取得日之前子公司发生的各项收入、费用与合并主体无关，购买方一般应于购买日编制合并资产负债表（只编制合并资产负债表），以反映购买方在股权取得日开始能够控制的经济资源情况。对于属于非同一控制下企业合并中取得的子公司，除了存在与母公司会计政策和会计期间不一致的情况，需要对该子公司的个别财务报表进行调整外，还应当根据母公司为该子公司设置的备查簿的记录，以记录的该子公司的各项可辨认资产、负债及或有负债等在购买日的公允价值为基础，通过编制调整分录，对该子公司的个别财务报表进行调整，以使子公司的个别财务报表反映为在购买日公允价值基础上确定的可辨认资产、负债及或有负债在本期资产负债表日的金额。具体处理步骤如下：

（1）在合并资产负债中，合并中取得的子公司各项可辨认资产、负债应以购买日的公允价值计量，将子公司的有关资产、负债的公允价值并入合并工作底稿。

（2）将母公司对子公司的股权投资数额与子公司的所有者权益中属于母公司的份额予以抵消，并确认子公司的少数股东权益。

（3）计算合并商誉，编制抵消分录，并在分录中体现子公司资产、负债项

目的公允价值的变动。

值得说明的，与同一控制下的企业合并不同，如果母公司对子公司长期股权投资的成本大于取得的子公司的可辨认净资产公允价值份额，其差额体现为合并财务报表中的商誉；如果长期股权投资的成本小于合并中取得的子公司的可辨认净资产公允价值份额，其差额应计入合并利润表中，作为合并当期损益。但由于购买日不需要编制合并利润表，因此，长期股权投资的成本小于合并中取得的被购买方可辨认净资产公允价值份额的差额应体现在合并资产负债表上，通过调整合并资产负债表的盈余公积和未分配利润来反映。

还应该说明的是，非同一控制下的企业合并中，作为购买方的母公司在进行有关会计处理后，应单独设置备查簿，记录其在购买日取得的被购买方各项可辨认资产、负债的公允价值以及因企业合并成本大于合并中取得的被购买方可辨认净资产公允价值的份额应确认的商誉金额，或因企业合并成本小于合并中取得的被购买方可辨认净资产公允价值的份额计入当期损益的金额，作为企业合并当期以及以后期间编制合并财务报表的基础。企业合并当期期末以及合并以后期间，应当纳入到合并财务报表中的被购买方资产、负债等，是以购买日确定的公允价值为基础持续计算的结果。

二、母公司持有子公司全部股权

1．母公司投资成本等于子公司净资产的公允价值

当母公司在投资成本等于子公司净资产的公允价值时，由于没有产生商誉，所以在合并财务报表工作底稿中，只需要将母公司对子公司长期股权投资项目与子公司所有者权益项目直接抵销。

【例 3-3】滨海公司和南开公司属于非同一控制下的企业，2013 年 6 月 30 日，滨海公司通过发行 500 万股普通股（每股面值 1 元），市场价格为每股 1.8 元，取得南开公司 100%的股份。合并前滨海公司和南开公司资产负债表有关资料如 3-7 所示。假设滨海公司、南开公司采用的会计政策相同，滨海公司和南开公司在合并日及以前期间未发生任何交易。

表 3–7 资产负债表（简表）

2013 年 6 月 30 日　　单位：元

项目	滨海公司（账面金额）	南开公司（账面金额）	南开公司（公允价值）
资产			
货币资金	6 000 000	500 000	500 000
应收账款	7 500 000	750 000	750 000

续表

项目	滨海公司（账面金额）	南开公司（账面金额）	南开公司（公允价值）
存货	10 000 000	2 500 000	2 750 000
固定资产	15 000 000	7 500 000	9 000 000
资产总计	38 500 000	11 250 000	13 000 000
负债和所有者权益			
短期借款	5 000 000	500 000	500 000
应付账款	4 000 000	2 000 000	2 000 000
长期应付款	6 000 000	1 500 000	1 500 000
负债合计	15 000 000	4 000 000	4 000 000
股本	8 500 000	3 250 000	3 250 000
资本公积	5 000 000	1 000 000	2 750 000
盈余公积	1 000 000	250 000	250 000
未分配利润	9 000 000	2 750 000	2 750 000
所有者权益合计	23 500 000	7 250 000	9 000 000
负债和所有者权益总计	38 500 000	11 250 000	13 000 000

上述控制合并业务中滨海公司的投资成本为 9 000 000 元，而南开公司的可辨认净资产的公允价值从表 3-7 中得知为 9 000 000 元，两者相等，所以应编制的会计分录如下：

借：长期股权投资　　　　9 000 000
　　贷：股本　　　　　　　5 000 000
　　　　资本公积　　　　　4 000 000

而对于南开公司的公允价值与账面价值的差额，滨海公司不做任何处理。南开公司也不允许按公允价值调整相关的账簿资料。

记录合并业务后，滨海公司的资产负债表如表 3-8 所示。

表 3-8　资产负债表（简表）

编制单位：滨海公司　　　　2013 年 6 月 30 日　　　　单位：元

资产项目	金额	负债和所有者权益项目	金额
货币资金	6 000 000	短期借款	5 000 000
应收账款	7 500 000	应付账款	4 000 000
存货	10 000 000	长期应付款	6 000 000
长期股权投资	9 000 000	负债合计	15 000 000
固定资产	15 000 000	股本	13 500 000
		资本公积	9 000 000
		盈余公积	1 000 000
		未分配利润	9 000 000
		所有者权益合计	32 500 000
资产总计	47 500 000	负债和所有者权益总计	47 500 000

（1）滨海公司在编制股权取得日合并资产负债表时，需要将滨海公司的长期股权投资项目与南开公司的所有者权益项目抵销，并确认南开公司资产、负债公允价值与账面价值的差额。编制的抵销分录如下：

借：存货 250 000
　　固定资产 1 500 000
　　股本 3 250 000
　　资本公积 1 000 000
　　盈余公积 250 000
　　未分配利润 2 750 000
　　贷：长期股权投资 9 000 000

（2）编制合并资产负债表工作底稿，如表 3-9 所示。

表 3–9　合并资产负债表工作底稿

2013 年 6 月 30 日　　单位：元

项目	滨海公司	南开公司	合计数	抵销分录		合并数
				借方	贷方	
货币资金	6 000 000	500 000	6 500 000			6 500 000
应收账款	7 500 000	750 000	8 250 000			8 250 000
存货	10 000 000	2 500 000	12 500 000	250 000		12 250 000
长期股权投资	9 000 000	0	9 000 000		9 000 000	0
固定资产	15 000 000	7 500 000	22 500 000	1 500 000		24 000 000
资产总计	47 500 000	11 250 000	58 750 000	1 750 000	9 000 000	51 500 000
短期借款	5 000 000	500 000	5 500 000			5 500 000
应付账款	4 000 000	2 000 000	6 000 000			6 000 000
长期应付款	6 000 000	1 500 000	7 500 000			7 500 000
负债合计	15 000 000	4 000 000	19 000 000			19 000 000
股本	13 500 000	3 250 000	16 750 000	3 250 000		13 500 000
资本公积	9 000 000	1 000 000	10 000 000	1 000 000		9 000 000
盈余公积	1 000 000	250 000	1 250 000	250 000		1 000 000
未分配利润	9 000 000	2 750 000	11 750 000	2 750 000		9 000 000
所有者权益合计	32 500 000	7 250 000	38 000 000	7 250 000		32 500 000
负债和所有者权益总计	47 500 000	11 250 000	57 000 000	7 250 000		51 500 000

2．母公司的投资成本大于子公司净资产的公允价值

当母公司的投资成本大于合并中取得的子公司净资产公允价值的时，应按确定的合并成本作为长期股权投资的初始投资成本，编制股权取得日合并资产负债表时，将母公司的长期股权投资与子公司的净资产公允价值抵销后的差额，以“商誉”项目反映。

【例 3-4】沿用【例 3-3】的相关资料，假设滨海公司发行股票的每股市场价格为 2 元，其他资料不变，则滨海公司在控股合并日的会计处理如下：

借：长期股权投资　　10 000 000

　贷：股本　　5 000 000

　　资本公积　　5 000 000

记录合并业务后，滨海公司的资产负债表如表 3-10 所示。

表 3–10　资产负债表（简表）

编制单位：滨海公司　　2013 年 6 月 30 日　　单位：元

资产项目	金额	负债和所有者权益项目	金额
货币资金	6 000 000	短期借款	5 000 000
应收账款	7 500 000	应付账款	4 000 000
存货	10 000 000	长期应付款	6 000 000
长期股权投资	10 000 000	负债合计	15 000 000
固定资产	15 000 000	股本	13 500 000
		资本公积	10 000 000
		盈余公积	1 000 000
		未分配利润	9 000 000
		所有者权益合计	32 500 000
资产总计	48 500 000	负债和所有者权益总计	48 500 000

（1）滨海公司在编制股权取得日合并资产负债表时，需要将滨海公司的长期股权投资项目与南开公司的所有者权益项目相抵销，将滨海公司的长期股权投资与南开公司的净资产公允价值抵销后的差额，反映在“商誉”中。

滨海公司对南开公司的长期股权投资为 10 000 000 元，南开公司的可辨认净资产公允价值为 9 000 000 元，相差 1 000 000 元，所以反映在“商誉”中的金额为 1 000 000 元。编制的抵销分录如下：

借：存货　　250 000

　固定资产　　1 500 000

　股本　　3 250 000

　资本公积　　1 000 000

　盈余公积　　250 000

　未分配利润　　2 750 000

　商誉　　1 000 000

　贷：长期股权投资　　10 000 000

（2）编制合并资产负债表工作底稿，如表 3-11 所示。

表 3-11　合并资产负债表工作底稿

2013 年 6 月 30 日　　单位：元

项目	滨海公司	南开公司	合计数	抵销分录 借方	抵销分录 贷方	合并数
货币资金	6 000 000	500 000	6 500 000			6 500 000
应收账款	7 500 000	750 000	8 250 000			8 250 000
存货	10 000 000	2 500 000	12 500 000	250 000		12 250 000
长期股权投资	10 000 000	0	10 000 000		10 000 000	0
固定资产	15 000 000	7 500 000	22 500 000	1 500 000		24 000 000
商誉				1 000 000		
资产总计	48 500 000	11 250 000	59 750 000	2 750 000	10 000 000	52 500 000
短期借款	5 000 000	500 000	5 500 000			5 500 000
应付账款	4 000 000	2 000 000	6 000 000			6 000 000
长期应付款	6 000 000	1 500 000	7 500 000			7 500 000
负债合计	15 000 000	4 000 000	19 000 000			19 000 000
股本	13 500 000	3 250 000	16 750 000	3 250 000		13 500 000
资本公积	10 000 000	1 000 000	11 000 000	1 000 000		10 000 000
盈余公积	1 000 000	250 000	1 250 000	250 000		1 000 000
未分配利润	9 000 000	2 750 000	11 750 000	2 750 000		9 000 000
所有者权益合计	33 500 000	7 250 000	40 750 000	7 250 000		33 500 000
负债和所有者权益总计	48 500 000	11 250 000	59 750 000	7 250 000		52 500 000

3．母公司的投资成本小于子公司净资产的公允价值

当母公司的投资成本小于合并中取得的子公司可辨认净资产的公允价值，应按确定的合并成本作为长期股权投资的初始投资成本，将长期股权投资与子公司可辨认净资产公允价值的差额计入合并当期损益。由于合并日不需要编制合并利润表，该差额体现在合并资产负债表中，应调整合并资产负债表的盈余公积和未分配利润项目。

【例 3-5】沿用【例 3-3】的相关资料，假设滨海公司发行股票的每股市场价格为 1.6 元，其他资料不变，假定滨海公司按净利润的 10%提取盈余公积，则滨海公司在控股合并日的会计处理如下：

借：长期股权投资　　8 000 000
　　贷：股本　　5 000 000
　　　　资本公积　　3 000 000

记录合并业务后，滨海公司的资产负债表如表3-12所示。

表3–12　资产负债表（简表）

编制单位：滨海公司　　　　2013年6月30日　　　　单位：元

资产项目	金额	负债和所有者权益项目	金额
货币资金	6 000 000	短期借款	5 000 000
应收账款	7 500 000	应付账款	4 000 000
存货	10 000 000	长期应付款	6 000 000
长期股权投资	8 000 000	负债合计	15 000 000
固定资产	15 000 000	股本	13 500 000
		资本公积	8 000 000
		盈余公积	1 000 000
		未分配利润	9 000 000
		所有者权益合计	32 500 000
资产总计	46 500 000	负债和所有者权益总计	46 500 000

（1）滨海公司在编制股权取得日合并资产负债表时，需要将滨海公司的长期股权投资项目与南开公司的所有者权益项目相抵销。

滨海公司对南开公司的长期股权投资为8 000 000元，南开公司的可辨认净资产公允价值为9 000 000元，相差1 000 000元，应调整盈余公积和未分配利润，其中盈余公积增加100 000元（1 000 000×10%），未分配利润增加900 000元。编制的抵销分录如下：

借：存货　　　　250 000
　　固定资产　　1 500 000
　　股本　　　　3 250 000
　　资本公积　　1 000 000
　　盈余公积　　250 000
　　未分配利润　2 750 000
　　贷：长期股权投资　　8 000 000
　　　　盈余公积　　　　100 000
　　　　未分配利润　　　900 000

（2）编制合并资产负债表工作底稿，如表3-13所示。

表 3–13 合并资产负债表工作底稿

2013 年 6 月 30 日　　单位：元

项目	滨海公司	南开公司	合计数	抵销分录		合并数
				借方	贷方	
货币资金	6 000 000	500 000	6 500 000			6 500 000
应收账款	7 500 000	750 000	8 250 000			8 250 000
存货	10 000 000	2 500 000	12 500 000	250 000		12 250 000
长期股权投资	8 000 000	0	8 000 000		8 000 000	0
固定资产	15 000 000	7 500 000	22 500 000	1 500 000		24 000 000
资产总计	46 500 000	11 250 000	57 750 000	1 750 000	8 000 000	51 500 000
短期借款	5 000 000	500 000	5 500 000			5 500 000
应付账款	4 000 000	2 000 000	6 000 000			6 000 000
长期应付款	6 000 000	1 500 000	7 500 000			7 500 000
负债合计	15 000 000	4 000 000	19 000 000			19 000 000
股本	13 500 000	3 250 000	16 750 000	3 250 000		13 500 000
资本公积	8 000 000	1 000 000	9 000 000	1 000 000		8 000 000
盈余公积	1 000 000	250 000	1 250 000	250 000	100 000	1 100 000
未分配利润	9 000 000	2 750 000	11 750 000	2 750 000	900 000	9 900 000
所有者权益合计	31 500 000	7 250 000	38 750 000	7 250 000	1 000 000	32 500 000
负债和所有者权益总计	46 500 000	11 250 000	57 750 000	7 250 000	1 000 000	51 500 000

篇中案例

A 公司以 50 万元收购了净资产为 70 万元的 B 公司。会计师甲认为 20 万元的负商誉应冲减固定资产等非流动资产的价值，会计师乙却认为应计入资本公积。如果不考虑现行会计制度的影响，你认为上述两种观点哪一种更为恰当？

三、母公司持有子公司部分股权

如果母公司只持有子公司部分股权，编制股权取得日合并财务报表时，仍分为母公司投资成本等于、大于和小于子公司可辨认净资产公允价值三种情况，处理原则与母公司持有子公司全部股份基本相同，区别在于合并资产负债表中应单独反映在“少数股东权益”项目。

【例 3-6】沿用【例 3-3】的相关资料，假设滨海公司发行 500 万股普通股（每股面值为 1 元），每股市场价格为 1.48 元，取得南开公司 80%的股份，其他资料不变。

滨海公司在控股合并日的会计处理如下：

借：长期股权投资　　7 400 000

　贷：股本　　5 000 000

　　　资本公积　　2 400 000

记录合并业务后，滨海公司资产负债表如表3-14。

表 3–14　资产负债表（简表）

编制单位：滨海公司　　2013 年 6 月 30 日　　单位：元

资产项目	金额	负债和所有者权益项目	金额
货币资金	6 000 000	短期借款	5 000 000
应收账款	7 500 000	应付账款	4 000 000
存货	10 000 000	长期应付款	6 000 000
长期股权投资	7 400 000	负债合计	15 000 000
固定资产	15 000 000	股本	13 500 000
		资本公积	7 400 000
		盈余公积	1 000 000
		未分配利润	9 000 000
		所有者权益合计	30 500 000
资产总计	45 900 000	负债和所有者权益总计	45 900 000

（1）滨海公司在编制股权取得日合并资产负债表时，需要将滨海公司的长期股权投资项目与南开公司的所有者权益项目的80%相抵销，将滨海公司的长期股权投资与南开公司的净资产公允价值的80%抵销后的差额，反映在“商誉”项目中。

滨海公司对南开公司的长期股权投资为 7 400 000 元，南开公司可辨认净资产公允价值为 9 000 000 元，其中 80%为 7 200 000 元，两者的差额为 200 000 元，反映在“商誉”中。应确认的少数股东权益为 1 800 000 元（9 000 000×20%）。编制的抵销分录为：

借：存货　　250 000

　　固定资产　　1 500 000

　　股本　　3 250 000

　　资本公积　　1 000 000

　　盈余公积　　250 000

　　未分配利润　　2 750 000

　　商誉　　200 000

贷：长期股权投资 7 400 000

少数股东权益 1 800 000

（2）编制合并工作底稿，如表3-15所示。

表3–15 合并资产负债表工作底稿

2013年6月30日 单位：元

项目	滨海公司	南开公司	合计数	抵销分录		合并数
				借方	贷方	
货币资金	6 000 000	500 000	6 500 000			6 500 000
应收账款	7 500 000	750 000	8 250 000			8 250 000
存货	10 000 000	2 500 000	12 500 000	250 000		12 750 000
长期股权投资	7 400 000	0	7 400 000		7 400 000	0
固定资产	15 000 000	7 500 000	22 500 000	1 500 000		24 000 000
商誉				200 000		200 000
资产总计	45 900 000	11 250 000	57 150 000	1 950 000	7 400 000	51 700 000
短期借款	5 000 000	500 000	5 500 000			5 500 000
应付账款	4 000 000	2 000 000	6 000 000			6 000 000
长期应付款	6 000 000	1 500 000	7 500 000			7 500 000
负债合计	15 000 000	4 000 000	19 000 000			19 000 000
股本	13 500 000	3 250 000	16 750 000	3 250 000		13 500 000
资本公积	7 400 000	1 000 000	8 400 000	1 000 000		7 400 000
盈余公积	1 000 000	250 000	1 250 000	250 000		1 000 000
未分配利润	9 000 000	2 750 000	11 750 000	2 750 000		9 000 000
少数股东权益					1 800 000	1 800 000
所有者权益合计	30 900 000	7 250 000	38 150 000	7 250 000	1 800 000	32 700 000
负债和所有者权益总计	45 900 000	11 250 000	57 150 000	7 250 000	1 800 000	51 700 000

【课堂测试3-2】

1．非同一控制下的企业合并，在购买日需要编制的合并财务报表包括（　　）。

A．合并资产负债表

B．合并资产负债表和合并利润表

C．合并资产负债表、合并利润表和合并现金流量表

D．合并资产负债表、合并利润表、合并现金流量表和合并所有者权益变动表

2．甲公司于2010年1月1日以800万元取得乙公司10%的股份，取得投资时乙公司净资产的公允价值为7 000万元。甲公司对持有的投资采用成本法

核算。2011 年 1 月 1 日，甲公司另支付 4 050 万元取得乙公司 50%的股份，从而能够对乙公司实施控制。购买日乙公司可辨认净资产公允价值为 8 000 万元。乙公司 2010 年实现的净利润为 600 万元（假定不存在需要对净利润进行调整的因素），未进行利润分配。2011 年 1 月 1 日合并财务报表中应确认的商誉为（　　）万元。

A．150　　B．50

C．100　　D．0

本章小结

本章主要讲述合并日发生在会计期末，母公司在股权购买日如何编制合并财务报表。

由同一控制下的企业合并形成母子公司关系的，合并方一般在股权取得日（以下称“合并日”）编制合并财务报表。合并日的合并财务报表一般包括合并资产负债表、合并利润表及合并现金流量表。合并资产负债表中被合并方的各项资产、负债，应当按其账面价值计量；合并利润表应当包括参与合并各方自合并当期期初至合并日所发生的收入、费用和利润。被合并方在合并前实现的净利润，应当在合并利润表中单列项目反映。合并现金流量表应当包括参与合并各方自合并当期期初至合并日的现金流量。对于属于同一控制下企业合并中取得的子公司的个别财务报表，如果不存在与母公司会计政策和会计期间不一致的情况，则不需要对该子公司的个别财务报表进行调整，但需要抵销内部交易对合并财务报表的影响。如果母公司与子公司采用的会计政策或会计期间不同，则应按照母公司的会计政策和会计期间，以子公司的个别财务报表进行调整。

非同一控制下的企业合并中形成的母子公司关系的，由于在控股权取得日之前子公司发生的各项收入、费用与合并主体无关，购买方一般应于购买日编制合并资产负债表（只编制合并资产负债表），以反映购买在股权取得日开始能够控制的经济资源情况。对于属于非同一控制下企业合并中取得的子公司，除了存在与母公司会计政策和会计期间不一致的情况，需要对该子公司的个别财务报表进行调整外，还应当根据母公司为该子公司设置的备查簿的记录，以记录的该子公司的各项可辨认资产、负债及或有负债等在购买日的公允价值为基础，通过编制调整分录，对该子公司的个别财务报表进行调整，以使子公司的个别财务报表反映为在购买日公允价值基础上确定的可辨认资产、负债及或有负债在本期资产负债表日的金额。

篇后案例

甲公司欲扩大规模，增加竞争力，防止被兼并。现有两个可选择的方案：第一个方案是由股东追加投资 1 000 万元用两年时间进行生产设备的购置、厂房的建造，该生产线上马后，第一年可获利 200 万元；第二个方案是现在就以银行错款 1 600 万元收购与本企业颇有竞争能力的 D 公司，借款利率为 8%，收购成功后第一年起每年可增加利润 200 万元。如果你是决策者，会选择哪一种方案？

核心概念

控股权取得日（acontrolling stake）
合并资产负债表（consolidated sheets）
合并利润表（consolidated income statements）
合并现金流量表（consolidated cash flow statements）
抵销分录（offset entries）
少数股东权益（minority interest）

思考题

1．同一控制下企业合并的股权取得日，需要编制的合并财务报表有哪些？理由是什么？如何编制？

2．非同一控制下企业合并的股权取得日，需要编制的合并财务报表有哪些？理由是什么？如何编制？

3．子公司存在少数股权在股权取得日合并财务报表上如何反映？

4．企业合并在什么样的情况下会产生商誉?如何列示？

5．比较同一控制下和非同一控制下企业合并在股权取得日后编制的合并财务报表的异同点。

练习题

（一）单项选择题

1．母公司对非同一控制下企业投资，如果需要在控制权取得日编制合并会计报表，则需要编制（　　）。

A．合并资产负债表

B．合并资产负债表和合并利润表

C．合并现金流量表

D．B和C

2．在非同一控制下，子公司净资产的公允价值与账面价值之间的差额应该调整（　　）。

A．母公司资本公积　　B．子公司的资本公积

C．母公司的未分配利润　　D．子公司的未分配利润

3．在同一控制下的进行购并日合并时，母公司应对子公司的净资产采用（　　）合并。

A．账面价值　　B．公允价值

C．可变现净值　　D．现值

4．甲企业与乙企业合并前分属于不同的主管单位。甲企业以账面价值200万元的库存商品（增值税税率为17%、计税价格300万元）和300万元的货币资金购入乙企业80%的股权，从而成为乙企业的母公司。该项股权购买事项之前，乙企业的股东权益为800万元，甲企业的股东权益为2 000万元。股权取得日的合并资产负债表中，“股东权益”总额应（　　）。

A．大于2 800万元　　B．等于2 800万元

C．等于2 000万元　　D．小于2 800万元大于2 000万元

5．同一控制下的企业合并形成母子公司关系的，合并方应在合并日编制合并财务报表，如合并方账面资本公积（资本或股本溢价）贷方余额大于被合并方在合并前实现的留存收益中归属于合并方的部分，在合并资产负债表中，对被合并方在合并前实现的留存收益中归属于合并方的部分（　　）。

A．不做调整

B．自“盈余公积”和“未分配利润”转入“资本公积”

C．自“盈余公积”转入“未分配利润”

D．自“资本公积”转入“盈余公积”和“未分配利润”

6.2008年2月1日A公司向B公司的股东定向增发1 000万股普通股(每股面值为1元)，对B公司进行合并，所发行股票每股市价4元，并于当日取得B公司70%的股权，B公司购买日可辨认净资产的公允价值为4 500万元。假定此合并为非同一控制下的企业合并，则A公司应确定的合并商誉为(　　)万元。

A．1 000　　B．750　　C．850　　D．960

7．非同一控制下企业合并，控制权取得日，投资成本大于所占子公司可辨认净资产公允价值的份额的差额，应在合并财务报表上（　　）。

A．确认为商誉

B．确认为当期损益

C．确认为递延费用，以后期间予以分期摊销

D．冲减固定资产

8．非同一控制下企业合并，控制权取得日，投资成本小于所占子公司可辨认净资产公允价值的份额的差额，应在合并财务报表上（　　）。

A．确认为商誉　　B．确认为当期损益

C．确认为合并价差　　D．冲减固定资产

9．下列关于同一控制下的控股合并和非同一控制下的控股合并中产生的差额的处理中，说法正确的是（　　）。

A．同一控制下，合并方在合并中将差额调整所有者权益相关项目，不影响企业合并当期的利润表；非同一控制下，合并方在合并中将差额计入商誉和当期损益，计入当期损益时影响企业合并当期的利润表

B．同一控制下和非同一控制下，合并方在合并中都将差额调整所有者权益相关项目，不影响企业合并当期的利润表

C．同一控制下和非同一控制下，合并方在合并中都将差额计入商誉和当期损益，影响企业合并当期的利润表

D．同一控制下，合并方在合并中将差额计入商誉和当期捐赠，影响企业合并当期的利润表；非同一控制下，合并方在合并中将差额调整所有者权益相关项目，不影响企业合并当期的利润表

10．关于同一控制下企业合并的处理中，以下表述不正确的是（　　）。

A．进行合并日会计处理时，不存在投资资产账面价值和公允价值的差额

B．编制合并报表时，取得被合并净资产按照账面价值确认应有份额的金额

C．编制合并报表时不存在合并商誉

D．编制合并报表时有可能存在合并商誉，需要抵销

11．甲公司发行1 000万股普通股（每股面值1元，市价5元）作为合并对价取得乙公司 100%的股权，合并后乙公司维持法人资格继续经营，涉及合并双方合并前无关联关系，合并日乙企业的可辨认资产公允价值总额为 5 000万元，可辨认负债公允价值总额为2 000万元，甲公司的合并成本为（　　）。

A．1 000　　B．3 000

C．5 000　　D．2 000

12．下列关于同一控制下的企业合并和非同一控制下的企业合并中产生的合并成本与取得被购买可辨认净资产（账面价值）公允价值份额的差额的处理中，说法正确的是（　　）。

A．同一控制和非同一控制下，合并方在合并中都将差额调整所有者权益相关项目，不影响企业合并当期的利润表

B．同一控制下，合并方在合并中将差额调整所有者权益相关项目，不影响企业合并当期的利润表；非同一控制下吸收合并，合并方在合并中将差额计入商誉和当期损益，影响企业合并当期的利润表

C．同一控制下，合并方在合并中将差额计入商誉和当期损益，影响企业合并当期的利润表；非同一控制下，合并方在合并中将差额调整所有者权益相关项目，不影响企业合并当期的利润表

D．同一控制下和非同一控制下，合并方在合并中都将差额计入商誉和当期损益，影响企业合并当期的利润表

13．甲公司以一台固定资产和一项专利权作为对价取得同一集团内乙公司100%的股权。固定资产原价1 000万元、累计折旧400万元的设备；专利权的原价为600万元、累计摊销为150万元。合并日乙公司账面所有者权益总额为1 300万元，甲公司在确认对乙公司的长期股权投资时，确认的资本公积为（　　）。

A．贷记250万元　　B．借记250万元

C．不产生资本公积　　D．贷记300万元

14．甲公司于2010年12月29日以2 000万元取得对乙公司80%的股权，能够对乙公司实施控制，形成非同一控制下的企业合并，合并当日乙公司可辨认净资产公允价值总额为1 600万元。2011年12月25日甲公司又出资200万元自乙公司的其他股东处取得乙公司10%的股权，交易日乙公司有关资产、负债以购买日开始持续计算的金额（对母公司的价值）为1 900万元。甲公司、乙公司及乙公司的少数股东在交易前不存在任何关联方关系。不考虑其他因素，则甲公司在编制2011年的合并资产负债表时，因购买少数股权而调整的资本公积金额为（　　）万元。

A．20　　B．10

C．30　　D．40

15．以下关于母公司投资收益和子公司利润分配的抵销分录，表述不正确

的是（ ）。

A．抵销母公司投资收益和少数股东损益均按照调整后的净利润份额计算

B．抵销子公司利润分配有关项目按照子公司实际提取和分配数计算

C．抵销期末未分配利润按照期初和调整后的净利润减去实际分配后的余额计算

D．抵销母公司投资收益按照调整后的净利润份额计算，计算少数股东损益的净利润不需调整

（二）多项选择题

1．下列关于股权取得日合并资产负债表的阐述中，不正确的是（ ）。

A．需要抵销合并前发生的成员企业之间的内部交易影响数

B．合并报表工作底稿中一般只需编制一个抵销分录

C．对非全资的子公司可以部分地抵销其股东权益

D．对子公司的股东权益要全额抵销

E．必然涉及对少数股东权益的确认

2．关于同一控制下的企业合并形成的母子公司关系的，在合并日，下列说法正确的有（ ）。

A．合并资产负债表中被合并方的各项资产、负债，应当按其账面价值计量

B．合并资产负债表中被合并方的各项资产、负债，应当按其公允价值计量

C．合并利润表应当包括参与合并各方自合并当期期初至合并日所发生的收入、费用和利润

D．合并利润表不应当包括参与合并各方自合并当期期初至合并日所发生的收入、费用和利润

E．合并现金流量表应当包括参与合并各方自合并当期期初至合并日的现金流量

3．下列关于控股合并日需要编制报表的表述中正确的有（ ）。

A．同一控制下的合并报表的编制，包括合并资产负债表、合并利润表、合并现金流量表

B．同一控制下的合并日需要调整合并资产负债表的期初数

C．非同一控制下的合并报表的编制，包括合并资产负债表、合并利润表、合并现金流量表

D．非同一控制下的合并日需要调整合并资产负债表的期初数

E．非同一控制下的合并日需要编制合并资产负债表，且不需要调整合并资产负债表的期初数

4．关于同一控制下控股合并方在合并日合并报表的编报，正确的有（　　）。

A．合并资产负债表中被合并方的各项资产、负债，应当按其账面价值计量

B．合并资产负债表中被合并方的各项资产、负债，应当按其公允价值计量

C．合并留存收益为合并方自身和享有被合并方留存收益份额的合计数确定（不考虑合并方的资本公积余额不足的情况）

D．合并留存收益为合并方自身留存收益

E．被合并方合并前留存收益中归属于合并方的部分应自资本公积转入留存收益

5．确定非同一控制下企业合并的购买日，以下必须同时满足的条件有（　）。

A．合并合同或协议已获取股东大会等内部权力机构通过

B．已获得国家有关主管部门审批

C．已办理了必要的财产权交接手续

D．购买方已支付了购买价款的大部分（一般应超过 50%），并且有能力支付剩余款项

E．购买方实际上已经控制了被购买方的财务和经营决策，并享有相应的收益和风险

6．同一控制下企业合并，在编制合并工作底稿时，抵销子公司本期提取的盈余公积中属于少数股东的份额涉及的项目有（　　）。

A．投资收益　　B．少数股东权益

C．盈余公积　　D．提取盈余公积

E．少数股东净利润

7．同一控制下企业合并，在编制合并工作底稿时，恢复子公司的年初盈余公积与未分配利润中属于母公司的份额涉及的项目有（　　）。

A．投资收益　　B．资本公积

C．盈余公积　　D．提取盈余公积

E．年初未分配利润

8．非同一控制下企业合并编制合并财务报表时，在控制权取得日的合并资产负债表上（　　）。

A．子公司的净资产按控制权取得日的公允价值反映

B．子公司的净资产按控制权取得日的账面价值反映

C．母公司本身的净资产按公允价值反映

D．母公司本身的净资产按账面价值反映

E．母公司本身的净资产和子公司的净资产可以选择公允价值和账面价值中的任何一种方法计价

9．对非同一控制下的企业合并时的合并成本，下列说法中正确的有（　　）。

A．一次交换交易实现的企业合并，合并成本为购买方在购买日为取得对被购买方的控制权而付出的资产、发生或承担的负债以及发行的权益性证券的公允价值

B．通过多次交换交易分步实现的企业合并，其合并成本为每一单项交换交易成本之和

C．购买方为进行企业合并发生的各项直接相关费用也应当计入企业合并成本

D．购买方为进行企业合并发生的各项直接相关费用应当计入当期损益

E．在合并合同或协议中对可能影响合并成本的未来事项作为约定的，购买日如果估计未来事项很可能发生并且对合并成本的影响金额能够可靠计量的，购买方应当将其计入合并成本

10．非同一控制下企业合并成本小于合并中取得的被购买方可辨认净资产公允价值份额的部分，正确的会计处理有（　　）。

A．在吸收合并的情况下，应计入购买方的合并当期的个别利润表

B．在控股合并的情况下，应体现在合并当期的合并利润表中

C．在吸收合并的情况下，应体现在合并当期的合并利润表中

D．在控股合并的情况下，应计入购买方的合并当期的个别利润表中

E．在吸收合并的情况下，不计入购买方的合并当期的个别利润表中

11．关于非同一控制下控股合并购买日编制合并报表的说法中，正确的有（　　）。

A．合并资产负债表中取得的是被购买方各项资产和负债按照公允价值确认

B．合并前留存收益中归属于合并方的部分应自合并方的资本公积转

入留存收益

C. 不需要将合并前留存收益中归属于合并方的部分自合并的资本公积转入留存收益

D. 购买方合并成本大于取得被购买方可辨认净资产公允价值份额的差额确认为合并商誉

E. 购买方合并成本大于取得被购买方可辨认净资产账面价值的差额确认为合并商誉

12. 下列关于同一控制下企业合并发生的直接相关费用，说法正确的有（　　）。

A. 一般情况下，同一控制下企业合并进行合并过程中发生的各项直接相关费用，应于发生时费用化，借记“管理费用”等科目，贷记“银行存款”等科目

B. 以发行债券方式进行的企业合并，与发行有关的佣金、手续费等应计入负债的初始计量金额中，如果折价发行，则增加折价金额；如果溢价发行，则减少溢价金额

C. 以权益性证券作为合并对价的，与发行有关的佣金、手续费等，不管其与企业合并是否直接相关，均应从所发行权益性证券的发行溢价收入中扣除

D. 某部门为了寻找相关的购并机会，维持该部门日常运转的有关费用，属于与企业合并直接相关的费用

E. 为进行企业合并支付的审计费用、资产评估费用以及有关的法律咨询费用等增量费用属于为进行企业合并发生的有关费用

13. 下列对于同一控制下企业合并的说法，正确的有（　　）。

A. 同一控制下企业合并进行过程中发生的各项直接相关的费用，一般应于发生时费用化计入当期损益

B. 合并中不产生新的资产和负债

C. 合并方在合并中取得的被合并方各项资产、负债应维持其在被合并方的原账面价值不变

D. 合并方在合并中取得的净资产的入账价值与为进行企业合并支付的对价的账面价值之间的差额，不作为资产的处置损益

E. 合并方在编制合并日的合并利润表时，应包含合并方及被合并方自合并当期期初至合并日实现的净利润

14．确定购买日的基本原则是控制权转移的时点，企业在实务操作中，应当同时满足了以下条件时，一般可认为实现了控制权的转移，形成购买日。包括（　　）。

A．企业合并合同或协议已获股东大会等内部权力机构通过

B．按照规定，合并事项需要经过国家有关主管部门审批的，已获得相关部门的批准

C．参与合并各方已办理必要的财产产权交换手续

D．购买方已支付了购买价款的大部分（一般应超过 50%），并且有能力支付剩余款项

E．购买方实际上已经控制了被购买方的财务和经营政策，并享有相应的收益和风险

15．关于购买子公司少数股权的处理，下列说法中正确的有（　　）。

A．从母公司个别财务报表角度，其自子公司少数股东处新取得的长期股权投资，应当按照《企业准则第 2 号——长期股权投资》的规定，确定长期股权投资的入账价值

B．在合并财务报表中，子公司的资产、负债应以购买日（或合并日）开始持续计算的金额反映

C．在合并财务报表中，子公司的资产、负债应以合并报表日公允价值反映

D．母公司新取得的长期股权投资与按照新增持股比例计算应享有子公司自购买日（或合并日）开始持续计算的可辨认净资产份额之间的差额，应当调整合并财务报表中的资本公积（资本溢价或股本溢价），资本公积（资本溢价或股本溢价）的余额不足冲减的，调整留存收益

E．母公司新取得的长期股权投资成本与按照新增持股比例计算的可辨认净资产份额之间的差额，应当确认为商誉

（三）判断题

1．同一控制下企业合并在股权取得日编制的财务报表仅包括合并资产负债表。（　　）

2．同一控制下企业合并，母公司持有子公司全部股份时，应将合并方的长期股权投资与被合并方所有者权益的账面价值抵销。（　　）

3．非同一控制下企业合并购买日，不需要编制合并利润表。（　　）

4．同一控制下企业合并，少数股东持有的股权在合并财务报表中需以少

数股东权益项目反映。（　　）

5．同一控制下，母公司在编制合并日的合并利润表时，应包含母公司及子公司自合并当期期初至合并日实现的净利润。（　　）

6．同一控制下，母公司在编制合并日的合并现金流量表时，应包含母公司与子公司自合并当期期初至合并日产生的现金流量。（　　）

7．对于同一控制下多次交易实现的企业合并，不涉及商誉的确认和计量。（　　）

8．对于非同一控制下多次交易实现的企业合并，被购买方在交易日和购买日之间可辨认净资产公允价值变动，相对于原持股比例应享有的部分，在合并财务报表（控制合并）中应按照权益法调整所有者权益相关项目。（　　）

9．以发行债券方式进行的企业合并，债券如为溢价发行的，则与发行债券相关的佣金、手续费的处理应减少溢价的金额。（　　）

10．非同一控制下企业合并中，对于被购买方在企业合并之前已经确认的商誉和递延所得税项目，购买方在对企业合并成本进行分配、确认合并中取得可辨认资产和负债时不应予以考虑。（　　）

11．非同一控制下企业合并，购买方为进行企业合并发生的各项直接相关费用应当计入企业合并成本。（　　）

12．购买方对合并成本大于合并中取得的被购买方可辨认净资产公允价值份额的差额，应当确认为商誉。（　　）

13．购买方对合并成本小于合并中取得的被购买方可辨认净资产公允价值份额的差额，应当直接计入所有者权益。（　　）

14．合并资产负债表时，母公司对子公司的长期股权投资与母公司在子公司所有者权益中所享有的份额应当相互抵销。（　　）

15．非同一控制下的企业合并，当母公司的投资成本小于合并中取得的子公司可辨认净资产的公允价值，应按确定的合并成本作为长期股权投资的初始投资成本，将长期股权投资与子公司可辨认净资产公允价值的差额计入合并当期损益。（　　）

（四）核算题

1．M和N公司均为P公司的控股子公司，2008年1月5日（合并日），M公司以银行存款920 000元获得N公司60%的有表决权的股份。在合并过程中发生的审计费、评估费和法律咨询费等为50 000元，M公司以银行存款支付。M公司和N公司在合并日的资产负债表资料如下表所示：

资产负债表资料 单位：元

资产项目	公司名称		权益项目	公司名称	
	M公司	N公司		M公司	N公司
银行存款	2 500 000	1 850 000	应付账款	1 800 000	800 000
原材料	2 600 000	1 000 000	长期借款	2 200 000	700 000
固定资产	6 000 000	1 000 000	应付债券	4 100 000	650 000
			负债合计	8 100 000	2 150 000
			股本	2 150 000	1 000 000
			资本公积	400 000	350 000
			盈余公积	350 000	250 000
			未分配利润	100 000	100 000
			股东权益合计	3 000 000	1 700 000
资产总额	11 100 000	3 850 000	权益总计	11 100 000	3 850 000

要求：编制合并日M公司合并资产负债表的调整抵销分录。

2．沿用上题资料，假设M公司通过发行80万股的普通股（每股面值1元，每股市价2.5元，发行费20万元）去交换N公司60%的有表决权的股份，其他条件不变，请编制合并日M公司的合并资产负债表。

3．假设甲、乙公司是同一控制下的企业，2008年1月1日甲公司以现金3 000万元购买了乙公司100%的股权，乙公司2008年1月1日固定资产的公允价值为3 500万元，存货的公允价值为900万元，负债的公允价值与账面价值相同。甲、乙公司的资产负债表如下表所示：

资产负债表（简表）

2008年1月1日 单位：元

	甲公司	乙公司
货币资金	35 000 000	15 000 000
存货	20 000 000	10 000 000
固定资产	70 000 000	30 000 000
资产合计	125 000 000	55 000 000
各种负债	40 000 000	30 000 000
负债合计	40 000 000	30 000 000
股本	50 000 000	10 000 000
资本公积	25 000 000	9 000 000
盈余公积	2 000 000	1 000 000
未分配利润	8 000 000	5 000 000
所有者权益合计	85 000 000	25 000 000
负债和所有者权益合计	125 000 000	55 000 000

要求：

（1）甲公司在2008年1月1日应如何进行会计处理？

（2）甲公司在 2008 年 1 月 1 日应如何编制合并资产负债表？

4．假设甲、乙公司是非同一控制下的企业，2008 年 1 月 1 日甲公司以现金 3 000 万元购买了乙公司 100%的股权，乙企业 2008 年 1 月 1 日固定资产的公允价值为 3 500 万元，存货的公允价值为 900 万元，其他资产、负债的公允价值与账面价值相同。假定固定资产为管理用固定资产，剩余摊销年限为 5 年，采用年限平均法计提折旧，存货将于本年售出。甲、乙企业的资产负债表如下表所示：

资产负债表（简表）

2008 年 1 月 1 日　　单位：元

	甲公司	乙公司（账面价值）	乙公司（公允价值）
货币资金	35 000 000	15 000 000	15 000 000
存货	20 000 000	10 000 000	9 000 000
固定资产	70 000 000	30 000 000	35 000 000
资产合计	125 000 000	55 000 000	59 000 000
各种负债	40 000 000	30 000 000	30 000 000
负债合计	40 000 000	30 000 000	30 000 000
股本	50 000 000	10 000 000	
资本公积	25 000 000	9 000 000	
盈余公积	2 000 000	1 000 000	
未分配利润	8 000 000	5 000 000	
所有者权益合计	85 000 000	25 000 000	
负债和所有者权益合计	125 000 000	55 000 000	

要求：

（1）甲企业在 2008 年 1 月 1 日应如何进行会计处理？

（2）甲企业 2008 年 1 月 1 日如何编制合并资产负债表？

第四章　控股权取得日后合并财务报表的编制

【学习目标】

通过本章学习，掌握企业合并日后首期合并报表的编制程序和方法，并熟练掌握控股权取得日后连续合期编制合并财务报表的基本方法和程序；掌握合并财务报表编制过程中的抵销会计处理及存在少数股权时的会计处理。

开篇案例

P公司与S公司均为M公司的控股子公司，在2013年3月1日（合并日），P公司以银行存款920 000元获得S公司60%的有表决权的股份。在合并过程中发生的审计费、评估费和法律咨询费等为50 000元，P公司以银行存款支付。P、S公司的资产负债表均已取得，对于P公司而言，S公司属于其合并范围，请问在2013年3月1日的股权取得日，P公司是否需合并S公司的财务报表？如果不需要，应该在哪一天做合并财务报表？

第一节　长期股权投资的会计方法

长期股权投资是指持有时间准备超过一年的各种股权性质的投资，这种投资的主要目的是通过资金、技术和人员等纽带，取得其他企业的全部或部分股权，对其他企业的财务和经营决策实施控制或重大影响，从而有利于投资企业的扩张和发展。对长期股权投资如何进行会计处理的实质是如何确认长期股权投资损益，长期股权投资存在两种损益观点：一种是以收到利润或现金股利时确认投资损益；二是按所持股权所代表的所有者权益的增减变动确认投资损益。按照这两种损益观点不同，长期股权投资的会计处理方法有成本法和权益法两种。

一、成本法

成本法是指长期股权投资按投资成本计价的方法。在成本法下，长期股权投资以取得股权时的成本计价，其后，除了投资企业追加投资、收回投资等情况外，账面价值保持不变。被投资企业宣告分派的利润或现金股利，投资企业按应当享有的部分，确认为投资收益，但股权持有期间确认的投资收益仅限于所获得的被投资企业在投资后产生的累积净利润的分配额，超过部分作为初始投资成本的收回，冲减长期股权投资的账面价值。

我国会计准则规定，成本法的适用范围主要有：

（1）投资企业能够对被投资单位实施控制的长期股权投资。投资企业能够对被投资单位实施控制的，被投资单位为其子公司，投资企业应当将子公司纳入合并财务报表合并范围；

（2）投资企业对被投资单位不具有共同控制或重大影响，且在活跃市场中没有报价、公允价值不能可靠计量的长期股权投资。

可以明显看出，成本法是以收到利润或现金股利确认投资损益的观点为依据，股权投资的初始投资成本是企业取得被投资股权时的实际支出，一项投资能获得多少利益，很大程度上取决于能够分得多少利润或现金股利，当处置一项股权投资时，计算该项投资累积获得的收益是实际分得的利润或现金股利以及处置该投资时实际收回金额与投资成本的差额的合计。

所以成本法核算的优点主要有：

（1）核算程序简便，容易掌握；

（2）长期股权投资账户能够反映投资的成本，能够反映企业实际获得的利润或现金股利情况，信息反映更加充分、全面；

（3）成本法只有在投资企业实际得到或者要求已实现时利润或现金股利才确认，注重了投资企业与被投资企业两个独立的法人实体；

（4）符合收付实现制原则，收益符合谨慎性原则。可以避免在子公司实际宣告发放现金股利或利润之前，母公司垫付资金发放现金股利或利润等情况。

但成本法也存在一些缺陷：

（1）不能反映投资企业在被投资单位的权益，因为长期股权投资账户始终仅反映初始投资或追加投资的投资成本；

（2）投资收益不能真正反映投资企业应获得的利益，容易为投资企业操纵利润提供空间。

二、权益法

权益法是指投资发生时以初始投资成本计价，以后根据投资企业享有被投资单位所有者权益份额的变动对投资的账面价值进行调整的方法。在权益法下，长期股权投资的账面价值随着被投资单位所有者权益的变动而变动，包括被投资单位实现的净利润或发生的净亏损以及其他所有者权益项目的变动。

我国会计准则规定，投资企业能够对被投资单位实施控制的长期股权投资在单独财务报表中应采用成本法核算，编制合并财务报表时按照权益法进行调整。可见，这一规定并未否定投资企业能够对被投资单位实施控制的长期股权投资按照权益法反映的要求。另外对合营企业投资和对联营企业投资采用权益法核算。

权益法的核算特点：

（1）长期股权投资的初始投资或追加投资时，应按照投资成本增加长期股权投资的账面价值；

（2）投资以后，对于被投资单位所实现的净利润或产生的净亏损，投资企业应按其持有被投资单位的股权份额确认为投资收益或投资损失。由于被投资企业个别利润表中的净利润是以账面价值为基础计算的，确认投资收益时，应当以取得投资时被投资单位各项可辨认资产等的公允价值为基础，对被投资单位的净利润进行调整后加以确定；

（3）当投资企业从被投资单位收到股利时，应减少投资企业的投资账面价值。

权益法的优点主要有：

（1）按所持股权所代表的所有者权益的增减变动确认投资损益，准确表明了股权代表了股东应享有或应分担被投资单位的利益或损失；

（2）能够代表投资企业控制或重大影响的实施，并表明投资收益是可实现的；

（3）权益法强调投资企业与被投资企业关系上的经济实质，将两个独立的法律主体视为一个经济主体，其处理方法更符合权责发生制原则；

（4）权益法所反映的投资收益更客观真实，可避免操纵利润的情况发生。

篇中案例

A公司准备招聘一位财务主管，在招聘会计上，总会计师提出以下问题：公司打算通过合并实现扩张计划，以发行普通股1万股换取W公司40%

的股权。收取W股权后，总会计师决定采用成本法进行核算，所持理由是：

（1）本公司只持有W公司40%的股权，对W公司不能起控制作用，不需要编制合并会计报表。

（2）尽管W公司实现有利润，如果W公司不分配现金股利，本公司并不能获取现金流入，成本法核算的投资收益与现金流入相一致。

（3）W公司出现资不抵债的情况下，本公司只负有限责任。

总会计师的观点是否正确？请说说你的观点。

第二节 同一控制下企业合并控股权取得日后首期合并财务报表的编制

控股权取得日后的合并财务报表包括合并资产负债表、合并利润表、合并现金流量表和合并股东权益变动表。合并财务报表编制的主要程序就是编制合并工作底稿。编制合并工作底稿主要有：

（1）将母公司及各个纳入合并范围的子公司的利润表、所有者权益变动表、资产负债表和现金流量表依次登入合并工作底稿；

（2）在合并工作底稿中编制调整分录和抵销分录，对母、子公司的个别财务报表进行调整处理并将内部交易对合并财务报表有关项目的影响进行抵销处理。

子公司所采用的会计政策和会计期间与母公司不一致的，如果母公司自行对子公司的个别财务报表进行调整，应当在合并工作底稿中通过编制调整分录予以调整。

母公司对子公司的长期股权投资由成本法调整为权益法，也需要在合并工作底稿中通过编制调整分录予以调整，而不改变母公司“长期股权投资”的账簿记录。编制抵销分录的目的在于将个别财务报表各项目的加总金额中重复的因素予以抵销。

（3）将调整分录和抵销分录分别过入合并工作底稿的相关项目，并计算各项目的合并数。

在合并工作底稿中编制的调整分录和抵销分录，借记或贷记的均为财务报表项目（即资产负债表项目、利润表项目、现金流量表项目和所有者权益变动表项目），而不是具体的会计科目。例如，涉及调整或抵销固定资产折旧、固定资产减值准备等均通过资产负债表中的“固定资产”项目，而不是“累计折旧”、“固定资产减值准备”等科目来进行调整和抵销。对于母子公司间或各子公司间内部交易的抵销处理在第五章讲解，本章主要介绍母公司、子公司之间投资和被投资关系所形成的对应项目的调整和抵销处理的程序和方法。

一、对子公司拥有全部股权的合并财务报表编制

（一）按权益法调整对子公司的长期股权投资

合并财务报表应当以母公司和其子公司的个别财务报表为基础，根据其他相关资料，按照权益法调整对子公司的长期股权投资后，由母公司编制。

成本法下，母公司个别财务报表中“长期股权投资”项目反映的是母公司对子公司长期股权投资的投资成本，“投资收益”项目反映的是当期从子公司所分配的现金股利。权益法下，长期股权投资的账面价值反映其在被投资企业中权益的变动情况，即长期股权投资的账面余额等于其在子公司所有者权益中所拥有的份额。所以在编制合并财务报表时，需要将母公司对子公司的长期股权投资与子公司所有者权益各项目进行抵销。

按权益法调整对子公司的长期股权投资根据《企业会计准则第2号——长期股权投资》进行调整。

（二）抵销母公司、子公司之间投资和被投资关系形成的内部项目

从整个企业集团的整体角度看，母公司对子公司的权益性投资，相当于母公司将资金拨付给子公司使用，不会引起整个企业集团的资产、负债和所有者权益项目的增减变动。

1．母公司长期股权投资与子公司所有者权益的抵销

由于母公司对子公司拥有全部股权，则子公司的净利润在权益法下已全部记在了母公司的“长期股权投资”和“投资收益”项目，子公司的“所有权权益”项目全额对应于母公司的“长期股权投资”项目。编制的抵销分录为：借记“股本”、“资本公积”、“盈余公积”和“未分配利润”项目，贷记“长期股权投资”项目。

2．母公司的投资收益与子公司利润分配项目的抵销

母公司对子公司拥有全部股权，应将母公司对子公司按权益法调整后投资收益和子公司期初未分配利润之和与子公司本年利润分配项目和期末未分配利润相抵销。编制的抵销分录为：借记“投资收益”、“期初未分配利润”项目，贷记“提取盈余公积”、“对所有者（或股东）的分配”和“期末未分配利润”项目。

（三）在合并工作底稿中计算合并数，并据以填制合并财务报表

【例 4-1】滨海公司和南开公司为同一集团内两个全资子公司。2013 年 1 月 1 日，滨海公司向南开公司的股东定向增发 500 万股普通股（每股面值 1 元）对南开公司进行合并，取得南开公司 100%的股份。当日，南开公司的股东权益总额为 6 575 000 元，其中股本 3 250 000 元，资本公积 1 000 000 元，盈余公积 175 000 元，未分配利润 2 150 000 元。2013 年南开公司实现净利润 750 000 元，提取盈余公积 75 000 元，分配现金股利 75 000 元。滨海公司和南开公司的 2013 年末资产负债表与利润表如表 4-1 和 4-2 所示。假设南开公司与滨海公司的会计政策和会计期间一致，不考虑合并资产、负债的所得税影响。

表 4–1　资产负债表（简表）

2013 年 12 月 31 日　　单位：元

项目	滨海公司（账面金额）	南开公司（账面金额）
资产		
货币资金	6 000 000	500 000
应收账款	7 500 000	750 000
存货	10 000 000	2 500 000
固定资产	15 000 000	7 500 000
长期股权投资	6 575 000	
资产总计	45 075 000	11 250 000
负债和所有者权益		
短期借款	7 575 000	500 000
应付账款	6 000 000	2 000 000
长期应付款	8 000 000	1 500 000
负债合计	21 575 000	4 000 000
股本	8 500 000	3 250 000
资本公积	5 000 000	1 000 000
盈余公积	1 000 000	250 000
未分配利润	9 000 000	2 750 000
所有者权益合计	23 500 000	7 250 000
负债和所有者权益总计	45 075 000	11 250 000

表 4–2　利润表（简表）

2013 年　　单位：元

项目	滨海公司	南开公司
一、营业收入	22 500 000	5 000 000
减：营业成本	15 000 000	2 500 000
营业税金及附加	1 000 000	500 000
销售费用	500 000	350 000
管理费用	750 000	500 000

续表

项目	滨海公司	南开公司
财务费用	500 000	300 000
加：投资收益	1 000 000	200 000
二、营业利润	5 750 000	1 050 000
加：营业外收入	1 250 000	500 000
减：营业外支出	1 000 000	550 000
三、利润总额	6 000 000	1 000 000
减：所得税费用	2 000 000	250 000
四、净利润	4 000 000	750 000
加：期初未分配利润	7 400 000	2 150 000
减：提取盈余公积	400 000	75 000
对所有者（或股东）的分配	2 000 000	75 000
期末未分配利润	9 000 000	2 750 000

注：为简化，在利润表项目后面加上利润分配部分来替代所有者权益变动表项目。

（1）2013 年 12 月 31 日，滨海公司对南开公司的长期股权投资的账面余额为 6 575 000 元。所以将对南开公司的长期股权投资由成本法改为权益法。调整分录如下：

①确认滨海公司在 2013 年南开公司实现的 750 000 元净利润中所享有的份额 750 000 元（750 000×100%）。

借：长期股权投资　　750 000

　　贷：投资收益　　750 000

②确认收到南开公司 2013 年分派的现金股利 75 000 元

借：应收股利　　75 000

　　贷：长期股权投资　　75 000

③抵销原来成本法确认的投资收益 75 000 元。

借：投资收益　　75 000

　　贷：应收股利　　75 000

（2）编制滨海公司长期股权投资与南开公司所有者权益的抵销分录：

借：股本　　3 250 000

　　资本公积　　1 000 000

　　盈余公积　　250 000

　　未分配利润　　2 750 000

　　贷：长期股权投资　　7 250 000

编制滨海公司的投资收益与南开公司利润分配项目的抵销

借：投资收益　750 000

　　期初未分配利润　2 150 000

　　贷：提取盈余公积　75 000

　　　　对所有者（或股东）的分配　75 000

　　　　期末未分配利润　2 750 000

（3）在合并工作底稿中计算合并数，并据填制合并财务报表如下表 4-3 所示。

表 4–3　合并工作底稿

2013 年　单位：元

项目	滨海公司	南开公司	合计数	抵销分录 借方	抵销分录 贷方	合并数
利润表项目						
营业收入	22 500 000	5 000 000	27 500 000			27 500 000
营业成本	15 000 000	2 500 000	17 500 000			17 500 000
营业税金及附加	1 000 000	500 000	1 500 000			1 500 000
销售费用	500 000	350 000	850 000			850 000
管理费用	750 000	500 000	1 250 000			1 250 000
财务费用	500 000	300 000	800 000			800 000
投资收益	1 000 000	200 000	1 200 000	75 000 750 000	750 000	1 125 000
营业利润	5 750 000	1 050 000	6 800 000	825 000	750 000	6 725 000
营业外收入	1 250 000	500 000	1 750 000			1 750 000
营业外支出	1 000 000	550 000	1 550 000			1 550 000
利润总额	6 000 000	1 000 000	7 000 000	825 000	750 000	6 925 000
所得税费用	2 000 000	250 000	2 250 000			2 250 000
净利润	4 000 000	750 000	4 750 000	825 000	750 000	4 675 000
期初未分配利润	7 400 000	2 150 000	9 550 000	2 150 000		7 400 000
提取盈余公积	400 000	75 000	475 000		75 000	400 000
对所有者（或股东）的分配	2 000 000	75 000	2 075 000		75 000	2 000 000
期末未分配利润	9 000 000	2 750 000	11 750 000	2 750 000 5 725 000	2 750 000 3 650 000	9 675 000
资产负债表项目						
货币资金	6 000 000	500 000	6 500 000			6 500 000
应收账款	7 500 000	750 000	8 250 000			8 250 000
应收股利	0	0	0	75 000	75 000	0
存货	10 000 000	2 500 000	12 500 000			12 500 000
固定资产	15 000 000	7 500 000	22 500 000			22 500 000

续表

项目	滨海公司	南开公司	合计数	抵销分录		合并数
				借方	贷方	
长期股权投资	6 575 000		6 575 000	750 000	75 000 7 250 000	0
资产总计	45 075 000	11 250 000	56 325 000	825 000	7 400 000	49 750 000
短期借款	7 575 000	500 000	8 075 000			8 075 000
应付账款	6 000 000	2 000 000	8 000 000			8 000 000
长期应付款	8 000 000	1 500 000	9 500 000			9 500 000
负债合计	21 575 000	4 000 000	25 575 000			25 575 000
股本	8 500 000	3 250 000	11 750 000	3 250 000		8 500 000
资本公积	5 000 000	1 000 000	6 000 000	1 000 000		5 000 000
盈余公积	1 000 000	250 000	1 250 000	250 000		1 000 000
未分配利润	9 000 000	2 750 000	11 750 000	5 725 000	3 650 000	9 675 000
所有者权益合计	23 500 000	7 250 000	30 750 000	10 225 000	3 650 000	24 175 000
负债和所有者权益总计	45 075 000	11 250 000	56 325 000	10 225 000	3 650 000	49 750 000

二、对子公司拥有部分股权的合并财务报表编制

（一）按权益法调整对子公司的长期股权投资

母公司按照享有被投资单位的比例进行调整，调整方法同全资子公司的调整方法类似。

（二）抵销母公司、子公司之间投资和被投资关系形成的内部项目

1. 母公司长期股权投资与子公司所有者权益的抵销

由于母公司对子公司只拥有部分股权，则子公司所有者权益中不属于母公司的份额，应当作为“少数股东权益”项目处理。编制的抵销分录为：借记“股本”、“资本公积”、“盈余公积”和“未分配利润”项目，贷记“长期股权投资”项目和“少数股东权益”项目。

2. 母公司的投资收益与子公司利润分配项目的抵销

母公司对子公司拥有部分股权，应将母公司对子公司按权益法调整后的投资收益、少数股东损益和子公司期初未分配利润之和与子公司本年利润分配项目和期末未分配利润相抵销。编制的抵销分录为：借记“投资收益”、“少数股东损益”、“期初未分配利润”项目，贷记“提取盈余公积”、“对所有者（或股

东）的分配”和“期末未分配利润”项目。

（三）在合并工作底稿中计算合并数，并据以填制合并财务报表

【例 4-2】滨海公司和南开公司为同一集团内两个全资子公司。2013 年 1 月 1 日，滨海公司向南开公司的股东定向增发 400 万普通股（每股面值为 1 元）对南开公司进行合并，并于当日取得其 80%的股份。当日，南开公司的股东权益总额为 6 575 000 元，其中股本 3 250 000 元，资本公积 1 000 000 元，盈余公积 175 000 元，未分配利润 2 150 000 元。2013 年南开公司实现净利润 750 000 元，提取盈余公积 75 000 元，分配现金股利 75 000 元。滨海公司和南开公司的 2013 年末资产负债表与利润表如表 4-4 和 4-5 所示。假设南开公司与滨海公司的会计政策和会计期间一致，不考虑合并资产、负债的所得税影响。

表 4-4 资产负债表（简表）

2013 年 12 月 31 日　　　　单位：元

项目	滨海公司（账面金额）	南开公司（账面金额）
资产		
货币资金	6 000 000	500 000
应收账款	7 500 000	750 000
存货	10 000 000	2 500 000
固定资产	15 000 000	7 500 000
长期股权投资	5 260 000	
资产总计	43 760 000	11 250 000
负债和所有者权益		
短期借款	6 260 000	500 000
应付账款	6 000 000	2 000 000
长期应付款	8 000 000	1 500 000
负债合计	20 260 000	4 000 000
股本	8 500 000	3 250 000
资本公积	5 000 000	1 000 000
盈余公积	1 000 000	250 000
未分配利润	9 000 000	2 750 000
所有者权益合计	23 500 000	7 250 000
负债和所有者权益总计	43 760 000	11 250 000

表 4–5　利润表（简表）

2013 年　　单位：元

项目	滨海公司	南开公司
一、营业收入	22 500 000	5 000 000
减：营业成本	15 000 000	2 500 000
营业税金及附加	1 000 000	500 000
销售费用	500 000	350 000
管理费用	750 000	500 000
财务费用	500 000	300 000
加：投资收益	1 000 000	200 000
二、营业利润	5 750 000	1050 000
加：营业外收入	1 250 000	500 000
减：营业外支出	1 000 000	550 000
三、利润总额	6 000 000	1 000 000
减：所得税费用	2 000 000	250 000
四、净利润	4 000 000	750 000
加：期初未分配利润	7 400 000	2 150 000
减：提取盈余公积	400 000	75 000
对所有者（或股东）的分配	2 000 000	75 000
期末未分配利润	9 000 000	2 750 000

注：为简化，在利润表项目后面加上利润分配部分来替代所有者权益变动表项目。

（1）2013 年 12 月 31 日，滨海公司对南开公司的长期股权投资的账面余额为 5 260 000 元。所以将对南开公司的长期股权投资由成本法改为权益法。调整分录如下：

①确认滨海公司在 2013 年南开公司实现的 750 000 元净利润中所享有的份额 600 000 元（750 000×80%）。

借：长期股权投资　　　　600 000

　　贷：投资收益　　　　　　600 000

②确认收到南开公司 2013 年分派的现金股利 60 000 元（75 000×80%）。

借：应收股利　　　　　　60 000

　　贷：长期股权投资　　　　60 000

③抵销原来成本法确认的投资收益 60 000 元。

借：投资收益　　　　　　60 000

贷：应收股利 60 000

（2）编制滨海公司长期股权投资与南开公司所有者权益的抵销分录：

借：股本 3 250 000

资本公积 1 000 000

盈余公积 250 000

未分配利润 2 750 000

贷：长期股权投资 5 800 000

少数股东权益 1 450 000

编制滨海公司的投资收益与南开公司利润分配项目的抵销

借：投资收益 600 000

期初未分配利润 2 150 000

少数股东损益 150 000

贷：提取盈余公积 75 000

对所有者（或股东）的分配 75 000

期末未分配利润 2 750 000

（3）在合并工作底稿中计算合并数，并据填制合并财务报表如下表 4-6 所示。

表 4–6 合并工作底稿

2013 年 单位：元

项目	滨海公司	南开公司	合计数	抵销分录		合并数
				借方	贷方	
利润表项目						
营业收入	22 500 000	5 000 000	27 500 000			27 500 000
营业成本	15 000 000	2 500 000	17 500 000			17 500 000
营业税金及附加	1 000 000	500 000	1 500 000			1 500 000
销售费用	500 000	350 000	850 000			850 000
管理费用	750 000	500 000	1 250 000			1 250 000
财务费用	500 000	300 000	800 000			800 000
投资收益	1 000 000	200 000	1 200 000	60 000 600 000	600 000	1 140 000
营业利润	5 750 000	1 050 000	6 800 000	660 000	600 000	6 740 000
营业外收入	1 250 000	500 000	1 750 000			1 750 000
营业外支出	1 000 000	550 000	1 550 000			1 550 000
利润总额	6 000 000	1 000 000	7 000 000	660 000	600 000	6 940 000
所得税费用	2 000 000	250 000	2 250 000			2 250 000

续表

项目	滨海公司	南开公司	合计数	抵销分录		合并数
				借方	贷方	
净利润	4 000 000	750 000	4 750 000	660 000	600 000	4 690 000
少数股东损益				150 000		150 000
归属于母公司所有者的净利润						
期初未分配利润	7 400 000	2 150 000	9 550 000	2 150 000		7 400 000
提取盈余公积	400 000	75 000	475 000		75 000	400 000
对所有者（或股东）的分配	2 000 000	75 000	2 075 000		75 000	2 000 000
期末未分配利润	9 000 000	2 750 000	11 750 000	2 750 000 5 710 000	2 750 000 3 500 000	9 540 000
资产负债表项目						
货币资金	6 000 000	500 000	6 500 000			6 500 000
应收账款	7 500 000	750 000	8 250 000			8 250 000
应收股利	0	0	0	60 000	60 000	0
存货	10 000 000	2 500 000	12 500 000			12 500 000
固定资产	15 000 000	7 500 000	22 500 000			22 500 000
长期股权投资	5 260 000	0	5 260 000	600 000	60 000 5 800 000	0
资产总计	43 760 000	11 250 000	55 010 000	660 000	5 920 000	49 750 000
短期借款	6 260 000	500 000	6 760 000			6 760 000
应付账款	6 000 000	2 000 000	8 000 000			8 000 000
长期应付款	8 000 000	1 500 000	9 500 000			9 500 000
负债合计	20 260 000	4 000 000	24 260 000			24 260 000
股本	8 500 000	3 250 000	11 750 000	3 250 000		8 500 000
资本公积	5 000 000	1 000 000	6 000 000	1 000 000		5 000 000
盈余公积	1 000 000	250 000	1 250 000	250 000		1 000 000
未分配利润	9 000 000	2 750 000	11 750 000	5 710 000	3 500 000	9 540 000
少数股东权益					1 450 000	1 450 000
所有者权益合计	23 500 000	7 250 000	30 750 000	10 210 000	4 950 000	25 490 000
负债和所有者权益总计	43 760 000	11 250 000	55 010 000	10 210 000	4 950 000	49 750 000

第三节　非同一控制下企业合并控股权取得日后首期合并财务报表的编制

非同一控制下的企业合并与同一控制下的企业合并在编制合并财务报表时的程序基本相同，最大的区别在于对属于非同一控制下企业合并中取得的子公司的个别财务报表进行合并时，应当首先根据母公司为子公司设置的备查簿的记录，以子公司各项可辨认资产、负债及或有负债在购买日的公允价值为基础，编制调整分录，编制调整分录，通过对子公司提供的个别财务报表进行调整，使子公司的个别财务报表反映为在购买日公允价值基础上确定的可辨认资产、负债及或有负债在本期资产负债表日的金额。

一、对子公司拥有全部股权的合并财务报表编制

（一）按权益法调整对子公司的长期股权投资

合并财务报表应当以母公司和其子公司的财务报表为基础，按照权益法调整对子公司的长期股权投资后，由母公司编制。

1．将子公司的资产、负债调整为按公允价值反映，同时对子公司的净利润进行调整。《企业会计准则第 2 号——长期股权投资规定》，投资企业在确认应享有被投资单位净损益的份额时，应当以取得投资时被投资单位各项可辨认净资产的公允价值为基础，对被投资单位的净利润进行调整后确认。

2．对子公司的长期股权投资由成本法调整为权益法。

（二）抵销母公司、子公司之间投资和被投资关系形成的内部项目

1．母公司长期股权投资与子公司所有者权益的抵销

非同一控制下企业合并形成的长期股权投资，其入账价值是按合并日合并方确定的合并成本计量的，所以编制合并报表时的抵销分录比较复杂。按合并成本计量的长期股权投资价值，在与母公司享有的子公司账面股东权益份额相抵销之后的差额，可以分为两部分：一部分是子公司可辨认净资产的公允价值与账面价值之差，在抵销分录中可以分摊至有关资产、负债项目，以便在合并财务报表中按公允价值反映取得的子公司可辨认净资产；另一部分是母公司合并成本与子公司可辨认净资产公允价值之差，在抵销分录中确认为商誉，以便在合并财务报表中反映合并商誉。商誉一经确认，在持有期间不要求摊销，可以对其进行减值测试，已计提的减值准备在以后期间不能够转回。

当母公司对子公司拥有全部股权时，子公司的净利润在权益法下已经全部记录在了母公司的“长期股权投资”和“投资收益”项目，子公司的“所有者权益”项目全额对应于母公司的“长期股权投资”项目。所以编制的抵销分录为：借记“股本”、“资本公积”、“盈余公积”和“未分配利润”项目，贷记“长期股权投资”项目。如果母公司对子公司长期股权投资数额大于子公司所有者权益数额，差额作商誉处理。

2．母公司的投资收益与子公司利润分配项目的抵销

非同一控制下母公司对子公司长期股权投资的投资收益的抵销与同一控制下的抵销原理和抵销方法相同。当母公司对子公司拥有全部股权时，母公司在对子公司按权益法调整后的投资收益和子公司期初未分配利润之和与子公司本年利润分配项目和期末未分配利润相抵销。编制的抵销分录为：借记“投资收益”、“期初未分配利润”项目，贷记“提取盈余公积”、“对所有者（或股东）的分配”和“期末未分配利润”项目。

（三）在合并工作底稿中计算合并数，并据以填制合并财务报表。

【例 4-3】滨海公司和南开公司属于非同一控制下的公司。2013 年 1 月 1 日，滨海公司通过发行 500 万股普通股（每股面值 1 元），市场价格为每股 1.6 元，取得南开公司 100%的股份。当日，南开公司的股东权益总额为 6 575 000 元，其中股本 3 250 000 元，资本公积 1 000 000 元，盈余公积 175 000 元，未分配利润 2 150 000 元。2013 年南开公司实现净利润 750 000 元（按公允价值调整前的净利润），提取盈余公积 75 000 元，分配现金股利 75 000 元。滨海公司和南开公司的 2013 年末资产负债表与利润表如果 4-7 和 4-8 所示。滨海公司备查簿中记录的南开公司 2013 年 1 月 1 日存货的账面价值为 2 200 000 元，公允价值为 2 000 000 元，固定资产的账面价值为 8 500 000 元，公允价值为 9 500 000，如表 4-9 所示。假设南开公司与滨海公司的会计政策和会计期间一致，不考虑合并资产、负债的所得税影响。

表 4–7 资产负债表（简表）

2013 年 12 月 31 日

单位：元

项目	滨海公司（账面金额）	南开公司（账面金额）
资产		
货币资金	6 000 000	500 000
应收账款	7 500 000	750 000
存货	10 000 000	2 500 000
固定资产	15 000 000	7 500 000
长期股权投资	10 000 000	

续表

项目	滨海公司（账面金额）	南开公司（账面金额）
资产总计	48 500 000	11 250 000
负债和所有者权益		
短期借款	7 575 000	500 000
应付账款	6 000 000	2 000 000
长期应付款	11 425 000	1 500 000
负债合计	25 000 000	4 000 000
股本	8 500 000	3 250 000
资本公积	5 000 000	1 000 000
盈余公积	1 000 000	250 000
未分配利润	9 000 000	2 750 000
所有者权益合计	23 500 000	7 250 000
负债和所有者权益总计	48 500 000	11 250 000

表 4–8　利润表（简表）

2013 年　　单位：元

项目	滨海公司	南开公司
一、营业收入	22 500 000	5 000 000
减：营业成本	15 000 000	2 500 000
营业税金及附加	1 000 000	500 000
销售费用	500 000	350 000
管理费用	750 000	500 000
财务费用	500 000	300 000
加：投资收益	1 000 000	200 000
二、营业利润	5 750 000	1 050 000
加：营业外收入	1 250 000	500 000
减：营业外支出	1 000 000	550 000
三、利润总额	6 000 000	1 000 000
减：所得税费用	2 000 000	250 000
四、净利润	4 000 000	750 000
加：期初未分配利润	7 400 000	2 150 000
减：提取盈余公积	400 000	75 000
对所有者（或股东）的分配	2 000 000	75 000
期末未分配利润	9 000 000	2 750 000

表 4–9　滨海公司备查簿（南开公司）

2013 年 1 月 1 日　　单位：元

项目	账面价值	公允价值	公允价值与账面价值差额	每年调整额	调整后余额	备注
南开公司						
存货	2 200 000	2 000 000	−200 000	200 000	0	存货已于本年售出
固定资产	8 500 000	10 500 000	2 000 000	−400 000	1 600 000	该固定资产为管理用固定资产，剩余摊销年限 5 年，采用年限平均法提折旧
资本公积	1 000 000	2 800 000	1 800 000			

1．按权益法调整南开公司的长期股权投资

（1）将南开公司的资产、负债调整为按公允价值反映，同时对南开公司的净利润进行调整。

借：固定资产　　　　　　　　2 000 000

　　贷：资本公积　　　　　　　　1 800 000

　　　　存货　　　　　　　　　　200 000

（2）调整固定资产折旧

借：管理费用　　　　　　　　400 000

　　贷：固定资产　　　　　　　　400 000

（3）调整销售存货成本

借：存货　　　　　　　　　　200 000

　　贷：营业成本　　　　　　　　200 000

所以，以南开公司 2013 年 1 月 1 日各项可辨认资产等的公允价值为基础，重新确定的南开公司的净利润为：750 000－400 000＋200 000＝550 000（元）

（2）将南开公司的长期股权投资由成本法调整为权益法，有关调整分录如下：

①确认滨海公司在 2013 年南开公司实现的 550 000 元中净利润中所享有的份额 550 000 元（550 000×100%）。

借：长期股权投资　　　　　　550 000

　　贷：投资收益　　　　　　　　550 000

②南开公司分配现金股利 75 000 元，确认滨海公司收到南开公司 2013 年分派的现金股利。

借：应收股利　　　　　　　　75 000

　　贷：长期股权投资　　　　　　75 000

③抵销原按成本法确认的投资收益 75 000 元。

借：投资收益　　　　　　　　75 000

　　贷：应收股利　　　　　　　　75 000

经调整后，长期股权投资项目的金额净增加 625 000 元。

2．抵销滨海公司、南开公司之间的内部项目

（1）2013 年 12 月 31 日，所有者权益项目的抵销。

确认的商誉为：（8 000 000＋625 000）－（7 250 000＋550 000）＝825 000 元

调整后的资本公积为：1 000 00＋1 800 000＝2 800 000 元

调整后的未分配利润为：2 750 000－200 000＝2 550 000 元

所以编制的抵销分录为：

借：股本　3 250 000
　　资本公积　2 800 000
　　盈余公积　250 000
　　期末未分配利润　2 550 000
　　商誉　825000
　贷：长期股权投资　9 675 000

（2）抵销滨海公司投资收益与南开公司的利润分配项目

借：投资收益　550 000
　　期初未分配利润　2 150 000
　贷：提取盈余公积　75 000
　　　对所有者（或股东）的分配　75 000
　　　期末未分配利润　2 550 000

3．在合并工作底稿中计算合并数，并编制合并工作底稿如表 4-10 所示

表 4–10　合并工作底稿

2013 年　　单位：元

项目	滨海公司	南开公司	合计数	抵销分录 借方	抵销分录 贷方	合并数
利润表项目						
营业收入	22 500 000	5 000 000	27 500 000			27 500 000
营业成本	15 000 000	2 500 000	17 500 000		200 000	17 300 000
营业税金及附加	1 000 000	500 000	1 500 000			1 500 000
销售费用	500 000	350 000	850 000			850 000
管理费用	750 000	500 000	1 250 000	400 000		1 650 000
财务费用	500 000	300 000	800 000			800 000
投资收益	1 000 000	200 000	1 200 000	75 000 550 000	550 000	1 125 000
营业利润	5 750 000	1 050 000	6 800 000	1 025 000	750 000	6 525 000
营业外收入	1 250 000	500 000	1 750 000			1 750 000
营业外支出	1 000 000	550 000	1 550 000			1 550 000
利润总额	6 000 000	1 000 000	7 000 000	1 025 000	750 000	6 725 000
所得税费用	2 000 000	250 000	2 250 000			2 250 000
净利润	4 000 000	750 000	4 750 000	1 025 000	750 000	4 475 000
期初未分配利润	7 400 000	2 150 000	9 550 000	2 150 000		7 400 000
提取盈余公积	400 000	75 000	475 000		75 000	400 000
对所有者（或股东）的分配	2 000 000	75 000	2 075 000		75 000	2 000 000

续表

项目	滨海公司	南开公司	合计数	抵销分录		合并数
				借方	贷方	
期末未分配利润	9 000 000	2 750 000	11 750 000	2 550 000 5 725 000	2 550 000 3 450 000	9 475 000
资产负债表项目						
货币资金	6 000 000	500 000	6 500 000			6 500 000
应收账款	7 500 000	750 000	8 250 000			8 250 000
应收股利	0	0	0	75 000	75 000	0
存货	10 000 000	2 500 000	12 500 000	200 000	200 000	12 500 000
固定资产	15 000 000	7 500 000	22 500 000	2 000 000	400 000	24 100 000
长期股权投资	10 000 000		10 000 000	550 000	75 000 9 675 000	800 000
商誉				825000		825000
资产总计	48 500 000	11 250 000	59 750 000	3 650 000	10 425 000	52 975 000
短期借款	7 575 000	500 000	8 075 000			8 075 000
应付账款	6 000 000	2 000 000	8 000 000			8 000 000
长期应付款	11 425 000	1 500 000	12 925 000			12 925 000
负债合计	25 000 000	4 000 000	29 000 000			29 000 000
股本	8 500 000	3 250 000	11 750 000	3 250 000		8 500 000
资本公积	5 000 000	1 000 000	6 000 000	2 800 000	1 800 000	5 000 000
盈余公积	1 000 000	250 000	1 250 000	250 000		1 000 000
未分配利润	9 000 000	2 750 000	11 750 000	5 725 000	3 450 000	9 475 000
所有者权益合计	23 500 000	7 250 000	30 750 000	12 025 000	5 250 000	23 975 000
负债和所有者权益总计	48 500 000	11 250 000	59 750 000	12 025 000	5 250 000	52 975 000

二、对子公司拥有部分股权的合并财务报表编制

（一）按权益法调整对子公司的长期股权投资

母公司按照享有被投资单位的比例进行调整，调整方法同全资子公司的调整方法类似。

（二）抵销母公司、子公司之间投资和被投资关系形成的内部项目

1．母公司长期股权投资与子公司所有者权益的抵销

当母公司对子公司只拥有部分股权时，则子公司所有者权益中不属于母公司的份额，应当作为“少数股东权益”项目处理。编制的抵销分录为：借记“股本”、“资本公积”、“盈余公积”和“期末未分配利润”项目，贷记“长期股权投资”项目和“少数股东权益”项目。如果母公司对子公司长期股权投资数额大于子公司所有者权益数额，差额作商誉处理。

2．母公司的投资收益与子公司利润分配项目的抵销

当母公司对子公司只拥有部分股权时，则应将母公司对子公司按权益法调整后的投资收益、少数股东损益和子公司期初未分配利润之和与子公司本年利润分配项目和期末未分配利润相抵销。编制的抵销分录为：借记“投资收益”、“少数股东损益”、“期初未分配利润”项目，贷记“提取盈余公积”、“对所有者（或股东）的分配”和“期末未分配利润”项目。

（三）在合并工作底稿中计算合并数，并据以填制合并财务报表。

【例 4-4】滨海公司和南开公司属于非同一控制下的公司。2013 年 1 月 1 日，滨海公司通过发行 500 万股普通股（每股面值 1 元），市场价格为每股 1.3 元，取得南开公司 80%的股份。当日，南开公司的股东权益总额为 6 575 000 元，其中股本 3 250 000 元，资本公积 1 000 000 元，盈余公积 175 000 元，未分配利润 2 150 000 元。2013 年南开公司实现净利润 750 000 元（按公允价值调整前的净利润），提取盈余公积 75 000 元，分配现金股利 75 000 元。滨海公司和南开公司的 2013 年末资产负债表与利润表如表 4-11 和 4-12 所示。滨海公司备查簿中记录的南开公司 2013 年 1 月 1 日存货的账面价值为 2 200 000 元，公允价值为 2 000 000 元，固定资产的账面价值为 8 500 000 元，公允价值为 9 500 000，如表 4-13 所示。假设南开公司与滨海公司的会计政策和会计期间一致，不考虑合并资产、负债的所得税影响。

表 4–11　资产负债表（简表）

2013 年 12 月 31 日　　　　单位：元

项目	滨海公司（账面金额）	南开公司（账面金额）
资产		
货币资金	6 000 000	500 000
应收账款	7 500 000	750 000
存货	10 000 000	2 500 000
固定资产	15 000 000	7 500 000
长期股权投资	8 000 000	
资产总计	46 500 000	11 250 000
负债和所有者权益		
短期借款	6 260 000	500 000
应付账款	6 000 000	2 000 000
长期应付款	10 740 000	1 500 000
负债合计	23 000 000	4 000 000
股本	8 500 000	3 250 000
资本公积	5 000 000	1 000 000
盈余公积	1 000 000	250 000
未分配利润	9 000 000	2 750 000
所有者权益合计	23 500 000	7 250 000
负债和所有者权益总计	46 500 0000	11 250 000

表 4-12 利润表（简表）

2013 年　　单位：元

项目	滨海公司	南开公司
一、营业收入	22 500 000	5 000 000
减：营业成本	15 000 000	2 500 000
营业税金及附加	1 000 000	500 000
销售费用	500 000	350 000
管理费用	750 000	500 000
财务费用	500 000	300 000
加：投资收益	1 000 000	200 000
二、营业利润	5 750 000	1 050 000
加：营业外收入	1 250 000	500 000
减：营业外支出	1 000 000	550 000
三、利润总额	6 000 000	1 000 000
减：所得税费用	2 000 000	250 000
四、净利润	4 000 000	750 000
加：期初未分配利润	7 400 000	2 150 000
减：提取盈余公积	400 000	75 000
对所有者（或股东）的分配	2 000 000	75 000
期末未分配利润	9 000 000	2 750 000

表 4-13 滨海公司备查簿（南开公司）

2013 年 1 月 1 日　　单位：元

项目	账面价值	公允价值	公允价值与账面价值差额	每年调整额	调整后余额	备注
南开公司						
存货	2 200 000	2 000 000	－200 000	200 000	0	存货已于本年售出
固定资产	8 500 000	10 500 000	2 000 000	－400 000	1 600 000	该固定资产为管理用固定资产，剩余摊销年限 5 年，采用年限平均法提折旧
资本公积	1 000 000	2 800 000	1 800 000			

1．按权益法调整南开公司的长期股权投资

（1）将南开公司的资产、负债调整为按公允价值反映，同时对南开公司的净利润进行调整。

借：固定资产　　2 000 000

　　贷：资本公积　　1 800 000

存货 200 000

（2）调整固定资产折旧

借：管理费用 400 000

贷：固定资产 400 000

（3）调整销售存货成本

借：存货 200 000

贷：营业成本 200 000

所以，以南开公司 2013 年 1 月 1 日各项可辨认资产等的公允价值为基础，重新确定的南开公司的净利润为：750 000－400 000＋200 000＝550 000（元）

（2）将南开公司的长期股权投资由成本法调整为权益法，有关调整分录如下：

①确认滨海公司在2013年南开公司实现的550 000元中净利润中所享有的份额 440 000 元（550 000×80%）。

借：长期股权投资 440 000

贷：投资收益 440 000

②南开公司分配现金股利 75 000 元，确认滨海公司收到南开公司 2013 年分派的现金股利 60 000 元（75 000×80%）。

借：应收股利 60 000

贷：长期股权投资 60 000

③抵销原按成本法确认的投资收益 60 000 元。

借：投资收益 60 000

贷：应收股利 60 000

经调整后，长期股权投资项目的金额净增加 380 000 元。

2．抵销滨海公司、南开公司之间的内部项目

（1）2013 年 12 月 31 日，所有者权益项目的抵销。

确认的商誉为：（6 500 000＋380 000）－（7 250 000＋550 000）×80%＝640 000 元

同时按公允价值结转少数股东权益为：

（3 250 000＋2 800 000＋250 000＋2 550 000）×20%＝1 770 000 元

调整后的资本公积为：1 000 00＋1 800 000＝2 800 000 元

调整后的未分配利润为：2 750 000－200 000＝2 550 000 元

所以编制的抵销分录为：

借：股本 3 250 000

资本公积　　　　　2 800 000
盈余公积　　　　　　250 000
期末未分配利润　　　2 550 000
商誉　　　　　　　　640 000
贷：长期股权投资　　　　　　7 720 000
　　少数股东权益　　　　　　1 770 000

（2）抵销滨海公司投资收益与南开公司的利润分配项目

借：投资收益　　　　　　440 000
期初未分配利润　　　　2 150 000
少数股东损益　　　　　110 000
贷：提取盈余公积　　　　　　　　75 000
　　对所有者（或股东）的分配　　75 000
　　期末未分配利润　　　　　　　2 550 000

3．在合并工作底稿中计算合并数，并编制合并工作底稿如表 4-14 所示。

表 4–14　合并工作底稿

2013 年　　　　单位：元

项目	滨海公司	南开公司	合计数	抵销分录		合并数
				借方	贷方	
利润表项目						
营业收入	22 500 000	5 000 000	27 500 000			27 500 000
营业成本	15 000 000	2 500 000	17 500 000		200 000	17 300 000
营业税金及附加	1 000 000	500 000	1 500 000			1 500 000
销售费用	500 000	350 000	850 000			850 000
管理费用	750 000	500 000	1 250 000	400 000		1 650 000
财务费用	500 000	300 000	800 000			800 000
投资收益	1 000 000	200 000	1 200 000	60 000 440 000	440 000	1 140 000
营业利润	5 750 000	1 050 000	6 800 000	900 000	640 000	6 540 000
营业外收入	1 250 000	500 000	1 750 000			1 750 000
营业外支出	1 000 000	550 000	1 550 000			1 550 000
利润总额	6 000 000	1 000 000	7 000 000	900 000	640 000	6 740 000
所得税费用	2 000 000	250 000	2 250 000			2 250 000
净利润	4 000 000	750 000	4 750 000	900 000	640 000	4 490 000
少数股东损益				110 000		110 000
归属于母公司所有者的净利润						
期初未分配利润	7 400 000	2 150 000	9 550 000	2 150 000		7 400 000
提取盈余公积	400 000	75 000	475 000		75 000	400 000

续表

项目	滨海公司	南开公司	合计数	抵销分录		合并数
				借方	贷方	
对所有者（或股东）的分配	2 000 000	75 000	2 075 000		75 000	2 000 000
期末未分配利润	9 000 000	2 750 000	11 750 000	2 550 000 5 710 000	2 550 000 3 340 000	9 380 000
资产负债表项目						
货币资金	6 000 000	500 000	6 500 000			6 500 000
应收账款	7 500 000	750 000	8 250 000			8 250 000
应收股利	0	0	0	60 000	60 000	0
存货	10 000 000	2 500 000	12 500 000	200 000	200 000	12 500 000
固定资产	15 000 000	7 500 000	22 500 000	2 000 000	400 000	24 100 000
长期股权投资	8 000 000	0	8 000 000	440 000	60 000 7 720 000	660 000
商誉				640 000		640 000
资产总计	46 500 000	11 250 000	57 750 000	3 340 000	8 440 000	52 650 000
短期借款	6 260 000	500 000	6 760 000			6 760 000
应付账款	6 000 000	2 000 000	8 000 000			8 000 000
长期应付款	10 740 000	1 500 000	12 240 000			12 240 000
负债合计	23 000 000	4 000 000	27 000 000			27 000 000
股本	8 500 000	3 250 000	11 750 000	3 250 000		8 500 000
资本公积	5 000 000	1 000 000	6 000 000	2 800 000	1 800 000	5 000 000
盈余公积	1 000 000	250 000	1 250 000	250 000		1 000 000
未分配利润	9 000 000	2 750 000	11 750 000	5 710 000	3 340 000	9 380 000
少数股东权益					1 770 000	1 770 000
所有者权益合计	23 500 000	7 250 000	30 750 000	12 010 000	6 910 000	25 650 000
负债和所有者权益总计	46 500 000	11 250 000	57 750 000	12 010 000	6 910 000	52 650 000

【课堂测试 4-3】

1．甲公司和乙公司没有关联关系，甲公司 2008 年 1 月 1 日投资 1 000 万元购入乙公司 100%股权，乙公司可辨认净资产公允价值为 1 000 万元，账面价值 800 万元，其差额为一项无形资产造成，该无形资产公允价值为 400 万元，账面价值为 200 万元，尚可摊销 5 年，无残值。2008 年乙公司实现净利润 200 万元，所有者权益其他项目不变，在 2008 年期末甲公司编制合并抵销分录时，长期股权投资调整为（　　）万元。

A．1 200　　B．1 440

C．1 160　　D．1 080

第四节　控制权取得日后连续各期合并财务报表的编制

在控股权取得后首期编制合并财务报表时，已经在合并工作底稿中将子公司的资产、负债调整为按公允价值反映并相应调整了子公司的净利润，同时也将长期股权投资由成本法调整为权益法，并在此基础上将企业集团内部由于股权投资产生的母公司对子公司长期股权投资与子公司所有者权益以及母公司投资收益与子公司利润分配项目等进行了抵销。但是这些抵销都是在合并工作底稿中进行的，并没在相应记入企业集团母公司及各子公司的账簿之中。所以，在控股权取得以后连续各期编制合并财务报表时，个别财务报表仍然是以没有反映上述调整和抵销情况的账簿记录为依据编制的，而合并财务报表还是要以这些个别财务报表为基础编制。所以，在第二期以及以后各期连续编制合并财务报表时，仍然进行上述的调整和抵销。只不过，按公允价值的调整要考虑自控股权取得日后到本期末为止的全部影响，即包括对本期净利润的影响，而且也包括对期初留存收益的影响。

【例 4-5】沿用【例 4-3】的相关资料，假如 2014 年南开公司实现净利润仍然为 750 000 元（按公允价值调整前的净利润），提取盈余公积 75 000 元，分配现金股利 75 000 元。滨海公司和南开公司的 2014 年末的资产负债表和利润如表 4-15、4-16。

表 4–15　资产负债表（简表）

2014 年 12 月 31 日　　　　单位：元

项目	滨海公司（账面金额）	南开公司（账面金额）
资产		
货币资金	7 000 000	1 000 000
应收账款	7 500 000	750 000
存货	10 000 000	2 500 000
固定资产	15 600 000	7 600 000
长期股权投资	10 000 000	
资产总计	50 100 000	11 850 000
负债和所有者权益		
短期借款	7 575 000	500 000
应付账款	6 000 000	2 000 000
长期应付款	11 425 000	1 500 000
负债合计	25 000 000	4 000 000
股本	8 500 000	3 250 000

续表

项目	滨海公司（账面金额）	南开公司（账面金额）
资本公积	5 000 000	1 000 000
盈余公积	1 000 000	250 000
未分配利润	10 600 000	3 350 000
所有者权益合计	25 100 000	7 850 000
负债和所有者权益总计	50 100 000	11 850 000

表 4–16　利润表（简表）

2014 年　　单位：元

项目	滨海公司	南开公司
一、营业收入	22 500 000	5 000 000
减：营业成本	15 000 000	2 500 000
营业税金及附加	1 000 000	500 000
销售费用	500 000	350 000
管理费用	750 000	500 000
财务费用	500 000	300 000
加：投资收益	1 000 000	200 000
二、营业利润	5 750 000	1 050 000
加：营业外收入	1 250 000	500 000
减：营业外支出	1 000 000	550 000
三、利润总额	6 000 000	1 000 000
减：所得税费用	2 000 000	250 000
四、净利润	4 000 000	750 000
加：期初未分配利润	9 000 000	2 750 000
减：提取盈余公积	400 000	75 000
对所有者（或股东）的分配	2 000 000	75 000
期末未分配利润	10 6000 000	3 350 000

（1）将南开公司的资产、负债调整为按公允价值反映，同时对南开公司的净利润进行调整。

①调整南开公司可辨认资产、负债的公允价值与账面价值的差异

借：固定资产　　2 000 000
　　贷：资本公积　　1 800 000
　　　　存货　　200 000

②调整固定资产折旧

借：管理费用　　400 000
　　期初未分配利润　　400 000
　　贷：固定资产　　800 000

③调整上期销售存货的成本

借：存货　　200 000

　　贷：期初未分配利润　　200 000

（2）将滨海公司对南开公司的长期股权投资由成本法调整为权益法。

2013 年按公允价值计算的净利润为 550 000 元，2014 年按公允价值计算的净利润为 350 000 元（750 000－400 000），两年共分配 150 000 元利润。所以按权益法核算的长期股权投资本年末余额应比投资时净增了 750 000 元（550 000＋350 000－150 000）。

借：长期股权投资　　750 000

　　贷：投资收益　　275 000

　　　　期初未分配利润　　475 000

（3）抵销滨海公司长期股权投资与南开公司所有者权益项目，并确认商誉。

借：股本　　3 250 000

　　资本公积　　2 800 000

　　盈余公积　　250 000

　　期末未分配利润（3 350 000－800 000＋200 000）　2 750 000

　　商誉　　825 000

　　贷：长期股权投资　　9 875 000

（4）抵销滨海公司投资收益与南开公司利润分配项目

借：投资收益　　350 000

　　期初未分配利润　　2 550 000

　　贷：提取盈余公积　　75 000

　　　　对所有者（或股东）的分配　　75 000

　　　　期末未分配利润　　2 750 000

（5）在合并工作底稿中计算合并数，如表 4-17。

表 4–17　合并工作底稿

2014 年　　单位：元

项目	滨海公司	南开公司	合计数	抵销分录		合并数
				借方	贷方	
利润表项目						
营业收入	22 500 000	5 000 000	27 500 000			27 500 000
营业成本	15 000 000	2 500 000	17 500 000			17 300 000
营业税金及附加	1 000 000	500 000	1 500 000			1 500 000
销售费用	500 000	350 000	850 000			850 000
管理费用	750 000	500 000	1 250 000	400 000		1 650 000

续表

项目	滨海公司	南开公司	合计数	抵销分录		合并数
				借方	贷方	
财务费用	500 000	300 000	800 000			800 000
投资收益	1 000 000	200 000	1 200 000	350 000	275 000	1 125 000
营业利润	5 750 000	1 050 000	6 800 000	750 000	275 000	6 325 000
营业外收入	1 250 000	500 000	1 750 000			1 750 000
营业外支出	1 000 000	550 000	1 550 000			1 550 000
利润总额	6 000 000	1 000 000	7 000 000	750 000	275 000	6 525 000
所得税费用	2 000 000	250 000	2 250 000			2 250 000
净利润	4 000 000	750 000	4 750 000	750 000	275 000	4 275 000
期初未分配利润	9 000 000	2 750 000	11 750 000	400 000 2 550 000	200 000 475 000	9 475 000
提取盈余公积	400 000	75 000	475 000		75 000	400 000
对所有者（或股东）的分配	2 000 000	75 000	2 075 000		75 000	2 000 000
期末未分配利润	10 600 000	3 350 000	13 950 000	2 750 000 6 450 000	2 750 000 3 850 000	11 350 000
资产负债表项目						
货币资金	7 000 000	1 000 000	8 000 000			8 000 000
应收账款	7 500 000	750 000	8 250 000			8 250 000
应收股利	0	0	0			0
存货	10 000 000	2 500 000	12 500 000	200 000	200 000	12 500 000
固定资产	15 600 000	7 600 000	23 200 000	2 000 000	800 000	24 400 000
长期股权投资	10 000 000		10 000 000	750 000	9 875 000	875 000
商誉				825 000		825000
资产总计	50 100 000	11 850 000	61 950 000	3 775 000	10 875 000	54 850 000
短期借款	7 575 000	500 000	8 075 000			8 075 000
应付账款	6 000 000	2 000 000	8 000 000			8 000 000
长期应付款	11 425 000	1 500 000	12 925 000			12 925 000
负债合计	25 000 000	4 000 000	29 000 000			29 000 000
股本	8 500 000	3 250 000	11 750 000	3 250 000		8 500 000
资本公积	5 000 000	1 000 000	6 000 000	2 800 000	1 800 000	5 000 000
盈余公积	1 000 000	250 000	1 250 000	250 000		1 000 000
未分配利润	10 600 000	3 350 000	13 950 000	6 450 000	3 850 000	11 350 000
所有者权益合计	25 100 000	7 850 000	32 950 000	12 750 000	5 650 000	25 850 000
负债和所有者权益总计	50 100 000	11 850 000	61 950 000	12 750 000	5 650 000	54 850 000

【课堂测试 4-4】

1. 甲公司和乙公司没有关联关系，甲公司 2007 年 1 月 1 日投资 500 万元购入乙公司 100%股权，乙公司可辨认净资产公允价值为 500 万元，账面价值为 400 万元，其差额为应在 5 年内摊销的无形资产，2007 年乙公司实现净利润

100万元，2008年乙公司分配现金股利60万元，2008年乙公司实现净利润120万元，所有者权益其他项目不变，在2008年期末甲公司编制合并抵销分录时，长期股权投资应调整为（　）万元。

A．600　　B．720

C．660　　D．620

2．甲公司和乙公司没有关联关系，甲公司2007年1月1日投资500万元购入乙公司80%股权，乙公司可辨认净资产公允价值为500万元，账面价值为400万元，其差额为应在5年内摊销的无形资产，2007年乙公司实现净利润100万元，2008年乙公司分配现金股利60万元，2008年乙公司实现净利润120万元，所有者权益其他项目不变，在2008年期末甲公司编制合并抵销分录时，长期股权投资应调整为（　）万元。

A．596　　B．676

C．660　　D．620

本章小结

本章介绍了母公司控股权取得日后各期合并财务报表的编制程序和方法。股权取得日后各期合并报表的编制同样以母公司、子公司个别报表为基础编制，同时抵销母、子公司之间以及子公司相互之间发生的内部交易。合并日后同一控制下和非同一控制下企业合并都需要编制合并资产负债表、合并利润表、合并现金流量表、合并所有者权益变动表。合并财务报表根据合并工作底稿编制。在编制合并工作底稿时，需要编制调整分录和抵销分录。调整分录包括对子公司的个别财务报表进行的调整以及将母公司对子公司的长期股权投资由成本调整为权益法。抵销分录包括母公司长期股权投资与子公司所有者权益的抵销以及母公司的投资收益与子公司的利润分配项目抵销。需要注意的是，与同一控制下企业合并不同，非同控制下的企业合并编制合并财务报表时子公司的资产、负债是按照公允价值计量，长期股权投资初始投资成本与子公司可辨认净资产的公允价值的差额确认为商誉。

篇后案例

联想并购IBM案例分析

联想收购IBM的PC业务，在于2004年的岁末掀起一股狂飙，搅得全IT业为之震荡。中外名家纷纷亮相，各执已见，众说纷纭，看好的，不看好的，既看好也不看好的，各种观点交织在一起。

一、并购双方介绍

1．联想集团

联想控股有限公司1984年由中国科学院计算所投资20万元人民币，11名科研人员创立。联想控股采用母子公司结构，涉及投资、IT、地产等三大行业，下属联想集团、神州数码、联想投资、融科智地、弘毅投资、神州租车六家子公司。联想控股作为联想系企业的旗舰，承担公司总体资金管理。以及子公司战略方向的统一协调与指导等战略功能。

2．IBM集团

IBM是全球最大的信息技术公司，90年来在帮助企业创新方面一直居于领先地位。1995年IBM将公司内部的各个软件部门合并，成立了IBM软件集团。

二、并购背景及原因

扩展海外业务，获取世界一流品牌，借助IBM的品牌提升国际地位和形象；获取IBM一流的国际化管理团队；获取IBM独特的领先技术；并购IBM的个人电脑事业部后，能得到更丰富、更具竞争力的产品组合；获得IBM的研发和技术优势，并获得IBM遍布全球的渠道和销售体系和国际化公司的先进管理经验和市场运作能力。

三、并购过程简介

联想与IBM公司跨国并购过程中涉及到方方面面的专业知识，仅靠并购企业单枪匹马是难以完成的。联想在并购IBM的PC业务过程中：

（1）2003年聘请麦肯锡作为战略顾问，全面了解IBM的PC业务和整合的可能。在进行了13个多月的艰难谈判之后，2004年2月8日双方终于达成了最终的并购协议。

（2）财务方面。IBM全球PC业务的实际交易价格是17.5亿美元，其中包括6.5亿美元现金、价值6亿美元的联想股票及PC部门5亿美元的债务。IBM将持有联想集团约19%的股份。

（3）2005年第二季度起，联想将分三年付给IBM7.05亿美元的服务费用，分别为2.85亿美元，2.23亿美元和1.97亿美元；董事会方面，杨元庆先生接替联想创始人柳传志先生，成为联想董事会主席。柳传志先生为董事会非执行董事。

四、案例分析

1．合并类型

非同一控制下的企业合并，指不存在一方或多方控制的情况下，一个企业购买另一个或多个企业股权或净资产的行为。也就是说，在这种合并形式中，参与合并的双方，在合并前后均不属于同一方或多方最终控制。例如，在联想集团收购IBM的个人电脑业务中，联想集团和IBM是各自独立的，它们之间不受同一方或多方控制的问题，因此，这种合并就是非同一控制下的合并。

联想并购IBM的合并属于横向合并。横向合并是指同行业或相近行业的有关企业的合并，参与合并的企业在生产工艺、产品或劳务等方面相同或相近。其目的是发展规模经济、实现规模效益、优势互补、提高竞争能力。

2．合并商誉的确定

就联想并购案而言，联想收购IBM的全部PC业务，总支出是104亿元，除去IBM的可辨认净资产1.6亿元，剩余102亿元，购买的是商誉。这商誉主要是IBM品牌5年的使用权，以及Thindpad品牌的所有权。

核心概念

成本法（cost method）
权益法（equity method）
少数股东收益（minority interest income）
商誉（goodwill）

思考题

1．控股权取得日合并财务报表的合并内容是什么？

2．控股权取得日后合并财务报表的合并内容是什么？

3．比较控股权取得日后首期合并财务报表和控股取得日后连续各期合并财务报表的异同点。

4．如果企业合并过程中子公司存在少数股权，在控股权取得日后合并财务报表上少数股权如何反映？

5．同一控制下的控股合并在股权取得日后编制哪些调整、抵销分录？

6．非同一控制下的控股合并在股权取得日后编制哪些调整、抵销分录？

练习题

（一）单项选择题

1．2007年年初，甲企业以460万元的合并成本购买非同一控制下的乙企业的全部股权，乙企业被并购时可辨认净资产账面价值400万元、公允价值420万元。2007年年末甲企业各资产及资产组没有发生减值，则年末合并资产负债表中“商誉”的报告价值为（　　）万元。

A．60　　B．40

C．20　　D．0

2．2007年年初，甲企业用银行存款460万元购买非同一控制下的乙企业的全部净资产，乙企业被吸收合并时可辨认净资产账面价值400万元、公允价值420万元。2007年年末甲企业各资产及资产组没有发生减值，则年末个别资产负债表中“商誉”的报告价值为（　　）万元。

A．60　　B．40

C．20　　D．0

3．第二期以及以后各期连续编制合并财务报表时，其编制基础为（　　）。

A．上一期编制的合并财务报表

B．上一期编制合并财务报表的合并工作底稿

C．企业集团母公司与子公司当期的个别财务报表

D．企业集团母公司和子公司的账簿记录

4．下列表述正确的是（　　）。

A．在权益法下，投资企业对被投资企业的长期股权投资应按取得成本入账，以后不随子公司所有者权益的变化而做相应的调整

B．在权益法下，投资企业对被投资企业的长期股权投资应按取得成本入账，以后随子公司所有者权益的变化而做相应的调整

C．在权益法下，投资企业对被投资企业的长期股权投资应按公允价值入账，以后随子公司所有者权益的变化而做相应的调整

D．在权益法下，投资企业对被投资企业的长期股权投资应按公允价值入账，以后不随子公司所有者权益的变化而做相应的调整

5．甲乙公司没有关联关系。甲公司按照净利润的10%提取盈余公积。2007年1月1日投资500万元购入乙公司100%股权。乙公司可辨认资产公允价值为500万元，账面价值为400万元，其差额为应按5年摊销的无形资产，2007年乙公司实现净利润100万元，期初未分配利润为0，2008年分配现金股利60万元，2008年又实现净利润120万元，在2008年期末甲公司编制投资收益和利润分配的抵销分录时，应抵销的乙公司期初和期末未分配利润分别是（　　）万元。

A．0，60　　B．0，120

C．70，108　　　　　　　　　D．70，98

6．甲公司于2007年1月1日投资500万元购入乙公司100%的股权，乙公司可辨认净资产为500万元。当年末乙公司未分配利润为－50万元，所有者权益其他项目不变，在期末甲公司编制合并抵销分录时，应该（　　）。

A．调整为权益法，减少长期股权投资账面价值和投资收益50万元

B．调整为权益法，增加长期股权投资账面价值和投资收益50万元

C．调整为权益法，减少长期股权投资账面价值和未分配利润50万元

D．未分配利润为负数不合并

7．按照我国现行会计准则的规定，对于同一控制下的控股合并，有关编制控制权取得日后的合并财务报表的表述中正确的是（　　）。

A．少数股东权益可以直接按照少数股东占子公司净资产账面价值的份额确定

B．少数股东净利润可以直接按照少数股东占子公司账面净利润的份额确定

C．确定合并净利润时应当考虑控制权取得日所发生的子公司资产与负债项目高估或低估的金额，对子公司账面净利润进行调整

D．确定合并净利润时应该消除与集团内部销售有关的未实现损益的影响

8．甲、乙公司间不存在关联关系，甲公司2008年1月1日投资500万元购入乙公司80%股权，乙公司可辨认净资产公允价值为500万元，账面价值为400万元，其差额为应5年摊销的无形资产，2008年乙公司实现净利润100万元，2008年乙公司分配现金股利60万元。2009年乙公司又实现净利润120万元，所有者权益其他项目不变，在2009年期末甲公司编制合并抵销分录时，长期股权投资应调整为（　　）万元。

A．596　　B．720　　C．660　　D．620

9．甲公司和乙公司没有关联关系，甲公司2007年1月1日投资500万元购入乙公司100%股权，乙公司可辨认净资产公允价值为500万元，账面价值为400万元，其差额为应在5年内摊销的无形资产，2007年乙公司实现净利润100万元，所有者权益其他项目不变，期初未分配利润为0，在2007年期末甲公司编制投资收益和利润分配的抵销分录时，应抵销的投资收益是（　　）万元。

A．100　　　　　　　　　B．80

C．60　　　　　　　　　D．120

10．甲公司和乙公司没有关联关系，甲公司按照净利润的10%提取盈余公积。2007年1月1日投资500万元购入乙公司100%股权，乙公司可辨认净资产公允价值为500万元，账面价值为400万元，其差额为应在5年内摊销的无形资产，2007年乙公司实现净利润100万元，所有者权益其他项目不变，期初未分配利润为0，乙公司在2007年期末甲公司编制投资收益和利润分配的抵销分录时，应抵销的期末未分配利润是（　）万元。

A．100　　B．0

C．80　　D．70

11．甲公司于2007年12月29日以1 000万元取得对乙公司80%的股权，能够对乙公司实施控制，形成非同一控制下的企业合并，合并当日乙公司可辨认净资产公允价值总额为800万元。2008年12月25日，甲公司又出资100万元自乙公司的其他股东处取得乙公司10%的股权，交易日乙公司有关资产、负债以购买日开始持续计算的金额（对母公司的价值）为950万元。甲公司、乙公司及乙公司的少数股东在交易前不存在任何关联方关系。不考虑其他因素，则甲公司在编制2008年的合并资产负债表时，因购买少数股权而调整资本公积金额为（　　）万元。

A．5　　B．10

C．15　　D．20

12．甲公司拥有乙公司90%的表决权股份，能够控制其生产经营决策。2008年9月甲公司以1 000万元将一台设备销售给乙公司，该设备在甲公司的账面原价为1 000万元，已提折旧200万元，账面价值为800万元，已使用2年，预计尚可使用8年。设备采用直线法计提折旧，净残值为0。乙公司购入设备后，预计尚可使用年限为8年，税法规定，该项设备的净残值为0，预计使用年限为10年，按直线法计提折旧。至2008年12月31日，乙公司尚未对外销售该设备。假定涉及的设备未发生减值。甲、乙公司适用所得税税率均为25%，且在未来期间预计不会发生变化。税法规定，企业的固定资产以历史成本作为计税基础。则2008年末甲公司在编制合并财务报表时，对合并净利润的调整金额是（　　）万元。

A．－200　　B．－193.75

C．－145.31　　D．153.13

13．因同一控制企业合并增加的子公司，在编制合并资产负债表时，下列说法正确的是（　　）。

A．只调整年初未分配利润

B. 不调整年初未分配利润

C. 不调整合并资产负债表的期初数

D. 应当调整合并资产负债表的期初数

14. 2011 年 3 月，母公司以 1 000 万元的价格（不含增值税税额）将其生产的设备销售给其全资子公司作为管理用固定资产，款项已收到。该设备的生产成本为 800 万元。子公司采用年限平均法对该设备计提折旧，该设备预计使用年限为 10 年，预计净残值为零。编制 2011 年合并报表时，因该设备相关的未实现内部销售利润的抵销而影响合并净利润的金额为（　　）。

A. 180　　　　B. 185

C. 200　　　　D. 215

15. 甲公司拥有 A 公司 40%的权益性资本，甲公司控制的 M 公司拥有 A 公司 30%的权益性资本，A 公司权益性资本包括股本等共计 5 000 万元，在编制甲公司合并报表时，甲公司投资与 A 公司权益相抵销的分录是（　　）。

A. 借：股本等　　　　3 500
　　贷：长期股权投资（甲公司）　　2 000
　　　　少数股东权益　　1 500

B. 借：股本等　　　　5 000
　　贷：长期股权投资（甲公司）　　2 000
　　　　长期股权投资（M 公司）　　1 500
　　　　少数股东权益　　1 500

C. 借：股本等　　　　5 000
　　贷：长期股权投资（甲公司）　　2 000
　　　　少数股东权益　　3 000

D. 借：股本等　　　　5 000
　　贷：长期股权投资（甲公司）　　2 000
　　　　合并价差　　1 500
　　　　少数股东权益　　1 500

（二）多项选择题

1. 关于母公司在报告期增减子公司在合并利润表的反映，下列说法正确的有（　　）。

A. 因同一控制下企业合并增加的子公司，在编制合并利润表时，应当将该子公司合并当期期初至报告期末的收入、费用、利润纳入合并利润表

B．因非同一控制下企业合并增加的子公司，在编制合并利润表时，应当将该子公司合并当期期初至报告期末的收入、费用、利润纳入合并利润表

C．因非同一控制下企业合并增加的子公司，在编制合并利润表时，应当将该子公司购买日至报告期末的收入、费用、利润纳入合并利润表

D．母公司在报告期内处置子公司，应当将该子公司期初至处置日的收入、费用、利润纳入合并利润表

E．因同一控制下企业合并增加的子公司，在编制合并利润表时，应当将该子公司购买日至报告期末的收入、费用、利润纳入合并利润表

2．非同一控制下企业合并编制合并工作底稿时，将长期股权投资的年初余额调整为权益法下的余额涉及的项目有（　　）。

A．对股东的分配　　B．长期股权投资

C．少数股东权益　　D．投资收益

E．年初未分配利润

3．非同一控制下企业合并编制合并工作底稿时，调整子公司本期对外利润分配涉及的项目有（　　）。

A．对股东的分配　　B．长期股权投资

C．少数股东权益　　D．投资收益

E．年初未分配利润

4．长期股权投资的成本法适用范围是（　　）。

A．投资企业能够对被投资企业实施控制的长期股权投资

B．投资企业对被投资企业不具有共同控制或重大影响，并且在活跃市场中没有报价、公允价值不能可靠计量的长期股权投资

C．投资企业对被投资企业具有共同控制的长期股权投资

D．投资企业对被投资企业具有重大影响的长期股权投资

E．投资企业对被投资企业不具有重大影响的长期股资，但在活跃市场中有报价、公允价值能够可靠计量的长期股权投资

5．权益法核算的优点有（　　）。

A．按所持股权所代表的所有者权益的增减变动确认投资损益，准确表明了股权代表了股东应享有或应分担被投资单位的利益或损失

B．能够代表投资企业控制或重大影响的实施，并表明投资收益是可实现的

C．核算程序简便，容易掌握

D．长期股权投资账户能够反映投资的成本，能够反映企业实际获得的利润或现金股利情况，信息反映更加充分、全面

E．权益法强调投资企业与被投资企业关系上的经济实质，将两个独立的法律主体视为一个经济主体，其处理方法更符合权责发生制原则

6．关于购买日后的少数股东损益，下列说法正确的是（　　）。

A．应按子公司账面净利润计算确定

B．应按子公司经公允价值为基础调整确定后的净利润计算确定。

C．在合并报表中作为费用项目在合并净利润前扣除

D．在合并财务报表中在净利润项目下单独列示

E．在合并报表中不应作为费用项目在合并净利润前扣除

7．关于母公司在编制购买后合并财务报表时按权益调整长期股权投资和投资收益，下列说法正确的是（　）。

A．要按子公司的公允价值为基础进行调整

B．要按子公司的账面价值为基础进行调整

C．分得的股利要调整减少长期股权投资

D．对个别报表中原按成本法确认的分得股利应调整减少投资收益

E．对子公司实现的净利润没有分配的部分，不得调整长期股权投资和投资收益的增加

8．因非同一控制下企业合并增加的子公司，在编制合并财务报表时，下列说法正确的有（　　）。

A．编制合并利润表时，应当将该子公司购买日至报告日期末的收入、费用、利润纳入合并利润表

B．编制合并利润表时，应当将该子公司合并当期期初至报告期末的收入、费用、利润纳入合并利润表

C．编制合并资产负债表时，应当调整合并资产负债表的期初数

D．编制合并资产负债表时，不应当调整合并资产负债表的期初数

E．对于资产负债表年初数的调整可以由企业自行确定

（三）判断题

1．成本法核算不能反映企业在被投资单位的权益。（　）

2．权益法可以避免操纵利润的情况发生。（　）

3．子公司所采用的会计政策和会计期间与母公司不一致的，如果母公司自行对子公司的个别财务报表进行调整，应当在合并工作底稿中通过编制调整

分录予以调整。（　　）

4．对于通过非同一控制下企业合并在年度中期增加的子公司，母公司在编制合并报表时，应将该子公司合并当期期初至报告期末的收入、费用和利润纳入合并利润表中。（　　）

5．母公司对子公司的长期股权投资由成本法调整为权益法，不需要在合并工作底稿中通过编制调整分录予以调整，也不改变母公司“长期股权投资”的账簿记录。（　　）

6．当母公司对子公司拥有全部股权时，合并财务报表时应按权益法调整对子公司的长期股权投资。（　　）

7．当母公司对子公司只拥有部分股权时，将子公司所有者权益中不属于母公司的份额，应当作为“少数股东权益”项目处理。（　　）

8．非同一控制下企业合并时，母公司合并成本与子公司可辨认净资产公允价值之差，确认为商誉，在持有期间可以要求摊销，也可以对其进行减值测试。（　　）

9．在控股权取得以后连续各期编制合并财务报表时，由于在首日的一些抵销工作都是在合并工作底稿中进行的，并没在相应记入企业集团母公司及各子公司的账簿之中。所以，在第二期以及以后各期连续编制合并财务报表时，仍然进行上述的调整和抵销。（　　）

10．采用权益法核算的长期股权投资的初始投资成本大于投资时应享有被投资单位可辨认净资产公允价值份额的，其差额不调整已确认的初始投资成本。（　　）

11．同一控制下的控股合并，控制权取得日后的合并财务报表中，少数股东权益可以直接按照少数股东占子公司净资产账面价值的份额确定。（　　）

12．第二期以及以后各期连续编制合并财务报表时，其编制基础为上一期编制的合并财务报表。（　　）

13．长期股权投资的成本法适用范围是投资企业能够对被投资企业实施控制的长期股权投资。（　　）

14．长期股权投资的权益法适用范围是投资企业能够对被投资企业产生重大影响的长期股权投资。（　　）

15．因同一控制下企业合并增加的子公司，在编制合并利润表时，应当将该子公司合并当期期初至报告期末的收入、费用、利润纳入合并利润表。（　　）

（四）核算题

1．A公司为母公司，2013年1月1日，A公司用银行存款660 000元从证券市场上购入B公司发行在外100%的股份，并对B公司实施控制，且A公司和B公司不属于同一控制下的两个公司。B公司2007年实现净利润230 000元，于年末宣告并支付现金股利35 000元。当时B公司的净资产的相关项目如下表所示：

项目	账面价值	公允价值	备注
存货	100 000	98 000	本年出售
固定资产	340 000	370 000	10年摊销
无形资产	220 000	240 000	5年摊销
长期应付款	90 000	110 000	5年后到期
净资产	570 000	590 000	

2．沿用第三章业务题第三题，假设甲公司当年净利润为1 500万元，提取盈余公积金300万元，向投资者分配现金股利900万元，乙公司当年实现净利润600万元，提取盈余公积100万元，分配现金股利300万元。甲公司、乙公司2008年末资产负债表和2008年度利润表如下所示，甲公司应如何编制2008年末的合并财务报表？

资产负债表（简表）

2008年12月31日 单位：元

	甲公司	乙公司
货币资金	10 000 000	10 000 000
存货	28 000 000	15 000 000
长期股权投资	25 000 000	
固定资产	72 000 000	32 000 000
资产合计	135 000 000	57 000 000
各种负债	49 000 000	29 000 000
负债合计	49 000 000	29 000 000
股本	50 000 000	10 000 000
资本公积	20 000 000	9 000 000
盈余公积	5 000 000	2 000 000
未分配利润	11 000 000	7 000 000
所有者权益合计	86 000 000	28 000 000
负债和所有者权益合计	135 000 000	57 000 000

利润表（简表）

2008年1月1日至12月31日 单位：元

项目	甲公司	乙公司
一、营业收入	80 000 000	40 000 000
减：营业成本	50 000 000	25 000 000
营业税金及附加	1 000 000	1 000 000

续表

项目	甲公司	乙公司
销售费用	3 000 000	3 000 000
管理费用	5 000 000	3 000 000
财务费用	1 000 000	1 000 000
加：投资收益	3 000 000	0
二、营业利润	23 000 000	7 000 000
加：营业外收入	1 000 000	2 000 000
减：营业外支出	4 000 000	1 000 000
三、利润总额	20 000 000	8 000 000
减：所得税	5 000 000	2 000 000
四、净利润	15 000 000	6 000 000
加：期初未分配利润	8 000 000	5 000 000
减：提取盈余公积	3 000 000	1 000 000
对所有者（股东）的分配	9 000 000	3 000 000
期末未分配利润	11 000 000	7 000 000

3．沿用第三章业务题第四题，假设甲公司当年净利润为 1 500 万元，提取盈余公积 300 万元，向投资者分配现金股利 900 万元，存货已于本年售出。乙公司当年实现净利润 600 万元，提取盈余公积金 100 万元，分配现金股利 300 万元。甲、乙公司 2008 年末资产负债表和 2008 年度利润表同上题，甲公司应如何编制 2008 年末的合并财务报表？

4．和平公司于 2007 年 1 月 1 日通过非同一控制下企业合并了甲公司，持有甲公司 80%的股权，合并对价成本为 4 500 万元。和平公司在 2007 年 1 月 1 日备查簿中记录的甲公司的可辨认净资产、负债的公允价值与账面价值相同。有关资料如下：

（1）甲公司 2007 年 1 月 1 日的所有者权益为 5 250 万元，其中，实收资本为 3 000 万元，资本公积为 2 250 万元，盈余公积为 0 万元，未分配利润为 0 万元。

（2）甲公司 2007 年度实现净利润为 1 500 万元（均由投资者享有），按照净利润的 10%计提盈余公积。甲公司 2007 年因持有可供出售金融资产，公允价值变动计入资本公积 223.88 万元（未扣除所得税影响，甲公司所得税税率为 25%）。甲公司 2007 年度宣告发放现金股利 600 万元。

（3）甲公司 2008 年度实现净利润为 3 000 万元（均由投资者享有）。甲公司 2008 年因持有可供出售金融资产，公允价值变动计入资本公积 200 万元（已扣除所得税影响）。甲公司 2008 年度宣告发放现金股利 900 万元。

（4）甲公司采用的会计政策和会计期间与和平公司一致。

要求：

（1）2007 年按照权益法对子公司的长期股权投资进行调整，编制应在工作底稿中应编制的调整分录。

（2）编制 2007 年母公司与子公司股权投资项目与子公司所有者权益项目的抵销分录。

（3）编制 2007 年母公司与子公司持有对方长期股权投资的投资收益的抵销分录。

（4）2008 年按照权益法对子公司的长期股权投资进行调整，编制应在工作底稿中应编制的调整分录。

（5）编制 2008 年母公司对子公司股权投资项目与子公司所有者权益项目的抵销分录。

（6）编制 2008 年母公司对子公司持有对方长期股权投资的投资收益的抵销分录。

第五章　企业集团内部交易的会计处理

【学习目标】通过本章学习，了解企业集团内部交易的概念和类型，掌握母公司与子公司之间，子公司之间各项内部交易事项抵销处理的方法，包括存货购销业务、固定资产买卖业务、无形资产交易业务等。

开篇案例

M公司和D公司同属于某一集团公司，M公司以银行存款500万元购买了D公司80%的股权，之后M公司和D公司之间发生一些经济业务，如M公司以银行存款购买了D公司发行的三年期债券、购买了D公司一批商品，同时D公司以银行存款购买了M公司生产的产品等等，上述交易属于内部交易，那么在编制合并财务报表时，这些内部交易该如何处理？

第一节　集团内部交易事项概述

一、集团内部交易事项含义

企业集团内部交易是指母公司与各子公司之间或各子公司之间的交易，按照所涉及的资产负债表项目可以分为企业集团内部存货交易、用于经营的资产交易、债权债务交易以及提供劳务等。

在日常经营过程中，企业集团的内部交易是经常发生的，如果这种交易不是以成本作为价格，就会在母公司或子公司的各自的财务报表上反映由内部交易所产生的损益。由于合并主体的财务报表反映的是一个企业集团对外部的交易而形成的财务状况和经营成果，而集团内部各公司之间的交易实质上仅仅是将资产转移了存入地点而不应产生损益，所以在合并财务报表的编制过程中，必须将内部交易的影响进行抵销和调整，才能使合并财务报表反映不包含内部交易的企业集团整体的财务状况和经营成果。否则合并财务报表的某些项目将会被虚计或高估，只有在企业间存货或固定资产等向外界出售或消耗之后，企业集团才可确认损益。需要强调的是所有这些调整、抵销分录，只是为编制合并财务报表而反映在工作底稿上，并不记入母公司或子公司的账簿中。

二、集团内部交易事项的类型

（一）按内部交易事项是否涉及损益分类

1．涉及损益的内部交易事项

涉及损益的内部交易事项是指集团公司内部母公司与子公司及子公司之间发生的与损益有关的内部交易事项。例如母公司将其生产的产品出售给所属的子公司，导致母公司营业收入和营业成本增加。

涉及损益的内部交易事项按其损益是否实现，又可分为已实现集团内部损益的交易事项和未实现集团内部损益的交易事项两种。前者是指集团公司内部母公司与子公司及各子公司之间发生了涉及损益的内部交易事项后，其购买方已于当期全部向集团外销售；后者是指集团公司内部母公司与子公司以及各子公司之间发生涉及损益的内部交易事项后，其购买方在当期尚未向集团外销售。

2．不涉及损益的内部交易事项

不涉及损益的内部交易事项是指集团内部母公司与子公司及子公司之间发生的交易只与资产负债表项目相关，与各公司的损益确定无关的事项，例如集团公司内部的无息贷款业务、内部债权债务等。

（二）按内部交易事项的具体内容分类

1．企业集团内部存货交易；

2．企业集团内部债权债务交易；

3．企业集团内部固定资产交易；

4．企业集团内部无形资产交易；

5．其他内部交易。

第二节　企业集团内部存货交易抵销的会计处理

企业集团的内部存货交易是集团内部母子公司之间或母公司所属子公司之间相互提供商品、产成品、半成品、原材料等存货的交易，是企业集团中最经常发生的内部交易。一般情况下，企业集团内部存货交易有三种类型：母公司对子公司的销售称为顺流销售；子公司对母公司的销售称为逆流销售；集团内部一个子公司对另一个子公司的销售称为水平销售。

内部存货交易可能出现三种情况：当期全部对集团外部销售；当期全部未售出而形成期末存货；当期部分对集团外部销售部分形成期末存货。第一种情况不涉及未实现内部销售损益，但需在当期合并报表编制时抵销重复记录的销售收入和销售成本；后两种情况涉及未实现内部销售损益，因此不仅影响当期合并报表的编制，所形成的期末存货因成为下期期初存货还影响下期合并报表的编制。

内部存货交易中，买方当期未售出存货形成的期末存货包含两部分内容：一部分为真正的存货成本(即卖方的销售成本)；另一部分为卖方的销售毛利(即销售收入减销售成本的差额)。对于期末存货中包括的这部分销售毛利，从企业集团整体来看，并不是真正实现的损益。而是企业集团内部物资调拨活动，既不会实现利润，也不会增加商品价值。按照实体理论，此部分被卖方确认的利润被称为未实现内部销售损益，属于母公司和少数股东的部分均未实现，应在编制合并财务报表时予以全额抵销。换句话说，在实体理论下，无论是顺流销售、逆流销售还是水平销售，均全额抵销未实现内部销售损益，三种销售的合并报表编制没有任何区别。但对于存货交易的三种销售情况，因影响的账户和期间不同，应编制不同的抵销分录。

一、集团内部存货交易发生当期的会计处理

（一）第一种处理方法

1．内部交易的存货全部实现对外销售

在这种情况下，企业集团也实现了销售和利润，而且个别财务报表所确认的利润合计与合并会计报表应列报的利润是一致的，但是，由于内部交易的销售方在发生内部交易时确认了销售收入和销售成本，而内部交易的购买方在对外销售时又确认了一次销售收入和销售成本，但对整个企业集团来说，实现的销售只能有一次，应确认的销售收入只是内部交易的购买方在对外销售所实现的销售收入，与之相配比的销售成本应是内部交易的销售方所确认的销售成本，因此，在这种情况下，需要将内部交易的销售方所确认的内部销售收入和内部交易的购买方所确认的内部销售成本予以抵销，抵销的分录为：

借：营业收入（集团内销售企业的销售收入）

　　贷：营业成本（集团内购买企业的销售成本）

【例 5-1】南开公司为滨海公司的子公司。本期发生的内部销售业务有：滨

海公司销售给南开公司一批产品，销售价为 2 400 000 元，其成本为 2 000 000 元，假设该批存货南开公司当年以价格 2 800 000 元全部对外出售，所有货款均以银行存款支付。

在合并工作底稿中应编制的抵销分录为：

借：营业收入　　　　2 400 000

　　贷：营业成本　　　　2 400 000

2．内部交易的存货全部未实现对外销售

在这种情况下，销售方所确认的营业收入、营业成本在集团来看并没有实现。所以，应抵销个别财务报表已确认的营业收入和营业成本，同时，有时由于购买方期末存货中包括了销售方所确认的未实现内部交易损益，虚增了合并财务报表上的存货价值，抵销的分录为：

借：营业收入（集团内销售企业的销售收入）

　　贷：营业成本（集团内销售企业的销售成本）

　　　　存货（集团内销售企业的毛利）

【例 5-2】沿用【5-1】例子，假设该批存货南开公司当年完全没有对外出售。

在合并工作底稿中应编制的抵销分录为：

借：营业收入　　　　2 400 000

　　贷：营业成本　　　　2 000 000

　　　　存货　　　　　　400 000

3．内部交易的存货部分对外出售

在这种情况下，已出售的部分可以按照第一种处理方法中的 1 进行抵销；未出售的部分可以按照第一种处理方法中的 2 进行抵销。

【例 5-3】沿用【5-1】例子，假设该批存货南开公司当年以价格 2 200 000 元对外出售了 60%。

在合并工作底稿中应编制的抵销分录为：

借：营业收入　　　　1 440 000（2 400 000×60%）

　　贷：营业成本　　　　1 440 000（2 400 000×60%）

借：营业收入　　　　960 000（2 400 000×40%）

　　贷：营业成本　　　　800 000（2 000 000×40%）

　　　　存货　　　　　　160 000

（二）第二种处理方法

第一种处理方法是分别内部交易的存货在当期全部未对外出售、全部对外出售和部分对外出售三种情况进行抵销处理的，综合处理三种情况，可以将其采用统一的抵销分录进行抵销，也就是不管内部交易的存货在当期是否对外销售，均采用统一的抵销分录进行抵销处理。统一的抵销分录：

1．假设内部交易的存货已全部对外销售，因此将内部销售收入和内部销售成本全部予以抵销。其抵销分录为：

借：营业收入（集团内销售企业的销售收入）

　　贷：营业成本（集团内购买企业的销售成本）

2．如果内部交易的存货期末仍有未对外销售的期末存货，则意味着期末存货中仍然包含了部分未实现的利润，同时也说明前一步抵销中假设内部交易的存货全部对外销事实不符，因而多抵销了营业成本，多抵销的数额正是期末未实现的对外销售的存货中包括的未实现内部利润，所以应再编制抵销分录加以调整，其抵销分录为：

借：营业成本（期末存货中的未实现内部销售利润）

　　贷：存货（期末存货中的未实现内部销售利润）

【例 5-4】沿用第一种方法中的三个情况，分别做出相应的抵销分录。

（1）当内部交易的存货全部对外销售，抵销分录为：

借：营业收入　　　　2 400 000

　　贷：营业成本　　　　2 400 000

（2）当内部交易的存货全部未对外销售，抵销分录为：

借：营业收入　　　　2 400 000

　　贷：营业成本　　　　2 400 000

借：营业成本　　　　400 000

　　贷：存货　　　　400 000

（3）当内部交易的存货 60%以外销售时，抵销分录为：

借：营业收入　　　　2 400 000

　　贷：营业成本　　　　2 400 000

借：营业成本　　　　160 000［（2 400 000－2 000 000×40%］

　　贷：存货　　　　160 000

二、以前时期发生的内部存货交易对本期影响的抵销

存货交易属于经常性交易，每个会计期间都会发生。如果以前时期内部交易的存货到上期末已全部实现对外销售，则本期初（上期末）存货中已不再含有未实现的内部利润，以前期间的内部交易也不会对本期的营业收入、营业成本的列报产生影响，因此，在编制本期合并财务报表时就不需要考虑以前期间

内部存货交易影响的抵销问题。但是，大多数情况下，购买方未必都能将内部交易的存货全部对外销，所以，购买方就会持有内部交易的存货到下一期乃至以后更多的时期。由于这些内部交易的存货中包括了未实现的内部销售利润，所以在每期编制合并财务报表时，不仅要考虑当期发生的内部存货交易的抵销，而且需要考虑以前时期发生的内部存货交易对本期个别财务报表与合并财务报表之间差异产生的影响，并将这种影响加以抵销，从而形成合理的合并财务报表的列报结果。

如果内部交易的存货在发生内部交易的当期未全部对外出售，则在发生内部存货交易的当期，需要抵销期末存货中包含的未实现内部销售利润，最终将个别财务报表中多计的期末未分配利润抵销（虽然在内部交易发生当期的抵销分录为借记“营业成本”科目，贷记“存货”科目，但营业成本的调增即意味着利润总额的调减和期末未分配利润的调减）。但是，每期合并财务报表的编制都是在该期个别财务报表的基础上通过编制抵销分录完成的，在发生内部交易当期所做的抵销分录仅是在合并工作底稿上登录的，个别财务报表的期初未分配利润仍然是个别财务报表的上期末未分配利润，因此个别财务报表的期初未分配利润合计与合并财务报表的上期末未分配利润就不会相等，它们的差额正是上期末在合并财务报表工作底稿中所抵销的期末存货中包含的未实现的内部销售利润，因为本期合并财务报表的期初未分配利润也必须与上期合并财务报表的期末未分配利润保持衔接，因此在每期编制合并财务报表时，必须按上期末存货中的未实现利润的数额调整本期期初未分配利润。至于以前时期发生的内部交易对本期个别财务报表的其他影响则要视上期末未实现对外销售的内部交易存货在本期对外销售的情况而采用不同的抵销方法进行抵销处理。我们仍然分别这些内部交易的存货在本期全部对外出售、至期末仍然全部未对外出售和到本期有一部分实现了对外销售三种情况进行说明。

（一）如果上期内部交易的存货在本期末已全部实现对外销售

在这种情况下，在抵销期初未分配利润的同时，还应同时抵销上期未实现的内部销售利润对本期营业成本的影响。编制的抵销分录为：

借：期初未分配利润

　　贷：营业成本

【例 5-5】滨海公司为南开公司的母公司，南开公司上期从滨海公司购入的 10 000 元存货，当期全部未对外出售，本期则全部实现对外销售，假设滨海公司和南开公司之间本期未发生内部销售业务，滨海公司的销售毛利率为 20%。

编制的抵销分录为：

借：期初未分配利润　　2 000

　　贷：营业成本　　2 000

（二）如果上期内部交易的存货在本期末仍全部未对外销售

在这种情况下，在抵销期初未分配利润的同时，还应同时抵销这些未实现的内部销售利润对期末存货的影响。编制的抵销分录为：

借：期初未分配利润

　　贷：存货

【例 5-6】沿用【例 5-5】，假设内部存货交易中，南开公司购进的存货在本期仍未实现对外销售。

编制的抵销分录为：

借：期初未分配利润　　2 000

　　贷：存货　　2 000

（三）如果上期内部交易的存货在本期部分对外销售，其余部分仍未对外销售

在这种情况下，在抵销期初未分配利润的同时，应按已对外销售部分中所包含的未实现内部销售利润调整当期的营业成本，按期末仍未销售的存货中所包含的未实现内部销售利润调整期末存货。编制的抵销分录为：

借：期初未分配利润

　　贷：营业成本

　　　　存货

【例 5-7】沿用【例 5-5】，假设内部存货交易中，南开公司购进的存货在本期对外销售了 60%，其余 40%到本期末仍未实现对外销售。

编制的抵销分录为：

借：期初未分配利润　　2 000

　　贷：营业成本　　1 200

　　　　存货　　800

三、既有以前时期内部存货交易的影响，又有本期新发生的内部存货交易时的综合抵销

由于公司间存货交易发生的频繁性和连续性，因此，在各期编制合并财务报表时，既需要考虑当期新发生的公司间存货交易的抵销，又需要对以前时期发生的公司间存货交易对本期的影响加以抵销。抵销当期发生的公司间存货交

易可以按当期发生的公司间存货交易的抵销所介绍的抵销方法进行抵销，抵销以前时期公司间存货交易对本期的影响则可以按照以前期间发生的公司间存货交易对本期影响的抵销所介绍的抵销方法进行抵销。我们也可以将上述两部分的抵销分录加以综合，采取下面三笔综合抵销分录进行抵销：

（1）假设本期新发生的公司间交易的存货在当期已全部对外出售，按本期新发生的内部销售收入全额抵销当期的营业收入和营业成本。

借：营业收入

　　贷：营业成本

（2）假设上期末公司间交易的存货在本期已全部对外出售，按上期末存货中的未实现内部销售利润抵销本期期初未分配利润和本期的营业成本。

借：期初未分配利润

　　贷：营业成本

（3）如果本期末仍然有公司间交易的存货未对外出售，则抵销本期末存货中的未实现利润（既包括当期新发生的公司存货交易到本期末未实现的内部销售利润，也包括以前期间公司间交易的存货到本期末仍然未实现的内部销售利润）。

借：营业成本

　　贷：存货

【例 5-8】沿用【例 5-5】，南开公司上期购进的存货在本期仍未实现对外销售，南开公司本期又从滨海公司购入了 4 000 元存货，滨海公司的毛利率为 20%，南开公司将本期从滨海公司购入的存货中的 75%对外销售，取得销售收入 4 800 元。

本期编制的抵销分录如下：

①按本期新发生的内部销售收入全额抵销当期的营业收入和营业成本

借：营业收入	4 000	
贷：营业成本		4 000

②抵销上期末存货中的未实现利润

借：期初未分配利润	2 000	
贷：营业成本		2 000

③抵销本期末存货中的未实现利润。

本期末存货中的未实现利润包括当期新发生的内部交易存货到本期末未实现的内部销售利润 200 元［4 000×20%×（1－75%）］，也包括以前期间内部交易的存货到本期末仍然未实现的内部销售利润 2 000 元（10 000×20%）。

借：营业成本　　　　　　　　　　2 200

　贷：存货　　　　　　　　　　　　2 200

【课堂测试 5-2】

1．母公司销售一批产品给子公司，售价为 8 000 元。子公司购进后，销售 50%，取得收入 5 000 元，另 50%为存货。母公司销售毛利率为 25%。根据资料，期末未实现内部销售利润是（　　）。

A．3 000　　　　B．1 000

C．2 000　　　　D．4 000

2．子公司 2006 年用 150 万元将母公司成本为 120 万元的货物购入，全部形成存货。子公司 2007 年又用 300 万元将母公司成本为 255 万元的货物购入。2007 年对外销售其存货 105 万元，售价 130 万元，采用先进先出法结转存货成本。母公司合并报表时所做的抵销分录应为（　　）。

A．借：营业收入　　　　4 500 000

　　贷：营业成本　　　　3 750 000

　　　　存货　　　　　　750 000

B．借：未分配利润——年初　　300 000

　　贷：营业成本　　　　300 000

　借：营业收入　　　　3 000 000

　　贷：营业成本　　　　3 000 000

　借：营业成本　　　　540 000

　　贷：存货　　　　540 000

C．借：未分配利润——年初　　1 200 000

　　贷：营业成本　　　　1 200 000

　借：营业收入　　　　2 250 000

　　贷：营业成本　　　　2 250 000

　借：营业成本　　　　450 000

　　贷：存货　　　　450 000

D．借：营业收入　　　　3 000 000

　　贷：营业成本　　　　2 250 000

　　　　存货　　　　450 000

第三节　企业集团内部固定资产交易抵销的会计处理

企业集团的内部固定资产交易是指集团内部母、子公司之间或各个子公司之间相互转让（包括出售或购买等）涉及固定资产的业务。根据卖方销售的是产品还是固定资产，可以将其划分三种类型：第一种类型是企业集团内部企业将自身的固定资产销售给企业集团内的其他企业作为固定资产使用；第二种类型是企业集团内部企业将自身生产的产品出售给企业集团内的其他企业作为固定资产使用；第三种类型是企业集团内部企业将自身使用的固定资产变卖给企业集团内的其他企业作为普通商品出售，该类型的固定资产交易在企业集团内部极少发生，所以，我们主要讨论前面两种类型的固定资产交易的抵销方法。

一、当期发生的内部固定资产交易的抵销

（一）第一种类型内部固定资产交易的抵销

企业集团内部某企业将自用的固定资产变卖给企业集团内的其他企业作为固定资产使用，对于销售企业来说，其资产负债表中已表现为固定资产原价和累计折旧的减少，处理固定资产的净收益或净损失，作为营业外收入或营业外支出列示在利润表中；对于购买企业来说，在其个别财务报表中则按销售企业的转让价值记入固定资产增加。因而在购买企业的固定资产原价中，既包括了该固定资产在原销售企业的净值也包括了销售企业因变卖该固定资产所实现的收益。

但从整个企业集团看，这一交易属于企业集团的内部固定资产调拨性质，只是使用地点发生了变化，既不能实现收益，也不会使固定资产的净值发生变化。因此在编制财务报表时，必须将内部固定资产交易未实现的销售利润与固定资产净值的增加金额相抵销。应编制的抵销分录为：借记“营业外收入”项目，贷记“固定资产”项目；或借记“固定资产”项目，贷记“营业外支出”项目。购买固定资产的企业是按销售企业的售价（即销售企业的固定资产净值与未实现内部损益之和）作为固定资产的原价入账，并据此计提折旧。这样，每期计提的折旧额会大于（或小于）按销售企业固定资产净值计提的折旧额。因此，每期都必须将就未实现内部损益多计提（或少计提）的折旧，从该固定资产当期已计提的折旧费用中予以抵销，借记“固定资产——累计折旧”科目，贷记“管理费用”等科目或借记“管理费用”等科目，贷记“固定资产——累

计折旧”科目。

【例 5-9】滨海公司为南开公司的母公司。2013 年 1 月 1 日，滨海公司将其一台账面价值为 150 000 元的设备以 200 000 元的价格卖给南开公司做固定资产使用。假设该设备的剩余使用年限为 5 年，残值为 0，南开公司使用年限平均法计提折旧（为简化，假设从 2013 年 1 月 1 日起开始计提折旧）。

2013 年 12 月 31 日编制合并报表时的抵销分录为：

（1）抵销固定资产原价中包含的未实现内部销售利润

借：营业外收入　　　　50 000

　　贷：固定资产　　　　　　50 000

（2）抵销未实现内部销售利润计提的折旧

借：固定资产　　　　10 000

　　贷：管理费用　　　　　　10 000

（二）第二种类型内部固定资产交易的抵销

企业集团内部将自身生产的产品销售给企业集团内的其他企业作为固定资产使用，对于销售企业来说，已将销售产品的收入和销售成本计入了当期损益，列示在利润表中。购买固定资产的企业则按销售企业的销售价格作为固定资产原价列示在资产负债表中。

但从整个企业集团角度出发，应相当于自建固定资产然后交付使用，不可能产生利润。作为固定资产生产企业（销售企业），既不能实现销售收入，也不会发生销售成本，因而不能形成销售损益。同时，固定资产也不能由于从生产到交付使用就增值或减值。这一增值或减值即销售企业所确认的销售损益，由于是在内部交易时确认的，对于整个企业集团来说，对外销售并未实现，因此，其所确认的损益也是企业集团的未实现内部销售损益，在合并财务报表中，必须将内部营业收入与内部营业成本和未实现内部销售损益相抵销，即按销售企业的销售收入借记“营业外收入”科目，按销售企业的销售成本贷记“营业成本”科目，按未实现内部销售损益借记或贷记“固定资产”科目。

既然对于企业集团来说，此种类型的内部固定资产交易仅相当于自制固定资产，那么该产品的制造成本就是企业集团取得固定资产的原始成本，因而应以此作为计提折旧的基数。但是，购买固定资产的企业却是按销售企业的售价（即销售企业的购建成本与未实现内部销售损益之和）作为固定资产的原价入账，并据以计提折旧。这样，购买企业每期计提的折旧额会大于（或小于）按制造成本计提的折旧额。因此，每期还必须将就未实现内部销售损益多计提（或少计提）的折旧，从该固定资产当期已计提的折旧费用中予以抵销，借记“固定资产”科目，贷记“管理费用”等科目或借记“管理费用”等科目，贷记“固定资产”科目。

【例 5-10】滨海公司为南开公司的母公司。2013 年 1 月 1 日，滨海公司将其生产的产品（成本为 150 000 元）以 200 000 元的价格卖给南开公司做固定资产使用。假设该设备的使用年限为 5 年，残值为 0，南开公司使用年限平均法计提折旧（为简化，假设从 2013 年 1 月 1 日起开始计提折旧）。

2013 年 12 月 31 日编制合并报表时的抵销分录为：

（1）抵销固定资产原价中包含的未实现内部销售利润

借：营业收入　　　　　　　　200 000

　　贷：营业成本　　　　　　　　150 000

　　　　固定资产　　　　　　　　 50 000

（2）抵销未实现内部销售利润计提的折旧

借：固定资产　　　　　　　10 000

　　贷：管理费用　　　　　　　10 000

二、以前时期内部固定资产交易对本期影响的抵销

由于固定资产的使用期限至少是在一年以上，所以，内部固定资产交易不仅影响到交易当期的合并财务报表，而且影响到以后各期的合并财务报表。在每期编制合并财务报表时，不仅要抵销当期新发生的内部固定资产交易对当期个别财务报表产生的影响，而且也要抵销以前时期内部固定资产交易对本期个别财务报表产生的影响。

以前期间内部交易的固定资产在本期一般有两种情况：一种是仍然处在使用状态（可能仍处于正常的使用期间，也可能是超龄使用），另一种是在本期转入清理（可能是正常到期清理，也可能是提前清理或超龄使用后转入清理）。不同情况下抵销处理也不一样。

（一）以前期间内部交易的固定资产在本期仍然处于使用状态

1. 以前期间内部交易的固定资产在本期仍然处于正常使用状态（未超过预计的使用年限）

与以前时期发生的内部存货交易在本期的抵销处理类似，上期末对固定资产中包含的未实现内部利润的抵销也是在合并财务报表工作底稿中完成的，其抵销的结果最终抵销了上期末资产负债表“固定资产”项目中所包含的未实现内部损益以及内部固定资产交易导致的未实现内部损益对当期“管理费用”、“期初未分配利润”、“期末未分配利润”项目的影响，从而使合并财务报表的“期

末未分配利润”项目不再包含本期和以前期间所发生的内部固定资产交易未实现损益的影响。但是，本期合并财务报表是在该期个别财务报表的基础上进行抵销处理后编制的，个别财务报表上的期初未分配利润仍然是其各自的上期期末未分配利润，仍然是包含了内部固定资产交易未实现内部利润影响的结果，因此，个别财务报告的期初未分配利润合计与合并财务报表的上期末未分配利润并不相符，为此，必须对期初未分配利润的数额进行调整，需抵销调整的数额正是上期末固定资产中所包含的未实现内部损益。除此之外，由于以前时期内部交易的固定资产在本期仍然处理正常使用状态，因此该内部交易的固定资产在本期仍然要计提折旧，其计提的折旧中仍然包括了就未实现内部损益所计提的折旧，应将其多计提或少计提的折旧加以抵销。最后，由于内部交易的固定资产到本期末仍然未清理或处置，因此，期末资产负债表中“固定资产”项目仍然包含了未实现内部损益的影响，需要对其进行抵销。相应的抵销分录为：

借：期初未分配利润（上期末内部交易固定资产中的未实现内部利润）
　　贷：管理费用（本期内部交易固定资产多计提的折旧）
　　　　固定资产（本期末内部交易固定资产中的未实现内部利润）

如果内部固定资产交易产生的是未实现亏损，则做相反的抵销分录。

【例 5-11】滨海公司为南开公司的母公司，2010 年 1 月 1 日，滨海公司将其生产的产品卖给南开公司作为固定资产使用。假设南开公司认定该固定资产折旧年限为 5 年，残值为 0，采用年限平均法计提折（为简化，假设从 2010 年 1 月 1 日起开始计提折旧)。滨海公司该产品的售价为 200 000 元，成本为 150 000 元。

（1）2010 年 12 月 31 日编制合并财务报表时，应编制的抵销分录如下：

①将固定资产原价中包含的未实现内部销售利润予以抵销：

借：营业收入　　200 000
　　贷：营业成本　　150 000
　　　　固定资产——原价　　50 000

②将就未实现内部销售利润计提的折旧予以抵销：

借：固定资产　　10 000
　　贷：管理费用　　10 000

（2）2011 年 12 月 31 日编制合并财务报表时，应编制的抵销分录如下：

借：期初未分配利润　　40 000
　　贷：管理费用　　10 000
　　　　固定资产　　30 000

也可以分别做以下三笔抵销分录：

①将固定资产原价中包含的未实现内部销售利润予以抵销：

借：期初未分配利润　　50 000

　贷：固定资产　　50 000

②将 2010 年就未实现内部销售利润计提的折旧予以抵销：

借：固定资产　　10 000

　贷：期初未分配利润　　10 000

③将 2011 年就未实现内部销售利润计提的折旧予以抵销：

借：固定资产　　10 000

　贷：管理费用　　10 000

（3）2012 年 12 月 31 日编制合并财务报表，应编制的抵销分录为：

借：期初未分配利润　　30 000

　贷：管理费用　　10 000

　　固定资产　　20 000

也可以分别做以下三笔抵销分录：

①将固定资产原价中包含的未实现内部销售利润予以抵销：

借：期初未分配利润　　50 000

　贷：固定资产　　50 000

②将 2010 年和 2011 年就未实现内部销售利润计提的折旧予以抵销：

借：固定资产　　20 000

　贷：期初未分配利润　　20 000

③将 2012 年就未实现内部销售利润计提的折旧予以抵销：

借：固定资产　　10 000

　贷：管理费用　　10 000

（4）2013 年 12 月 31 日编制合并财务报表时，应编制的抵销分录为：

借：期初未分配利润　　20 000

　贷：管理费用　　10 000

　　固定资产　　10 000

也可以分别做以下三笔抵销分录：

①将固定资产原价中包含的未实现内部销售利润予以抵销：

借：期初未分配利润　　50 000

　贷：固定资产　　50 000

②将 2010 年、2011 年和 2012 年就未实现内部销售利润计提的折旧予以抵

销：

借：固定资产　　30 000

　贷：期初未分配利润　　30 000

③将 2013 年就未实现内部销售利润计提的折旧予以抵销：

借：固定资产　　10 000

　贷：管理费用　　10 000

（5）假设该内部交易的固定资产在 2014 年 12 月 31 日仍然未清理，则在 2014 年 12 月 31 日编制合并财务报表时，应编制的抵销分录为：

借：期初未分配利润　　10 000

　贷：管理费用　　10 000

由于本例中内部交易的固定资产不计残值，因此，在 2014 年 12 月 31 日内部交易固定资产虽尚未清理，但其净值已降低到 0，所以期末固定资产中已不再包括未实现内部交易损益，对期末固定资产项目的抵销金额为 0。

①将固定资产原价中包含的未实现内部销售利润予以抵销：

借：期初未分配利润　　50 000

　贷：固定资产　　50 000

②将 2010 年、2011 年、2012 年和 2013 年就未实现内部销售利润计提的折旧予以抵销：

借：固定资产　　40 000

　贷：期初未分配利润　　40 000

③将 2014 年就未实现内部销售利润计提的折旧予以抵销：

借：固定资产　　10 000

　贷：管理费用　　10 000

2．以前期间内部交易的固定资产在本期处于超龄使用状态

如果内部交易的固定资产在本期处于超龄使用的状态，则由于该内部交易的固定资产在其正常使用期期满的那个期间就已经提足了折旧，因此，在超龄使用期间不再计提折旧，在不考虑内部交易固定资产残值情况下，该超龄使用的固定资产在正常使用期结束的期末其固定资产价值中已不再包括未实现的内部损益，因此，在超龄使用期的期末，更不存在未实现的内部利润，因此，在这种情况下，不需要编制抵销分录。

如果该内部交易的固定资产计提折旧时预计了净残值，则应按固定资产预计净残值中包含的未实现内部利润编制如下抵销分录：

借：期初未分配利润（上期末固定资产预计净残值中的未实现内部利润）

贷：固定资产（本期末固定资产预计净残值中的未实现内部利润）

由于在超龄使用期间，内部交易的固定资产已不再计提折旧，因此，上面的调整分录中上期末固定资产预计净残值中的未实现内部利润与期末固定资产预计净残值中的未实现内部利润是相等的。

如果内部固定资产交易产生了未实现亏损，则做与上述抵销分录相反的分录。

（二）以前时期内部交易的固定资产在本期转入清理

以前时期内部交易的固定资产在本期转入清理，一般有三种情况：一是恰好预计使用期期满后正常转入清理；二是到清理时固定资产的预计使用期尚未结束，即提前转入清理；三是在超龄使用后转入清理。

1．预计使用期期满后正常转入清理

由于本期该内部交易的固定资产还处在正常使用期内，仍然需要计提折旧，因此对其未实现损益部分计提的折旧需要通过抵销分录加以抵销，与处于正常使用期内使用中的内部交易固定资产一样，上期末固定资产中的未实现内部损益对期初未分配利润的影响也需加以抵销。在内部交易的固定资产转入清理时，该固定资产中所包含的未实现内部损益（也就是预计净残值中所包含的未实现内部损益）随着固定资产净值转入清理，相应增减了清理时形成的净收益或净损失，即营业外收入或营业外支出。相应的抵销分录如下：

借：期初未分配利润（上期末内部交易的固定资产中含有的未实现内部利润）

贷：管理费用（内部交易的固定资产在本期多计提的折旧）

营业外收入或营业外支出（清理时内部交易的固定资产净值中包含的未实现内部利润）

若内部交易固定资产产生的是未实现亏损，做相反的抵销分录。

如果该内部交易的固定资产在计提折旧时未考虑预计净残值，则在本期计提折旧后，则内部交易的固定资产净值已经变为 0，其中已不再含有未实现的内部交易损益，个别财务报表所确认的处置固定资产的净收益或净损失也就不再受未实现内部交易损益的影响，因此在这种情况下，就不需要对营业外收入或营业外支出进行调整，只需对期初未分配利润和当期的管理费用进行抵销处理。抵销分录为：

借：期初未分配利润（上期末内部交易的固定资产中含有的未实现内部利润）

贷：管理费用（内部交易的固定资产在本期多计提的折旧）

若内部交易固定资产产生的是未实现亏损，做相反的抵销分录。

【例 5-12】沿用【例 5-11】中的有关资料，假如 2014 年末将该固定资产转入清理。

则 2014 年应编制如下分录为：

借：期初未分配利润 10 000

　　贷：管理费用 10 000

也可参照在正常使用期间所做的三笔抵销分录，将三笔分录中的“固定资产”均替换为“营业外收入”或“营业外支出”：

借：期初未分配利润 50 000

　　贷：营业外收入或营业外支出 50 000

借：营业外收入或营业外支出 10 000

　　贷：管理费用 10 000

借：营业外收入或营业外支出 40 000

　　贷：期初未分配利润 40 000

2．内部交易固定资产超期使用后转入清理

这种情况下，该固定资产在其正常使用期限内的最后一个会计期间就已经提足了折旧，因此，超龄使用期间不需再计提折旧，在其超龄使用后转入清理时，固定资产净值（预计的净残值）中包含的未实现内部利润相应地转入了固定资产清理，相应增减了处置固定资产的净收益或净损失，即增加了或减少了营业外收入或营业外支出。抵销分录为：

借：期初未分配利润（上期末内部交易的固定资产中的未实现内部利润）

　　贷：营业外收入或营业外支出（清理时内部交易的固定资产中的未实现内部利润）

由于当期不计提折旧，因此，上期末内部交易的固定资产中的未实现内部利润与清理时内部交易的固定资产中的未实现内部利润是相同的，都等于预计净残值中的未实现内部利润。

如果内部交易的固定资产预计净残值为 0，则在内部交易固定资产超期使用后转入清理的期间无需进行任何抵销。

【例 5-13】沿用【例 5-11】中的有关资料，假设该项内部交易的固定资产在 2015 年末转入清理。

由于在 2014 年末该项内部交易的固定资产的净值已降为 0，其中已不再包含未实现的内部利润，因此，2015 年末在编制合并财务报表时不需做任何抵销分录。

【例 5-14】沿用【例 5-11】中的有关资料，假设该项内部交易的固定资产在 2016 年末转入清理。

由于在 2014 年末该项内部交易的固定资产的净值已降为 0，2015 年、2016 年均不再计提折旧，因此，2016 年末在编制合并财务报表时也不需做任何抵销分录。

3．内部交易固定资产使用期限未满提前转入清理

在这种情况下，除要抵销上期末内部交易固定资产中所包含的未实现内部损益对期初未分配利润的影响外，由于本期该内部交易的固定资产仍需计提折旧，因此，也需要抵销未实现内部利润对本期折旧费用的影响，与此同时，在转入清理时，内部交易的固定资产中仍然包含了未实现内部损益，这些未实现内部损益随着内部交易的固定资产转入清理而相应增加或减少了处置固定资产的净收益或净损失。抵销分录为：

借：期初未分配利润（上期末内部交易的固定资产中含有的未实现内部利润）

　　贷：管理费用（内部交易的固定资产在本期多计提的折旧）

　　　　营业外收入或营业外支出（清理时内部交易的固定资产净值中包含的未实现内部利润）

若内部交易固定资产产生的是未实现亏损，做相反的抵销分录。

【例 5-15】沿用【例 5-11】中的资料，若该固定资产在 2013 年末进行了清理。

则在 2013 年编制合并财务报表时应做的抵销分录为：

借：期初未分配利润	20 000	
贷：管理费用		10 000
营业外收入或营业外支出		10 000

若该项固定资产在 2012 年末进行了清理。

则在 2012 年末编制合并财务报表时应做的抵销分录为：

借：期初未分配利润	30 000	
贷：管理费用		10 000
营业外收入或营业外支出		20 000

【课堂测试 5-3】

1．甲公司拥有乙和丙两家子公司。2008 年 6 月 15 日，乙公司对其产品以市场价格销售给丙公司，售价为 100 万元（不考虑相关税费），销售成本为 76 万元。丙公司购入后作为管理用固定资产使用，按 4 年的期限采用直线法对该

资产计提折旧，预计净残值为零。假定不考虑所得税影响，甲公司在编制2009年年末合并资产负债表时，应调整“固定资产”项目的金额是（　　）万元。

A．－15　　B．6
C．9　　D．－24

2．甲公司2007年3月10日从其拥有80%股份的子公司购进设备一台，该设备为子公司所生产的产品，成本1 850万元，售价2 340万元（含增值税，税率为17%），另支付运输安装费8万元，甲公司已付款且该设备当月投入使用，预计使用年限为5年，净残值为零，采用年数总和法计提折旧，甲公司2008年末编制合并报表时应抵销的2008年多提的固定资产折旧额为（　　）万元。

A．37.5　　B．12.5
C．30　　D．42.5

第四节　企业集团内部债权债务抵销的会计处理

集团内部债权与债务项目，是指母公司与子公司、子公司相互之间因销售商品、提供劳务以及发生结算业务等原因产生的应收账款与应付账款、应收票据与应付票据、预付款项与预收款项、其他应收款与其他应付款、持有至到期投资与应付债券等项目。发生在母公司与子公司、子公司相互之间的这些项目，企业集团内部企业的一方在某个别资产负债表中反映为资产，而另一方则在其个别资产负债表中反映为负债。但从企业集团整体角度来看，它只是内部资金运动，既不能增加企业集团的资产，也不能增加负债。因此，为了消除个别资产负债表直接加总中的重复计算因素，在编制合并财务报表时应当将内部债权债务项目予以抵销。

一、当期发生的企业集团内部债权债务交易的抵销

当期发生的公司间债权债务交易，除应抵销其所形成的公司间债权债务对个别资产负债表相关项目的影响外，还需要考虑这些公司间债权债务交易产生的内部利息收入和利息支出以及内部应收款项计提的坏账准备对个别财务报表的影响。分别如下：

（一）企业集团内部债权债务的抵销

将母公司与子公司、子公司相互之间的债权与债务抵销时，应根据内部债权、债务的数额借记“应付账款”、“应付票据”、“应付债券”、“预收账款”等

科目，贷记“应收票据”、“应收账款”、“持有至到期投资”、“预付账款”等项目。

【例 5-16】滨海公司为南开公司的母公司，2013 年发生的业务如下：滨海公司因采购商品向南开公司开出并承兑商业汇票 10 000 元；因销售商品预收南开公司货款 20 000 元；向南开公司销售商品 30 000 元，款项尚未收回；另外南开公司购买了滨海公司发行的 200 000 元作为持有至到期投资。编制的相关分录如表 5-1 所示：

表 5–1 滨海公司、南开公司相关分录

滨海公司编制的相关分录			南开公司编制的相关分录		
借：库存商品	10 000		借：应收票据	10 000	
贷：应付票据——南开公司		10 000	贷：主营业务收入		10 000
借：银行存款	20 000		借：预付账款——滨海公司	20 000	
贷：预收账款——南开公司		20 000	贷：银行存款		20 000
借：应收账款——南开公司	30 000		借：库存商品	30 000	
贷：主营业务收入		30 000	贷：应付账款——滨海公司		30 000
借：银行存款	200 000		借：持有至到期投资	200 000	
贷：应付债券		200 000	贷：银行存款		200 000

应编制的抵销分录为：

借：应付票据　　10 000
　　应付账款　　30 000
　　应付债券　　200 000
　　预收账款　　20 000
　　贷：应收票据　　10 000
　　　　应收账款　　30 000
　　　　持有至到期投资　　200 000
　　　　预付账款　　20 000

（二）内部利息收入与利息支出的抵销

债权方企业会将收到的利息作为投资收益或冲减财务费用而列示在利润表中；债务方企业会将利息支出作为财务费用列示在利润表中。企业集团内部的债权债务均属于内部资金调拨，由此债权债务产生的利息收入与利息支出也就不存在了。所以应该将内部的利息收入与利息支出相抵销。

【例 5-17】沿用【例 5-16】中的资料，当期债券的利息为 5 000 元，相关分录见表 5-2：

表 5-2　滨海公司、南开公司债权债务相关分录

南开公司购买了滨海公司发行的债券作为持有至到期投资，当期发生的债券利息为 5 000 元	
发行债券方：（滨海公司） 借：财务费用　　　5 000 　贷：银行存款　　　　5 000	购买债券方：（南开公司） 借：银行存款　　　5 000 　贷：投资收益　　　　5 000

应编制的抵销分录为：

借：投资收益　　　　　5 000

　贷：财务费用　　　　　　5 000

（三）内部应收款项计提的坏账准备的抵销

企业集团内部之间应收账款与应付账款、其他应收款与其他应付款相互抵销后，其已抵销的应收账款和其他应收款所计提的坏账准备的数额也应予以抵销。合并资产负债表中，坏账准备应当以抵销后应收账款和其他应收款计提的数额列示。编制抵销分录时，按已抵销的应收款项所计提的坏账准备，借记“应收账款”、“其他应收款”等项目，贷记“资产减值损失”项目。

【例 5-18】沿用【例 5-16】中的资料，假设南开公司应收账款余额按照 10% 计提坏账准备，当期计提 3 000 元坏账准备。

则 2013 年编制合并财务报表时，抵销分录为：

借：应收账款　　　　　3 000

　贷：资产减值准备　　　　3 000

二、以前期间发生的集团内部债权债务交易对本期影响的抵销

对于以前期间发生的集团内部债权交易，其对本期个别财务报表可能产生的影响体现在三个方面：

一是这些内部的债权债务可能到本期末仍然未结算完毕，因此本期末个别资产负债表中仍然含有内部的债权和债务，抵销以前期间的公司间债权债务交易对本期末个别财务报表债权债务影响的方法与抵销当期发生的内部交易形成的内部债权债务的抵销方法完全相同。即按本期末仍然未结算完毕的内部债权债务的余额借记“应付账款”、“应付票据”、“应付债券”、“预收账款”等科目，贷记“应收票据”、“应收账款”、“持有至到期投资”、“预付账款”等科目。

二是这些内部的债权、债务所形成的内部利息收入和内部利息支出的抵销，由于以前期间发生的内部债权债务在其发生期产生的内部利息收入和内部利息支出均已对等的抵销，因此，这种抵销不会影响以前期间的利润总额和期

末未分配利润，本期的期初未分配利润也就不需要进行调整。但是，如果以前期间发生的公司间债权债务交易在本期又产生了内部利息收入和内部利息支出，则本期仍需抵销这些内部利息收入和内部利息支出，抵销分录为：借记“投资收益”科目，贷记“财务费用”科目。

三是内部应收款项计提的坏账准备的抵销，由于内部应收款项在上期末计提了坏账准备，而本期末可能内部应收款项已全部结算清楚，因此本期末已不存在内部应收款项对应的坏账准备；也可能本期末内部应收款项仍然有余额，因此，本期末仍然存在内部应收款项对应的坏账准备。

不论哪一种情况，在合并财务报表工作底稿中都需要编制抵销分录抵销内部应收款项坏账准备对个别财务报表的影响。

（一）内部应收款项本期末的坏账准备与上期末的坏账准备相同

这种情况下，由于本期末内部应收款项的坏账准备与上期末内部应收款项的坏账准备相同，因此，本期无需补提或冲销内部应收款项的坏账准备，也就是说，本期资产减值损失不会受到内部应收款项计提坏账准备的影响，只需将上期末内部应收款项计提的坏账准备对期初未分配利润的影响与本期末内部应收款项中所包含的内部应收款项的坏账准备加以抵销即可。抵销分录为：

借：应收账款或其他应收款（本期末内部应收款项所计提的坏账准备）

　　贷：期初未分配利润（上期末内部应收款项所计提的坏账准备）

【例 5-19】沿用【例 5-16】、【例 5-18】中的有关资料，假设南开公司 2014 年 12 月 31 日对滨海公司内部应收账款余额仍为 30 000 元，坏账准备的计提比例仍然为 10%。

则在 2014 年末编制合并财务报表时，应做的抵销分录为：

借：应付账款　　　　30 000

　　贷：应收账款　　　　30 000

借：应收账款　　　　3 000

　　贷：期初未分配利润　　　　3 000

（二）内部应收款项本期末的坏账准备大于上期末的坏账准备

这种情况下，意味着本期对内部应收款项补提了坏账准备，补提时在个别财务报表增加了资产减值损失，同时减少了资产负债表上应收款项目的列报金额，所以编制的抵销分录为：

借：应收账款或其他应收款（本期末内部应收款项所计提的坏账准备）

　　贷：期初未分配利润（上期末内部应收款项所计提的坏账准备）

　　　　资产减值损失（本期补提的内部应收款项的坏账准备）

【例 5-20】沿用【例 5-16】、【例 5-18】中的有关资料，假设南开公司 2014 年 12 月 31 日对滨海公司内部应收账款余额仍为 30 000 元，但本期对该笔内部应收账款又补提了 2 000 元的坏账准备，即到本期末该笔内部应收账款的坏账准备增加到 5 000 元。

则在 2014 年末编制合并财务报表时，应做的抵销分录为：

借：应付账款　　30 000
　　贷：应收账款　　30 000
借：应收账款　　5 000
　　贷：期初未分配利润　　3 000
　　　　资产减值损失　　2 000

（三）内部应收款项本期末的坏账准备小于上期末的坏账准备

在这种情况下，意味着本期个别财务报表已冲回了内部应收款项的部分坏账准备，冲回时在个别财务报表上冲减了资产减值损失，同时增加了资产负债表上应收款项目的列报金额，因此，抵销分录为：

借：应收账款或其他应收款（本期末内部应收款项所计提的坏账准备）
　　资产减值损失（本期冲回的内部应收款项的坏账准备）
　　贷：期初未分配利润（上期末内部应收款项所计提的坏账准备）

【例 5-21】沿用【例 5-16】、【例 5-18】中的有关资料，假设南开公司 2014 年 12 月 31 日对滨海公司的应收账款为 10 000 元，其坏账准备计提比例仍然为 10%，则在 2014 年的个别财务报表中南开公司已冲销了 2 000 元的坏账准备，相应冲减了资产减值损失 2 000 元，抵销分录为：

借：应付账款　　10 000
　　贷：应收账款　　10 000
借：应收账款　　1 000
　　资产减值损失　　2 000
　　贷：期初未分配利润　　3 000

【例 5-22】沿用【例 5-16】、【例 5-18】中的有关资料，假设南开公司 2014 年 12 月 31 日对滨海公司的应收账款为 20 000 元，在个别财务报表中又补提了 2 000 元的坏账准备，即达到 5 000 元的余额。2015 年 12 月 31 日对滨海公司的内部应收账款余额为 10 000 元，内部应收账款的坏账准备余额为 4 000 元。

则 2014 年在合并工作底稿中应做抵销分录为：

借：应付账款　　20 000
　　贷：应收账款　　20 000

借：应收账款 5 000

　　贷：资产减值损失 2 000

　　　　期初未分配利润 3 000

2015 年在合并工作底稿中应做抵销分录为：

借：应付账款 10 000

　　贷：应收账款 10 000

借：应收账款 4 000

　　资产减值损失 1 000

　　贷：期初未分配利润 5 000

第五节　企业集团内部其他交易的抵销会计处理

一、企业集团内部债券交易的会计处理

企业集团之间相互购售债券，属于内部债权债务，但与购销活动中形成的债权债务不同。一般情况下，购售债券会涉及利息收支问题，因此，集团公司在编制合并财务报表时，不仅要抵销集团内部相互购售的债券所形成的债权投资与应付债券，还要将因购售债券而发生的投资收益和利息支出予以抵销。

编制的抵销分录为：

借：应付债券（发行方期末数×内部购买比例）

　　财务费用（或贷记投资收益）

　　贷：持有至到期投资（购买方期末数）

持有至到期投资的投资收益与债券的利息支出相互抵销：

借：投资收益

　　贷：财务费用（费用化的利息）

　　　　在建工程（资本化的利息）

抵销以前期间资本化的利息支出

借：期初未分配利润

　　贷：在建工程或固定资产（资本化的利息）

【例 5-23】滨海公司和南开公司公司同属某公司的控股子公司，2013 年 1 月 1 日滨海公司购买了南开公司当日发行的三年期的债券面值 400 000 元，年利率为 8%，该债券每年末计提利息，到期一次还本付息。假设南开公司筹集

的资金用于生产经营。

2013 年年末，该项业务滨海公司反映在资产负债表的长期债权投资为432 000 元，其中面值 400 000 元，应计利息 32 000 元；反映在利润表上的投资收益为 32 000 元。

该项业务南开公司反映在资产负债表的应付债券为 432 000 元，其中面值400 000 元，应计利息 32 000 元；反映在利润表上的财务费用 32 000 元。

抵销分录如下：

借：应付债券　　432 000
　　贷：持有至到期投资　　432 000
借：投资收益　　32 000
　　贷：财务费用　　32 000

如果南开公司将筹集的资金用于固定资产投资，则抵销分录为：

借：投资收益　　32 000
　　贷：在建工程　　32 000

二、企业集团内部无形资产转让的抵销

无形资产包括专利权、商标权、著作权、非专利权、特许权、土地使用权等。我国会计准则规定，无形资产使用寿命按其是否确定划分为使用寿命有限的无形资产和使用寿命不确定的无形资产。如果无形资产使用寿命是有限的，以其估计的使用寿命为基础，进行累计摊销。同样，企业集团内部交易无形资产也会产生未实现损益，在合并工作底稿上的抵销和调整与固定资产的处理完全相同。而对于使用寿命不确定的无形资产，在持有期间内不需要摊销，但应当在每个会计期间进行减值测试。下面以土地使用权为例，来讨论不需要摊销的项目在合并报表编制中的处理。

【例 5-24】假设滨海公司拥有南开公司 90%的股份，滨海公司于 2013 年 1 月 1 日以 50 000 000 元的价格从南开公司购入土地使用权，而南开公司取得该土地使用权的成本为 40 000 000 元，账务处理如表 5-3 所示。

表 5-3　滨海公司、南开公司

滨海公司的账务处理	南开公司的账务处理
借：无形资产——土地使用权　50 000 000 　贷：银行存款　50 000 000	借：银行存款　50 000 000 　贷：无形资产——土地使用权　40 000 000 　　营业外收入——土地转让收益 10 000 000

编制的抵销分录为：

借：营业外收入　　　　　　　　　10 000 000

　贷：无形资产　　　　　　　　　　　10 000 000

【例 5-25】沿用【例 5-24】中的资料，假定 2014 年滨海公司继续持有该土地使用权，则 2014 年应编制的调整分录为：

借：期初未分配利润　　　　　　　10 000 000

　贷：无形资产　　　　　　　　　　　10 000 000

【例 5-26】沿用【例 5-24】中的资料，假定滨海公司在持有该土地使用权 3 年后，以 55 000 000 元的价格将该土地使用转让给集团以外的企业，出售当年，账面上确认的土地使用权转让利得为 5 000 000 元，但对于企业集团而言，实际实现的土地使用权转让利得是 15 000 000 元。

编制的调整分录为：

借：期初未分配利润　　　　　　10 000 000

　贷：营业外收入　　　　　　　　　10 000 000

根据企业会计准则的规定，使用寿命不确定的无形资产在持有期间不需要摊销，但应当在每个会计期间进行减值测试。如果可收回金额低于账面价值，应当按其差额计提无形资产减值准备。由于个别财务报表中计提无形资产减值准备涉及“资产减值损失”和“无形资产”两个报表项目，所以在编制合并财务报表时这两个项目予以调整。也就是当期应计提的无形资产减值准备与个别财务报表中当期实际计提的无形资产减值准备的差额为合并当期应予以调整的数额。

三、企业集团内部存货交易形成的资产减值准备的抵销

（一）内部交易的存货首次计提存货跌价准备期间的抵销

企业集团内部存货交易抵销后，还应消除内部交易形成的存货所计提的存货跌价准备的影响，存货准则规定，企业应当在资产负债表日按照成本与可变现净值孰低法计量，存货成本高于其可变现净值的，应计提存货跌价准备。在个别财务报表中，如果内部交易取得的存货期末尚未出售，则应当将该存货的可变现净值与包含未实现内部利润的存货成本进行比较，前者低于后者时，计提存货跌价准备，并计入当期损益，所计提的存货跌价准备反映在存货项目中。

从企业集团角度看，应将存货的可变现净值与不包含未实现内部利润的存货原取得的成本进行比较，只有当前者低于后者时，才需要计提存货跌价准备。所以，在编制合并财务报表时，如果个别财务报表中计提的存货跌价准备数额小于存货中所包含的未实现内部利润时，意味着从集团角度看该存货没有发生

减值，应将计提的存货跌价准备全额抵销；如果个别财务报表中计提的存货跌价准备数额大于存货中所包含的未实现内部利润时，意味着从集团角度看该存货发生了减值，应将计提存货跌价准备部分抵销（按存货中所包含的未实现内部利润）；在内部交易的存货首次计提存货跌价准备期间编制合并财务报表时，应抵销存货准备的数额编制抵销分录：借记“存货”科目，贷记“资产减值损失”科目。

【例 5-27】滨海公司为南开公司的母公司，滨海公司 2013 年度销售给南开公司一批产品，滨海公司取得该项产品的成本为 140 000 元，销售给南开公司时价格为 200 000 元。本期该产品尚未实现对外销售。2013 年 12 月 31 日，该批存货的可变现净值为 180 000 元。

分析：南开公司购入产品中包含的未实现内部利润为 60 000 元，由于该批存货的可变现净值为 180 000 元，所以南开公司确认了 20 000 元的存货跌价准备。由于计提存货跌价准备 20 000 元小于存货中的未实现内部利润 60 000 元，从集团角度看存货并没有发生减值。所以编制的抵销分录为：

借：存货　　　　　　　　　20 000

　　贷：资产减值损失　　　　　　20 000

假设 2013 年 12 月 31 日，该批存货的可变现净值为 120 000 元，南开公司确认了 80 000 元的存货跌价准备，大于存货中的未实现内部利润 60 000 元，从集团角度看存货发生了减值 20 000 元，所以应将计提的存货跌价准备部分抵销，抵销的数额为存货中包含的未实现内部利润 60 000 元，编制的抵销分录为：

借：存货　　　　　　　　　60 000

　　贷：资产减值损失　　　　　　60 000

（二）以前时期计提存货跌价准备的内部交易存货本期影响的抵销。

1. 以前时期计提存货跌价准备的内部交易存货在本期全部对外出售

在这种情况下，在个别财务报表中确认的销售成本是该内部交易存货的内部取得成本及其计提的存货跌价准备的差额，因此，其所计提的存货跌价准备全额冲减了销售成本，因而增加了销售利润，个别财务报表中期末存货已不再包含未实现的内部利润。

从企业集团看，若该项存货在本期全部对外出售，应确认的销售成本是集团原取得成本扣除企业集团应计提的存货跌价准备，由于在前面的内部存货交易的抵销中，我们已抵销了不考虑存货跌价准备情况下内部交易存货个别财务报表和合并财务报表之间的营业成本差异，因此，此处只需对由于计提存货跌价准备导致的个别财务报表和合并财务报表的营业成本差异进行补充抵销，由于上期末这些内部交易的存货所计提的存货跌价准备与合并财务报表应计提的存货跌价准备之差导致了上期末个别财务报表与合并财务报表的期末未分配利润产生差异，因此，应按这种差异调整本期营业成本，同时调整本期期初未分配利润，抵销分录为：

借：营业成本

　　贷：期初未分配利润

【例 5-28】沿用【例 5-27】中的资料，南开公司于 2013 年 12 月 13 日计提了 20 000 元的存货跌价准备，2014 年全部售出该批产品，获得销售收入为 190 000 元，2014 年度该产品售出之间市价一直高于成本。

南开公司在销售存货时应编制的分录为：

借：银行存款　　　　190 000

　　贷：营业收入　　　　190 000

借：营业成本　　　　180 000

　　存货跌价准备　　20 000

　　贷：库存商品　　　　200 000

分析：南开公司确认了 10 000 元的利润，从企业集团来看，该批存货营业收入为 190 000 元，营业成本为 140 000 元，所以销售利润应为 50 000 元。

所以在编制合并报表时，编制的抵销分录为：

借：期初未分配利润　　60 000

　　贷：营业成本　　　　60 000

借：营业成本　　　　20 000

　　贷：期初未分配利润　　20 000

2．以前时期计提存货跌价准备的内部交易存货在本期全部未对外出售

在这种情况下，内部交易的存货在个别财务报表上仍然包含在期末存货中，个别财务报表本期末的存货跌价准备可能比上期末存货跌价准备增加，也可能相等或减少，不管怎样，个别财务报表本期末所计提的存货跌价准备与企业集团合并财务报表应计提的存货跌价准备之间的差异应相应调整资产负债表上期末存货的列报金额，而上期末个别财务报表所计提的存货跌价准备与企业集团合并财务报表应计提的存货跌价准备之间的差异应调整期初未分配利润，以上两项调整额之间的差异应相应调整本期的资产减值损失。

【例 5-29】沿用【例 5-27】中的资料，南开公司于 2013 年 12 月 13 日计提了 20 000 元的存货跌价准备，到 2014 年末该批存货仍全部未售出，作为南开公司 2014 年 12 月 31 日期末存货的一部分。南开公司仍对其采用成本与市价孰

低法计价。2014 年 12 月 31 日，该存货市价为 170 000 元。

南开公司在 2014 年 12 月 31 日做了一笔补提存货跌价准备的分录：

借：资产减值损失　　　　10 000

　贷：存货跌价准备　　　　10 000

分析：从企业集团来看，2014 年 12 月 31 日，该项存货成本为 140 000 元，市价为 170 000 元，仍然不需计提跌价准备。

2013 年末个别财务报表与合并财务报表的存货跌价准备的差异为 20 000 元，2014 年末个别财务报表与合并财务报表的存货跌价准备的差异为 30 000 元。

抵销分录为：

借：存货　　　　30 000

（抵销 2014 年末个别财务报表与合并财务报表的存货跌价准备的差异）

　贷：期初未分配利润　　　　20 000

（抵销 2013 年末个别财务报表与合并财务报表的存货跌价准备的差异）

　　资产减值损失　　　　10 000

抵销该项内部交易存货不考虑跌价准备情况下的未实现内部利润影响的抵销分录为：

借：期初未分配利润　　　　60 000

　贷：存货　　　　60 000

假设该内部交易的存货 2014 年末的市价变为 190 000 元，则南开公司 2014 年末的存货跌价准备余额变为 10 000 元，本期冲回了多提的存货跌价准备 10 000 元，则 2013 年末个别财务报表与合并财务报表的存货跌价准备的差异为 20 000 元，2014 年末个别财务报表与合并财务报表的存货跌价准备的差额为 10 000 元。应编制的抵销分录为：

借：存货　　　　10 000

（抵销 2014 年末个别财务报表与合并财务报表的存货跌价准备的差异）

　资产减值损失　　　　10 000

　贷：期初未分配利润　　　　20 000

（抵销 2013 年末个别财务报表与合并财务报表的存货跌价准备的差异）

抵销该项内部交易存货不考虑跌价准备情况下的未实现内部利润影响的抵销分录为：

借：期初未分配利润　　　　60 000

　贷：存货　　　　60 000

3．以前时期计提存货跌价准备的内部交易存货在本期部分对外出售

在这种情况下，已对外出售的部分参照以前时期计提存货跌价准备的内部交易存货本期影响的抵销部分中的第一种情况进行抵销，未出售的部分则参照以前时期计提存货跌价准备的内部交易存货本期影响的抵销部分中的第二种情况进行抵销。

四、企业集团内部固定资产交易形成的固定资产减值准备的抵销

（一）内部交易的固定资产首次计提固定资产减值准备期间的抵销

根据企业会计准则的规定，企业应当在资产负债表日判断固定资产是否存在可能发生减值的迹象。如果可收回金额低于账面价值，应当按期差额计提固定资产减值准备。由于个别财务报表中计提固定资产减值准备涉及"资产减值损失"和"固定资产——减值准备"两个报表项目，所以在编制合并财务报表时这两个项目应予以调整。

在个别财务报表中，企业通过公司间交易形成的固定资产中包含一部分内部销售利润，首次计提固定资产减值准备时，决定计提数额主要是由固定资产账面价值（包含内部销售利润的固定资产原值减去以此为基础计算的累计折旧）和可收回金额决定。其中，可收回金额是指固定资产期末公允价值减去处置费用后的净额与预计未来现金流量现值的较高者，固定资产可收回金额低于账面价值的差额为实际计提的固定资产减值准备。计提的减值准备一方面反映在资产负债表中，另一方面已计入了当期利润表。

从集团合并财务报表编制的角度看，决定计提数额是不包含内部销售利润的固定资产账面价值和可收回金额。可收回金额低于账面价值的差额为应计提的固定资产减值准备；当期应计提的固定资产减值准备与个别财务报表中当期实际计提的固定资产减值准备的差额即为合并当期应予以调整的数额。具体分三种情况：

1．当期末固定资产可收回金额大于扣除未实现内部销售利润前个别财务报表中的固定资产账面价值时，意味着固定资产未发生减值，合并财务报表编制中不涉及固定资产减值准备的调整。

2．当期末固定资产可收回金额小于扣除未实现内部销售利润前个别财务报表中的固定资产账面价值，但大于扣除未实现内部销售利润后合并财务报表中的固定资产的账面价值时，意味着个别财务报表中固定资产发生了减值，而从合并财务报表编制的角度看则没有发生减值，所以应将个别财务报表中所提取的固定资产减值准备全部予以抵销。

3．当期末固定资产可收回金额小于扣除未实现内部销售利润后合并财务报表中的固定资产账面价值时，意味着无论从个别财务报表的角度，还是从合并财务报表的角度看，固定资产均发生了减值，应将个别财务报表中计提的固定资产减值准备部分予以抵销（个别财务报表中实际计提的固定资产减值准备与合并财务报表中应计提的减值准备的差额部分，其数额相当于不考虑“减值”准备时期末固定资产中包含的未实现利润）。

【例 5-30】滨海公司为南开公司的母公司，2013 年 1 月 1 日，滨海公司将其生产的产品以 200 000 元卖给南开公司，成本为 150 000 元。南开公司将该产品作为固定资产使用，使用期限为 5 年，采用年限平均法计提折旧，为简化，假设从 2013 年 1 月 1 日起计提折旧。

（1）2013 年 12 月 31 日，假定该固定资产期末可收回金额为 168 000 元。则：

南开公司购入的固定资产期末账面价值＝200 000－40 000＝160 000 元

由于可收回金额高于期末账面价值，所以个别财务报表中不计提固定资产减值准备，合并财务报表编制中也不需要调整。

（2）2013 年 12 月 31 日，假定该固定资产期末可收回金额为 158 000 元。则：

南开公司购入的固定资产期末账面价值＝200 000－40 000＝160 000 元

南开公司计提的固定资产减值准备＝160 000－158 000＝2 000 元

从集团角度计算该固定资产期末账面价值＝150 000－30 000＝120 000 元

所以从集团角度看，可收回金额大于账面价值，不应计提固定资产减值准备，应将南开公司多计提的 2 000 元减值准备予以冲回。编制的抵销分录为：

借：固定资产　　2 000

　　贷：资产减值准备　　2 000

报表编制中也不需要调整。

（3）2013 年 12 月 31 日，假定该固定资产期末可收回金额为 118 000 元。则：

南开公司购入的固定资产期末账面价值＝200 000－40 000＝160 000 元

南开公司计提的固定资产减值准备＝160 000－118 000＝42 000 元

从集团角度计算该固定资产期末账面价值＝150 000－30 000＝120 000 元

从集团角度计算该固定资产期末应计提的减值准备＝120 000－118 000＝2 000 元

所以应冲减的固定资产减值准备＝42 000－2 000＝40 000 元

编制的抵销分录为：

借：固定资产　　　　　　40 000

　贷：资产减值损失　　　　　　40 000

（二）以前时期计提固定资产减值准备的企业集团内部交易固定资产在本期继续使用对本期影响的抵销

在分析以前时期计提固定资产减值准备的内部交易固定资产在本期继续使用对本期影响的抵销之前，先了解一下期初固定资产账面价值与期末固定资产账面价值之间的关系以及个别财务报表与合并财务报表的期末固定资产账面价值之间的差异形成的原因。

很明显，在固定资产计提了减值准备的情况下，固定资产的账面价值为：

固定资产账面价值＝固定资产原值－累计折旧－固定资产减值准备

对同一项固定资产来说，期末固定资产账面价值为：

期末固定资产账面价值＝期初固定资产账面价值－本期计提折旧

－本期补提固定资产减值准备

所以，个别财务报表的期末固定资产账面价值与合并财务报表的期末固定资产账面价值之间的差异是由它们在期初固定资产账面价值上的差异、本期计提折旧上的差异和本期补提的固定资产减值准备上的差异共同决定的，即：

个别财务报表与合并财务报表期末固定资产账面价值的差异＝个别财务报表与合并财务报表期末期初固定资产账面价值的差异－个别财务报表与合并财务报表期末本期计提折旧的差异－个别财务报表与合并财务报表期末本期补提固定资产减值准备的差异

明确了这种差异，就可以设计相应的抵销分录来抵销以前时期计提固定资产减值准备的内部交易固定资产在本期继续使用时对本期的影响。很明显，对于个别财务报表与合并财务报表期末固定资产账面价值的差异应调整本期期末资产负债表上的固定资产项目的列报金额，对于个别财务报表与合并财务报表期初固定资产账面价值的差异则应调整期初未分配利润的列报金额，对于个别财务报表与合并财务报表本期计提的固定资产减值准备的差异则应调整本期管理费用，对于个别财务报表与合并财务报表本期补提的固定资产减值准备的差异则应调整本期资产减值损失项目的列报金额。这种调整是一种综合的抵销调整，能够同时将内部交易的固定资产中未实现内部利润的影响一并消除，不必再另外按前面公司间固定资产交易的抵销处理方法进行抵销。综合的抵销分录为：

借：期初未分配利润（个别财务报表与合并财务报表期初固定资产账面价

值的差异）

贷：管理费用（个别财务报表与合并财务报表本期计提折旧的差异）

资产减值损失（个别财务报表与合并财务报表本期补提的固定资产减值准备的差异）

固定资产（个别财务报表与合并财务报表期末固定资产账面价值的差异）

也可以将综合的抵销分录分解为三笔进行抵销，即：

（1）抵销个别财务报表与合并财务报表期初固定资产账面价值的差异：

借：期初未分配利润（个别财务报表与合并财务报表期初固定资产账面价值的差异）

贷：固定资产（个别财务报表与合并财务报表期初固定资产账面价值的差异）

（2）抵销个别财务报表与合并财务报表本期计提折旧的差异：

借：固定资产（个别财务报表与合并财务报表本期计提折旧的差异）

贷：管理费用（个别财务报表与合并财务报表本期计提折旧的差异）

（3）抵销个别财务报表与合并财务报表本期补提的固定资产减值准备的差异：

借：固定资产（个别财务报表与合并财务报表本期补提的固定资产减值准备的差异）

贷：资产减值损失（个别财务报表与合并财务报表本期补提的固定资产减值准备的差异）

【例 5-31】沿用【例 5-30】的相关资料，假设 2013 年至 2016 年末该设备的可收回金额分别为 150 000 元、105 000 元、69 000 元和 28 000 元。

（1）2013 年 12 月 31 日，应编制的合并财务报表抵销分录为：

①将固定资产原价中包含的未实现内部销售利润予以抵销：

借：营业收入　　200 000

贷：营业成本　　150 000

固定资产　　50 000

②将未实现销售利润计提的折旧予以抵销：

借：固定资产　　10 000

贷：管理费用　　10 000

南开公司该固定资产的账面价值＝200 000－40 000＝160 000 元

从集团公司的角度看该固定资产的账面价值＝150 000－30 000＝120 000

元

可收回金额为150 000元，比固定资产的账面价值160 000元低了10 000元，南开公司在其个别财务报表中计提了10 000元的固定资产减值准备，但从集团角度看，可收回金额150 000元高于固定资产的账面价值120 000元，并没有发生减值，所以应将内部交易形成的多提的减值准备予以抵销，编制的抵销分录为：

借：固定资产 10 000

贷：资产减值损失 10 000

（2）2014年12月31日，应编制的合并财务报表抵销分录为：

①将固定资产原价中包含的未实现内部销售利润、以前期间多计提的累计折旧和固定资产减值准备予以抵销，抵销的分录为：

借：期初未分配利润 50 000

贷：固定资产 50 000

借：固定资产 10 000

贷：期初未分配利润 10 000

借：固定资产 10 000

贷：期初未分配利润 10 000

上述三笔抵销分录的结果实质上抵销的是个别财务报表与合并财务报表期初固定资产账面价值的差异，即：个别财务报表2014年初的固定资产账面价值为150 000元，而合并财务报表2014年初的固定资产账面价值为120 000元，两者差额为30 000元。所以，上述三笔分录可以合并为一笔抵销分录：

借：期初未分配利润 30 000

贷：固定资产 30 000

②将个别财务报表与合并财务报表本期计提折旧的差异予以抵销：

南开公司计提的固定资产折旧＝（200 000－40 000－10 000）÷4＝37 500（元）

本期合并财务报表应计提的固定资产的折旧=（150 000－30 000）÷4＝30 000（元）

个别财务报表与合并财务报表本期计提折旧的差异为7 500元。应编制的抵销分录为：

借：固定资产 7 500

贷：管理费用 7 500

③将个别财务报表与合并财务报表本期补提的固定资产减值准备的差异

予以抵销：

南开公司该固定资产的账面价值＝150 000－37 500＝112 500 元

可收回金额为 105 000 元，比固定资产的账面价值 112 500 元低了 7 500 元，南开公司在其个别财务报表中补提了 7 500 元的固定资产减值准备。

从集团公司角度看固定资产账面价值＝120 000－30 500＝90 000 元

由于该固定资产的可收回金额 105 000 元高于从集团角度看该固定资产账面价值 90 000 元，所以从合并财务报表的角度看固定资产没有发生减值，不需要补提减值准备，所以编制的抵销分录为：

借：固定资产　　7 500

　　贷：资产减值损失　　7 500

上述三笔抵销分录可以汇总为一笔分录：

借：期初未分配利润（个别财务报表与合并财务报表期初固定资产账面价值的差异）　　30 000

　　贷：管理费用（个别财务报表与合并财务报表本期计提折旧的差异）　　7 500

　　　　资产减值损失（个别财务报表与合并财务报表本期补提的固定资产减值准备的差异）　　7 500

　　　　固定资产（个别财务报表与合并财务报表期末固定资产账面价值的差异）　　15 000

（3）2015 年 12 月 31 日，应编制的合并财务报表抵销分录为：

个别财务报表与合并财务报表期初固定资产账面价值的差异为：

105 000－90 000＝15 000 元

个别财务报表与合并财务报表本期计提折旧的差异为：

105 000 / 3－90 000 / 3＝5 000 元

个别财务报表与合并财务报表本期补提的固定资产减值准备的差异为：

（105 000－105 000 / 3－69 000）－0＝1 000 元

个别财务报表与合并财务报表期末固定资产账面价值的差异为：

69 000－60 000＝9 000 元

因此，综合抵销分录为：

借：期初未分配利润　　15 000

　　贷：管理费用　　5 000

　　　　资产减值损失　　1 000

　　　　固定资产　　9 000

也可以分为三笔抵销分录：

①抵销个别财务报表与合并财务报表期初固定资产账面价值的差异，抵销分录为：

借：期初未分配利润　　　　　　15 000

　　贷：固定资产　　　　　　　　　15 000

②将个别财务报表与合并财务报表本期计提折旧的差异予以抵销，抵销分录为：

借：固定资产　　　　　　　　　5 000

　　贷：管理费用　　　　　　　　　5 000

③将个别财务报表与合并财务报表本期补提的固定资产减值准备的差异予以抵销，抵销分录为：

借：固定资产　　　　　　　　　1 000

　　贷：资产减值损失　　　　　　　　1 000

（4）2016 年 12 月 31 日，应编制的抵销分录为：

个别财务报表与合并财务报表期初固定资产账面价值的差异为：

69 000－60 000＝9 000 元

个别财务报表与合并财务报表本期计提折旧的差异为：

69 000 / 2－60 000 / 2＝4 500 元

个别财务报表与合并财务报表本期补提的固定资产减值准备的差异为：

（69 000－69 000 / 2－28 000）－（60 000－60 000 / 2－28 000）＝4 500 元

个别财务报表与合并财务报表期末固定资产账面价值的差异为：

28 000－28 000＝0 元

因此，综合抵销分录为：

借：期初未分配利润　　　　　　9 000

　　贷：管理费用　　　　　　　　　4 500

　　　　资产减值损失　　　　　　　4 500

也可以分为三笔抵销分录：

①抵销个别财务报表与合并财务报表期初固定资产账面价值的差异，抵销分录为：

借：期初未分配利润　　　　　　9 000

　　贷：固定资产　　　　　　　　　9 000

②将个别财务报表与合并财务报表本期计提折旧的差异予以抵销，抵销分

录为：

借：固定资产 4 500

　贷：管理费用 4 500

③将个别财务报表与合并财务报表本期补提的固定资产减值准备的差异予以抵销，抵销分录为：

借：固定资产 4 500

　贷：资产减值损失 4 500

（三）以前时期计提减值准备的固定资产转入清理期间的抵销

以前时期计提减值准备的固定资产转入清理，仍然可能出现三种情况，即使用到预计使用期满正常清理、提前清理和超龄使用以后转入清理。其抵销处理的方法与不考虑减值准备时的抵销处理基本相同，所不同的是对其期初未分配利润的调整应按扣除减值准备后的固定资产账面价值的差异计算，另外，在正常到期清理或提前清理时，因为最后一个期间仍然需要计提折旧，个别财务报表和合并财务报表本期折旧的差异将是考虑减值准备后计算的折旧费用的差异，该项差异应调整本期的管理费用。同样，在转入清理时的固定资产账面价值的差异应以扣除了减值准备后的账面价值差异为准，该项差异相应调整营业外收入或营业外支出。

【例 5-32】沿用【例 5-31】，假设该项固定资产在 2017 年 12 月 31 日被处置，获得清理收入 3 000 元，由于在 2016 年 12 月 31 日，南开公司个别财务报表上该固定资产的账面价值已变为 28 000 元，合并财务报表上的固定资产价值也是 28 000 元，因此，两者没有差异。在 2017 年，个别财务报表要计提折旧 28 000 元，合并财务报表同样了计提折旧 28 000 元，两者当年计提的折旧也没有差异，在清理时，由于两者的账面价值均已为 0，因此，不论是个别财务报表还是合并财务报表应确认的处置净收益都是 3 000 元，也没有差异。因此，2017 年在编制合并财务报表时无需编制任何抵销分录。

假设该固定资产在 2016 年 12 月 31 日转入清理，获得清理收入 20 000 元，则 2016 年初：

个别财务报表与合并财务报表的固定资产账面价值差异为 69 000－60 000＝9 000 元；

个别财务报表与合并财务报表计提折旧的差异为： 69 000 / 2－60 000 / 2＝4 500 元

个别财务报表确认的处置固定资产净收益为：

20 000－（69 000－69 000 / 2）＝－14 500 元（即为净损失 14 500 元）

合并财务报表应确认的处置固定资产净收益为：

20 000－（60 000－60 000／2）＝－10 000 元（即为净损失 10 000 元）

因此，2016 年 12 月 31 日清理应编制的抵销分录为：

借：期初未分配利润　　　　9 000
　贷：管理费用　　　　　　　　4 500
　　　营业外支出　　　　　　　4 500

【课堂测试 5-5】

1. 将期初内部交易无形资产多摊销抵销时，应编制的抵销分录是（　　）。

A. 借记“未分配利润——年初”项目，贷记“管理费用”项目

B. 借记“无形资产——累计摊销”项目，贷记“管理费用”项目

C. 借记“无形资产——累计摊销”项目，贷记“未分配利润——年初”项目

D. 借记“未分配利润——年初”项目，贷记“无形资产——累计摊销”项目

第六节　合并现金流量表的概述

一、合并现金流量表的概述

（一）合并现金流量表的定义

合并现金流量表是综合反映母公司及其所有子公司组成的企业集团在一定会计期间现金和现金等价物流入和流出的报表。现金流量表作为一张主表已经为世界上一些主要国家的会计实务所采用，合并现金流量表的编制也成为各国会计实务的重要内容。

（二）编制合并现金流量表的方法

现金流量表要求按照收付实现制反映企业经济业务所引起的现金流入和流出，其有关经营活动产生的现金流量的编制方法有直接法和间接法两种。编制现金流量表的间接法是以本期税后利润为起点，对不影响现金的收入、费用和营业外收支加以调整，并考虑与经营活动有关的除现金以外的流动资产和流动负债的增减情况，从而反映企业经营活动的净现金流入或流出。直接法，是以收付实现制为基础，计算企业从营业收入和其他业务收入中收取的现金与为营业成本和其他营业成本而支付的现金进行比较，其差额就是企业经营活动的

净现金流入或流出。《企业会计准则第31号——现金流量表》明确规定企业应当采用直接法列示经营活动产生的现金流量。

(三)编制合并现金流量表的程序

编制合并现金流量表的原理、方法和程序与合并资产负债表、合并利润表的原理、方法和程序相同。

1. 编制合并工作底稿,将母公司和所有子公司的个别现金流量表各项目的数据全部过入同一合并工作底稿;

2. 根据当期母公司与子公司以及子公司相互之间发生的影响其现金流量增减变动的公司间交易,编制相应的抵销分录,通过抵销分录将个别现金流量表中所包含的集团内部的现金流入和现金流出予以抵销;

3. 在此基础上计算出合并现金流量表的各项目的合并金额,并填制合并现金流量表;合并现金流量表补充资料,既可以以母公司和所有子公司的个别现金流量表为基础,在抵销母公司与子公司、子公司相互之间发生的公司间交易对合并现金流量表的影响后进行编制,也可以直接根据合并资产负债表和合并利润表进行编制。

二、编制合并现金流量表时应进行抵销处理的项目

现金流量表作为以个别企业为会计主体进行会计核算的结果,分别从母公司本身和子公司本身反映其在一定会计期间内的现金流入和现金流出,在以其个别现金流量表为基础计算的现金流入和现金流出项目的加总金额中,也必然包括了集团内部的现金流入和现金流出,所以,在编制合并现金流量表时,也需要将集团内部的现金流入和现金流出予以剔除。

编制合并现金流量表需要进行抵销处理的项目包括:

(一)企业集团内部当期以现金进行直接投资所产生的现金流量的抵销处理

母公司直接以现金对子公司进行的长期股权投资,表现为母公司的现金流出,在母公司个别现金流量表作为“投资活动现金流出”列示。子公司在接受这一投资时,表现为现金流入,在个别现金流量表中反映为“筹资活动的现金流入”。从企业集团整体来看,母公司对子公司进行的长期股权投资相当于母公司将资本拨付下属核算单位,并不引起整个企业集团的现金流量的增减变动。因此,在编制合并现金流量表时,应当在母公司与子公司现金流量表数据简单相加的基础上,将母公司当期以现金对子公司进行长期股权投资所产生的现金流量予以抵销。编制的抵销分录如下:

借：投资支付的现金

　　贷：吸收投资所收到的现金

（二）企业集团内部当期取得投资收益收到的现金与分配股利、利润或偿付利息支付的现金的抵销处理

母公司对子公司进行的长期股权投资，在持有期间收到子公司分派的现金股利（利润）或债券利息，表现为现金流入，在母公司个别现金流量表作为“取得投资收益收到的现金”列示。子公司向母公司分派现金股利（利润）或支付债券利息，表现为现金流出，在其个别现金流量表反映为“分配股利、利润或偿付利息支付的现金”。从整个企业集团来看，这种投资收益的现金收支，并不引起整个企业集团的现金流量的增减变动。因此，在编制合并现金流量表时，应当在母公司与子公司现金流量表数据简单相加的基础上，将母公司当期取得投资收益收到的现金与子公司分配股利、利润或偿付利息支付的现金予以抵销。编制的抵销分录如下：

借：分配股利、利润或偿付利息支付的现金

　　贷：取得投资收益收到的现金

（三）企业集团内部以现金结算债权与债务所产生的现金流量的抵销处理

母公司与子公司、子公司相互之间当期以现金结算应收账款或应付账款等债权与债务，表现为现金流入或现金流出，在母公司个别现金流量表中作为“销售商品、提供劳务收到的现金”、“收到其他与经营活动有关的现金”或“购买商品、接受劳务支付的现金”、“支付其他与经营活动有关的现金”等项目列示，在子公司个别现金流量表中则作为对应的现金流出或现金流入项目列示。从整个企业集团来看，这种现金结算债权与债务，并不引起整个企业集团的现金流量的增减变动。因此，在编制合并现金流量表时，应当在母公司与子公司现金流量表数据简单相加的基础上，将母公司与子公司、子公司相互之间当期以现金结算债权与债务所产生的现金流量予以抵销。编制的抵销分录如下：

借：购买商品、接受劳务支付的现金

　　贷：销售商品、提供劳务收到的现金

借：支付的其他与经营活动有关的现金

　　贷：收到的其他与经营活动有关的现金

（四）企业集团内部当期销售商品所产生的现金流量的抵销处理

母公司向子公司当期销售商品（或子公司向母公司销售商品或子公司相互之间销售商品，下同）所收到的现金，表现为现金流入，在母公司个别现金流量表中作为“销售商品、提供劳务收到的现金”列示。子公司向母公司支付购

货款，表现为现金流出，在其个别现金流量表中反映为“购买商品、接受劳务支付的现金”。从整个企业集团来看，这种内部商品购销现金收支，并不会引起整个企业集团的现金流量的增减变动。因此，在编制合并现金流量表时，应当在母公司与子公司现金流量表数据简单相加的基础上，将母公司与子公司、子公司相互之间当期销售商品所产生的现金流量予以抵销。编制的抵销分录如下：

借：购买商品、接受劳务支付的现金

　　贷：销售商品、提供劳务收到的现金

（五）企业集团内部处置固定资产等收回的现金净额与购建固定资产等支付的现金的抵销处理

母公司向子公司处置固定资产等非流动资产，表现为现金流入，在母公司个别现金流量表中作为“处置固定资产、无形资产和其他长期资产收回的现金净额”列示。子公司表现为现金流出，在其个别现金流量表中反映为“购建固定资产、无形资产和其他长期资产支付的现金”。从整个企业集团来看，这种固定资产处置与购置的现金收支，并不会引起整个企业集团的现金流量的增减变动。因此，在编制合并现金流量表时，应当在母公司与子公司现金流量表数据简单相加的基础上，将母公司与子公司、子公司相互之间处置固定资产、无形资产和其他长期资产收回的现金净额与购建固定资产、无形资产和其他长期资产支付的现金相互抵销。编制的抵销分录如下：

借：购建固定资产、无形资产和其他长期资产支付的现金

　　贷：处置固定资产、无形资产和其他长期资产收回的现金

（六）母公司与子公司及子公司相互之间与债券投资有关的现金流量的抵销

母公司与子公司及子公司相互之间以债券投资，在债券投资方的个别现金流量表中作为“投资支付的现金”列示；在债券发行方的个别现金流量表中作为“吸收投资收到的现金”列示。从企业集团角度看，上述现金流转对企业集团的现金流量不产生影响。因此，在编制合并现金流量表时，应将债券投资方投资支付的现金项目和债券发行方的个别现金流量表中作为吸收投资收到的现金项目相互抵销。编制的抵销分录如下：

借：投资支付的现金

　　贷：吸收投资收到的现金

三、母公司在报告期内增减子公司在合并现金流量表中的反映

（一）母公司在报告期内增加子公司在合并现金流量表中的反映

母公司因追加投资等原因控制了另一个企业即实现了企业合并。《企业会

计准则第20号——企业合并》规定，企业合并形成母子公司关系的，母公司应当编制合并日的合并现金流量表。有关合并日合并现金流量表的编制，请参见第3章“控股权取得日合并财务报表的编制”的相关内容。但是，在企业合并发生当期的期末和以后会计期间，母公司应当根据合并财务报表准则的规定编制合并现金流量表。合并财务报表准则规定，在编制合并现金流量表时，应当区分同一控制下的企业合并增加的子公司和非同一控制下的企业合并增加的子公司两种情况：

1. 同一控制下企业合并增加的子公司，在编制合并现金流量表时，应当将该子公司合并当期期初至报告期末的现金流量纳入合并现金流量表；

2. 非同一控制下企业合并增加的子公司，在编制合并现金流量表时，应当将该子公司购买日至报告期末的现金流量纳入合并现金流量表。

（二）母公司在报告期内处置子公司在合并现金流量表中的反映

母公司在报告期内处置子公司，应将该子公司期初至处置日的现金流量纳入合并现金流量表。

四、合并现金流量表中有关少数股东权益项目的反映

编制合并现金流量表的一个特殊问题就是在子公司为非全资子公司时，涉及到子公司与其少数股东之间的现金流入和现金流出的处理问题。

对于子公司与其少数股东之间现金流入和现金流出，从整个企业集团来看，也影响到整体的现金流入和现金流出数量的增减变动，必须在合并现金流量表中予以反映。合并现金流量表中，涉及子公司与其少数股东之间现金流入和现金流出，按《企业会计准则应用指南》规定应单列“其中”项目反映，但无须编制抵销分录。具体要求是：

对于公司的少数股东增加其在公司中的权益性资本投资，在合并现金流量表中应当在“筹资活动产生的现金流量”之下的“吸收投资所收到的现金”项目之后单列“其中：子公司吸收少数股东权益性投资收到的现金”项目反映；

对于子公司向少数股东支付的现金股利，在合并现金流量表中应当在“筹资活动产生的现金流量”之下的“分配股利、利润或偿付利息所支付的现金”之后单列“其中：子公司支付少数股东的股利”项目反映；

对于子公司的少数股东依法抽回其在子公司中的权益性投资，在合并现金流量表中应当在“筹资活动产生的现金流量”项目之后单列“其中：子公司依法减资支付给少数股东的现金”项目之后单列反映。

【课堂测试 5-6】

1．下列各项中，在合并现金流量表中不反映的现金流量是（　　）。

A．子公司依法减资向少数股东支付的现金

B．子公司向其少数股东支付的现金股利

C．子公司吸收母公司投资收到的现金

D．子公司吸收少数股东投资收到的现金

2．甲公司只有一个子公司乙公司，2007 年度，甲公司和乙公司个别现金流量表中“销售商品、提供劳务收到的现金”项目的金额分别为 2 000 万元和 1 000 万元，“购买商品、接受劳务支付的现金”项目的金额分别为 1 800 万元和 800 万元。2007 年甲公司向乙公司销售商品收到现金 100 万元，不考虑其他事项，合并现金流量表中“购买商品、接受劳务支付的现金”项目的金额为（　　）万元。

A．3 000　　B．2 600

C．2 500　　D．2 900

本章小结

企业集团内部交易是指母公司与各子公司之间或各子公司之间的交易，按照所涉及的资产负债表项目可以分为企业集团内部存货交易、用于经营的资产交易、债权债务交易以及提供劳务等。

在日常经营过程，企业集团的内部交易是经常发生的，如果这种交易不是以成本作为价格，就会在母公司或子公司的各自的财务报表上反映由内部交易所产生的损益。由于合并主体的财务报表反映的是一个企业集团对外部的交易而形成的财务状况和经营成果，而集团内部各公司之间的交易实质上仅仅是将资产转移了存入地点而不应生损益，所以在合并财务报表的编制过程中，必须将内部交易的影响进行抵销和调整，才能使合并财务报表反映不包含内部交易的企业集团整体的财务状况和经营成果。否则合并财务报表的某些项目将会被虚计或高估，只有在企业间存货或固定资产等向外界出售或消耗之后，企业集团才可确认损益。需要强调的是所有这些调整、抵销分录，只是为编制合并财务报表而反映在工作底稿上，并不记入母公司或子公司的账簿中。

篇后案例

A 公司 2013 年 7 月从母公司购进设备一套，购进价格 500 000 元，母公司的毛利率为 30%。A 公司预计使用 5 年，不考虑残值。2013 年年末母公司助理会计师王会计编制合并抵销分录如下：

借：营业收入 500 000

　　贷：营业成本 350 000

　　　　固定资产原价 150 000

借：累计折旧 15 000

　　贷：管理费用 15 000

2014 年年末母公司编制合并抵销分录如下：

借：累计折旧 30 000

　　贷：管理费用 30 000

公司财务总监在对会计处理审核后指出了王会计在两个年度内所做的抵销分录的错误之处。请根据上述两年的合并抵销分录，指出王会计处理得不恰当之处。

核心概念

内部交易（internal transcation）

内部损益（internal loss）

存货交易（stock trading）

债权债务交易（transaction on debt and credit）

固定资产交易（trading of fixed assets）

无形资产交易（trading of intangible assets）

思考题

1．编制合并财务报表时需要消除企业集团内部交易的原因？

2．企业集团内部存货交易和固定资产交易产生的未实现内部销售损益有什么特点？所导致的个别财务报表利润与合并财务报表利润的差异有什么特点？

3．企业集团内部销售固定资产和无形资产与企业集团内部销售货物有什么不同？

4．销售方的未实现利润随着固定资产购入方计提折旧而实现的原因？

5．存货跌价准备的抵销与坏账准备的抵销处理有什么不同？

练习题

（一）单项选择题

1．在编制合并财务报表时，关于企业集团内部存货交易的下列说法中，正确的是（　　）。

A．内部存货销售不必抵销

B．内部存货销售产生的未实现利润应抵销

C．该交易在合并利润表中没有相应的抵销分录

D．该交易在合并现金流量表中没有相应的抵销分录

2．下列抵销分录中属于抵销企业集团内部债权、债务业务的是（　　）。

A．借方为“预付账款”项目，贷方为“预收账款”项目

B．借方为“应收账款”项目，贷方为“预收账款”项目

C．借方为“应付债券”项目，贷方为“持有至到期投资”项目

D．借方为“投资收益”项目，贷方为“应收股利”项目

3．在连续编制合并财务报表时，对内部应收账款和应付账款予以抵销以后，将上期已抵销的“资产减值损失”中的坏账损失对本年年初未分配利润的影响予以抵销时的抵销分录，应（　　）。

A．借记“资产减值损失”项目

B．借记“未分配利润”项目

C．贷记“年初未分配利润”项目

D．借记或贷记“应收账款”项目

4．在连续编制合并财务报表的情况下，上年编制合并财务报表时已抵销的存货价值中包含的未实现内部销售利润，本年经抵销后对本年的年初未分配利润合并数（　　）。

A．没有影响　　B．还有影响

C．不一定有影响　　D．不再会有影响

5．在连续编制合并财务报表时，如果上期存在未实现内部销售损益，本期合并财务报表工作底稿中“年初未分配利润”项目合计数与上期合并财务报表中“未分配利润”项目合并数（　　）。

A．两者相等　　B．前者大于后者

C．前者小于后者　　D．B、C 均有可能

6．企业集团内部交易的固定资产在报废清理的会计期末，不编制与该固定资产有关的任何抵销分录。这种情况发生在（　　）。

A．期满报废　　B．超期报废

C．提前报废　　D．A、B、C 三种都存在

7．对于同一购销业务，购买企业与销售企业的个别利润表中都做了反映。但对于集团整体，这一购销业务只是实现了一次对外销售，因此，应将重复反映的内部（　　）予以抵销。

A．营业收入　　B．营业收入与营业成本

C．营业成本　　D．毛利

8．下面（　　）的交易不属于公司间交易。

A．子公司销售货物给母公司

B．母公司销售货物给子公司

C．将从附属公司购入的货物出售给非附属公司

D．一个附属公司将货物销售给另一个附属公司

9．通过公司间交易获得的固定资产在合并财务报表中应该（　　）列示。

A．以购买日的公司间交易价格减去自购买日起计提的折旧

B．以销售者的原始价格减去财务报表日的累计折旧

C．以内部购买价格与销售者的原始价格减去累计折旧中的高者

D．以财务报表日的评估价值

10．母公司将成本为 5 000 元的商品销售给子公司，售价为 6 000 元，子公司当期将该批商品对集团对外销售了 40%。对于该项内部交易在合并利润表上应确认的销售成本为（　　）。

A．5 000　　B．6 000　　C．2 000　　D．2 400

11．将内部交易形成的固定资产中包含的未实现内部销售利润抵销时，应当（　　）。

A．借记“营业收入”科目，贷记“营业成本”、“固定资产——原价”科目

B．借记“营业利润”科目，贷记 “固定资产——原价”科目

C．借记“净利润”科目，贷记 “固定资产——原价”科目

D．借记“营业外收入”科目，贷记 “固定资产——原价”科目

12．需要编制抵销分录的是（　　）。

A．仅仅是当年的内部销售

B．当年和前一年的内部销售

C．只有那些产生的存货仍为子公司所拥有的内部销售

D．以上都不是

13．当编制合并财务报表时，（ ）。

A．内部固定资产交易收益应该抵销，而损失应该予以报告

B．内部固定资产交易损失应该抵销，而损失应该予以报告

C．内部固定资产交易收益或者损失都应该予以抵销

D．内部固定资产交易收益或者损失都应该予以报告

14．母公司将成本为1 000万元的商品以1 600万元的价格出售给子公司，子公司当期将该批商品以2 000万元的价格全部出售，则编制合并财务报表时正确的抵销分录是（ ）。

A．借：营业收入 16 000 000
　　贷：营业成本 10 000 000
　　　　存货 6 000 000

B．借：营业收入 20 000 000
　　贷：营业成本 10 000 000
　　　　存货 10 000 000

C．借：营业收入 16 000 000
　　贷：营业成本 16 000 000

D．不做任何会计分录

15．母子公司采用应收账款余额百分比法计提坏账准备，计提比例为1%，期初和期末内部应收账款余额均为150万元，在连续编制合并财务报表的情况下，本期就该项内部应收账款计提的坏账准备所编制的抵销分录为（ ）。

A．借：资产减值损失 1 500
　　贷：未分配利润——年初 1 500

B．借：应收账款——坏账准备 1 500
　　贷：资产减值损失 1 500

C．借：应收账款——坏账准备 1 500
　　贷：未分配利润——年初 1 500

D．不做任何会计分录

（二）多项选择题

1．按照我国企业会计准则的规定，以下关于合并资产负债表的抵销，表述正确的有（ ）。

A．母公司对子公司的长期股权投资与母公司在子公司所有者权益中所享有的份额应当相互抵销

B．非同一控制下的控股合并中，在购买日，母公司对子公司的长期股

权投资大于母公司享有子公司可辨认净资产公允价值份额的差额，应当在商誉项目列示

C. 母公司与子公司、子公司相互之间的债权与债务项目应当相互抵销，同时抵销应收款项的坏账准备和债券投资的减值准备

D. 母公司与子公司、子公司相互之间的债券投资与应付债券相互抵销后，产生的差额应当计入投资收益项目

E. 母公司与子公司、子公司相互之间的债券投资与应付债券相互抵销后，产生的差额应当计入合并商誉

2. 以下属于母子公司合并现金流量表抵销的项目（　　）。

A. 以现金投资或收购股权增加的投资所产生的现金流量

B. 当期取得投资收益收到的现金与分配股利、利润或偿付利息支付的现金

C. 以现金结算债权与债务产生的现金流量

D. 当期销售商品所产生的现金流量

E. 内部处置固定资产、无形资产和其他长期资产收回的现金净额与购建固定资产等支付的现金

3. A 公司和 B 公司是母子公司，2007 年年末，A 公司应收 B 公司账款为 100 万元。坏账准备计提比例为 2%。2008 年年末，A 公司应收 B 公司账款仍为 100 万元，坏账准备计提比例变更为 4%。对此，母公司编制 2008 年合并工作底稿时应编制的抵销分录包括（　　）。

A. 借：应付账款　　1 000 000
　　贷：应收账款　　1 000 000

B. 借：应收账款——坏账准备　　10 000
　　贷：资产减值损失　　10 000

C. 借：应收账款——坏账准备　　20 000
　　贷：资产减值损失　　20 000

D. 借：应收账款——坏账准备　　20 000
　　贷：未分配利润——年初　　20 000

E. 借：资产减值损失　　20 000
　　贷：应收账款——坏账准备　　20 000

4. 甲股份有限公司于 2005 年年初通过收购股权成为 B 股份有限公司的母公司。2005 年年末甲公司应收 B 公司账款为 150 万元；2006 年年末甲公司应收 B 公司账款为 450 万元； 2007 年年末甲公司应收 B 公司账款为 225 万元，

甲公司坏账准备计提比例为2%。对此，编制2007年末合并会计报表工作底稿时应编制的抵销分录包括（　　）。

A．借：应收账款——坏账准备　45 000
　贷：资产减值损失　45 000

B．借：应付账款　2 250 000
　贷：应收账款　2 250 000

C．借：资产减值损失　45 000
　贷：应收账款——坏账准备　45 000

D．借：应收账款——坏账准备　90 000
　贷：未分配利润——年初　90 000

E．借：应收账款——坏账准备　30 000
　贷：未分配利润——年初　30 000

5．将企业集团内部利息收入与内部利息支出抵销时，可能编制的抵销分录是（　）。

A．借记“投资收益”项目，贷记“财务费用”项目

B．借记“营业外收入”项目，贷记“财务费用”项目

C．借记“管理费用”项目，贷记“财务费用”项目

D．借记“投资收益”项目，贷记“在建工程”项目

E．借记“营业外收入”项目，贷记“管理费用”项目

6．在连续编制合并会计报表时，有些业务要通过“未分配利润——年初”项目予以抵销。这些经济业务有（　　）。

A．内部固定资产交易的未实现利润抵销

B．内部存货交易中期末存货未分配利润抵销

C．内部存货交易中期初存货未实现利润抵销

D．内部固定资产交易后多计提折旧的抵销

E．内部期初应收账款计提的坏账准备抵销

7．乙公司和丙公司均为纳入甲公司合并范围的子公司。2007年6月1日，乙公司将其产品销售给丙公司作为管理用固定资产使用，售价25万元（不含增值税），销售成本13万元。丙公司购入后按4年的期限、采用直线法计提折旧，预计净残值为零。甲公司在编制2008年度合并财务报表时，下列说法正确的有（　　）。

A．调减未分配利润项目12万元

B．调减未分配利润项目10.5万元

C．调减固定资产项目 12 万元

D．调增固定资产项目 4.5 万元

E．调减固定资产项目 7.5 万元

8．子公司本期将其成本为 80 万元的一批产品销售给母公司，销售价格为 100 万元，母公司本期购入该产品都形成存货，并为该项存货计提 5 万元跌价准备，期末编制合并报表时，母公司应抵销的项目和金额有（　　）。

A．存货跌价准备—5 万元

B．资产减值损失—5 万元

C．营业收入—100 万元

D．营业成本—80 万元

E．存货—20 万元

9．承接上题，一年以后，母公司上期从子公司购入的产品仅对外销售了 40%。另外 60%依然为存货。由于陈旧预计可变现价值进一步下跌为 40 万元，母公司再次计提跌价准备，期末编制合并报表时，母公司应抵销的项目和金额有（　　）。

A．期初未分配利润—15 万元

B．营业成本—8 万元

C．存货—12 万元

D．存货跌价准备—12 万元

E．资产减值损失—7 万元

10．对于企业集团内部固定资产交易，在该固定资产使用期间内每期编制合并财务报表时都要编制的有关抵销分录中包括（　　）。

A．抵销该固定资产当期多计提的折旧额

B．抵销固定资产原价中包含的未实现利润

C．抵销未实现利润对年初未分配利润的影响

D．抵销该固定资产以前年度累计多计提的折旧

E．抵销与该项交易有关的营业外收入或营业外支出

11．在内部交易的固定资产提前报废或期满报废清理期，合并财务报表工作底稿中，（　　）。

A．不一定编制抵销分录

B．必须编制调整期初未分配利润的分录

C．必须编制抵销当年多计提的折旧的分录

D．必须编制抵销以前年度累计多计提的折旧的分录

E．不必编制抵销固定资产原价中包含的未实现利润的有关抵销分录

12．在连续编制合并财务报表的情况下，影响子公司单独报表“年初未分配利润”项目金额的因素可能包含（　　）。

A．上年末存货价值中包含的未实现利润

B．上年末已经实现的内部存货销售利润

C．上年末无形资产价值中包含的未实现利润

D．上年末固定资产原价中包含的未实现利润

E．内部固定资产交易引起的累计多计提折旧

13．在连续编制合并财务报表的情况下，在合并财务报表工作底稿中编制抵销分录时借记“年初未分配利润”项目的含义包括（　　）。

A．抵销上期未实现的存货内部销售利润

B．抵销上期未实现的固定资产内部销售利润

C．抵销按内部应收账款计提的坏账准备期初余额

D．抵销内部交易的固定资产上累计多提的折旧额

E．同纳入合并范围的子公司当年实现净利润一道，与其本期利润分配项目相抵销

14．某企业集团的母公司将价值 60 000 元的固定资产以 80 000 元的价格出售给纳入合并范围的子公司，后者预计将使用 6 年。在该固定资产交易后的前 3 年内，每年合并财务报表中“固定资产原价”项目的合并数不可能（　　）。

A．分别为 60 000 元、50 000 元、40 000 元

B．不包括未实现内部销售利润

C．等于 60 000 元

D．均为 80 000

E．为 A 或 C

15．在编制合并财务报表时，关于合并财务报表工作底稿中的抵销分录的下列说法中不正确的有（　　）。

A．应纳入合并范围的子公司的所有者权益百分之百予以抵销

B．应抵销母公司的应收账款及按该应收账款计提的坏账准备

C．应抵销纳入合并范围的子公司对母公司的预付账款

D．应抵销内部交易的固定资产价值

E．应抵销母公司的投资收益

（三）判断题

1．甲公司的子公司 A 公司将商品卖给甲公司的境外子公司 B 公司作为固

定资产使用，此项交易不用编制抵销分录。（ ）

2．子公司向少数股东支付的现金股利或利润，在合并现金流量表中应当在“投资活动产生的现金流量”项目上单独反映。（ ）

3．合并抵销分录既不影响母公司的总分类账，也不影响子公司的总分类账。（ ）

4．通过公司间交易获得的固定资产在合并财务报表中应该以财务报表日的评估价值列示。（ ）

5．公司间内部交易编制的调整、抵销分录，可以记入母公司或子公司的账簿中。（ ）

6．将企业集团内部利息收入与内部利息支出抵销时，应借记“营业外收入”，贷记“财务费用”。（ ）

7．上期内部固定资产交易的未实现利润抵销通过“未分配利润——年初”项目予以抵销。（ ）

8．本期内部存货交易中期末存货未实现利润抵销通过“未分配利润——年初”项目予以抵销。（ ）

9．在连续编制合并会计报表的情况下，本期如果未发生内部固定资产交易，则不存在固定资产原值中包含未实现内部销售利润的问题。（ ）

10．子公司向其少数股东支付的现金股利在合并现金流量表中可以不反映。（ ）

11．子公司吸收母公司投资收到的现金在合并现金流量表中可以不反映。（ ）

12．当期取得投资收益收到的现金与分配股利、利润或偿付利息支付的现金，在母子公司合并现金流量表时可以抵销。（ ）

13．母公司与子公司、子公司相互之间的债券投资与应付债券相互抵销后，产生的差额应当计入投资收益项目。（ ）

14．当合并现金流量表时，内部处置固定资产、无形资产和其他长期资产收回的现金净额与购建固定资产等支付的现金可以抵销。（ ）

15．母公司对子公司的长期股权投资与母公司在子公司所有者权益中所享的份额可以相互抵销。（ ）

（四）核算题

1．A 公司于几年前按账面价值获取了 B 公司 80%的股权，企业合并时 B 公司可辨认资产、负债及或有负债的公允价值与账面价值一致。A 公司在个别资产负债表中采用成本法核算该长期股权投资。2013 年，B 公司售给了 A 公司商品 45 500 元，该批商品成本为 35 000（B 公司商品定价一般是成本加 30%的毛利）。2013 年年末，A 公司当年购进的 B 公司商品有 20%未售出。此外，A 公司其实存货中属于从 B 公司购进的商品有 13 000 元，B 公司当年账面净利润为 150 000 元，提取盈余公积 15 000 元，派发现金股利 50 000 元。

要求：

（1）按权益法计算 A 公司对 B 公司的投资收益，并编制会计分录。

（2）编制合并工作底稿抵销分录，消除公司间存货交易的影响。

（3）计算 B 公司少数股权收益。

2. 东方股份有限公司（以下简称东方公司）2008 年 2 月 2 日从其拥有 80%股份的被投资企业兴华公司购进其生产的设备一台。兴华公司销售该产品的销售成本为 84 万元，销售价款为 120 万元，销售毛利率为 30%。东方公司支付价款总额为 140.4 万元（含增值税），另支付运杂费 1 万元、保险费 0.6 万元、发生安装调试费用 8 万元，于 2008 年 5 月 20 日竣工验收交付使用。东方公司采用直线法计提折旧，该设备用于行政管理，使用年限 3 年，预计净残值为原价的 4%（抵销该固定资产包含的未实现内部销售利润时不考虑净残值）。假定不考虑内部交易产生的递延所得税。

要求：

（1）计算确定东方公司购入该设备的入账价值；

（2）计算确定东方公司该设备每月应计提的折旧额；

（3）假定该设备在使用期满时进行清理，编制东方公司 2008 年度、2009 年度、2010 年度、2011 年度合并会计报表中有关购买、使用该设备的抵销分录。

（4）假定该设备于 2010 年 5 月 10 提前进行清理，在清理中发生清理费用 5 万元。设备变价收入 74 万元，不考虑相关税费。编制东方公司 2010 年度合并会计报表中有关购买、使用该设备的抵销分录。

3. M 公司于 2006 年 1 月 1 日按账面价值取得了 N 公司 75%的股权。2007 年，M 公司向 N 公司转让土地使用权，获利 100 万元。2007 年，N 公司报告的净利润为 500 万元。2009 年，N 公司又将土地使用权出售给企业集团以外的公司，获利 80 万元。2009 年，N 公司报告的净利润为 120 万元。

要求：

（1）编制 2007 年合并工作底稿分录，抵销内部土地使用权交易事项。

（2）编制 2008 年合并工作底稿分录，抵销内部土地使用权交易事项。

（3）编制 2009 年合并工作底稿分录，调整土地使用权对外销售事项。

4. 甲公司 2007 年 1 月 1 日以现金 2 000 万元取得乙公司 60%的股权，当时乙公司可辨认净资产的账面价值为 3 000 万元，其公允价值与账面价值相同。2007 年度，甲、乙公司之间发生的内部资产交易如下：

（1）2007 年 3 月，甲公司将其生产成本为 800 万元的产品以 1 000 万元的价格出售给乙公司，乙公司 2007 年 8 月将其中 80%以 1 200 万元的价格对外出售，其余 20%到年末仍未出售。

（2）2007 年 6 月，甲公司将其生产的成本为 600 万元的产品以 800 万元的价格出售给乙公司，乙公司将其作为固定资产使用，并按 10 年采用直线法计提折旧，不计残值，所提折旧全部计入管理费用（注意固定资产投入使用时间）。

（3）2008 年 4 月，乙公司将上年从甲公司购入的剩余 20%存货以 300 万元价格对外出售。

（4）2008 年 6 月，乙公司将成本为 400 万元的商品以 800 万元的价格出售给甲公司，甲公司购入后作为存货，但到 2008 年末该存货尚未对外出售。

（5）2008 年，乙公司对上年从甲公司购入的固定资产计提 80 万元折旧费，计入管理费用。

要求：

（1）编制 2007 年末合并财务报表时抵销内部资产交易的有关抵销分录（只考虑上述内部资产交易的抵销，不需要编制长期股权投资、投资收益与对应项目的抵销分录）。

（2）编制 2008 年末合并财务报表时抵销内部资产交易的有关抵销分录（只考虑上述内部资产交易的抵销，不需要编制长期股权投资、投资收益与对应项目的抵销分录）

第六章　所得税会计

【学习目标】通过本章学习，了解所得税会计的基本内容，所得税会计的核算程序，计税基础，暂时性差异等的概念；熟悉不同资产、负债的计税基础的确定，以及如何区分应纳税暂时性差异、可抵扣暂时性差异；掌握递延所得税资产、递延所得税的确认和计量以及所得税费用的核算。

开篇案例

小张毕业后进入一家企业从事会计工作，最初的职位是做工资核算工作，后来由于工作的需要，进行岗位轮换，小张被安排编制财务报表。小张接手工作后，很快熟悉了业务，并在期末根据企业总账和明细账很快编制出了资产负债表和利润表，并交给会计主管进行复核。会计主管复核后，肯定了小张的工作，对小张的工作能力提出表扬，但是也对小张指出其中的错误之处，原来小张编制的利润表中的所得税费用项目时直接用利润总额乘以所得税率得出，会计主管告知方法不对，小张该如何计算呢？

第一节　所得税会计概述

一、所得税会计内容

企业对于日常生产经营活动中发生的各项交易和事项进行会计核算时，以会计准则的规定为标准，以向会计信息需求者提供企业的财务状况、经营成果和现金流量的信息。企业对于一定期间的经营成果，若为盈利，则需要交纳企业所得税。企业所得税是国家税收的重要组成部分，税法对如何确定纳税期限，如何确定应纳税所得额等均有明确规定。而税法的很多规定可能与会计上的处理方法有很多不同，导致会计利润（利润总额）与税法应纳税所得额不同，因此，所得税会计就是研究和处理会计与税法规定之间差异的会计理论和方法。

对于会计利润和应纳税所得额之间差异的会计处理方法不同，形成了三种不同的所得税会计处理方法：应付税款法、纳税影响会计法、资产负债表债务法。我国所得税会计采用的是资产负债表债务法。资产负债表债务法下，所得税事项涉及三个项目；当期应交所得税、递延所得税资产和递延所得税负债、所得税费用。当期应交所得税是按照所得税纳税申报表计算，递延所得税资产和负债需要按照条件进行确认和计量，因此，所得税费用是当期应交所得税以及递延所得税资产和递延所得税负债得到的。因此，在资产负债表债务法下，关键是如何确认与计量递延所得税资产和递延所得税负债。所得税会计从资产负债表出发，通过比较资产负债表中资产、负债项目账面价值与计税基础的差额，从而界定为应纳税暂时性差异或可抵扣暂时性差异，进而确认与计量递延所得税资产和递延所得税负债，最终确定利润表中所得税费用的金额。因此，资产和负债项目的计税基础的确定、暂时性差异的界定、递延所得税资产和递延所得税负债的确认和计量、递延所得税的确定以及当期所得税的确定就成为了所得税会计的主要内容。

资产负债表债务法是将会计收益与应税所得之间差异的纳税影响进行递延处理，以确认递延所得税资产和负债，这不仅体现了所得税事项处理中的会计准则导向，而且因递延所得税资产和负债的确认和转回减少了由会计、税收之间的差异所引起的净收益波动，客观上起到了平滑收益的作用。这也是我国会计准则与国际会计准则趋同的一个体现。

二、所得税会计的一般程序

采用资产负债表债务法核算所得税费用的情况下，企业一般于资产负债表日进行所得税费用的计算，在发生企业合并等特殊交易时，则需在交易发生时确定资产或负债的时候就确认所得税的影响。企业进行所得税核算时的一般程序如下：

第一，确定资产负债表中除了递延所得税资产、递延所得税负债以外的资产、负债项目的账面价值；

第二，按照税法中的相关规定确定除了递延所得税资产、递延所得税负债以外的资产、负债项目的计税基础；

第三，比较资产、负债项目的账面价值与计税基础，从而确定暂时性差异，并区分应纳税暂时性差异和可抵扣暂时性差异，将符合条件的应纳税暂时性差异确认为递延所得税负债，符合条件的可抵扣暂时性差异确认为递延所得税资产，并与期初的递延所得税资产和递延所得税负债余额比较，从而计算递延所得税；

第四，在利润表中的税前利润（利润总额）的基础上，将税法与会计中的处理有差异的交易或事项进行调整，计算应纳税所得额，采用适用的税率，计算应交所得税；

第五，确定利润表中的所得税费用，它是由递延所得税和应交所得税组成的。

【课堂测试 6-1】

1．所得税会计的处理方法有几种？

2．什么是资产负债表债务法？

第二节　资产负债的计税基础及暂时性差异

一、计税基础

企业在取得资产、负债时，应当确定其计税基础。计税基础分为资产的计税基础和负债的计税基础。

（一）资产的计税基础

资产的计税基础，是指企业收回资产账面价值过程中，计算应纳税所得额时按照税法规定可以自应税经济利益中抵扣的金额。对于单项资产而言，就是按照税法规定就该项资产在未来期间使用直至报废期间，可以从税前扣除的金额。通常情况下，资产在取得时其入账价值与计税基础一般是相同的，后续计量过程中因企业会计准则规定与税法规定不同，可能产生资产的账面价值与其计税基础的差异。

1．固定资产

不论何种形式取得的固定资产，在初始取得时，固定资产的账面价值与计税基础没有差别，均为取得成本。而对于固定资产后续计量时，按企业会计准则的规定处理，固定资产的账面价值=固定资产原值－会计累计折旧－固定资产减值准备，而税法对固定资产持有期间的减值准备不予以税前扣除，其计税基础为=固定资产原值－税法累计折旧

对于固定资产使用期间折旧方法的选择，企业会计准则规定企业应当根据与固定资产有关的经济利益的预期实现方式，合理选择固定资产折旧方法。可

选用的折旧方法包括年限平均法（直线法）、工作量法、双倍余额递减法和年数总和法等。而税法上一般会规定固定资产的折旧方法，除某些按照规定可以加速折旧的外，基本上选择直线法折旧，由此，固定资产账面价值与其计税基础会有所差异；另外，对于固定资产的使用年限的确定，会计上一般会考虑一定的因素之后做出合理的估计，而税法上则会固定每一类固定资产的折旧年限。由此，固定资产的账面价值与其计税基础也可能不一样。

【例 6-1】滨海公司于 2011 年 12 月 31 日取得某项固定资产，取得成本为 6 000 000 元，使用年限为 10 年，采用年限平均法计提折旧，预计净残值为 0。税法规定类似固定资产采用加速折旧法计提的折旧可予税前扣除，该企业在计税时采用双倍余额递减法计提折旧，使用年限为 10 年，预计净残值为 0。2013 年 12 月 31 日，企业估计该项固定资产的可收回金额为 4 500 000 元。分别确定 2013 年 12 月 31 日，该固定资产的账面价值和计税基础。

分析：滨海公司按照年限平均法计提折旧每年为 600 000 元（6 000 000÷10）；则 2013 年 12 月 31 日，该项固定资产的净值=6 000 000－600 000×2=4 800 000 元，而此时该项固定资产的可收回金额为 4 500 000 元，发生了减值，需计提减值准备 300 000 元（4 800 000－4 500 000），故该项固定资产的账面价值=6 000 000－1 200 000－300 000=4 500 000 元

按照双倍余额递减法计提折旧，第一年折旧额为 6 000 000×20%=1 200 000 元，第二年累计折旧额为 1 200 000＋（6 000 000－1 200 00）×20%=2 160 000 元，则 2013 年 12 月 31 日，该项固定资产的计税基础=6 000 000－2 160 000=3 840 000 元

2．无形资产

（1）初始计量。企业在对无形资产进行初始计量时，除内部研究开发形成的无形资产外，以其他方式取得的无形资产，其入账价值与按税法规定计算的计税基础之间一般不存在差异。

对于内部研究开发形成的无形资产，企业会计准则中对有关研究开发支出区分两个阶段，对研究阶段的支出应当费用化计入当期损益，而开发阶段符合资本化条件以后发生的支出资本化计入无形资产的成本；税法则规定，企业为开发新技术、新产品、新工艺发生的研究开发费用，未形成无形资产计入当期损益的，在按照规定据实扣除的基础上，按照研究开发费用的 50%加计扣除；形成无形资产的，按照无形资产成本的 150%摊销。

【例 6-2】滨海公司 2013 年发生研究开发支出共计 40 000 000 元，其中研究阶段支出 8 000 000 元，开发阶段符合资本化条件前发生的支出为 8 000 000

元，符合资本化条件后发生的支出为 24 000 000 元。假定开发形成的无形资产在当期期末已达到预定用途，但尚未进行摊销。则滨海公司确定的无形资产的计税基础为：

首先，滨海公司当年发生的研究开发支出中，费用化计入当期损益的金额为 16 000 000 元，资本化计入无形资产的成本为 24 000 000 元，即期末所形成无形资产的账面价值为 24 000 000 元。

其次，滨海公司于当期发生的 40 000 000 元研究开发支出，可在税前扣除的金额为 24 000 000 元（即费用化金额 16 000 000 基础上加计 50%）。对于计入无形资产的部分，税法规定按照无形资产成本的 150%作为计算未来期间摊销额的基础，即该项无形资产在初始确认时的计税基础为 36 000 000 元（24 000 000×150%）。

（2）后续计量。无形资产在后续计量时，与固定资产相类似，会计与税法的差异主要产生于对无形资产是否需要摊销、摊销的方法是否一致及无形资产减值准备的计提。

无形资产账面价值=初始取得成本－会计累计摊销－无形资产减值准备

无形资产计税基础=初始取得成本－税法累计摊销

另外，当无形资产的使用寿命不确定时，会计上则不考虑摊销，而税法上一般会规定摊销方法和摊销年限。

【例 6-3】滨海公司于 2013 年 1 月 1 日取得一项无形资产，成本为 72 000 000 元。企业根据各方面情况判断，无法合理预计其带来未来经济利益的期限，作为使用寿命不确定的无形资产。2013 年 12 月 31 日，对该项无形资产进行减值测试表明未发生减值。企业在计税时，对该项无形资产按照直线法进行摊销，摊销年限为 10 年，有关摊销额允许税前扣除。则该项无形资产的计税基础为：
无形资产计税基础=初始取得成本－税法累计摊销=72 000 000－72 000 000÷10=64 800 000 元

在未发生减值的情况下，其账面价值为取得成本 72 000 000 元。

3．以公允价值计量的金融资产

以公允价值计量的金融资产，不论是在资产负债表日将公允价值变动计入当期损益的交易性金融资产还是计入所有者权益的可供出售金融资产，其账面价值均以公允价值确定，而税法中规定，公允价值的变动不允许计入应纳税所得额，故其计税基础以初始取得时的成本确定。

比如，滨海公司于 2013 年 12 月 1 日购入股票，作为可供出售金融资产核算。该资产取得成本为 200 000 元，由于股价的变动，同年 12 月 31 日，该股票公允价值为250 000元，则期末可供出售金融资产的账面价值为公允价值即250 000元，而由于税法中规定公允价值的变动不计入应纳税所得额，所以其计税基础为初始取得成本200 000元。

4．其他资产

（1）公允价值计量的投资性房地产。投资性房地产的后续计量方法有两种，一是以成本模式计量，一是以公允价值模式计量。当以公允价值模式计量时，投资性房地产的账面价值为其公允价值，而税法中规定其公允价值的变动不计入应纳税所得额，所以其计税基础应当按照取得成本扣除按照税法规定允许税前扣除的折旧额后的金额。

（2）计提减值准备的资产。除了固定资产、无形资产等资产，当发生减值迹象时，需要计提减值准备，确定减值损失，而税法规定在损失实质发生之前，不允许税前扣除，即资产的计税基础不考虑资产减值的影响。

比如，滨海公司2013年年末，某些存货的账面价值为500 000元，由于本年以来该存货的市场价格持续下跌，根据资产负债表日状况确定的该存货的可变现净值为450 000元，“存货跌价准备”期初余额为零，则应计提的存货跌价准备为50 000元（500 000－450 000）。此时，期末存货的账面价值为计提存货跌价准备后的金额450 000元，而计税基础按照税法的规定，不考虑存货跌价准备的影响，仍为实际成本500 000元。

（二）负债的计税基础

负债的计税基础，是指负债的账面价值减去未来期间计算应纳税所得额时按照税法规定可予抵扣的金额。用公式表示为：

负债计税基础=负债账面价值－未来期间按照税法规定可予抵扣的金额

通常情况下，负债未来期间计算应纳税所得额时按照税法规定可予抵扣的金额通常为 0，其计税基础即为账面价值，一般不会对当期损益和应纳税所得额产生影响。但在某些特殊情况下，负债的确认可能会影响损益，并影响不同期间的应纳税所得额，使其计税基础与账面价值之间产生差额。

1．预计负债

企业对于发生的或有事项，符合条件的确认为预计负债。比如企业对预计提供售后服务发生的支出在销售当期确认为费用，同时确认预计负债。如果税法规定，与销售产品有关的支出于支出实际发生时可全部税前扣除，则该预计负债的计税基础为 0。因其他事项确认的预计负债，应按照税法规定的计税原则确定其计税基础。如果税法规定无论是否实际发生均不允许税前扣除，即未来期间按照税法规定可予抵扣的金额为0，则其账面价值与计税基础相同。

【例 6-4】滨海公司对其销售产品均提供售后维修服务，2013 年度确认了 7 000 000 元销售费用，同时确认为预计负债，当年度实际发生保修支出 2 000 000 元，预计负债的期末余额为 5 000 000 元。假定税法规定，与产品售后服务相关的费用在实际发生时税前扣除。确定预计负债的计税基础。

根据公式计算如下：

预计负债的计税基础=预计负债的账面价值－未来期间按照税法规定可予抵扣的金额

=5 000 000－5 000 000=0。

2．预收账款

企业在收到客户预付的款项时，因不符合收入确认条件，会计上将其确认为负债。税法中对于收入的确认原则一般与会计规定相同，即会计上未确认收入时，计税时一般也不计入应纳税所得额，该部分经济利益在未来期间计税时可予税前扣除的金额为 0，计税基础等于账面价值。如果不符合企业会计准则规定的收入确认条件，但按税法规定应计入当期应纳税所得额时，有关预收账款的计税基础为 0。

比如，滨海公司 2012 年 12 月 31 日收到客户预付的款项 150 000 元。若税法对该项预收款项不计入应纳税所得额，则 2012 年 12 月 31 日预收账款的计税基础=预收账款账面价值－未来期间按照税法规定可予抵扣的金额=150 000－0=150 000 元。

3．应付职工薪酬

按照准则的规定企业为获得职工提供的服务给予的各种形式的报酬以及其他相关支出均应作为企业的成本、费用，在未支付之前确认为负债。而税法规定，企业发生的合理的工资、薪金支出准予据实扣除。一般情况下，对于应付职工薪酬，其计税基础为账面价值减去在未来期间可予税前扣除的金额之间的差额，即账面价值等于计税基础。职工福利费，不超过工资薪金总额 14%的部分，可以税前扣除，超过部分不得扣除；工会经费，扣除限额为工资薪金的 2%，超过部分不得扣除；职工教育经费，扣除限额为工资薪金总额 2.5%，超过部分则准予在以后纳税年度结转扣除，对于符合标准的社会保险也准予全部扣除。

比如，滨海公司在 2013 年 12 月 31 日，资产负债表中“应付职工薪酬”项目的余额为 35 000 000 元，则其计税基础=预计负债的账面价值－未来期间按照税法规定可予抵扣的金额=35 000 000－0=35 000 000 元。

4．其他负债

企业的其他负债项目，如企业应交的罚款和滞纳金等，在尚未支付之前按照会计准则规定确认为费用，同时作为负债反映。税法规定，罚款和滞纳金不得税前扣除，即未来期间计税时可予税前扣除的金额 0，则计税基础等于账面价值。

比如，滨海公司因违反税法规定被税务部门罚款 20 000 元，至 2013 年 12 月 31 日，该款项尚未支付，形成其他应付款 20 000 元。税法规定，企业因违反国家法律、法规规定缴纳的罚款、滞纳金不允许税前扣除。则其他应付款的计税基础=其他应付款账面价值－未来期间按照税法规定可予抵扣的金额 =20 000－0=20 000 元。

二、暂时性差异

暂时性差异，是指资产或负债的账面价值与其计税基础之间的差额。按照暂时性差异对未来期间应税金额的影响，分为应纳税暂时性差异和可抵扣暂时性差异。

（一）应纳税暂时性差异

应纳税暂时性差异，是指在确定未来收回资产或清偿负债期间的应纳税所得额时，将导致产生应税金额的暂时性差异。该项差异在未来转回时会增加转回期间的应纳税所得额。

一般地说，应纳税暂时性差异产生时常常是由于资产的账面价值大于其计税基础或负债的账面价值小于其计税基础产生的。当资产的账面价值大于计税基础时，该项资产在未来期间产生的经济利益不能在税前全部扣除，两者之间的差额需要交税，产生应纳税暂时性差异；而负债的账面价值小于其计税基础，意味着该项负债未来期间可以税前扣除的金额为负数，即应在未来期间应纳税所得额的基础上调增，增加应纳税所得额，产生应纳税暂时性差异。

比如，以公允价值计量的交易性金融资产，在资产负债表日产生的公允价值的变动需计入当期损益，应调整交易性金融资产的账面价值，按照税法规定，交易性金融资产在持有期间公允价值变动不计入应纳税所得额，即其计税基础仍为初始取得时的成本，但由此便产生了交易性金融资产的账面价值与计税基础之间的差异。若此时交易性金融资产的公允价值大于其初始取得成本，则该项交易性金融资产的账面价值大于其计税基础，产生了应纳税暂时性差异。

【例 6-5】滨海公司 2012 年 12 月 1 日从证券公司借入 A 股票对外出售，实际售价为 1 500 000 元，该公司确认为交易性金融负债。2012 年 12 月 31 日该股票的公允价值为 1 200 000 元。2013 年 1 月 5 日，滨海公司支付 1 200 000 元购入A股票归还证券公司。

（1）2012年12月1日

借：银行存款　　1 500 000

　　贷：交易性金融负债　　1 500 000

（2）2012年12月31日

借：交易性金融负债　　300 000

　　贷：公允价值变动损益　　300 000

（3）2013年1月5日

借：交易性金融负债　　1 200 000

　　贷：银行存款　　1 200 000

借：公允价值变动损益　　300 000

　　贷：投资收益　　300 000

2013年由税前会计利润计算应纳税所得额时应纳税调增200 000元，此项负债账面价值为800 000元，计税基础为1 000 000元，属于应纳税暂时性差异。

（二）可抵扣暂时性差异

可抵扣暂时性差异，是指在确定未来收回资产或清偿负债期间的应纳税所得额时，将导致资产可抵扣金额的暂时性差异。

一般来说，可抵扣暂时性差异通常由于资产的账面价值小于其计税基础或负债的账面价值大于其计税基础产生。当一项资产的账面价值小于其计税基础时，意味着未来期间产生的经济利益少，税法允许税前扣除的金额多，在未来期间减少应纳税所得额，由此产生可抵扣暂时性差异；当一项负债的账面价值大于其计税基础，意味着未来期间按照税法规定构成负债的全部或部分金额可以自未来应税经济利益中扣除，减少未来期间的应纳税所得额，由此产生可抵扣暂时性差异。

比如，当资产出现减值迹象的时候，需要计提减值，并计入当期损益，按照可收回金额确定重新确定账面价值，而按照税法的规定，资产发生的减值损失，不予以税前扣除，此时，该项资产的账面价值小于其计税基础，产生的差异即为可抵扣暂时性差异。

（三）特殊项目产生的暂时性差异，

某些交易或事项发生以后，因为不符合资产、负债的确认条件而未体现为资产负债表中的资产或负债，但按照税法规定能够确定其计税基础的，其账面价值与计税基础之间的差异也构成暂时性差异；对于按照税法规定可以结转以后年度的未弥补亏损及税款抵减，虽不是因资产、负债的账面价值与计税基础不同产生的，但本质上可抵扣亏损和税款抵减与可抵扣暂时性差异具有同样的作用，均能减少未来期间的应纳税所得额和应交所得税，视同可抵扣暂时性差异。

【课堂测试 6-2】

1．下列各项负债中，其计税基础为零的是（　　）。

A．因购入材料形成的应付账款

B．欠税产生的滞纳金

C．因确认保修费用形成的预计负债

D．为职工计提的应付养老保险金

2．下列各项资产和负债中，因账面价值与计税基础不一致形成暂时性差异的有（　　）。

A．使用寿命不确定的无形资产

B．已计提减值准备的固定资产

C．已确认公允价值变动损益的交易性金融资产

D．因违反税法规定应缴纳但尚未缴纳的滞纳金

3．滨海公司 2011 年 12 月 31 日购入价值 4 000 000 元的设备，预计使用期限为 5 年，无残值。会计采用年限平均法计提折旧，税法允许采用双倍余额递减法计提折旧。适用的所得税税率为 25%。2013 年 12 月 31 日应纳税暂时性差异余额为（　　）元。

A．600 000　　B．960 000　　C．720 000　　D．1 200 000

第三节　递延所得税负债及递延所得税资产

企业会计准则规定企业在取得资产、负债时，应当确定其计税基础，资产、负债的帐面价值与其计税基础存在的应纳税暂时性差异或可抵扣暂时性差异的，应当确定递延所得税负债或递延所得税资产。

一、递延所得税负债的确认和计量

（一）递延所得税负债的确认

一般情况下企业对于所有的应纳税暂时性差异均应确认相关的递延所得税负债，并计入所得税费用，账务处理为借记“所得税费用”科目，贷记“递延所得税负债”科目。但是与直接计入所有者权益的交易或事项相关的应纳税

暂时性差异，相应的递延所得税负债计入所有者权益，借记“资本公积——其他资本公积”科目，贷记“递延所得税负债”科目。

例如，滨海公司于 2013 年 11 月 10 日购入股票，作为交易性金融资产核算，取得时的成本为 6 000 000 元，至 12 月 31 日，市场形势较好，股价上涨，该项交易性金融资产的公允价值为 7 200 000 元。交易性金融资产以公允价值计量，因此，12 月 31 日其账面价值为 7 200 000，但是税法中，交易性金融资产的公允价值变动不计入应纳税所得额，因此其计税基础为 6 000 000 元，资产的账面价值大于计税基础由此产生了应纳税暂时性差异，应确认为递延所得税负债，同时计入所得税费用。

但是有些情况下，虽然资产、负债的账面价值与其计税基础不同，产生了应纳税暂时性差异，但出于各方面考虑，企业会计准则中规定不确认相应的递延所得税负债，主要包括：

1. 商誉的初始确认。商誉是在非同一控制下企业合并所支付的合并成本大于享有的被购买方可辨认净资产公允价值份额的差额，若确认递延所得税负债，则减少被购买方可辨认净资产公允价值，增加商誉，由此进入不断循环状态，所以不予以确认；

2. 如果一项交易既不是企业合并，而且交易发生时既不影响会计利润也不影响应纳税所得额（或可抵扣亏损），则所产生的资产、负债的初始确认金额与其计税基础不同，形成应纳税暂时性差异的，交易或事项发生时不确认相应的递延所得税负债。

另外，与子公司、联营企业、合营企业投资等相关的应纳税暂时性差异，一般应确认相应的递延所得税负债，但同时满足以下两个条件的除外：一是投资企业能够控制暂时性差异转回的时间；二是该暂时性差异在可预见的未来很可能不会转回。满足上述条件时，投资企业可以运用自身的影响力决定暂时性差异的转回，如果不希望其转回，则在可预见的未来该项暂时性差异即不会转回，从而无须确认相应的递延所得税负债。

（二）递延所得税负债的计量

资产负债表日，对于递延所得税负债，应当依据税法规定，按照预期清偿该负债期间的适用税率计量。在我国，除享受优惠政策的情况以外，企业适用的所得税税率在不同年度之间一般不会发生变化，企业在确认递延所得税负债时，可以现行适用税率为基础计算确定；适用税率发生变化的，应对已确认的递税所得税负债进行重新计量，除直接在权益中确认的交易或者事项产生的递延所得税负债以外，应当将其影响数计入变化当期的所得税费用。

递延所得税负债的计量，应当反映资产负债表日企业清偿负债方式的纳税影响，即在计量递延所得税负债时，应当采取与清偿债务的预期方式相一致的税率和计税基础。企业不应将递延所得税负债进行折现。

二、递延所得税资产的确认和计量

（一）递延所得税资产的确认

资产、负债的账面价值与其计税基础不同产生可抵扣暂时性差异的，在估计未来期间能够取得足够的应纳税所得额用以抵扣该可抵扣暂时性差异时，应当以很可能取得用来抵扣可抵扣暂时性差异的应纳税所得额为限，确认相关的递延所得税资产，并计入所得税费用，借记“递延所得税资产”科目，贷记“所得税费用”科目。与直接计入所有者权益的交易和事项相关的可抵扣暂时性差异，相应的递延所得税资产应计入所有者权益，借记“递延所得税资产”科目，贷记“资本公积——其他资本公积”科目。

企业对于子公司、联营企业及合营企业投资相关的可抵扣暂时性差异，如果暂时性差异在可预见的未来很可能转回且未来很可能获得用来抵扣暂时性差异的应纳税所得额，应当确认相应的递延所得税资产，借记“递延所得税资产”科目，贷记“所得税费用”科目。

按照税法规定可以结转以后年度的未弥补亏损和税款抵减，应视同可抵扣暂时性差异处理。在预计可利用可弥补亏损或税款抵减的未来期间内能够取得足够的应纳税所得额时，应当以很可能取得的应纳税所得额为限，确认相应的递延所得税资产，同时减少确认当期的所得税费用。借记“递延所得税资产”科目，贷记“所得税费用”科目。与未弥补亏损和税款抵减相关的递延所得税资产，其确认条件与可抵扣暂时性差异产生的递延所得税资产相同。

某些情况下，如果企业发生的某项交易或事项不是企业合并，并且该交易发生时既不影响会计利润也不影响应纳税所得额（或可抵扣亏损），且该项交易中产生的资产、负债的初始确认金额与其计税基础不同，产生可抵扣暂时性差异的，企业会计准则中规定在交易或事项发生时不确认相应的递延所得税资产。其原因在于，如果确认递延所得税资产，则需调整资产、负债的入账价值，对实际成本进行调整将有违会计核算中的历史成本原则，影响会计信息的可靠性，该种情况下不确认相应的递延所得税资产。

（二）递延所得税资产的计量

资产负债表日，对于递延所得税资产应当依据税法规定，按照预期收回该资产期间的适用税率计量。适用税率发生变化的，应对已确认的递延所得税资产进行重新计量，除直接在权益中确认的交易或者事项产生的递延所得税资产以外，应当将其影响数计入变化当期的所得税费用。递延所得税资产应当反映资产负债表日企业预期收回资产的纳税影响，即在计量递延所得税资产时，应当采取与收回资产预期方式相一致的税率和计税基础。企业不应当对递延所得税资产进行折现。

资产负债表日，企业应当对递延所得税资产的账面价值进行复核。如果未来期间很可能无法取得足够的应纳税所得额用以抵扣递延所得税资产的利益，应当减记递延所得税资产的账面价值。借记“所得税费用”科目，贷记“递延所得税资产”科目。递延所得税资产的账面价值减记以后，继后期间根据新的环境和情况判断能够产生足够的应纳税所得额利用可抵扣暂时性差异，使得递延所得税资产包含的经济利益能够实现的，应相应恢复递延所得税资产的账面价值。

【例 6-6】滨海公司于 2009 年 12 月 15 日购入一套机器设备并交付使用，购买成本为 40 000 000 元，预计使用年限 5 年，预计净残值为 0，采用双倍余额递减法计提折旧。税法要求按直线法计提折旧，折旧年限、净残值与会计处理相同，不考虑其他因素的影响，滨海公司对于设备使用期间由于资产账面价值与计税基础不同所做的会计处理如下：

（1）第一年

会计累计折旧=40 000 000÷5×2=16 000 000 元，

账面价值=40 000 000－16 000 000=24 000 000 元

税法累计折旧=40 000 000÷5=8 000 000 元，

计税基础=40 000 000－8 000 000=32 000 000 元

由此产生的递延所得税余额为=（32 000 000－24 000 000）×25%=2 000 000 元

则会计分录为：

借：递延所得税资产　　2 000 000

　　贷：所得税费用　　　　　　2 000 000

（2）第二年

会计累计折旧=16 000 000＋24 000 000÷5×2=25 600 000 元，

账面价值=40 000 000－25 600 000=14 400 000 元

税法累计折旧=8 000 000＋40 000 000÷5=16 000 000 元，

计税基础=40 000 000－16 000 000=24 000 000 元

由此产生的递延所得税余额为=（24 000 000－14 400 000）×25%=2 400 000

元，本期需确认递延所得税资产 400 000 元（2 400 000－2 000 000）。

则会计分录为：

借：递延所得税资产　　400 000

　　贷：所得税费用　　　　400 000

（3）第三年

会计累计折旧=25 600 000＋14 400 000÷5×2=31 360 000 元，

账面价值=40 000 000－31 360 000=8 640 000 元

税法累计折旧=16 000 000＋40 000 000÷5=24 000 000 元，

计税基础=40 000 000－24 000 000=16 000 000 元

由此产生的递延所得税余额为=（16 000 000－8 640 000）×25%=1 840 000 元，本期需转回已确认递延所得税资产 560 000 元（2 400 000－1 840 000）

则会计分录为：

借：所得税费用　　560 000

　　贷：递延所得税资产　　560 000

（4）第四年

会计累计折旧=31 360 000＋8 640 000÷2=35 680 000 元，

账面价值=40 000 000－35 680 000=4 320 000 元

税法累计折旧=24 000 000＋40 000 000÷5=32 000 000 元，

计税基础=40 000 000－32 000 000=8 000 000 元

由此产生的递延所得税余额为=（8 000 000－4 320 000）×25%=920 000 元，本期需转回已确认递延所得税资产 920 000 元（1 840 000－920 000）。

则会计分录为：

借：所得税费用　　920 000

　　贷：递延所得税资产　　920 000

（5）第五年

会计累计折旧=35 680 000＋8 640 000÷2=40 000 000 元，

账面价值=40 000 000－40 000 000=0 元

税法累计折旧=32 000 000＋40 000 000÷5=40 000 000 元，

计税基础=40 000 000－40 000 000=0 元

由此产生的递延所得税余额为=（0－0）×25%=0 元，则本期需将原来已确认的递延所得税资产予以全部转回。

则会计分录为：

借：所得税费用　　920 000

贷：递延所得税资产　　　　　　　920 000

三、递延所得税资产和递延所得税负债的披露

递延所得税资产和递延所得税负债应当分别作为非流动资产和非流动负债在资产负债表中列示。另外，在附注中，还需列示如下信息：未确认递延所得税资产的可抵扣暂时性差异、可抵扣亏损的金额（如果存在到期日，还应披露到期日）；对每一类暂时性差异和可抵扣亏损，在列报期间确认的递延所得税资产或递延所得税负债的金额；确认递延所得税资产的依据以及未确认递延所得税负债的、与对子公司、联营企业及合营企业投资相关的暂时性差异金额。

【课堂测试 6-3】

1．某企业于 2012 年 12 与 31 日购入一项机器设备，取得成本为 2 000 000 元，采用直线法折旧，折旧年限为 10 年，预计净残值为 0。计税时采用双倍余额递减法计提折旧，折旧年限为 10 年，预计残值为 0。2013 年 12 月 31 日，没有发生减值迹象。则该企业应当该如何处理？

2．下列说法中，正确的有（　　）。

A．当某项交易同时具有“不是企业合并”及“交易发生时既不影响会计利润也不影响应纳税所得额”特征时，企业不应当确认该项应纳税暂时性差异产生的递延所得税负债

B．因商誉的初始确认产生的应纳税暂时性差异应当确认为递延所得税负债

C．因商誉的初始确认产生的应纳税暂时性差异不能确认递延所得税负债

D．当某项交易同时具有“不是企业合并”及“交易发生时既不影响会计利润也不影响应纳税所得额”特征时，企业应当确认该项可抵扣暂时性差异产生的递延所得税资产

第四节　所得税费用

一、所得税费用的确认

我国核算所得税费用时采用资产负债表债务法，因此，利润表中的所得税费用由两个部分组成：当期所得税和递延所得税费用。用公式表示为：所得税

费用=当期所得税+递延所得税费用。

（一）当期所得税

当期所得税是指企业按照企业所得税法规定针对当期发生的交易和事项，确定应纳税所得额计算的应纳税额，即应交所得税。当期所得税，对于企业发生的交易和事项应以适用的企业所得税法规定为基础计算应纳税所得额，再按照适用的税率计算得出即可。

企业所得税法中核算应纳税所得额是企业每一纳税年度的收入总额，减除不征税收入、免税收入、各项扣除以及允许弥补的以前年度亏损后的余额。应纳税所得额计算公式：

应纳税所得额＝收入总额－不征税收入－免税收入－各项扣除金额－弥补亏损

其中，收入总额是企业以货币形式和非货币形式从各种来源取得的收入，包括企业销售货物收入、提供劳务收入、转让财产收入、股息、红利等权益性投资收益、利息收入、租金收入、特许权使用费收入、接受捐赠收入以及其他收入，如企业资产溢余收入、逾期未退包装物押金收入、确实无法偿付的应付款项、已作坏账损失处理后又收回的应收款项、债务重组收入、补贴收入、违约金收入、汇兑收益等；不征税收入是指财政拨款、依法收取并纳入财政管理的行政事业性收费、政府性基金、专项用途财政性资金以及国务院规定的其他不征税收入；免税收入包括国债利息收入、符合条件的居民企业之间的股息、红利等权益性投资收益、在中国境内设立机构、场所的非居民企业从居民企业取得与该机构、场所有实际联系的股息、红利等权益性投资收益以及符合条件的非营利组织的收入等；各项扣除金额是指企业实际发生的与取得收入有关的、合理的支出，包括成本、费用、税金、损失和其他支出等，比如，企业发生的与生产经营活动有关的业务招待费支出，按照发生额的60%扣除，但最高不得超过当年销售（营业）收入的 5‰；企业每一纳税年度发生的符合条件的广告费和业务宣传费，除国务院财政、税务主管部门另有规定外，不超过当年销售（营业）收入 15%的部分，准予扣除；超过部分，准予在以后纳税年度结转扣除；企业实际发生的公益性捐赠支出，在年度利润总额 12%以内的部分，准予在计算应纳税所得额时扣除等。

由此可见，对于很多收入或者费用项目的处理上，会计和税法的处理有很多不同之处，基于税法基础上计算出的应纳税所得额也与按照会计准则计算出的会计利润（即利润总额）会有差异，而采用上述方法直接计算应纳税所得额时，比较复杂，因此，一般会通过间接的方法计算，也就是在会计利润的基础上，考虑会计与税法之间的差异，按照以下公式计算确定：

应纳税所得额＝会计利润＋纳税调整增加额－纳税调整减少额

当期所得税＝当期应交所得税＝应纳税所得额×适用税率

其中，纳税调整增加额包括按照会计准则规定计入利润表但计税时不允许税前扣除的费用，此时会计利润小于应纳税所得额，比如企业违法经营的罚款支出，会计上计入营业外支出，在利润中扣除，但是税法中不允许扣除，因此予以调增；纳税调整减少项包括有些收入计入利润表，但是税法规定不允许征税的，比如，国债利息收入，会计上计入利润表，而税法上则属于免征税项目，此时会计利润大于应纳税所得额，应予以调减。

另外，有些费用计入利润表同时税法也允许扣除时，若计入利润表的费用金额大于按照税法规定可予以税前抵扣的费用金额，则予以调增，比如超出税法予以扣除限额的业务招待费、公益捐赠支出等；反之，则予以调减；同理，有些收入项目计入利润表同时税法也规定计入应纳税所得额的，若计入利润表的收入金额大于按照税法规定应计入应纳税所得额的金额，则予以调减，反之，则予以调增。

篇中案例

税法中规定，企业实际发生的公益性捐赠支出，在年度利润总额12%以内的部分，准予在计算应纳税所得额时扣除。

这里的年度利润总额，是指企业按照国家统一会计制度的规定计算的年度会计利润尚未扣减上一年的亏损的数额。而公益性捐赠是指通过县级以上人民政府及其部门或公益性的社会团体向公益事业的捐赠。企业进行公益性捐赠的支出，由公益性社会团体和县级以上政府开具公益性捐赠票据。若企业直接向受赠人捐助，则需做纳税调整。超标准的公益性捐赠，不允许税前扣除，也不得结转以后年度。

（二）递延所得税

递延所得税是指按照会计准则规定当期应予以确认的递延所得税资产和递延所得税负债金额，即递延所得税资产及递延所得税负债当期发生额的综合结果。用公式表示即为：

递延所得税＝（期末递延所得税负债－期初递延所得税负债）－（期末递延所得税资产－期初递延所得税资产）

企业因确认递延所得税资产和递延所得税负债产生的递延所得税，一般应当记入所得税费用，但以下两种情况除外：一是某项交易或事项按照会计准则规定应计入所有者权益的，由该交易或事项产生的递延所得税资产或递延所得税负债及其变化也应计入所有者权益，不构成利润表中的递延所得税费用；二是企业合并中取得的资产、负债，其账面价值与计税基础不同，应确认相关递延所得税的，该递延所得税的确认影响合并中产生的商誉或是记入合并当期损益的金额，不影响所得税费用。

【例 6-7】滨海公司 2013 年 3 月取得的某项可供出售金融资产，成本为 3 000 000 元，2013 年 12 月 31 日，其公允价值为 3 500 000 元。滨海公司适用的所得税税率为 25%。则资产负债表日滨海公司会计处理如下：

（1）确认 500 000 元（3 500 000－3 000 000）的公允价值变动

借：可供出售金融资产——公允价值变动　　500 000

　　贷：资本公积——其他资本公积　　500 000

（2）确认应纳税暂时性差异的所得税影响

借：资本公积——其他资本公积（500 000×25%）　　125 000

　　贷：递延所得税负债　　125 000

二、所得税费用的计量

在计算确定当期所得税和递延所得税后，所得税费用则是根据这两者之和计算而得，计算公式如下：

所得税费用=当期所得税＋递延所得税

企业应设置“所得税费用”科目对所得税费用进行核算。在资产负债表日，企业按照税法规定计算确定的当期应交所得税，借记“所得税费用”，贷记“应交税费——应交所得税”科目。同时根据递延所得税资产的应有余额大于“递延所得税资产”科目余额的差额，借记“递延所得税资产”科目，贷记“所得税费用”、“资本公积——其他资本公积”等科目；递延所得税资产的应有余额小于“递延所得税资产”科目余额的差额做相反的会计分录。企业应予确认的递延所得税负债，应当比照上述原则调整“所得税费用”科目、“递延所得税负债”科目及有关科目。期末，应将“所得税费用”科目的余额转入“本年利润”科目，结转后本科目无余额。

【例 6-8】滨海公司 2013 年度利润表中利润总额为 36 000 000 元，该公司适用的所得税税率为 25%。递延所得税资产及递延所得税负债不存在期初余额。

该公司 2013 年发生的有关交易和事项中，发生下列调整事项：

（1）2012 年 12 月 31 日取得的一项固定资产，成本为 18 000 000 元，使用年限为10年，预计净残值为0，会计处理按双倍余额递减法计提折旧，税收处理按直线法计提折旧。假定税法规定的使用年限及预计净残值与会计规定相同。

（2）向希望工程捐款1 000 000元。

（3）对于本期销售的商品预计了1 000 000元产品质量保修费，“预计负债”期初无余额。

（4）违反相关法律规定罚款3 000 000元。

（5）期末对持有的存货计提了900 000元的存货跌价准备。

（6）期末持有的交易性金融资产成本为8 000 000元，公允价值为14 000 000元。

则滨海公司的会计处理如下：

1．计算2013年度当期应交所得税

向希望工程捐款1 000 000元不超过当年利润的12%，因此可以全部在税前扣除应纳税所得额=36 000 000+1 800 000+1 000 000+3 000 000+900 000−6 000 000=36 700 000（元）

应交所得税=36 700 000×25%=9 175 000（元）

2．结算2013年度递延所得税

该公司2013年资产负债表相关项目金额及其计税基础如表6-1所示，除所列项目外，其他资产、负债项目不存在会计和税法的差异。

表6–1　资产负债表相关项目金额与计税基础　单位：元

项　目	账面价值	计税基础	差　异	
			应纳税暂时性差异	可抵扣暂时性差异
存货	16 000 000	16 600 000		600 000
固定资产：				
固定资产原价	18 000 000	18 000 000		
减：累计折旧	3 600 000	1 800 000		
固定资产账面价值	14 400 000	16 200 000		1 800 000
预计负债	1 000 000	0		1 000 000
交易性金融资产	14 000 000	8 000 000	6 000 000	
其他应付款	2 000 000	2 000 000		
总　计			8 000 000	3 400 000

递延所得税资产=3 400 000×25%=850 000元

递延所得税负债=6 000 000×25%=1 500 000元

递延所得税=递延所得税负债-递延所得税资产=1 500 000-850 000=650 000

元

3．利润表中应确认的所得税费用

所得税费用=9 175 000＋650 000=9 825 000(元)

借：所得税费用　　9 825 000

　　递延所得税资产　　850 000

　　贷：应交税费——应交所得税　　9 175 000

　　　　递延所得税负债　　1 500 000

三、所得税费用的披露

所得税费用应当在利润表中单独列示。企业应当在附注中披露与所得税有关的下列信息：所得税费用（收益）的主要组成部分以及对所得税费用（收益）与会计利润之间的关系做出解释。

【课堂测试 6-4】

1．下列关于所得税费用的说法，正确的有（　）。

A．应当在利润表中单独列示

B．金额等于当期应交所得税

C．是本期递延所得税资产与递延所得税负债的差额

D．由当期应交所得税和递延所得税构成

2．企业因确认递延所得税资产和递延所得税负债产生的递延所得税，是否全部记入所得税费用？

本章小结

我国所得税会计采用资产负债表债务法，从资产负债表出发，通过比较资产、负债项目按照会计准则确定的账面价值以及与按照税法规定确定的计税基础直接的差异，分别确认应纳税暂时性差异和可抵扣暂时性差异，并按照一定的原则，确定为递延所得税负债和递延所得税资产，并最终确定出利润表中的所得税费用；企业在取得资产、负债时，应当确定其计税基础。计税基础分为资产的计税基础和负债的计税基础。资产的计税基础是指企业收回资产帐面价值过程中，计算应纳税所得额时按照税法规定可以自应税经济利益中抵扣的金额。通常情况下，资产在取得时其入账价值与计税基础一般是相同的，后续计量过程中因企业会计准则规定与税法规定不同，可能产生资产的账面价值与其计税基础的差异；负债的计税基础是指负债的账面价值减去未来期间计算应纳税所得额时按照税法规定可予抵扣的金额。通常情况下，负债计税基础即为账

面价值，特殊情况下也会产生差异；账面价值与计税基础之间的差异即为暂时性差异，当资产的账面价值大于计税基础或负债的账面价值小于计税基础时，所产生的差异即为应纳税暂时性差异；当资产的账面价值小于计税基础或负债的账面价值大于计税基础时产生的差异即为可抵扣暂时性差异；一般情况下企业对于所有的应纳税暂时性差异均应确认相关的递延所得税负债，并计入所得税费用或所有者权益；对于产生的可抵扣暂时性差异，在估计未来期间能够取得足够的应纳税所得额用以利用该可抵扣暂时性差异时，应当以很可能取得用来抵扣可抵扣暂时性差异的应纳税所得额为限，确认相关的递延所得税资产，并计入所得税费用或所有者权益；资产负债表日，企业应当对递延所得税资产的账面价值进行复核。如果未来期间很可能无法取得足够的应纳税所得额用以利用递延所得税资产的利益，应当减记递延所得税资产的账面价值；所得税费用由当期所得税和递延所得税构成。

篇后案例

某企业 2005 年 12 月购入价值 100 000 元的设备，预计使用年限为 5 年，无残值。会计上采用直线法折旧，税法允许采用双倍余额递减法计提折旧。2005 年的会计利润为 200 000 元，以后各年度未提折旧签订额利润总额为 220 000 元。没有其他调整事项。企业所得税税率为 15%，2008 年起调整为 24%（假设除该项设备折旧外，没有其他暂时性差异事项）。

在这一处理过程中，首先需要确定暂时性差异的项目，是设备折旧；其次，根据账面价值和计税基础确定各年的暂时性差异；然后，根据各年末的暂时性差异与使用税率确定递延所得税的余额；最后，确定各年递延所得税的转回金额。

企业各年所得税负债情况　　单位：元

项目	2005 年末	2006 年末	2007 年末	2008 年末	2009 年末	2010 年末
账面价值	100 000	80 000	60 000	40 000	20 000	0
计税基础	100 000	60 000	36 000	21 600	10 800	0
暂时性差异	0	20 000	24 000	18 400	9 200	0
所得税税率	15%	15%	15%	24%	24%	24%
递延所得税余额	0	3 000	3 600	3 680	1 840	0
当年调整金额	0	3 000	600	80	−1 840	−1 840
会计利润	200 000	200 000	200 000	200 000	200 000	200 000
应纳税所得额	200 000	180 000	196 000	205 600	209 200	209 200
当年应纳所得税额	30 000	27 000	29 400	41 120	41 840	41 840
当期所得税费用	30 000	30 000	30 000	41 200	40 000	40 000

根据每年末递延所得税负债的期末余额以及期初余额确认本期的递延所得税负债的发生额。

核心概念

资产负债表债务法（balance sheet approach）
计税基础（tax base）
可抵扣暂时性差异（deductible temporary difference）
应纳税暂时性差异（taxable temporary difference）
递延所得税资产（deferred income tax asset）
递延所得税负债（deferred income tax liability）
递延所得税（deferred income tax）
所得税费用（income tax expenses）

思考题

1．简述所得税会计的一般核算程序。
2．简述暂时性差异的种类。
3．递延所得税资产是如何确认的？
4．递延所得税负债是如何确认的？
5．如何计算应纳税所得额？

练习题

（一）单项选择题

1．我国企业会计准则要求企业采用的所得税会计核算方法是（　　）。

A．利润表法　　B．应付税款法
C．资产负债表递延法　　D．资产负债表债务法

2．滨海公司 2012 年 12 月 31 日，按照现金股票增值权方式，计算确定的应付职工薪酬为 3 000 000 元，按税法规定，该项职工薪酬在实际支付时可税前扣除。2012 年 12 月 31 日，该应付职工薪酬的计税基础为（　　）元。

A．-3 000 000　　B．0　　C．1 500 000　　D．3 000 000

3．滨海公司 2012 年 12 月 31 日，收到客户预付的货款 1 500 000 元，若税法规定该项款项预收时可计入当期应纳税所得额，2012 年 12 月 31 日该项预收账款的计税基础为（　　）元。

A．0　　B．1 500 000　　C．3 000 000　　D．-3 000 000

4．滨海公司于 2011 年 1 月 1 日，以银行存款 5 000 000 元购入同日发行的国库券作为持有者到期投资，票面利率为 10%，实际利率为 8%，期限 3 年，到期一次还本付息。2011 年 12 月 31 日，该国库券的计税基础为（　　）元。

A．0　　B．5 000 000　　C．5 400 000　　D．-5 500 000

5．下列交易或事项中，其计税基础不等于账面价值的是（　　）。

A．企业因销售商品提供售后服务等原因于当期确认了 100 000 元的预计负债

B．企业为关联方提供债务担保确认了预计负债 5 000 000 元

C．企业当期确认应支付的职工工资及其他薪金性质支出计 20 000 000 元，尚未支付。按照税法规定可以于当期扣除的部分为 1 600 000 元

D．税法规定的收入确认时点与会计准则一致，会计确认预收账款 300 000 元

6．某公司在开始正常生产经营活动之前发生了 6 000 000 元的筹建费用，在发生时已计入当期损益，假设税法规定，企业在筹建期间发生的费用，允许在开始正常生产经营活动之后 3 年内分期计入应纳税所得额。假定企业在 2012 年开始正常生产经营活动，当期税前扣除了 2 000 000 元，那么该项费用支出在 2012 年末的计税基础为（　　）元。

A．0　　B．4 000 000　　C．1 000 000　　D．5 000 000

7．滨海公司 2012 购入一项可供出售金融资产，价款 4 000 000 元，2012 年末其公允价值下降为 3 600 000 元，滨海公司预计其公允价值将会持续下跌；2013 年末，其公允价值为 4 200 000 元，则下列关于 2013 年末此资产的说法正确的是（　　）。

A．滨海公司 2013 年末应确认 600 000 的应纳税暂时性差异

B．滨海公司 2013 年末应转回 600 000 元的可抵扣暂时性差异

C．滨海公司 2013 年末应确认 400 000 的应纳税暂时性差异，同时确认 200 000 元的可抵扣暂时性差异

D．滨海公司 2013 年末应转回 400 000 元的可抵扣暂时性差异，同时确认 200 000 元的应纳税暂时性差异

8．某企业 2012 年 6 月 1 日购入一项交易性金融资产，取得成本为 30 000 000 元，2007 年 12 月 31 日公允价值为 35 000 000 元。2013 年末，该项交易性金融资产的公允价值为 32 000 000 元。所得税税率为 25%。2013 年末该项金融

资产对所得税影响的处理为（ ）。

A. 应确认递延所得税负债 500 000 元

B. 应转回递延所得税负债 750 000 元

C. 应确认递延所得税资产 750 000 元

D. 应确认递延所得税资产 500 000 元

9. 甲公司 2013 年度因无标的物的亏损合同确认了预计负债 1 000 000 元，假设此事项计提的预计负债在相关产品生产完成时可以抵扣。2013 年期初递延所得税资产的余额为 600 000 元，所得税税率为 25%。假定除此事项外再无其他纳税调整事项，则 2013 年末递延所得税资产的余额为（ ）。

A. 借方 250 000 元　　B. 借方 850 000 元

C. 贷方 250 000 元　　D. 借方 500 000 元

10. 在所得税会计中，与直接计入所有者权益的交易或事项相关的可抵扣的暂时性差异的纳税影响，应借记“递延所得税资产”科目，贷记（ ）科目。

A.“所得税费用”　　B.“资本公积”

C.“利润分配”　　D.“盈余公积”

11. 下列各项表述中，处理不正确的是（ ）。

A. 资产计提减值准备可能会形成可抵扣暂时性差异，应确认递延所得税资产

B. 可供出售金融资产公允价值下降确认的递延所得税资产，应计入所有者权益

C. 采用成本模式计量的投资性房地产，可能会产生递延所得税资产

D. 使用寿命不确定的无形资产不可能产生递延所得税资产

12. 下列各项中，不会引起固定资产账面价值与计税基础出现差额的有（ ）。

A. 固定资产原值　　B. 固定资产计提折旧方法

C. 固定资产预计使用年限　　D. 固定资产发生减值

13. 在资产负债表债务法下，下列负债项目中一般会影响应纳税所得额的是（ ）。

A. 应付票据　　B. 预计负债

C. 应付账款　　D. 长期借款

14. 按照准则的规定，下列资产、负债项目的账面价值与其计税基础之间的差额，不得确认递延所得税的是（ ）。

A．采用公允价值模式计量的投资性房地产

B．期末按公允价值调增可供出售金融资产的账面价值

C．因非同一控制下的企业合并初始确认的商誉

D．企业因销售商品提供售后服务确认的预计负债

15．下列项目中属于税前会计利润中扣除但不可在应税所得中扣除的费用或损失是（　　）。

A．固定资产报废净损失　　B．欠税滞纳金

C．坏账损失　　D．办公费

（二）多项选择题

1．下列关于资产或负债的计税基础的表述中正确的有（　　）。

A．资产的计税基础，即其在未来期间计税时按照税法规定可以税前扣除的金额

B．资产的计税基础，即其账面价值减去其在未来期间计税时按照税法规定可以税前扣除的金额

C．负债的计税基础，即其在未来期间计税时按照税法规定可以税前扣除的金额

D．负债的计税基础，即其账面价值减去其在未来期间计税时按照税法规定可以税前扣除

2．下列各项中，产生应纳税暂时性差异的有（　　）。

A．资产账面价值大于其计税基础

B．资产账面价值小于其计税基础

C．负债账面价值大于其计税基础

D．负债账面价值小于其计税基础

3．下列各种情形中，会产生可抵扣暂时性差异的有（　　）。

A．资产账面价值大于其计税基础

B．资产账面价值小于其计税基础

C．负债账面价值大于其计税基础

D．负债账面价值小于其计税基础

4．不考虑其他因素，下列各项目，产生可抵扣暂时性差异的有（　　）。

A．因产品质量保证确认预计负债

B．本期购入的可供出售金融资产在期末公允价值上升

C．本期发生净亏损，按税法规定可于未来5年内税前补亏

D．对持有至到期投资计提减值准备

5．下列项目中，产生应纳税暂时性差异的有（　　）。

A．预提产品保修费用

B．固定资产的税法折旧大于会计折旧形成的差额部分

C．公允价值计量模式下可供出售金融资产的期末公允价值大于其历史成本的差额

D．公允价值计量模式下投资性房地产的期末公允价值小于其历史成本的差额

6．企业按照应纳税暂时性差异确认的递延所得税负债时，可能计入（　　）。

A．商誉　B．资本公积　C．所得税费用　D．应交税费

7．企业按照可抵扣暂时性差异确认的递延所得税资产时，可能计入（　　）。

A．商誉　B．资本公积　C．所得税费用　D．留存收益

8．关于递延所得税资产的减值，下列说法正确的是（　　）。

A．资产负债表日，企业应当对递延所得税资产的账面价值进行复核

B．复核后，如果未来期间可能无法取得足够的应纳税所得额用以利用可抵扣暂时性差异带来的经济利益，应当减记递延所得税资产的账面价值

C．原确认时记入所有者权益的递延所得税资产，其减记金额也应计入所有者权益，其他的情况应增加当期的所得税费用

D．以后期间根据新的环境和情况判断能够产生足够的应纳税所得额利用可抵扣暂时性差异，应相应恢复递延所得税资产的账面价值

9．计算应纳税所得额时，下列支出不得扣除有（　　）。

A．向投资者支付的股息、红利等权益性投资收益款项

B．税收滞纳金

C．赞助支出

D．罚金、罚款和被没收财物的损失

10．下列关于企业所得税的表述中，正确的有（　　）。

A．如果未来期间很可能无法取得足够的应纳税所得额用以抵扣递延所得税资产的利益，应以可取得的应纳税所得额为限，确定相关的递延所得税资产

B．企业应以当期适用的所得税税率为基础计算确定递延所得税资产

C．企业应以当期适用的税率计算确定当期应交所得税

D. 企业应以未来转回期间适用的所得税税率（未来的适用税率可以预计）为基础计算确定递延所得税资产

11. 资产负债表债务法下，下列项目中，计算所得税费用时应在本期应交所得税基础上做加项的有（　）。

A. 本期确认的递延所得税资产增加额

B. 本期确认的递延所得税资产减少额

C. 本期确认的递延所得税负债增加额

D. 本期确认的递延所得税负债减少额

12. 下列各项目，在计算应纳税所得额时，应做纳税调减的有（　　）。

A. 期末可供出售金融资产公允价值上升

B. 期末计提存货跌价准备

C. 期末交易性金融资产公允价值上升

D. 期末确认国债利息收入

13. 下列说法错误的有（　）。

A. 企业对与子公司、联营企业及合营企业投资相关的应纳税暂时性差异，当同时满足“投资企业能够控制暂时性差异转回的时间”和“该暂时性差异在可预见的未来很可能不会转回”这两个条件时，不应该确认为递延所得税负债

B. 企业对与子公司、联营企业及合营企业投资相关的应纳税暂时性差异，一律应当确认相应的递延所得税负债

C. 企业对与子公司、联营企业及合营企业投资相关的应纳税暂时性差异，当同时满足“投资企业能够控制暂时性差异转回的时间”和“该暂时性差异在可预见的未来很可能不会转回”这两个条件时，应当确认为递延所得税负债

D. 企业对与子公司、联营企业及合营企业投资相关的应纳税暂时性差异，应当确认相应的递延所得税负债，但特殊情况除外

14. 下列关于递延所得税资产确认的是，说法正确的有（　　）。

A. 递延所得税资产的确认应以未来期间可能取得的用以抵扣可抵扣暂时性差异的应纳税所得额为限进行确认

B. 对与子公司、联营企业、合营企业的投资相关的递延所得税资产同时满足暂时性差异在可预见的未来很可能转回和未来很可能获得用来抵扣可抵扣暂时性差异的应纳税所得额两个条件时予以确认

C．对于按照税法规定可以结转以后年度的未弥补亏损和税款抵减额产生的可抵扣暂时性差异应以未来很可能取得的用以弥补该亏损的应纳税所得额作为确认依据

D．企业发生的某项交易或事项不属于企业合并，并且交易或事项发生时既不影响会计利润也不影响应纳税所得额，且该项交易中产生的资产、负债的初始确认金额与其计税基础不同，产生的可抵扣暂时性差异，不确认相应的递延所得税资产

15．关于所得税列报，下列说法正确的有（ ）。

A．所得税费用在利润表中单独列示

B．递延所得税资产和递延所得税负债一般应当分别作为非流动资产和非流动负债在资产负债表中列示

C．不需要在附注中披露与所得税有关的信息

D．在个别财务报表中，当期所得税资产与负债及递延所得税资产及递延所得税负债可以以抵销后的净额列示

（三）判断题

1．我国所得税会计的处理方法为资产负债表债务法。（ ）

2．固定资产账面价值与其计税基础的差异完全在于会计和税法上选择的折旧方法不同造成的。（ ）

3．企业所发生的罚款和滞纳金可以在税前扣除。（ ）

4．对于以公允价值计量的交易性金融资产，按税法规定其公允价值的变动不允许税前扣除（ ）

5．按照暂时性差异对未来期间应税金额的影响，分为应纳税暂时性差异和可抵扣暂时性差异。（ ）

6．不符合资产、负债的确认条件而未体现为资产负债表中的资产或负债，但按照税法规定能够确定其计税基础的，其账面价值与计税基础之间的差异也构成暂时性差异。（ ）

7．企业合并业务发生时确认的资产、负债初始计量金额与其计税基础不同所形成的应纳税暂时性差异，不确认递延所得税负债。（ ）

8．对子公司、联营企业、合营企业进行投资时产生的应纳税暂时性差异，如果投资企业能够控制暂时性差异转回的时间或者该暂时性差异在可预见的未来很可能不会转回，此时可以不用确认递延所得税负债。（ ）

9．资产负债表日，企业应当对递延所得税资产的账面价值进行复核。如果未来期间很可能无法取得足够的应纳税所得额用以利用递延所得税资产的利

益，应当减记递延所得税资产的账面价值。（　　）

10. 企业对与子公司、联营企业及合营企业投资相关的可抵扣暂时性差异，如果暂时性差异在可预见的未来很可能转回且未来很可能获得用来抵扣暂时性差异的应纳税所得额，应当确认相应的递延所得税资产。（　　）

11. 企业对与递延所得税资产和递延所得税负债可以进行折现。（　　）

12. 递延所得税资产和递税所得税负债不需要在资产负债表中列示。（　　）

13. 按照税法的规定国债利息收入可以免征所得税。（　　）

14. 对于所有的捐赠支出，均可以在税前扣除。（　　）

15. 所得税费用与所得税内容相同。（　　）

（四）核算题

1. 滨海公司于2012年1月1日购入一项无形资产，取得的成本7 200 000元，滨海公司考虑各因素的影响，仍无法确定该项无形资产的未来预期给企业带来经济利益的期限，将其作为使用寿命不确定的资产进行处理。2012年12月31日，该项无形资产没有出现减值迹象。该公司在计税时确定的使用年限为10年，采用直线法计提折旧。要求：确定该项无形资产在2012年12月31日的账面价值和计税基础。

2. 滨海公司于2011年12月31日购买了一台设备并交付使用，该设备的取得成本为4 600 000元。滨海公司采用直线法计提折旧，使用年限为5年，预计净残值为100 000元，税法要求采用年数总和法提取折旧，使用年限和预计净残值和会计上要求一致。滨海公司适用所得税率为25%。要求：计算各年的暂时性差异，并编制相应的会计分录。

3. 滨海公司2013年度实现利润总额3 0 000 000元，适用的企业所得税税率为25%。2013年度该公司会计处理与税务处理存在的差异如下：

（1）2013年，滨海公司应收账款年初余额为30 000 000元，坏账准备年初余额为零；应收账款年末余额为240 000 000元，坏账准备年末余额为20 000 000元。税法规定，企业计提的各项资产减值损失在未发生实质性损失前不允许税前扣除。

（2）2013年9月5日，滨海公司以24 000 000元购入某公司股票，作为可供出售金融资产处理。至12月31日，该股票尚未出售，公允价值为26 000 000元。税法规定，资产在持有期间公允价值的变动不计税，在处置时一并计算应计入应纳税所得额的金额。

（3）滨海公司于2013年1月购入的对乙公司股权投资的初始投资成本为

28 000 000元，采用成本法核算。2013年10月3日，滨海公司从乙公司分得现金股利2 000 000元，计入投资收益。至12月31日，该项投资未发生减值。滨海公司、乙公司均为设在我国境内的居民企业。税法规定，我国境内居民企业之间取得的股息、红利免税。

假设滨海公司预计未来期间能够产生足够的应纳税所得额用于利用可抵扣暂时性差异，预计未来期间适用所得税税率不会发生变化。

要求：

（1）确定滨海公司2013年12月31日有关资产、负债的账面价值及其计税基础，并计算相应的暂时性差异。

（2）计算滨海公司2013年应确认的递延所得税。

（3）编制滨海公司2013年与所得税相关的会计分录。

4．根据第3题的资料，假设滨海公司2013年度实现利润总额4 0 000 000元，适用的企业所得税税率为25%。2013年度该公司还存在会计处理与税务处理存在的差异如下：

（1）2013年，滨海公司将业务宣传活动外包给其他单位，当年发生业务宣传费48 000 000元，至年末尚未支付。滨海公司当年实现销售收入300 000 000元。税法规定，企业发生的业务宣传费支出，不超过当年销售收入15%的部分，准予税前扣除；超过部分，准予结转以后年度税前扣除。

（2）2012年12月31日，滨海公司存在可于3年内税前弥补的亏损26 000 000元，滨海公司对这部分未弥补亏损已确认递延所得税资产6 500 000元。

假设其他条件不变，要求重新计算2013年度滨海公司所得税费用金额。

第七章　外币业务会计

【学习目标】外币业务会计是会计实务中的一项重要内容，通过本章学习，主要了解记账本位币、外币、外币交易、外汇以及汇率的概念；熟悉企业选择记账考虑的因素、汇率的几种分类；掌握外币交易的内容、外币交易处理的方法以及外币交易业务的会计处理等。

开篇案例

滨海公司由于战略经营需要，在日本设立了一个全资子公司。该子公司生产经营所需的设备和技术主要由国内某公司提供，生产所用的原材料则在当地采购，生产的产品主要在当地销售。公司总部派了数名管理人员以及技术指导人员，其他部分管理人员和全部生产工人则从当地雇佣，所有的员工工资均以日元结算。目前公司经营状况良好，所生产产品由于其独特性，很受当地人欢迎，销路良好。子公司的生产经营所得以日元形式汇往国内。此种情况下该子公司的记账本位币是选择人民币还是日元呢？

第一节　外币交易会计概述

一、记账本位币、外币与外币交易

（一）记账本位币

记账本位币，是指企业经营所处的主要经济环境中的货币。在现代经济环境下，企业经营活动不仅与国内企业有来往，也会与国际上其他国家发生业务往来，在进行结算的时候不仅会涉及本国货币计价结算，也会涉及其他国家货币计价结算。在会计核算上，为了统一反映各种不同货币计价的业务，就需要选择一种确定的货币进行记账，此种货币就是记账本位币。

我国企业会计准则规定，企业通常应选择人民币作为记账本位币。业务收支以人民币以外的货币为主的企业，可以选定其中一种货币作为记账本位币，但是，编报的财务报表应当折算为人民币。企业记账本位币一经确定，不得随意变更，除非企业经营所处的主要经济环境发生重大变化。企业因经营所处的主要经济环境发生重大变化，确需变更记账本位币的，应当采用变更当日的即期汇率将所有项目折算为变更后的记账本位币。

企业选定记账本位币，一般需要考虑以下因素：

第一，该货币主要影响商品和劳务的销售价格，通常以该货币进行商品和劳务的计价和结算；

第二，该货币主要影响商品和劳务所需人工、材料和其他费用，通常以该货币进行上述费用的计价和结算；

第三，融资活动获得的货币以及保存从经营活动中收取款项所使用的货币。

例如，滨海公司是国内一家从事外贸自营出口业务的企业，超过80%的销售收入来自向美国出口，其商品销售价格主要受美元的影响，以美元计价，因此，从第一条因素看，“滨海公司”应选择美元作为记账本位币；如果滨海公司的人工成本、原材料及相应的厂房设施、机器设备等95%以上在国内采购并以人民币计价，则难以判定滨海公司的记账本位币应选择美元还是人民币，这就需要结合第三项因素予以确定。如果滨海公司取得的美元销售收入在汇回国内时直接换成了人民币存款，且滨海公司对美元波动产生的外币风险进行了套期保值，滨海公司可以确定其记账本位币为人民币。

企业选定境外经营的记账本位币，还应当考虑下列因素：

第一，境外经营对其所从事的活动是否拥有很强的自主性。如果境外经营活动占有很强的自主性，则选择境外货币作为记账本位币，否则需选择与境内经营活动相同的货币作为记账本位币。

第二，境外经营活动中与企业的交易是否在境外经营活动中占有较大比重。如果境外经营活动中与企业的交易在境外经营活动中占的比重较高，则境外经营应当选择与企业记账本位币相同的货币作为记账本位币，否则选择其他货币作为记账本位币。

第三，境外经营活动产生的现金流量是否直接影响企业的现金流量、是否可以随时汇回。境外经营活动产生的现金流量可以直接影响企业的现金流量、并且可以随时汇回，则境外经营需选择与企业相同的记账本位币，否则选择其他货币作为记账本位币。

第四，境外经营活动产生的现金流量是否足以偿还其现有债务和可预期的债务。境外经营活动产生的现金流量足以偿还其现有债务和可预期的债务，则境外经营选择与企业相同的记账本位币，否则选择其他货币作为记账本位币。

境外经营，是指企业在境外的子公司、合营企业、联营企业、分支机构。在境内的子公司、合营企业、联营企业、分支机构，采用不同于企业记账本位币的，也视同境外经营。

（二）外币与外币交易

外币一般是指除了本国货币以外的货币，比如，对我国而言，日元是外币，而对于日本而言，日元则是本国货币。但是在会计上，外币则是指企业记账本位币以外的货币。外币交易是指以外币计价或者结算的交易。主要包括买入或者卖出以外币计价的商品或者劳务、借入或者借出外币资金以及其他以外币计价或者结算的交易。因此，企业从事跨国经营活动不一定会发生外币交易，因为，可能是选择既定的记账本位币进行结算；或者说即使选择外国货币，比如美元进行结算，但是，如果美元恰好是该企业确定的记账本位币，则该项交易也不能作为外币交易进行会计处理。

二、外汇与汇率

（一）外汇

外汇即国际汇兑或国外汇兑的简称，可以从动态和静态两个角度进行理解。动态的外汇，是指把一国货币兑换为另一国货币以清偿国际间债权债务关系的活动或过程。静态的外汇，是指以外币表示的可以用作国际间清偿债权债务关系的手段和工具。主要有：（1）外国货币，包括纸币、铸币；（2）外汇支付凭证，包括票据、银行存款凭证、邮政储蓄凭证等；（3）外币有价证券，包括政府债券、公司债券、股票等；（4）其他外汇资金等。

（二）汇率

汇率也称为汇价或外汇牌价，是一种货币单位用另一种货币单位表示的价格，也是两种货币相兑换的比率。

1．汇率的标价方法

各个国家的汇率，既可以采用本国货币表示外国货币的价格，也可以通过外国货币表示本国货币的价格，因此，汇率的标价方法有两种，一是直接标价法；二是间接标价法。

（1）直接标价法

直接标价法也称为应付标记法，是以一定单位的外国货币作为标准，折算为一定数额的本国货币来表示汇率，即用本币表示外币的价格，外币数量固定而本币数量变化。比如，1 美元＝6.1078 人民币。我国就采用直接标价法。在这种情况下，一定数量的外币折算成本国货币越多，即汇率越高，说明本国货币贬值，而外国货币的升值；反之，则说明汇率下降，本国货币升值，外国货币贬值。

（2）间接标价法

间接标价法也称为应收标记法，是以一定单位的本国货币为标准，折算为一定数额的外国货币来表示汇率，即用外币表示本币的价格，本币数量固定而外币数量变化。比如，1 人民币＝ 0.1649 美元。美国、英国等发达国家就采用这一标价方法。在间接标价法下，一定数量的本币折算成外国货币越多，即汇率越高，说明本国货币升值，而外国货币贬值；反之，则说明汇率下降，本国货币贬值而外国货币升值。

2．汇率的种类

汇率可按不同的标准进行分类，主要有以下几种分类标准：

（1）按银行买卖外汇的角度，分为买入汇率和卖出汇率

买入汇率，也称买入价，即银行从同业或客户买入外汇时所使用的汇率。卖出汇率，也称卖出价，即银行向同业或客户卖出外汇时所使用的汇率。而银行买入价和银行卖出价的算术平均数，即两者之和再除以 2，则称为中间汇率。需要注意的是，买入或卖出都是站在报价银行的立场来说的，而不是站在进口商和出口商的角度；银行报出的买入价和卖出价指的是银行买卖外币的价格而不是买卖本币的价格。

（2）按外汇买卖实际交割期限的不同，分为即期汇率和远期汇率

即期汇率又称现汇汇率，是指即期交易中交割所使用的汇率。即期交易一般是指外汇买卖的双方在成交后的当天或两个营业日内办理交割手续。一般以我国人民银行公布的当日人民币外汇牌价的中间价为标准。即期汇率的近似汇率，是指按照系统合理的方法确定的与交易发生日即期汇率近似的汇率，通常是指当期平均汇率或加权平均汇率等方法计算。当汇率变动不大时，企业采用即期汇率的，也可以采用即期汇率的近似汇率进行折算。

远期汇率又称期汇汇率，是指远期交易时所使用的汇率。远期交易是指外汇买卖的双方在成交后并不马上交割，而是事先约定在未来某一时间按约定价格进行交易。远期外汇交易一般时间不超过 6 个月（也有长于 1 年的），但是无论到期日汇率如何变化，交易均会按照约定的汇率进行交割。由于汇率的变动，远期汇率与即期汇率会存在一定的差额，在直接标价法下，远期汇率大于即期

汇率的差额为汇率升水；反之，远期汇率小于即期汇率的差额为汇率贴水。

篇中案例

理论上远期汇率和即期汇率可能出现相等的情况，称为远期平价，但在现实中很少出现这一情况，两者之间总会出现升水或贴水。在外汇市场上的远期汇率是怎样确定的呢？由于不同外币间的利率差时影响远期汇率的主要因素，因此，我们可以在即期利率的基础上，考虑不同货币间的利率差，得到远期利率的计算公式：

远期利率＝即期汇率×两种货币利率差×n/360＋即期汇率

其中 n 表示远期外汇期限天数

（3）按处理外币业务登记入账时间，分为现行汇率和历史汇率

现行汇率是企业将外汇款项登记入账或编制报表时采取的当天汇率，也称为记账汇率；历史汇率，是最初外币业务发生时的汇率，即发生外币业务时即登记入账的汇率，也称为账面汇率，也是过去的记账汇率。现行汇率和历史汇率都是相对而言的，期初记录业务时采取的是当时的现行汇率，到期末时，汇率发生变化，账面上已记录的汇率则称为了历史汇率。

另外，可以按汇率的作用和地位的不同，分为基本汇率和套算汇率。基本汇率选择某一货币为关键货币，本币对该关键货币的汇率就称为基本汇率。根据基本汇率计算出的其中一种货币对其他国家货币之间的汇率即为套算汇率。按照汇率的制定机制，又可以分为固定汇率和浮动汇率。固定汇率也称为法定汇率，是根据国家制定发布的汇率，在一定时期内可以保持相对稳定，由国家定期调整；而浮动汇率是根据外汇市场的外汇供求关系决定的汇率它是由市场变动确定的，又称为市场汇率。

【课堂测试 7-1】

1．境外经营的子公司在选择确定记账本位币时，应当考虑的因素有（　　）。

A．境外经营活动中与企业的交易是否在境外经营活动中占有较大比重

B．境外经营活动中主要影响商品和劳务销售价格的币种

C．境外经营活动产生的现金流量是否足以偿还其现有债务和可预期的债务

D．境外经营对其所从事的活动是否拥有很强的自主性

E．境外经营活动产生的现金流量是否直接影响企业的现金流量、是否

可以随时汇回

2．外币与外汇是否是同一概念？两者有何不同？

3．汇率有几种标价方法？各有什么特点？

第二节 外币交易的会计处理

一、外币交易会计处理主要考虑问题

前文已述常见的外币交易有买入或者卖出以外币计价的商品或者劳务、借入或者借出外币资金以及其他以外币计价或者结算的交易等。而一项外币交易的发生，从其发生日到结算日，往往要经过一定时日，有的还可能跨越年度。在这个期间，由于交易发生日、报表编制日和交易结算日各个时点上的外汇汇率可能存在变化，这样就需要考虑如下问题：

第一，外币交易发生时应该如何选择汇率入账；

第二，外币交易产生的债权、债务在结算日该如何入账处理；

第三，在资产负债表日如何调整外币账户余额；

第四，产生的外汇汇兑损益该如何处理。

其中，外汇汇兑损益是指一种货币兑换或折算成另外一种货币时，由于汇率的变动，不同时期的汇率不同所产生的汇兑或折算的收益或损失，简称汇兑损益。在浮动汇率下，汇率一般是变动的，这就使得企业在处理外币业务时由于交易日和结算日的不同而使发生的应收额或应付额等产生一定的差额，因此汇兑损益从本质上是由于汇率的变动而形成的，具体体现为汇率差额与外币金额的乘积。

二、外币交易会计处理的方法

企业发生购销业务时，结算日和交易日可能不在同一时间，就会形成一定的债务债权关系，产生一定的应收或应付款项，这些债务或债权可能会跨期，而在外币交易下，由于涉及到汇率的变动，这就导致偿还债务或收回债权时产生一定的差额，这个差额该如何处理，在实务中存在两种不同的观点，由此产生了不同的会计处理方法。

（一）一项交易观，也称一笔交易观或单一交易观。该观点认为某项交易的发生和随后款项的结算是一项交易，而且由于汇率的变动，企业由于购销业

务所产生的购销款在没有结算之前，价值是不确定的，因而在交易发生日和报表编制日将购销商品的外币金额按当日汇率折合成记账本位币的入账金额都是暂时的、过渡性的。只有在购销货款以外币结算以后才能以记账本位币最终确定所购商品的入账价值。按照这一观点，由于交易发生日、报表编制日、交易结算日汇率变动所发生的折合成记账本位币的全部差额，只能应列作购销商品已入账价值的调整额而不作外币汇兑损益处理。

【例 7-1】 滨海公司从事对外贸易业务，以人民币作为记账本位币，12 月份发生了如下业务：（假设不考虑相关税费）

（1）12 月 10 日出口销售 10 000 美元的产品，当日汇率 1 美元＝6.14 人民币，则会计处理如下：

借：应收账款——美元（USD10 000×6.14）　　61 400
　　贷：主营业务收入　　61 400

（2）12 月 31 日，上述应收款没有收回。当日汇率为 1 美元＝6.23 人民币，则需要将交易日与报表编制日汇率变动调整已入账的应收账款和销售收入，会计处理如下：

借：应收账款——美元[USD10 000×(6.23－6.14)]　　900
　　贷：主营业务收入　　900

（3）1 月 10 号，收到外币货款。当日汇率 1 美元＝6.19 人民币，则需要将报表编制日与结算日汇率变动调整已入账的应收款和销售收入，会计处理如下：

借：主营业务收入　　400
　　贷：应收账款——美元[USD10 000×(6.23－6.19)]　　400
借：银行存款——美元　　61 900
　　贷：应收账款——美元（USD10 000×6.19）　　61 900

（二）两项交易观，也称为两笔交易观。该观点认为某项交易的发生和随后发生的款项结算是两项独立的交易，在交易发生时，所发生的购销商品交易就应该按照当时的汇率折算成记账本位币确定相应的入账价值，而以后发生的货款结算再另行处理，与之前交易日的处理无关。在这个期间涉及到报表编制日，以及结算日因为汇率变动而产生的外币折算差额，不需调整以前的入账金额，而是作为外币折算损益，在“财务费用”科目下，设置“汇兑损益”明细科目进行核算，或单独设置“汇兑损益”科目核算。在两项交易观下，对于汇率变动产生的未实现的汇兑损益有两种处理方法：一是，在当期予以确认，计入当期损益，列入当期利润表；二是，作为递延损益，列入资产负债表，直至结算日才作为已实现的损益处理。

【例 7-2】如【例 7-1】发生的交易，在两项交易观下处理：

（1）12 月 10 日，交易发生日的会计处理：

借：应收账款——美元户（USD10 000×6.14）　61 400
　　贷：主营业务收入　61 400

（2）12 月 31 日，报表编制日的会计处理：

借：应收账款——美元户[USD10 000×(6.23－6.14)]　900
　　贷：财务费用——汇兑损益　900

（3）1 月 10 号，结算日的会计处理；

借：财务费用——汇兑损益　400
　　贷：应收账款——美元户[USD10 000×(6.23－6.19)]　400

借：银行存款　61 900
　　贷：应收账款——美元户（USD10 000×6.19）　61 900

这两种处理方法相比较而言，一项交易观将汇率的变动产生的差额调整了购销商品的成本或收入，而两项交易观下无论是作为当前损益处理，还是采取递延的方法，都是将其归属于汇兑损益。理论上，一项交易观更能从客观上反映交易的最终入账价值，但是，在复杂的金融市场的条件下，汇率的变动所产生的汇率风险不容忽略，对企业的影响也越来越大，两项交易观更能体现企业对于风险的态度和处理能力。目前多数国家都采用两项交易观，而其中又采用当期确认法为多，我国就是采用两项交易观中的当期确认法。

三、外币交易的记账方法

外币交易的记账方法有外币统账制和外币分账制两种方法。外币统账制是指企业在发生外币交易时，就折算成记账本位币入账。外币分账制是指企业在外币交易发生时直接按照外币原价入账，在资产负债表日再折算成记账本位币，并进行相应项目的调整。企业不论采取何种方法核算，最终的结果是一致的，只不过核算的程序不同而已。在我国，绝大多数企业采用外币统账制，只有银行等金融机构由于发生的外币交易比较频繁，涉及的币种也比较多，一般会选择外币分账制进行会计核算。因此，本书中外币交易会计处理皆是以外币统账制作为记账方法。

四、外币交易的会计核算基本程序

在外币统账制下，外币交易会计核算程序如下：设置外币现金、外币银行存款以及外币结算的债权和债务账户时，首先必须根据选定的汇率，将外币金额折算为记账本位币的金额，并按照折算完的记账本位币的金额登记有关账户；然后在登记有关记账本位币账户的同时，按照外币业务的外币金额登记相应的外币账户；其次，期末各种外币货币性项目的外币余额，按照期末即期汇率折合为记账本位币金额，同时与原账面记账本位币金额对比，将差额作为汇兑损益，进行相应的账务处理；最后，结算外币货币性项目时，将其外币结算金额按照当日即期汇率折算为记账本位币金额，并与原记账本位币金额相比较，差额计入汇兑损益。

五、外币交易业务的会计处理

（一）交易日的会计处理

按照企业会计准则的规定，外币交易应当在初始确认时，采用交易发生日的即期汇率将外币金额折算为记账本位币金额；也可以采用按照系统合理的方法确定的、与交易发生日即期汇率近似的汇率折算。

1．外币购销业务

外币购销业务主要是指企业从国外进口原材料、商品或生产设备等，以及向国外出口商品或产品的业务。外币购销业务按照交易日的即期汇率或即期近似汇率折算入账。

【例 7-3】滨海公司采用人民币作为记账本位币。1 月 6 日从国外购入一批原材料，购买价款为 26 000 美元，采购款未付。进口该批材料还发生了 4 000 元的进口关税，27 200 元增值税，已用银行存款支付。交易当日汇率为 1 美元＝6.17 人民币。滨海公司的会计处理如下：

借：原材料　164 420
　　应交税费——应交增值税（进项税额）　27 200
　　贷：银行存款　31 200
　　　　应付账款——美元户（USD26000×6.17）　160 420

2．外币兑换业务

企业因为业务的需要会向银行等金融机构兑换货币，也就是从银行等金融机构买入或卖出相应的外币。进行兑换的汇率通常为银行的买入价或卖出价，记账汇率通常为中间价，其中的差额则作为汇兑损益处理。

【例 7-4】滨海公司采用人民币作为记账本位币。因为业务的需要，向银行买入 30 000 美元，当日美元的买入价为 1 美元＝6.25 人民币，卖出价为 1 美元＝6.26 人民币。则滨海公司的会计处理如下：

借：银行存款——美元户（USD30 000×6.255）　187 650

财务费用——汇兑损益　　150

贷：银行存款——人民币户（USD30 000×6.26）　　187 800

3. 外币借款业务

企业借入外币时，按照借入日的即期汇率折算入账。

【例 7-5】滨海公司采用人民币为记账本位币。2 月 5 日向银行借入 20 000 美元，期限为 3 个月，年利率为 6.45%。当日的即期汇率为 1 美元＝6.08 人民币。则滨海公司的会计处理如下：

借：银行存款——美元户（USD20 000×6.08）　　121 600

贷：短期借款——美元户　　121 600

4. 接受外币投资业务

当企业收到投资者以外币投入的资本时，应当按照交易发生日的即期汇率将外币投资款折算成记账本位币并计入相应账户，而不应该采用合同约定的汇率或即期汇率的近似汇率处理。

【例 7-6】滨海公司采用人民币作为记账本位币，3 月 3 日与某外商签订投资合同，合同约定该外商在同月 10 日投入 40 000 美元资本。3 月 3 日汇率为 1 美元＝6.35 人民币，3 月 10 日汇率为 1 美元＝6.40 人民币。则滨海公司的会计处理如下：

借：银行存款　　256 000

贷：实收资本（或股本）（USD40 000×6.40）　　256 000

（二）资产负债表日的会计处理

企业在资产负债表日，应当按照规定分为外币货币性项目和外币非货币性项目进行处理。

1. 外币货币性项目

货币性项目，是指企业持有的货币和将以固定或可确定金额的货币收取的资产或者偿付的负债。货币性项目包括货币性资产和货币性负债。货币性资产主要有现金、银行存款、应收账款、应收票据等；货币性负债主要有短期借款、应付账款、应付债券、长期借款等。

对于外币货币性项目，采用资产负债表日即期汇率折算，因资产负债表日即期汇率与初始确认时或者前一资产负债表日即期汇率不同而产生的汇兑差额，计入当期损益，同时调整货币性项目的记账本位币金额。

【例 7-7】滨海公司采用人民币为记账本位币。6 月 10 日向国外某公司出口商品一批，价值 20 000 美元，货款未收到。当日即期汇率为 1 美元＝6.20 人民币，假定不考虑相关税费的影响，滨海公司的会计处理如下：

借：应收账款——美元户（USD20 000×6.20）　124 000

　贷：主营业务收入　124 000

假定 6 月 30 日，该货款仍未收回，当日即期汇率为 1 美元＝6.22 人民币，则滨海公司需要对该笔交易产生的货币性项目“应收账款”，按照资产负债表日的即期汇率进行调整，并将差额确认为当期损益，会计处理如下：

借：应收账款——美元户　400

　贷：财务费用——汇兑损益　400

2．外币非货币性项目

非货币性项目是货币性项目以外的项目。主要有存货、固定资产、无形资产、长期股权投资、交易性金融资产等。这些非货币性项目又因为计量属性的不同，在会计处理上有所差异。

（1）以历史成本计量的外币非货币性项目

对于以历史成本计量的非货币性项目，仍采用交易日的即期汇率折算，资产负债表日不应改变其原记账本位币金额，不产生汇兑差额。但是，对于存货而言，需要在资产负债表日采用成本与可变现净值孰低计量，并计提相应的存货跌价准备。因此，存货可变现净值计算时需要考虑汇率变动和价格变动的双重影响。

【例 7-8】沿用【例 7-6】的资料，若在 3 月 31 日汇率为 1 美元＝6.33 人民币，由于“实收资本”项目属于非货币性项目，因此，在资产负债表日不需调整其入账价值，不需做会计处理。

【例 7-9】滨海公司采用人民币为记账本位币。11 月 20 日以每件 1 500 美元的价格从美国进口甲商品 10 件，共计 15 000 美元。当日的即期汇率为 1 美元＝6.28 人民币。该商品进口后直接用于销售，到 12 月 31 日，该商品共出售 3 件，剩余 7 件，至此国内市场仍无该商品的供应，此时该商品的国际市场价格已降至每件 1 400 美元，当日即期汇率为 1 美元＝6.23 人民币。则滨海公司的会计处理如下：

至 12 月 31 日，该商品仍有 7 件未出售，而国际市场价格降低，该商品的可变现净值低于成本，故需计提存货跌价准备 4 886 元（1 500×6.28×7－1 400×6.23×7＝65 940－61 054＝4 886）

借：资产减值损失　4 886

　贷：存货跌价准备　4 886

（2）以公允价值计量的外币非货币性项目

对于以公允价值计量的非货币性项目，如交易性金融资产（股票、基金等），应当将外币金额采用公允价值确定日的即期汇率折算成记账本位币金额，再与原记账本位币金额比较，差额作为公允价值变动损益，计入当期损益。

【例 7-10】滨海公司采用人民币为记账本位币。12 月 3 日以每股 12 美元的价格购入甲公司股票 15 000 股作为交易性金融资产，款项已付（滨海公司有美元存款）。交易当日的即期汇率为 1 美元＝6.21 人民币。12 月 31 日，由于股价变动，本月已购入甲公司的股票已降至每股 10 美元，当日即期汇率为 1 美元＝6.23 人民币。次年 1 月 23 日，该股票又上涨至每股 15 美元，滨海公司将购入的 15 000 股股票全部出售，当日即期汇率为 1 美元＝6.25 人民币。假设不考虑相关税费的影响，则滨海公司的会计处理如下：

（1）12 月 3 日，购入股票

借：交易性金融资产　　1 117 800

　贷：银行存款——美元户（USD15 000×12×6.21）　　1 117 800

（2）12 月 31 日，资产负债表日，股价下跌，交易性金融资产记账本位币金额为 934 500 元（15 000×10×6.23）。与原账面价值差额为 183 300 元，应计入公允价值变动损益。

借：公允价值变动损益　　183 300

　贷：交易性金融资产　　183 300

（3）1 月 23 日出售股票，收到 1 406 250 元（15 000×15×6.25），与原账面价值差额计入投资收益，并转出原计入金融资产的公允价值变动。

借：银行存款——美元户（USD15 000×15×6.25）　　1 406 250

　贷：交易性金融资产　　934 500

　　投资收益　　471 750

借：投资收益　　183 300

　贷：公允价值变动损益　　183 300

篇中案例

对于外币货币性项目，资产负债表日因汇率变动产生的汇兑差额作为汇兑损益处理。汇兑损益的处理有两种：一是逐笔结转法；二是集中结转法。所谓的逐笔结转法是指企业对于每一笔外币业务，均按交易日的即期汇率入账，每结算一次或收付一次，依据账面汇率折算一次汇兑损益，在期末再按即期汇率进行调整，调整后期末记账本位币金融与原账面记账本位币差额计入当期损益；而集中结转法是指企业对于外币账户一律按照交易日的即期汇率记账，平时不确认汇兑损益，期末将外币金额按照期末汇率进行调整，将调整后的期末记账本位币金额与原记账本位币的差额集中计算一笔汇兑损益。两种方法确认的汇兑损益结果是一致的，不过集中结转法的处理更为简单。上述例题均是按照集中结转法处理的汇兑损益。

假设滨海公司12月31日有关外币账户金额如表7-1所示，当日即期汇率为1美元=6.23人民币。

表7-1　外币账户余额

外币账户名称	外币金额（美元）	汇率	折算后的记账本位币金额
银行存款	15 000	6.23	93 450
应收账款	34 000	6.23	211 820
应付账款	22 000	6.23	137 060

假定滨海公司于次年1月份发生如下业务：

（1）1月3日，从国外进口原材料一批，价值12 000美元，款项未付，当日即期汇率为1美元=6.25人民币。假设不考虑相关税费的影响。

借：原材料　75 000

　　贷：应付账款——美元户（USD12 000×6.25）75 000

（2）1月10日，对外销售商品一批，价值27 000美元，货款未收回。当日即期汇率为1美元=6.27人民币。假设不考虑相关税费的影响。

借：应收账款——美元户（USD27 000×6.27）169 290

　　贷：主营业务收入　169 290

（3）1月15日，从银行借入外币借款18 000美元，期限为3个月，当日即期汇率为1美元=6.26人民币。

借：银行存款——美元户（USD18 000×6.26）112 680

　　贷：短期借款——美元户（USD18 000×6.26）　112 680

（4）1月20日，收回10日销售商品的货款。当日即期汇率为1美元=6.24人民币。

借：银行存款——美元户（USD27 000×6.24）168 480

　　贷：应收账款——美元户（USD27 000×6.24）　168 480

（5）1月31日，当日即期汇率为1美元=6.20人民币。本月各外币账户汇兑损益的计算和结转如下：

银行存款汇兑损益=18 000×（6.20−6.26）+27 000×（6.20−6.24）+15 000×（6.20−6.23）=-2610

应收账款汇兑损益=27 000×（6.20−6.27）+34 000×（6.20−6.23）−27 000×（6.20−6.24）=-1 830

应付账款汇兑损益＝12 000×（6.20－6.25）＋22 000×（6.20－6.23）＝－1260

短期借款汇兑损益＝18 000×（6.20－6.26）＝－1080

借：应付账款 1 260

　短期借款 1 080

　财务费用 2 100

　贷：银行存款 2 610

　　应收账款 1 830

（三）外币报表的折算

外币报表折算是指从事跨国经营的企业根据外汇汇率将某种货币表述的财务报表反映成另外一种货币表述的财务报表。企业出于全面、综合的反映其整体的财务状况和经营成果，并向国内外财务报表信息使用者提供其决策所需财务信息等方面的目的，需要进行外币报表折算。

1. 外币报表折算方法

外币报表折算时涉及到的问题主要是对汇率的选择，用何种汇率对报表项目进行折算，另一个问题就是，由于汇率变动，所产生的报表项目折算差额该如何处理。现行的会计实务处理中，主要有四种处理方法：流动性与非流动性项目法、货币性与非货币性项目法、时态法以及现行汇率法。

（1）流动性与非流动性项目法

在该种方法下，对于资产负债表项目的资产和负债按照流动性，分为流动性项目和非流动性项目，对于流动性项目则按照资产负债表日的现行汇率进行折算，而对于非流动性项目则按照原来入账的历史汇率进行折算，所有者权益项目也是按照历史汇率折算；利润表项目中除了折旧费、摊销费按照取得资产时的历史汇率折算外，其他的收入和费用项目则是按照其实现或发生期的平均汇率折算。所产生的折算差额，若为折算损失，则计入当期利润表；若为折算收益，则列示于资产负债表。此种方法以流动性作为选择折算汇率的标准，违背了各项目的计量属性。

（2）货币性与非货币性项目法

该种方法下，则是将资产和负债项目分为了货币性项目和非货币性项目。对于货币性项目按照资产负债表日的现行汇率进行折算，而非货币性项目则按照发生时的历史汇率折算，所有者权益项目也按照确认时的历史汇率折算；利润表项目除了折旧费、摊销费按照取得资产时的历史汇率折算外，其他的收入和费用项目则是按照其实现或发生期的平均汇率折算。折算过程中产生的差额则计入当期损益。该种方法与流动性和非流动性项目法一样，在确定各项目的折算汇率时，都是人为选择确定，没有说明分类标准与汇率变动的直接关系。

（3）时态法

该种方法下，对于现金、应收、应付等项目采用现行汇率折算，对于按历史成本反映的非货币性项目则采用历史汇率折算，对于按照现行成本反映的非货币性项目则按照现行汇率折算，对于所有者权益项目，则采用确认时的历史汇率折算；对于利润表项目，除了折旧费、摊销费用项目，如果按照历史成本反映，则采用历史汇率折算，如果按照现行成本反映，则采用现行汇率折算，其他的收入和费用项目，则是按其实现或发生期的平均汇率折算。折算损益计入当期损益。这种方法，在汇率选择上即考虑了项目分类，也考虑了项目计量属性，与前两种方法相比，具有一定的可取性。但是，对于资产负债率较高的企业，汇率变动产生的影响会比较大，而且会改变原报表项目之间的比例关系，从而计算出的财务比率会与实际有一定的差距。

（4）现行汇率法

该方法是目前世界上应用最广泛的方法。该种方法下，资产负债表项目的资产和负债项目均按照资产负债表日的现行汇率折算、所有者项目则是按照确认时的历史汇率折算，利润表项目则是按照其实现或发生期的平均汇率折算。折算过程中产生的差额则在资产负债表项目的所有者权益项目下单列“外币会计报表折算差额”项目单独反映。该种方法可以保持与原财务报表项目的比例关系，计算出的财务指标也不会有差异，但是，该种方法，将各个项目同等的承受汇率变动的风险，而有些资产等项目可能不受汇率变动的影响。

2．我国外币报表折算方法

我国企业会计准则规定，企业将境外经营的财务报表并入本企业财务报表时，应当按照下列规定进行折算：

（1）资产负债表中的资产和负债项目，采用资产负债表日的即期汇率折算，所有者权益项目除“未分配利润”项目外，其他项目采用发生时的即期汇率折算。

（2）利润表中的收入和费用项目，采用交易发生日的即期汇率折算；也可以采用按照系统合理的方法确定的、与交易发生日即期汇率近似的汇率折算。

按照上述（1）、（2）规定折算产生的外币财务报表折算差额，在并入后的资产负债表中所有者权益项目下单独列示，其中属于少数股东权益的部分，并入少数股东权益项目。

（3）比较财务报表的折算比照上述规定处理。

另外，准则还规定，企业在并入处于恶性通货膨胀经济中的境外经营的财务报表时，应当按照下列规定进行折算：

（1）资产负债表折算

首先，对资产负债表项目运用一般物价指数予以重述，然后再按照最近资产负债表日的即期汇率进行折算。在重述的时候要区分货币性项目以及非货币性项目。对于现金等货币性项目，因为已经按照资产负债表日即期汇率折算过，不需要进行重述；对于非货币性项目，存货等项目会涉及到可变现净值计量，也不需要进行重述；而其他的非货币性项目，则需要自购置日或建造日起的一般物价指数变动予以重述。

（2）利润表折算

对利润表项目运用一般物价指数变动予以重述。即对于所有利润表项目都需要进行初始确认，并自初始确认日起按照一般物价指数变动进行重述，重述产生的差额计入当期利润表项目。对利润表重述后，再根据最近资产负债表日的即期汇率进行折算。

（3）在境外经营不再处于恶性通货膨胀经济中时，停止重述；按照停止之日的价格水平重述的财务报表进行折算。

企业在处置境外经营时，应当将已列入并入后的资产负债表中所有者权益项目下的、与该境外经营相关的外币财务报表折算差额，自所有者权益项目转入处置当期损益；部分处置境外经营的，应当按处置的比例计算处置部分的外币财务报表折算差额，转入处置当期损益。

【课堂测试 7-2】

1．外币交易时需要考虑哪些问题？

2．企业发生的下列外币业务中，即使汇率变动不大，也不得使用即期汇率的近似汇率进行折算的是（　　）。

A．取得的外币借款　　B．投资者以外币投入的资本

C．以外币购入的固定资产　　D．销售商品取得的外币营业收入

3．交易性金融资产，采用公允价值确定日的即期汇率折算，折算后的记账本位币金额与原记账本位币金额的差额，计入（　　）。

A．营业外支出　　B．资本公积

C．财务费用　　D．公允价值变动损益

4．外币报表折算有几种方法？

5．我国外币报表折算中产生的外币报表折算差额，应反映在（　　）。

A．会计报表附注　　　　　　　　B．利润表

C．资产负债表　　　　　　　　　D．现金流量表

本章小结

本章主要对记账本位币、外币、外币交易、外汇以及汇率等的概念做了介绍，并详细介绍了企业如何选择记账本位币、以及不同分类标准下，汇率的种类；企业发生外币业务的时候要考虑到业务发生时、资产负债表日以及结算日汇率的选择、已入账金额如何调整以及产生汇兑差额时该如何处理。在国际上对外币业务的处理观点主要有两种，一是一项交易观，将交易发生和结算看做一项交易，不考虑汇率变动产生的影响，而只是调整原入账金额；二是两项交易观，该观点将交易发生和结算看成两项交易，对于汇率变动产生的影响计入汇兑损益，并调整原入账金额。我国采取两项交易观，并将汇率变动产生的差额计入当期损益。外币交易的核算方法有外币统账制和外币分账制两种方法。外币统账制是指企业在发生外币交易时，就折算成记账本位币入账。外币分账制是指企业在外币交易发生时直接按照外币原价入账，在资产负债表日再折算成记账本位币，并进行相应项目的调整。外币交易应当在初始确认时，采用交易发生日的即期汇率将外币金额折算为记账本位币金额；也可以采用按照系统合理的方法确定的、与交易发生日即期汇率近似的汇率折算。企业在资产负债表日，应当按照下列规定对外币货币性项目和外币非货币性项目进行处理。外币货币性项目，采用资产负债表日即期汇率折算，因资产负债表日即期汇率与初始确认时或者前一资产负债表日即期汇率不同而产生的汇兑差额，计入当期损益；以历史成本计量的外币非货币性项目，采用交易发生日的即期汇率折算，以公允价值计量的外币非货币性项目，采用公允价值确定日的即期汇率折算。对于外币报表折算有流动性与非流动性项目法、货币性与非货币性项目法、时态法以及现行汇率法等。我国外币报表折算实际上就属于现行汇率法。企业在并入处于恶性通货膨胀经济中的境外经营的财务报表时，需要进行重述后再选择汇率折算。

篇后案例

从 2005 年 7 月 21 日起，我国开始实行以市场供求为基础，参考一篮子货币进行调节、有管理的浮动汇率制度，之后人民币汇率一直呈稳步上升状态。从理论上讲，货币升值实际上不影响出口商品本身价值，只是改变了商品在国际贸易中的相对价格，削弱其在国际市场上的竞争力，人民币升值1%，

就相当于出口商品成本提高了1%，出口竞争力下降了1%。我国目前出口产品主要以初级产品和劳动密集型加工产品为主，高技术、高附加值产品较少，特别是以来料加工为主的三资企业出于全球产业链末端，利润率低，自身增值能力不足，外资企业在中国投资设厂看中的是中国的人力资源丰富且价格低廉。人民币升值后，无疑会抵消一部分人力资本所带来的成本优势，中国的产品出口将出现大幅度的下滑。我国出口企业受人民币升值的影响的程度不一，享有外销低利贷款、外销退税甚至以内销补贴外销的产业受到的冲击较轻。而一些外贸服装、农产品出口企业由于其产品技术含量低，附加值低，在全球化竞争处于劣势地位，则无法承受这一风险。当然人民币升值也带来很多好处，比如，促进国际贸易产品升级，也能够推动国内产业结构的调整，企业可以从技术创新、产品升级、加强管理、提高产品质量等方面提高企业竞争力，或者采用金融衍生工具等规避汇率变动带来的影响等。

核心概念

记账本位币（bookkeeping base currency）
外币（foreign currency）
外汇（foreign exchange）
汇率（exchange rate）
汇兑损益（exchange gains and losses）
外币报表折算（foreign currency translation）

思考题

1. 企业应该如何选择记账本位币？
2. 简述汇率按照不同的分类标准有哪些。
3. 外币交易的处理方法有几种？有什么不同？
4. 我国外币报表折算如何处理？

练习题

（一）单项选择题

1. 在外币交易中，所指外币的含义是（　　）。
   A. 欧元　　B. 记账本位币以外的货币
   C. 本国货币以外的货币　　D. 进出口业务结算货币

2．以一定单位的本国货币为标准，折算为一定数额的外国货币来表示汇率，是哪种汇率标价法（　）。

A．直接标价法　　B．间接标价法

C．现行汇率法　　D．历史汇率法

3．银行卖出价一般情况下（　）。

A．高于买入价　　B．低于买入价

C．不等于买入价　　D．比中间价高

4．现行汇率又称为（　）。

A．即期汇率　　B．平均汇率

C．记账汇率　　D．法定汇率

5．企业应收外币账款为 200 000 美元，应付外币账款为 100 000 美元，当外汇汇率升高时，将会给企业带来（　）。

A．收益　B．损失　C．不确定　D．没有影响

6．我国外币交易会计处理方法采用的是（　）

A．一项交易观

B．两项交易观

C．企业自行选择一项交易观或两项交易观

D．汇兑损益法

7．外币统账制是指企业对于发生的外币交易在记账时应该（　）。

A．以各个币种记账　　B．折算为人民币记账

C．折算为记账本位币记账　　D．以外币金额记账

8．两项交易观与一项交易观的主要区别在于（　）。

A．确认汇兑损益

B．对已入账收入以及成本进行调整

C．做两次会计处理

D．所采用的汇率不同

9. 收到以外币投入的资本时，其对应的资产账户采用的折算汇率是（　）。

A．收到外币资本时的即期汇率

B．投资合同约定汇率

C．签订投资合同时的即期汇率

D．第一次收到外币资本时的折算汇率

10．企业向银行购入外币时，进行兑换的汇率为（　）。

A．买入汇率　　B．卖出汇率

C．中间汇率　　D．远期汇率

11．资产负债表日，以历史成本计量的非货币性项目，选择（　）折算

A．交易日的即期汇率　　B．资产负债表日的即期汇率

C．远期汇率　　D．平均汇率

12．我国对外币报表折算时选用的方法即为（　）。

A．现行汇率法

B．时态法

C．货币性项目与非货币性项目法

D．流动性与非流动性项目法

13．企业对境外经营的子公司外币资产负债表折算时，在不考虑其他因素的情况下，下列各项中，应采用交易发生时即期汇率折算的是（　）。

A．存货　　B．固定资产

C．资本公积　　D．未分配利润

14．在进行资产负债表的折算时，所有者权益类项目除（　）项目外，均按照发生时的即期汇率折算为母公司记账本位币。

A．实收资本　　B．资本公积

C．盈余公积　　D．未分配利润

15．外币会计报表折算时，子公司外币利润表中的“营业外收入”项目的金额应按（　）折算为母公司记账本位币。

A．交易发生日的即期汇率　　B．当年年初的市场汇率

C．当年年末市场汇率　　D．资产负债表日的即期汇率

（二）多项选择题

1．企业选定记账本位币，一般需要考虑的因素有（　）。

A. 该货币主要影响商品和劳务的销售价格，通常以该货币进行商品和劳务的计价和结算

B. 该货币主要影响商品和劳务所需人工费用，通常以该货币进行上述费用的计价和结算

C. 该货币主要影响商品和劳务所需材料和其他费用，通常以该货币进行上述费用的计价和结算

D. 融资活动获得的货币以及保存从经营活动中收取款项所使用的货币

2．所谓的境外经营是指企业在境外的（　）。

A．子公司　　B．联营企业

C．合营企业　　D．分支机构

3．外汇，是指以外币表示的可以用作国际间清偿债权债务关系的手段和工具，主要有（　）。

A．外国货币　　B．外汇支付凭证

C．外币有价证券　　D．其他外汇资金

4．将汇率按外汇买卖实际交割期限的不同，可以分为（　）。

A．即期汇率　　B．远期汇率

C．市场汇率　　D．固定汇率

5．汇率按照制定机制分为（　）。

A．固定汇率　　B．浮动汇率

C．基本汇率　　D．套算汇率

6．按照汇率的地位和作用可以分为（　）。

A．基本汇率　　B．套算汇率

C．市场汇率　　D．法定汇率

7．对于企业发生的汇兑损益，下列说法中正确的有（　）。

A．外币交易性金融资产发生的汇兑损益计入财务费用

B．企业的外币兑换业务所发生的汇兑损益，应计入当期营业外支出

C．企业因外币交易业务所形成的应收应付款发生的汇兑损益，应计入当期财务费用

D．企业的外币银行存款发生的汇兑损益，应计入当期财务费用

8．下列属于外币非货币性项目的有（　）。

A．固定资产　　B．无形资产

C．长期股权投资　　D．应收票据

9．下列属于外币货币性资产项目的有（　）。

A．库存现金　　B．银行存款

C．交易性金融资产　　D．应收票据

10．下列属于外币货币性负债项目的有（　）。

A．短期借款　　B．长期借款

C．应付账款　　D．应付票据

11．资产负债表日，交易性金融资产，应当将外币金额采用（　）折算成记账本位币金额，再与原记账本位币金额比较，差额计入（　）。

A．公允价值确定日的即期汇率　　B．公允价值变动损益

C．资产负债表日的即期汇率　　D．财务费用

12．国际上常用的外币报表折算方法有（　）。

A．流动性与非流动性项目法　　B．货币性与非货币性项目法

C．时态法　　D．现行汇率法

13．我国企业对境外经营的财务报表进行折算时，下列项目中可用资产负债表日的即期汇率折算的有（　　）。

A．应收账款　　B．可供出售金融资产

C．实收资本　　D．资本公积

14．企业在并入处于恶性通货膨胀经济中的境外经营的资产负债表时，下列说法正确的有（　　）。

A．运用一般物价指数予以重述，然后再按照最近资产负债表日的即期汇率进行折算

B．资产负债表项目重述的时候要区分货币性项目以及非货币性项目

C．对于现金等货币性项目不需要进行重述

D．对于非货币性项目，涉及到可变现净值计量，不需要进行重述，而其他的非货币性项目，则需要自购置日或建造日起的一般物价指数变动予以重述

15．企业在并入处于恶性通货膨胀经济中的境外经营的利润表时，下列说法正确的有（　　）。

A．运用一般物价指数变动予以重述

B．对所有项目都需要进行初始确认，并自初始确认日起按照一般物价指数变动进行重述

C．对利润表重述后，再根据最近资产负债表日的即期汇率进行折算

D．重述产生的差额计入当期利润表项目

（三）判断题

1．所有在中国境内经营的企业均以人民币为记账本位币。（　　）

2．在汇率的直接标价法下，汇率越高，说明本国货币贬值，汇率越低，说明本国货币升值。（　　）

3．我国采用的汇率标价方法为间接标价法。（　　）

4．远期汇率大于即期汇率的差额称为升水。（　　）

5．浮动汇率是根据外汇市场的外汇供求关系决定的汇率，它是由市场变动确定的，又称为市场汇率。（　　）

6．在一项交易观下，外币交易的完成以结算日为标准。（　　）

7．企业对发生的外币交易进行核算时，无论采用外币统账制还是外币分账制核算，所产生的汇兑损益结果是一致的。（　　）

8．企业接受外币投资时，可以以合同约定的汇率进行折算。（　）

9．某企业向银行以人民币兑换美元时，兑换汇率采用买入汇率。（　）

10．交易性金融资产属于货币性项目。（　）

11．资产负债表日，对于外币货币性项目，采用资产负债表日即期汇率折算。（　）

12．资产负债表日，对于外币非货币性项目，采用交易日的即期汇率折算。（　）

13．外币报表折算方法中，应用最广泛的是时态法。（　）

14．正常情况下，企业将境外经营的财务报表并入本企业财务报表时资产负债表中的资产和负债项目，采用资产负债表日的即期汇率折算。（　）

15．发生恶性通货膨胀经济时，企业对并入的境外经营的资产负债表中的所有项目都要进行重述。（　）

（四）核算题

1．国内滨海公司的记账本位币为人民币。销售给美国公司一批商品，价值为 70 000 美元，货款未收回，当日的即期汇率为 1 美元＝6.25 人民币，假设不考虑增值税等相关税费的影响。要求：编制滨海公司销售商品的会计分录。

2. 国内滨海公司的记账本位币为人民币。因为业务需要，从银行买入 10 000 美元，当天银行的买入价为 1 美元＝6.16 人民币，卖出价为 1 美元＝6.30 人民币。要求：编制滨海公司兑换美元的会计分录。

3．国内滨海公司的记账本位币为人民币。2013 年 12 月 15 日以每股 3 美元的价格购入甲公司 B 股 100 万股作为交易性金融资产，当日汇率为 1 美元＝6.20 元人民币，款项已付。2013 年 12 月 31 日，由于市价变动，当月购入的甲公司 B 股的市价变为每股 2 美元，当日汇率为 1 美元＝6.25 元人民币。2014 年 1 月 10 日，滨海公司将所购甲公司 B 股股票按当日市价每股 2.4 美元全部售出，当日汇率 1 美元＝6.30 元人民币。要求：根据上述资料，不考虑其他因素，编写相关会计分录

4．滨海公司采用业务发生日的即期汇率作为折算汇率。10 月末有关外币账户的金额如下表所示：

表 7–2　外币账户余额

外币账户名称	外币金额（美元）	汇率	折算后的记账本位币金额
银行存款	10 000	6.20	62 000
应收账款	20 000	6.20	124 000
短期借款	30 000	6.20	186 000

11 月发生的主要业务如下：

（1）7 日，收回应收账款 20 000 美元，当日即期汇率为 1 美元＝6.18 人民币。

（2）15 日，归还短期借款 10 000 美元，当日即期汇率为 1 美元＝6.15 人民币。

（3）20 日，出口商品一批，价值 60 000 美元，货款未收回，当日即期汇率为 1 美元＝6.16 人民币。

（4）25 日，购入原材料一批，价款和运费共 25 000 美元，进口关税为 5 000 元人民币，进口增值税为 26 900 元人民币，均以银行存款予以支付。当日即期汇率为 1 美元＝6.13 人民币。

假设 11 月 30 日即期汇率为 1 美元＝6.12 人民币。要求：根据上述业务计算当月汇兑损益，编制相应业务的会计分录。

第八章　租赁会计

【学习目标】在本章的学习中，需要了解租赁的内涵，租赁的主要形式；熟悉租赁会计的相关概念；掌握两种主要租赁形式融资租赁和经营租赁的会计处理；熟悉售后租回业务的会计处理以及相关租赁信息的披露等。

开篇案例

某公司自2012年以来，由于进行了产品结构调整，所生产的产品市场需求旺盛，相应带来的效益也非常可观，但与此同时，企业也面临了两个突出问题：一是由于短期内利润大幅度提升使企业应税负担过重；二是企业设备老化，亟需添置新设备以扩大生产规模。考虑到企业的可持续发展和一定时期内利润的合理安排和未来的过重的税负，管理层决定对公司实行较大规模更新和添置设备。此时有两种选择，一是以租赁的方式获取设备，二是向银行贷款购买设备，该企业该如何选择呢？选择的时候该考虑什么因素呢？所带来的财务效果是否一样？

第一节　租赁会计概述

租赁是随着商品经济和生产活动的社会化发展而逐步发展起来的，是一种比较古老的交易方式。早期租赁业务主要是以土地、建筑物等不动产为租赁物。美国是租赁业最为发达的国家，美国会计界也最早对租赁业务作出相关规定，会计原则委员会和财务会计准则委员会也公布了一系列的公告和准则，发展到现在已经非常成熟和规范，对很多国家租赁会计准则的实施起到很好的借鉴作用。我国租赁业从上世纪80年代得到了快速发展，从而促进了我国租赁会计规范的发展。从1985年起，财政部陆续颁布了相应的制度法规，但是有些规定存在一定的模糊性，直至2001年《企业会计准则——租赁》的实施，结束了我国没有专门租赁业务会计准则的历史，对推动我国租赁业的发展起到积极作用，而2006年新会计准则的颁布，更是缩小了与国际会计准则的差异，完善了我国的会计准则体系。

一、租赁的定义

租赁有广义和狭义之分，广义的租赁泛指一切财产使用权的有偿转让活动，包括以融资为主要目的、以设备为主要对象的租赁以及为满足短期临时需要，以动产或不动产为对象的租赁；而狭义的租赁，是指在约定的期间内，出租人将资产使用权让与承租人，以获取租金的协议。它体现的是以资产使用权作为让渡对象，以支付租金为报酬的契约关系，出租人提供设备等资产，并收取一定的租金为报酬，承租人借入设备等资产，获取资产使用权，并支付一定的租金作为代价。租赁具有灵活性、低风险等特点，很快成为了企业取得资产使用权的重要方式之一，在很多国家都得到了迅速发展。

二、租赁的分类

正确的对租赁进行分类，可以加强对租赁性质的认识，有效利用各种租赁形式，充分发挥租赁的作用。从不同的角度考虑，租赁可以有不同的分类标准。

（一）按照与租赁资产所有权有关的风险和报酬的归属不同

按照与租赁资产所有权有关的风险和报酬是否从出租人转移给承租人，可将租赁分为融资租赁和经营租赁两类。我国企业会计准则规定“承租人和出租人应当在租赁开始日将租赁分为融资租赁和经营租赁。”

融资租赁，是指实质上转移了与资产所有权有关的全部风险和报酬的租赁。其所有权最终可能转移，也可能不转移。一项租赁是否属于融资租赁，不在于租赁的形式，而在于与租赁资产所有权有关的风险和报酬归属于出租人或承租人的程度。具体来说，符合下列一项或数项标准的，应当认定为融资租赁：

第一，在租赁期届满时，租赁资产的所有权转移给承租人。即根据合同或其他相关条件，在租赁开始日就可以合理的判断，租赁期届满时，该租赁资产的所有权转移给承租人，则该项租赁即可以确定为融资租赁。

第二，承租人有购买租赁资产的选择权，所订立的购买价款预计将远低于行使选择权时租赁资产的公允价值，因而在租赁开始日就可以合理确定承租人将会行使这种选择权。其中，“远低于”是指租赁期届满时，购买租赁资产的价款低于购买时租赁资产公允价值的5%（含5%）。

例如，出租人和承租人签订了一项设备租赁合同，租赁期限为5年，租赁期届满时承租人有权以3 000元的价格购买该设备，在签订租赁合同时估计该设备在租赁期届满时的公允价值为 75 000 元，由于购买价格仅为公允价值的4%，在没有特殊情况下，租赁期届满承租人一般会选择购买该设备。因此，在租赁开始日即可以判断该项租赁为融资租赁。

第三，即使资产的所有权不转让，但是，租赁期占租赁资产使用寿命的大部分。其中，“大部分”是指租赁期占租赁资产使用寿命的75%以上（含75%）。但是，当租赁资产在租赁开始日的已使用年限已经超过资产全新时使用年限的大部分时，该标准不适用。

第四，承租人在租赁开始日的最低租赁付款额现值，几乎相当于租赁开始日租赁资产公允价值；出租人在租赁开始日的最低租赁收款额现值，几乎相当于租赁开始日租赁资产公允价值。这里的“几乎相当于”是指90%以上（含90%）。这实际上是价值补偿标准，分别从承租人和出租人角度，从租赁开始日最低租赁付款额和最低租赁收款额占租赁资产公允价值的比例角度判断租赁性质。

第五，租赁资产性质特殊，如果不作较大改造，只有承租人才能使用。这条标准是指租赁资产是出租人根据承租人的需要而专门购置或生产的，专门提供给承租人使用，该租赁资产如果不做较大改造，其他企业通常难以使用。此种情况下，该租赁可以认定为融资租赁。

经营租赁是指除融资租赁以外的其他租赁。在这种租赁形式下，租赁资产有关的所有权上的风险和报酬实质上没有发生转移，出租人拥有租赁资产的所有权，出租人承担了租赁资产大部分的风险和报酬，并对租赁资产计提折旧，承担大修理等的费用；承租人主要是因为季节性生产需要或生产经营临时所需而进行资产租赁，租期一般相对较短，租赁期满时，承租人有退租或续租的选择权。

（二）按照租赁资产的投资形式不同

按照租赁资产的投资形式不同，可以分为直接租赁、杠杆租赁、转租赁以及售后租回等形式。

1．直接租赁。是指购置租赁资产所需资金全部由出租人垫付，并将购入资产租给承租人并收取租金的租赁业务。出租人垫付的资金可以是自有资金，也可以是向银行或其他金融机构借入的。

2．杠杆租赁。又称举债经营租赁，是指出租人只垫付购买资产所需资金的一部分（一般为20%~40%），其余部分则以所购资产作担保向第三者（如银行等金融机构）借款支付，再将所购资产出租给承租人使用，并收取租金。

3．转租赁。又称转租，是指出租人将租入资产转租给承租人，并收取租金的租赁业务。此种租赁形式下，出租人也是原承租人，出租的资产不是通过购入取得的，而是通过租赁取得，因此无需垫付资金，只需将资产租出，向新承租人收取租金，并向原始出租人支付租金即可。

4．售后租回。又称回租，是指资产的所有者将资产出售给购买者，然后再从该购买者处租回该项资产的一种租赁形式。该项租赁业务首先需要承租人（销货方）将资产出售给出租人（购买方），然后再向出租人以租赁的形式收回资产，获取资产的使用权。

篇中案例

承租人在租赁期间内将租入资产出租给第三方即为转租赁，简称转租。转租至少涉及三方：原出租人、原承租人即新出租人、新承租人。租赁至少涉及两份租约：原出租人和原承租人之间的租约，原承租人和新承租人之间的租约。各方的会计处理视两种租约性质而定。

对于原出租人而言，若原承租人将租赁资产转给第三方，原出租人和原承租人之间的合约仍然有效。转租对出租人无丝毫影响，其原有会计处理不变。

对新承租人而言，新承租人与原出租人没有任何直接关系，应根据和原承租人所定租约规定的条件，做出相应的会计处理。

原承租人（新出租人）的会计处理相对较复杂。原承租人该如何归类及处理转租业务，取决于原租约和新租约所具备的特点。

若原租赁属于融资租赁，如原租约规定，租赁期届满，租赁资产的所有权转移给承租人，而且包含有承租人以廉价购买租赁资产的所有权条款的，原承租人可以任何方式转租该资产。

如原租约不符合上述两个条件，但符合融资租赁应具备的其他条件的，原承租人可以经营租赁也可以融资租赁，但是新的租约中不能包括租赁期届满，租赁资产的所有权转移给承租人，承租人以廉价购买租赁资产的所有权条款。

如果原租约属于经营租赁，转租也只能是经营租赁。

资料来源：张劲松，李瑛. 高级财务会计[M]. 北京：科学出版社，2008.

【课堂测试 8-1】

1．实质上转移了与资产所有权有关的全部风险和报酬的租赁称为（　　）。

A．融资租赁　B．经营租赁　C．直接租赁　D．售后租回

2. 按照投资形式的不同租赁分为几类?

第二节　承租人的会计处理

一、承租人对经营租赁的会计处理

（一）承租人对经营租赁的基本会计处理

在经营租赁的情况下，由于承租人仅仅是为满足经营上的临时需要而租入的，只是取得了租赁资产的使用权，没有取得实质上的资产所有权，因此，承租方对租入资产不需要作为本企业的资产计价入账，不需要计提折旧，仅需按期支付租金，而且由于租赁时间相对较短，承租人应付的租金，也无需作为负债处理。

对于经营租赁的租金，承租人应当在租赁期内各个期间按照直线法确认为当期损益；其他方法更为系统合理的，也可以采用其他方法。在某些情况下，出租人可能对经营租赁提供激励措施，如免租期、承担承租人的某些费用等。在出租人提供了免租期的情况下，承租人应将租金总额在整个租赁期内，而不是在租赁期扣除免租期后的期间内按直线法或其他合理的方法进行分摊，免租期内应确认租金费用；在出租人承担了承租人的某些费用的情况下，承租人应将该费用从租金总额中扣除，并将租金余额在租赁期内进行分摊。

承租人在租赁谈判和签订租赁协议的过程中发生的可直接归属于租赁项目的费用，如印花税、佣金、律师费、差旅费以及谈判费用等，称为初始直接费用。承租人发生的初始直接费用，应当计入当期损益。租赁合同中可能会规定根据销售量、使用量、物价指数等为依据调整租金，由于其金额不固定、是以时间长短以外的其它因素(如销售量、使用量、物价指数等)为依据计算的租金，称为或有租金。或有租金应当在实际发生时计入当期损益。

（二）具体账务处理

1. 租入资产时。由于经营租赁下，承租人只是取得了租赁资产的使用权，因此不能作为自有固定资产进行入账处理。但是，对于租入的设备等资产，为了加强管理的需要，承租人有必要设立“经营租赁资产备查簿”进行登记租入资产的相关信息。

2. 确认并支付租金。对于经营租赁支付的租金（扣除了出租人承担的某些费用后）应当在租赁期内（包括免租期）的各个期间按直线法或其他合理的方法确认费用。即确认各期租金时，借记“管理费用”、“制造费用”等会计科目，贷记“其他应付款”等科目；实际发生支付时，借记“其他应付款”等科目，贷记“银行存款”等科目。

3．发生的初始直接费用，应当计入当期损益。借记“管理费用”、“销售费用”等科目，贷记“银行存款”等科目。

4．承担的或有租金，在实际发生时应当计入当期损益。借记“管理费用”、“销售费用”等科目，贷记“银行存款”等科目。

5．对于在租赁合同中规定支付的押金，则需要在“其他应收款”科目下进行核算；另外，承租人对使用过程中支付的资产改良支出，需要在“长期待摊费用”科目核算，并在租赁期限与资产尚可使用年限两者孰短的期限内分摊，计入当期损益。

【例 8-1】滨海公司由于临时经营需要于 2013 年 7 月向南开公司租入一台生产设备，期限一年。租赁开始日，该设备的账面价值和公允价值均为 800 000 元，预计使用年限为 6 年。租赁合同约定，每月租金为 16 000 元，每季末支付一次。如无其他情况，出租人于租赁期届满收回该设备。租赁期届满后，南开公司收回该设备。另外，滨海公司签订合约后，随即对租赁设备进行了改良，并用银行存款支付了相关费用 90 000 元，公司决定在租赁期内平均分摊。

分析：根据资料判断该项租赁不符合融资资料判断条款中的任何一条，因此，确定为经营租赁。则滨海公司的会计处理如下：

（1）对发生的改良支出

借：长期待摊费用　　90 000

　　贷：银行存款　　　　90 000

（2）2013 年 7 月，确认租金

借：制造费用　　16 000

　　贷：其他应付款　　16 000

2013 年 8 月确认租金账务处理如上。

（3）2013 年 9 月末，支付租金

借：制造费用　　16 000

　　其他应付款　　32 000

　　贷：银行存款　　　　48 000

（4）租赁期间内，每月分摊改良支出 7 500 元（90 000÷12=7 500）

借：制造费用　　7 500

　　贷：长期待摊费用　　7 500

以后每月确认租金，季末支付租金，每月分摊改良支出的会计分录同（2）、（3）、（4）。如果经营租赁资产时，双方约定采取预付租金方式，其预付的租金也在“长期待摊费用”科目核算。

【例 8-2】滨海公司于 2012 年 1 月 1 日向南开公司租入 1 台办公设备，租期 2 年。设备价值 2 400 000 元，预计使用年限为 10 年。租赁合同规定，租赁开始日滨海公司需一次性预付租金 200 000 元，第一年年末支付 200 000 元，第二年年末支付 200 000 元，总共支付 600 000 元。租赁期届满后，南开公司收回该设备。假设滨海公司于每年末确认租金费用。

分析：根据资料判断该项租赁不符合融资租赁判断条款中的任何一条，因此，确定为经营租赁，租金总额 600 000 元，按直线法计算，每年分摊的租金费用为 300 000 元。则滨海公司的会计处理如下：

（1）2012 年 1 月 1 日，支付租金

借：长期待摊费用　　200 000

　贷：银行存款　　　　200 000

（2）2012 年 12 月 31 日，确认租金并支付租金费

借：管理费用　　300 000

　贷：长期待摊费用　　100 000

　　　银行存款　　　　200 000

（3）2013 年 12 月 31 日，确认租金并支付租金费

借：管理费用　　300 000

　贷：长期待摊费用　　100 000

　　　银行存款　　　　200 000

（三）承租人对经营租赁的列报

承租人对于经营租赁的资产不需要在资产负债表中列示，但是对于重大的经营租赁，应当在附注中披露下列信息：

1. 资产负债表日后连续三个会计年度每年将支付的不可撤销经营租赁的最低租赁付款额。

2. 以后年度将支付的不可撤销经营租赁的最低租赁付款额总额。

二、承租人对融资租赁的会计处理

（一）承租人对融资租赁的基本会计处理

在融资租赁下，实质上与租赁资产所有权有关的风险和报酬实质上已经转移给承租人，根据实质重于形式的会计信息质量要求，租赁期开始日承租人要

将租入资产按照租赁资产在租赁开始日公允价值与最低租赁付款额的现值较低者作为资产的入账价值，同时将最低租赁付款额作为长期应付款入账，两者之间的差额作为未确认融资费用，并将未确认融资费用在租赁期间内采用实际利率法进行分摊。租赁期内，承租人应当采用与自有固定资产相一致的折旧政策计提租赁资产折旧。对于在租赁谈判和签订租赁合同过程中发生的初始直接费用计入租赁资产的价值，或有租金在实际发生时则计入当期损益。

（二）具体账务处理

1．取得融资租赁资产

在租赁期开始日，承租人应当将租赁开始日租赁资产公允价值与最低租赁付款额现值两者中较低者作为租入资产的入账价值，借记“固定资产——融资租入固定资产”科目，将最低租赁付款额作为长期应付款的入账价值，贷记“长期应付款——应付融资租赁款”科目，其差额借记“未确认融资费用”科目。

租赁期是指租赁合同规定的不可撤销的租赁期间。租赁开始日是指租赁协议日与租赁各方就主要租赁条款做出承诺日中的较早者；租赁期开始日是指承租人有权执行其使用租赁资产权利的开始日。

最低租赁付款额是指在租赁期内，承租人应支付或可能被要求支付的款项，不包括或有租金和履约成本（租赁期内为租赁资产支付的各种使用费用，如技术咨询和服务费、人员培训费、维修费、保险费等），加上由承租人或与其有关的第三方担保的资产余值。承租人有购买租赁资产选择权，所订立的购买价款预计将远低于行使选择权时租赁资产的公允价值，因而在租赁开始日就可以合理确定承租人将会行使这种选择权的，购买价款应当计入最低租赁付款额。

资产余值，是指在租赁开始日估计的租赁期届满时租赁资产的公允价值；担保余值就承租人而言，是指由承租人或与其有关的第三方担保的资产余值；就出租人而言，是指就承租人而言的担保余值加上独立于承租人和出租人的第三方担保的资产余值。

承租人在计算最低租赁付款额的现值时，能够取得出租人租赁内含利率的，应当采用租赁内含利率作为折现率；否则，应当采用租赁合同规定的利率作为折现率。承租人无法取得出租人的租赁内含利率且租赁合同没有规定利率的，应当采用同期银行贷款利率作为折现率。租赁内含利率，是指在租赁开始日，使最低租赁收款额的现值与未担保余值的现值之和等于租赁资产公允价值与出租人的初始直接费用之和的折现率。

2．未确认融资费用的分摊

在融资租赁下，承租人向出租人支付的租金包括了本金和利息两部分。支付租金时，一方面减少长期应付款，借记“长期应付款——应付融资租赁款”科目，贷记“银行存款”科目；另一方面同时将未确认融资费用按照一定的方法确认为当期费用，借记“财务费用”科目，贷记“未确认融资费用”科目。

未确认融资费用在租赁期间以实际利率进行分摊。企业需要按下列情况选择适用的分摊率：

（1）以出租人的租赁内含利率为折现率将最低租赁付款额折现、且以该现值作为租赁资产入账价值的，应当将租赁内含利率作为未确认融资费用的分摊率。

（2）以合同规定利率为折现率将最低租赁付款额折现，且以该现值作为租赁资产入账价值的，应当将合同规定利率作为未确认融资费用的分摊率。

（3）以银行同期贷款利率为折现率将最低租赁付款额折现，且以该现值作为租赁资产入账价值的，应当将银行同期贷款利率作为未确认融资费用的分摊率。

（4）以租赁资产公允价值为入账价值，应当重新计算分摊率。该分摊率是使最低租赁付款额的现值等于租赁资产公允价值的折现率。

3．融资租赁资产折旧的计提

承租人应当采用与自有固定资产相一致的折旧政策计提租赁资产折旧。在计提折旧时，涉及到折旧期间和折旧额的确定。对于折旧期间，如果能够合理确定租赁期届满时取得租赁资产所有权的，应当在租赁资产使用寿命内计提折旧；若是无法合理确定租赁期届满时能够取得租赁资产所有权的，应当在租赁期与租赁资产使用寿命两者中较短的期间内计提折旧。而对于折旧总额，如果存在承租人或与其有关的第三方对租赁资产提供担保余值，则需将其在折旧总额中扣除；如果未存在担保余值，且无法合理确定租赁期届满后承租人是否取得租赁资产的所有权，则无需扣除担保余值。账务处理一般为借记“制造费用”等科目，贷记“累计折旧”科目。

4．初始直接费用的处理

承租人在租赁谈判和签订租赁合同过程中发生的，可归属于租赁项目的手续费、律师费、差旅费、印花税等初始直接费用，应当计入租入资产价值。借记“固定资产——融资租入固定资产”科目，贷记“银行存款”等科目。

5．或有租金的处理

或有租金在实际发生时计入当期损益，借记“销售费用”等科目，贷记“其他应付款”等科目。

6．租赁期届满的处理

租赁期届满时，承租人一般存在三种选择：返还租赁资产、优惠续租租赁资产以及留购租赁资产。不同的选择情况下，具有不同的会计处理。具体情况如下：

（1）返还租赁资产。将租赁资产返还时，需要注销资产和负债即可，同时要考虑两种情况，一是，存在承租人担保余值时，借记“累计折旧”、“长期应付款——应付融资租赁款”科目，贷记“固定资产——融资租入固定资产”科目；二是，不存在承租人担保余值时，借记“累计折旧”科目，贷记“固定资产——融资租入固定资产”科目。

（2）优惠续租租赁资产。如果承租人行使优惠续租选择权：视同该项租赁一直存在而做出相应的账务处理。如果租赁期届满时承租人没有续租，根据租赁合同规定必须向出租人支付违约金的，则借记“营业外支出”科目，贷记“银行存款”等科目。

（3）留购租赁资产。承租人一般可以廉价购买租赁期满的租赁资产，这个价格远低于行使选择权时租赁资产的公允价值，因此包括在最低租赁付款额中。承租人行使购买权利时，需要支付购买价款，借记“长期应付款——应付融资租赁款”科目，贷记“银行存款”科目；同时，需要结转租赁资产的所有权，借记“固定资产——生产用固定资产”等科目，贷记“固定资产——融资租入固定资产”科目。

【例 8-3】2010 年 12 月 31 日滨海公司向南开公司签订了一份租赁合同，合同主要条款如下：

（1）租赁标的物：空调程控生产线

（2）租赁期：3 年，从 2011 年 1 月 1 日至 2013 年 12 月 31 日

（3）租金支付：自 2011 年 1 月 1 日起，每年末支付租金 900 000 元

（4）该生产线在 2011 年 1 月 1 日的公允价值为 25 500 000 元

（5）合同利率为 6%

（6）该生产线为全新设备，预计使用寿命为 5 年

（7）2012 年和 2013 年，滨海公司需每年按该生产线所生产产品（空调）年销售收入的 3%向南开公司支付经营收入。

滨海公司采用实际利率法确认和分摊未确认融资费用，采用直线法计提折旧。2012 年和 2013 年分别实现空调年销售收入为 1 000 000 元和 1 200 000 元。滨海公司在租赁谈判和签订租赁协议的过程中发生的可归属于租赁项目的手续费和差旅费等 1 500 元。2013 年 12 月 31 日，租赁期届满时，滨海公司将该生产线退还给南开公司。滨海公司的会计处理如下：

（1）2011 年 1 月 1 日，租赁开始日

第一，判断租赁类型。本例中租赁期（3 年）占租赁资产尚可使用年限（5 年）的 60%，没有满足融资租赁的第三条标准。但是，最低租赁付款额的现值（2 405 700 元）大于租赁资产公允价值（2 550 000 元）的 90%，满足融资租赁判断标准第四条，因此将该项租赁判断为融资租赁。

最低租赁付款额=各期租金之和+承担人担保资产余值=900 000×3+0=2 700 000 元

滨海公司不知道出租人的租赁内涵利率，可以选择合同规定的利率 6%，对最低租赁付款额折现。

最低租赁付款额的现值=900 000×（P/A，6%，3）=900 000×2.673=2 405 700 元

最低租赁付款额的现值小于租赁资产的公允价值，所以融资租入固定资产的入账价值为最低租赁付款额现值。在租赁谈判和签订协议的过程中发生的差旅费等初始直接费用计入融资租赁固定资产的入账价值，最低租赁付款额与其现值的差额，计入未确认融资费用。会计处理如下：

2011 年 1 月 1 日，租入生产线

借：固定资产——融资租入固定资产　　2 407 200
　　未确认融资费用　　294 300
　　贷：长期应付款——应付融资租赁款　　2 700 000
　　　　银行存款　　1 500

（2）分摊未确认融资费用

由于租赁资产的入账价值为最低租赁付额的现值，故未确认融资费用进行分摊时的分摊率确定为最低租赁付款额现值折现率 6%。租赁期间按照实际利率法分摊未确认融资费用。

表 8–1　实际利率法下未确认融资费用分摊表

2011 年 1 月 1 日　　单位：元

日期	租金	确认的融资费用	应付本金减少额	应付本金余额
	（1）	（2）=期初（4）×6%	（3）=（1）－（2）	（4）=期初（4）－（3）
2011.1.1				2 405 700
2011.12.31	900 000	144 342	755 658	1 650 042
2012.12.31	900 000	99 002.52	800 997.48	849 044.52
2013.12.31	900 000	50 955.48*	849 044.52	0
合计	2 700 000	294 300		

*尾数调整 294 300－（144 342＋99 002.52）＝50 995.48

2011 年 12 月 31 日，支付租金

借：长期应付款——应付融资租赁款 900 000

贷：银行存款 900 000

2011 年 1～12 月，每月分摊确认的融资费用为 144 342÷12=12 028.5 元

借：财务费用 12 028.5

贷：未确认融资费用 12 028.5

2012 年 12 月 31 日，支付租金

借：长期应付款——应付融资租赁款 900 000

贷：银行存款 900 000

2012 年 1～12 月，每月分摊确认的融资费用为 99 002.52÷12=8 250.21 元

借：财务费用 8 250.21

贷：未确认融资费用 8 250.21

2013 年 12 月 31 日，支付租金

借：长期应付款——应付融资租赁款 900 000

贷：银行存款 900 000

2013 年 1～12 月，每月分摊确认的融资费用为 50 955.48÷12=4 246.29 元

借：财务费用 4 246.29

贷：未确认融资费用 4 246.29

（3）计提融资租赁资产折旧

根据合同规定，滨海公司租赁开始日无法合理确定租赁期届满时是否能够取得租赁资产，因此，计提折旧时应当选择租赁期与租赁资产尚可使用年限两者较短者。本例中，折旧年限为 3 年。根据当月增加的固定资产不提折旧，从下月计提的原则，2011 年按 11 个月计提折旧，其他两年均按 12 个月计提。计算折旧过程如表 8-2 所示：

表 8–2 融资租入固定资产折旧计算表（直线法下）

2011 年 1 月 1 日　　单位：元

日期	固定资产原值	估计余值	折旧率	当年折旧费	累计折旧	固定资产净值
2011.1.1	2 407 200	0				2 407 200
2011.12.31			31.42%	756 342.24	756 342. 24	1 650857.76
2012.12.31			34.29%	825 428.88	1 581 771.12	825 428.88
2013.12.31			34.29%	852 428.88	2 407 200	0
合计	2 407 200	0		2 407 200		

2011 年 2 月计提折旧额为 756 3420.24÷11=68 758.39 元

借：制造费用——折旧费　　68 758.39

　贷：累计折旧　　68 758.39

2011 年 3 月至 2013 年 12 月的会计分录如上。

（4）发生或有租金

2012 年 12 月 31 日，根据合同规定向南开公司支付经营分享收入 30 000 元

借：销售费用　　30 000

　贷：银行存款　　30 000

2013 年 12 月 31 日，根据合同规定向南开公司支付经营分享收入 36 000 元

借：销售费用　　36 000

　贷：银行存款　　36 000

（5）2013 年 12 月 31 日，租赁期届满，归还租赁资产

借：累计折旧　　2 407 200

　贷：固定资产——融资租入固定资产　　2 407 200

（三）承租人对融资租赁的列报

承租人应当在资产负债表中，将与融资租赁相关的长期应付款减去未确认融资费用的差额，分别一年内到期的长期负债和长期负债进行列示。

承租人对于融资租赁，应当在附注中披露下列信息：

1．各类租入固定资产的期初和期末原价、累计折旧额。

2．资产负债表日后连续三个会计年度每年将支付的最低租赁付款额，以及以后年度将支付的最低租赁付款额总额。

3．未确认融资费用的余额，以及分摊未确认融资费用所采用的方法。

【课堂测试 8-2】

1．租赁谈判过程发生下列费用可以计入初始直接费用的有（　　）。

A．手续费　　B．律师费

C．印花税　　D．差旅费

2．未确认融资费用在租赁期间内分摊时采用（　　）。

A．实际利率法　　B．直线法

C．五五摊销法　　D．年数总和法

3．融资租赁期届满，承租人有几种选择？分别如何进行会计处理？

第三节 出租人的会计处理

一、出租人对经营租赁的会计处理

（一）出租人对经营租赁的基本会计处理

在经营租赁下，与租赁资产所有权有关的风险和报酬并没有实质上转移给承租人，出租人可参考自有资产进行继续核算。出租人在经营租赁下收取的租金应当在租赁期内的各个期间按直线法确认为当期损益；如果其他方法合理，也可以采用其他方法。某些情况下，出租人可能对承租人提供激励措施，如免租期、承担承租人某些费用等。在出租人提供了免租期的情况下，应将租金总额在整个租赁期内进行分配；在出租人承担了承租人的某些费用的情况下，应将该费用从租金总额中扣除，并将租金余额在租赁期进行分配。出租人发生的初始直接费用，应当计入当期损益；或有租金应当在实际发生时计入当期损益。如果经营租赁资产属于固定资产，应当采用出租人对类似应提折旧资产通常所采用的折旧政策计提折旧；对于其他经营租赁资产，应当采用合理的方法进行摊销。

（二）具体账务处理

1．确认和收到租金。出租人在经营租赁下收取的租金（扣除出租人承担的相关费用）应当在租赁期（包括免租期）内各个期间按直线法确认收入，如果其他方法更合理，也可以采用其他方法。确认各期租赁收入时，借记“应收账款”或“其他应收款”等科目，贷记“租赁收入”科目（对租赁公司而言）、“其他业务收入”等科目。实际收到租金时，借记“银行存款”等科目，贷记“应收账款”或“其他应收款”等科目。

2．初始直接费用的处理

对于出租人经营租赁中发生的初始直接费用，应该计入当期损益，借记“管理费用”等科目，贷记“银行存款”等科目。

3．或有租金的处理

出租人对于租赁期间发生的或有租金，应当在实际发生时计入当期收入，借记“应收账款”等科目，贷记“租赁收入”等科目。

4．资产折旧的计提

出租人对于经营租赁的固定资产仍需采用类似资产的折旧政策计提折旧，

并与各期的租金收入进行配比。借记“主营业务成本”等科目，贷记“累计折旧”科目。对于其他经营租赁资产，应当采用合理的方法进行摊销。

【例 8-4】承【例 8-1】资料，假设南开公司为租赁公司。南开公司向滨海公司出租的设备在租赁开始日的公允价值和账面价值均为 800 000 元，该设备的月折旧率为 1.5%，租赁期届满南开公司收回该设备。根据资料分析该项租赁为经营租赁，南开公司的会计处理如下：

（1）2013 年 7 月确认租金收入

借：应收账款　　16 000

　　贷：租赁收入——经营租赁收入　　16 000

（2）2013 年 9 月收到租金时

借：银行存款　　48 000

　　贷：应收账款　　32 000

　　　　租赁收入——经营租赁收入　　16 000

（3）租赁期内，每月应计提设备折旧额 12 000 元（800 000×1.5%）

借：主营业务成本——经营租赁成本　　12 000

　　贷：累计折旧　　12 000

以后每月确认租金收入、季末收到租金以及每月计提折旧的会计分录同（1）、（2）、（3）。

（三）出租人对经营租赁的列报

出租人对经营租赁，应当披露各类租出资产的账面价值。

二、出租人对融资租赁的会计处理

（一）出租人对融资租赁的基本会计处理

融资租赁下，出租人虽然保留着租赁资产的所有权，但是与租赁资产所有权有关的风险和报酬实质上已经转移给承租人，出租人只是享有收取租金的债权。在租赁期开始日，出租人应当将租赁开始日最低租赁收款额与初始直接费用之和作为应收融资租赁款的入账价值，同时记录未担保余值；将最低租赁收款额、初始直接费用及未担保余值之和与其现值之和的差额确认为未实现融资收益，并按实际利率法将未确认融资收益在租赁期内各个期间进行分配。或有租金在实际发生时计入当期损益。

（二）具体账务处理

1．租赁期开始日的处理

在租赁期开始日，出租人应当按租赁开始日最低租赁收款额与初始直接费用之和，借记“长期应收款——应收融资租赁款”科目，同时按照未担保余值，借记“未担保余值”科目，将最低租赁收款额与未担保余值之和的现值，贷记“固定资产—融资租赁资产”科目，将最低租赁收款额、初始直接费用及未担保余值之和与其现值之和的差额确认为未实现融资收益。最低租赁收款额，是指最低租赁付款额加上独立于承租人和出租人的第三方对出租人担保的资产余值。租赁资产公允价值与账面价值的差额，借记“营业外支出”科目或贷记“营业外收入”科目。

2．未确认融资收益的分配

租赁期间出租人收到的租金由本金和利息构成，收到租金时，一方面减少债权，借记“银行存款”科目，贷记“长期应收款——应收融资租赁款”科目；另一方面将未实现融资收益应当在租赁期内各个期间进行分配，并采用实际利率法计算确认当期的融资收入，借记“未确认融资收益”科目，贷记“租赁收入”等科目。未确认融资收益的分配率应当使用租赁内含利率。租赁内含利率，是指在租赁开始日，使最低租赁收款额的现值与未担保余值的现值之和等于租赁资产公允价值与出租人的初始直接费用之和的折现率。

3．未担保余值发生变动

出租人应当至少于每年年度终了，对未担保余值进行复核。

①未担保余值增加的，不做调整。

②有证据表明未担保余值已经减少的，应当重新计算租赁内含利率，将由此引起租赁投资净额的减少，计入当期损益；以后各期根据修正后的租赁投资净额和重新计算的租赁内含利率确认融资收入。即将未担保余值的预计可收回金额低于其账面价值的差额，借记“资产减值损失”科目，贷记“未担保余值减值准备”科目；将减值金额与由此产生的租赁投资净额的减少额的差额，借记“未实现融资收益”科目，贷记“资产减值损失”科目。

③已确认损失的未担保余值得以恢复的，应当在原已确认的损失金额内转回，并重新计算租赁内含利率，以后各期根据修正后的租赁投资净额和重新计算的租赁内含利率确认融资收入。即将未担保余值的预计可收回金额高于其账面价值的差额，借记“未担保余值减值准备”科目，贷记“资产减值损失”科目；将减值金额与由此产生的租赁投资净额的增加额的差额，借记“资产减值损失”科目，贷记“未实现融资收益”科目。

4．或有租金的处理

或有租金应当在实际发生时计入当期损益。借记“应收账款”等科目，贷记“租赁收入”等科目。

5．租赁期届满的处理

在租赁期届满时，会有如下三种情况：一是承租人将租赁资产返还，即出租人收回租赁资产；二是存在优惠续租条件，承租人继续租赁；三是承租人行使购买租赁资产的权利，即留购租赁资产。

（1）收回租赁资产

①存在担保余值，不存在未担保余值。出租人收回租赁资产时，借记“固定资产——融资租赁资产”科目，贷记“长期应收款——应收融资租赁款”科目。如果收回资产的价值低于担保余值，则应向承租人收取一定的补偿，借记“其他应收款”等科目，贷记“营业外收入”等科目。

②存在担保余值，也存在未担保余值。出租人收回租赁资产时，借记“固定资产——融资租赁资产”科目，贷记“长期应收款——应收融资租赁款”、“未担保余值”科目。如果收回资产的价值低于担保余值，也需向承租人收取一定的补偿。

③不存在担保余值，但存在未担保余值。出租人收回租赁资产时，借记“固定资产——融资租赁资产”科目，贷记“未担保余值”科目。

④不存在担保余值，也不存在未担保余值。此时出租人不做会计处理，只需做备查登记

（2）优惠续租资产

①如果承租人行使优惠续租选择权，则视同该项租赁一直存在而做出相应的会计处理。

②如果租赁期届满时承租人没有续租，出租人需要按照合同规定向承租人收取一定的违约金，借记“其他应收款”等科目，贷记“营业外收入”科目；同时将承租人返还的资产按照收回租赁资产的会计处理。

（3）留购租赁资产

承租人行使优惠购买权，出租人收到承租人购买价款时，借记“银行存款”等科目，贷记“长期应收款——应收融资租赁款”科目。如果存在未担保余值则按损失处理，借记“营业外支出”科目，贷记“未担保余值”科目。

此外，出租人需要对应收融资租赁款进行坏账计提，但是只需对应收融资租赁款减去未实现融资收益的差额部分（在金额上等于本金的部分）合理计提坏账准备，而不是对应收融资租赁款全额计提坏账准备。对应收融资租赁款计提坏账准备的会计处理与应收账款计提坏账准备的会计处理相同。

【例 8-5】沿用【例 8-3】资料，南开公司补充资料如下：

南开公司发生初始直接费用 1 500 元。采用实际利率法确认本期应分配的

为实现融资收益。

南开公司的会计处理如下：

（1）2011 年 1 月 1 日，租赁开始日

首先，计算租赁内含利率。租赁内含利率是在租赁开始日，使最低租赁收款额的现值与未担保余值的现值之和等于租赁资产公允价值与出租人的初始直接费用之和的折现率。

本例中不存在与承租人和出租人均无关，但在财务上有能力担保的第三方对出租人担保的资产余值，因此最低租赁收款额等于最低租赁付款额，从而得出:

900 000×(P/A,i,3)=2 550 000+1500

(P/A,i,3)=2.835

利用插值法，计算出 i=2.88%

然后，计算最低租赁收款额与其现值及确认为实现融资收益

最低租赁收款额+未担保余值=（最低租赁收款额+第三方担保余值）+未担保余值

=（各期租金之和+承租人担保余值+第三方担保余值）+未担保余值

=900 000×3+0+0+0=2 700 000 元

最低租赁收款额现值+未担保余值现值=900 000×(P/A,2.88%,3)

=900 000×2.835

=2 551 500 元

未实现融资收益=（最低租赁收款额+未担保余值+初始直接费用）－（最低租赁收款额现值+未担保余值现值+初始直接费用）=（最低租赁收款额+未担保余值）－（最低租赁收款额现值+未担保余值现值）=2 700 000－2 551 500=148 500 元

最后，判断租赁类型。本例中租赁期（3 年）占租赁资产尚可使用年限（5 年）的 60%，没有满足融资租赁的第三条标准。但是，最低租赁收款额的现值（2 551 500）大于租赁资产公允价值（2 550 000 元）的 90%，满足融资租赁判断标准第四条，因此将该项租赁确定为融资租赁。

2011 年 1 月 1 日出租设备

借：长期应收款——应收融资租赁款　2 701 500

　　贷：银行存款　　1 500

　　　　融资租赁资产　　2 551 500

　　　　未实现融资收益　　148 500

（2）未实现融资收益的分配

按照实际利率法计算未实现融资收益过程如表 8-3 所示：

表 8–3　未实现融资收益分配表

2011 年 1 月 1 日　　单位：元

日期	租金	确认的融资收入	租赁投资净额减少额	租赁投资净额余额
	（1）	（2）=期初（4）×2.88%	（3）=（1）－（2）	（4）=期初（4）－（3）
2011.1.1				2 551 500
2011.12.31	900 000	73 483.2	826 516.8	1 724 983.2
2012.12.31	900 000	49 679.52	850 320.48	874 662.72
2013.12.31	900 000	25 337.28*	874 662.72	0
合计	2 700 000	148 500	2 551 500	

*尾数调整 148 500－49 679.52－73 483.2＝25 337.28

2011 年 12 月 31 日收到租金

借：银行存款　　900 000

　　贷：长期应收款——应收融资租赁款　　900 000

2011 年 1～12 月分摊每月为实现融资收益 73 483.2÷12=6 123.6 元

借：未实现融资收益　　6 123.6

　　贷：租赁收入　　6 123.6

2012 年 12 月 31 日收到租金

借：银行存款　　900 000

　　贷：长期应收款——应收融资租赁款　　900 000

2012 年 1～12 月分摊每月为实现融资收益 49 679.52÷12=4 139.96 元

借：未实现融资收益　　4 139.96

　　贷：租赁收入　　4 139.96

2013 年 12 月 31 日收到租金

借：银行存款　　900 000

　　贷：长期应收款——应收融资租赁款　　900 000

2013 年 1～12 月分摊每月为实现融资收益 25 337.28÷12=2 111.44 元

借：未实现融资收益　　2 111.44

　　贷：租赁收入　　2 111.44

（3）发生或有租金

2012 年 12 月 31 日，根据合同规定向南开公司支付经营分享收入 30 000 元

借：应收账款　　30 000

　　贷：租赁收入　　30 000

2013 年 12 月 31 日，根据合同规定向南开公司支付经营分享收入 36 000 元

借：应收账款　　36 000

　贷：租赁收入　　36 000

（4）租赁期届满，担保余值与未担保余值均不存在，故不予会计处理，只在备查簿登记。

（三）出租人对融资租赁的列报

出租人应当在资产负债表中，将应收融资租赁款减去未实现融资收益的差额，作为长期债权列示。

出租人对于融资租赁，应当在附注中披露下列信息：

1. 资产负债表日后连续三个会计年度每年将收到的最低租赁收款额，以及以后年度将收到的最低租赁收款额总额。

2. 未实现融资收益的余额，以及分配未实现融资收益所采用的方法。

【课堂测试 8-3】

1. 下列固定资产应计提折旧的有（　　）。

A. 经营租出的固定资产　　B. 融资租出的固定资产

C. 经营租入的固定资产　　D. 融资租入的固定资产

2. 出租人至少应当于每年年度终了，对未担保余值进行复核。未担保余值增加的，不做调整。（　　）

3. 在租赁期开始日，出租人应当将租赁开始日最低租赁收款额与初始直接费用之和作为应收融资租赁款的入账价值，同时记录未担保余值。（　　）。

4. 租赁期届满时，出租人该如何进行会计处理？

第四节　售后租回的会计处理

一、售后租回交易的定义

售后租回，又称回租，是指资产的所有者将自有资产出售给购买者，然后再从该购买者处租回该项资产的一种特殊形式的租赁业务。该项租赁业务首先需要承租人（销货方）将资产出售给出租人（购买方），然后再向出租人以租赁的形式收回资产，获取资产的使用权。通过售后租回交易，资产的原所有者（即承租人）通过出售时将固定资金转化为所需货币资金，又通过回租的形式，分

期支付租金，以较小的代价，获取资产的使用权；而资产的新所有者（即出租人）通过售后租回交易，找了一个风险小、回报有保障的投资机会。

二、售后租回交易的会计处理

对于售后租回交易，无论是承租人还是出租人，均应按照会计准则的规定，将售后租回交易认定为融资租赁或经营租赁。对于出租人来讲，售后租回交易（无论是融资租赁还是经营租赁的售后租回交易）同其他租赁业务的会计处理没有什么区别。而对于承租人来讲，由于其既是资产的承租人同时又是资产的出售者，因此，售后租回交易同其他租赁业务的会计处理有所不同。对于出租人而言，售后租回则按一般的租赁业务处理。因此，企业会计准则中的规定实际上是从承租人的角度做出的。

售后租回交易的会计处理应根据其所形成的租赁类型而定，可按融资租赁和经营租赁分别进行会计处理。

（一）售后租回交易形成融资租赁

售后租回交易形成融资租赁的情况下，购买方（即出租人）所保留的与该项租赁资产的所有权有关的全部风险和报酬实质上转移给了销货方（即承租人），资产出售的售价与资产账面价值之间的差额（无论是售价高于资产账面价值还是低于资产账面价值）在会计上均未实现，而且售价的高低也会影响到租金的高低，无论出售时资产公允价值高于其账面价值与否，都不应将售价与资产账面价值之间的差额确认为当前收益，而是将差额予以递延，并按照该项租赁资产的折旧进度进行分摊，作为折旧费用的调整。按折旧进度进行分摊是指在对该项租赁资产计提折旧时，应按与该项资产计提折旧所采用的折旧率相同的比例对未实现售后租回损益进行分摊。对承租人而言具体账务处理如下：

1．出售资产时。按照固定资产账面净值，借记“固定资产清理”科目，按固定资产已提折旧额，贷记“累计折旧”科目，按固定资产原值，贷记“固定资产”科目，如果出售资产已经发生减值，还需要将计提的减值准备予以结转。

2．收到出售资产价款时。按收到的价款，借记“银行存款”等科目，按出售资产的账面价值，贷记“固定资产清理”，两者之间的差额，借记或贷记“递延收益——未实现售后租回损益”科目。

3．分配未实现售后租回损益。如果售价高于资产账面价值，则借记“递延收益——未实现售后租回损益”科目，贷记“制造费用”、“管理费用”等科目；如果售价低于资产账面价值，则做相反处理。

承租人租回资产时，以及租赁期间涉及到的其他处理与正常融资租赁同样处理。

【例 8-6】沿用【例 8-3】资料，假定 2011 年 1 月 1 日，滨海公司将一条生产线按 2 550 000 元的价格销售给南开公司。该生产线 2011 年 1 月 1 日的账面价值为 2 450 000 元，全新设备未提折旧。同时又签订了一份租赁合同将该生产线租回，该合同主要条款与【例 8-3】的合同条款相同。假定不考虑相关税费影响。

卖主（承租人）滨海公司的会计处理

（1）判断租赁类型。根据【例 8-3】资料判断该租赁属于融资租赁。

（2）计算未实现的售后租回损益。

未实现售后租回损益=售价－资产的账面价值=2 550 000－2 450 000＝100 000 元

2011 年 1 月 1 日，结转固定资产

借：固定资产清理　　2 450 000

　　贷：固定资产　　　　2 450 000

收回价款

借：银行存款　　　　2 550 000

　　贷：固定资产清理　　　　2 450 000

　　　　递延收益——未实现售后租回损益　100 000

（3）在折旧期内按折旧进度（直线法）分摊未实现售后租回损益，见表 8-4；

表 8-4　未实现售后租回损益分摊表

2011 年 1 月 1 日　　单位：元

日期	售价	固定资产账面价值	摊销期	分摊率	摊销额	未实现售后租回损益
2011.1.1	2 550 000	2 450 000	35 个月			100 000
2011.12.31				31.42%	31 420	68 580
2012.12.31				34.29%	34 290	34 290
2013.12.31				34.29%	34 290	0
合计	2 550 000	2 450 000			100 000	

2011 年 2～12 月每月分摊未实现售后租回损益 31420÷11=2 856.36 元

借：递延收益——未实现售后租回损益　2 856.36

　　贷：制造费用——折旧费　　　　2 856.36

2012 年与 2013 年每月的处理如上。

其他会计处理，同一般的融资租赁一样。

（二）售后租回交易形成经营租赁

如果售后租回交易认定为经营租赁的，售价与资产账面价值的差额应当予以递延，并在租赁期内按照与确认租金费用相一致的方法进行分摊，作为租金费用的调整。但是，有确凿证据表明售后租回交易是按照公允价值达成的，售价与资产账面价值的差额应当计入当期损益。承租人具体账务处理如下：

1．出售资产时。按照固定资产账面净值，借记“固定资产清理”科目，按固定资产已提折旧额，贷记“累计折旧”科目，按固定资产原值，贷记“固定资产”科目，如果出售资产已经发生减值，还需要将计提的减值准备予以结转。

2．收到出售资产价款时。按收到的价款，借记“银行存款”等科目，按出售资产的账面价值，贷记“固定资产清理”，两者之间的差额，借记或贷记“递延收益——未实现售后租回损益”科目。

3．分配未实现售后租回损益。如果售价高于资产账面价值，则借记“递延收益——未实现售后租回损益”科目，贷记“制造费用”、“管理费用”等科目；如果售价低于资产账面价值，则做相反处理。

承租人租回资产时，以及租赁期间涉及到的其他处理与正常经营租赁同样处理。

【例 8-7】假定 2010 年 1 月 1 日，滨海公司将全新市价为 95 000 元的办公设备一台，按照 100 000 元的价格售给南开公司，该设备 2010 年 1 月 1 日的账面价值为 90 000 元，公允价值为 90 000 元，并立即签订了一份租赁合同，每年末支付租金 20 000 元，租期 4 年，该设备的使用年限为 10 年。

卖主（承租人）的会计处理

（1）判断租赁类型。根据资料不符合融资租赁的确认条件，确定该项租赁为经营租赁。

（2）计算未实现的售后租回损益

未实现售后租回损益=售价－资产的账面价值=100 000－90 000=10 000 元

2011 年 1 月 1 日，结转固定资产成本

借：固定资产清理　　　90 000

　　贷：固定资产　　　　　　90 000

收回价款

借：银行存款　　　　　100 000

　　贷：固定资产清理　　　　　90 000

递延收益——未实现售后租回损益 10 000

（3）在折旧期内按租金支付比例分摊未实现售后租回损益，见表 8-5；

表 8–5 未实现售后租回损益分摊表

2011 年 1 月 1 日　　单位：元

日期	售价	固定资产账面价值	支付的租金	分摊率	摊销额	未实现售后租回损益
2010.1.1	100 000	90 000				100 000
2010.12.31			20 000	25%	2 500	7 500
2011.12.31			20 000	25%	2 500	5 000
2012.12.31			20 000	25%	2 500	2 500
201312.31.			20 000	25%	2 500	0
合计	100 000	90 000	80 000		10 000	

2010 年 2～12 月每月分摊未实现售后租回损益 2500÷11=227.27 元

借：递延收益——未实现售后租回损益 227.27

　　贷：管理费用 227.27

2011 年～2013 年每月的处理如上。

其他会计处理，同一般的经营融资租赁一样。

但是，有确凿的证据表明，售后租回交易是按照公允价值达成的，公允价值与资产账面价值之间的差额应当计入当期损益，不予递延。

在这种情况下，上例中，向南开公司出售设备时：

借：银行存款 100 000

　　贷：固定资产清理 90 000

　　　　营业外收入 10 000

（三）售后租回的信息披露

承租人和出租人应当披露各售后租回交易以及售后租回合同中的重要条款。

【课堂测试 8-4】

1．关于售后租回交易正确的是（　　）。

A．售后租回交易认定为融资租赁的，售价与资产账面价值之间的差额应当予以递延，并按照租赁期内租金支付比例进行分摊，作为折旧额的调整

B．售后租回交易认定为经营租赁的，售价与资产账面价值之间的差额应当予以递延，然后在租赁期内按照与确认租金费用相一致的方法进行分摊，作为租金费用的调整

C. 对出租方来讲，售后租回交易同其它租赁业务的会计处理相同；对于承租方，售后租回交易同其它租赁业务的会计处理也相同

D. 对出租方来讲，售后租回交易同其它租赁业务的会计处理相同；对于承租方，售后租回交易同其它租赁业务的会计处理不同

2. 在售后租回交易下，发生的销售收益应予以递延，发生的销售损失应根据谨慎性原则的要求，全部确认为当期损失。(　　)

本章小结

承租人和出租人应当在租赁开始日将租赁分为融资租赁和经营租赁。如果在租赁期届满时，租赁资产的所有权转移给承租人；承租人有购买租赁资产的选择权，所订立的购买价款预计将远低于行使选择权时租赁资产的公允价值；租赁期占租赁资产使用寿命的大部分；承租人在租赁开始日的最低租赁付款额现值，几乎相当于租赁开始日租赁资产公允价值；出租人在租赁开始日的最低租赁收款额现值，几乎相当于租赁开始日租赁资产公允价值；租赁资产性质特殊，如果不做较大改造，只有承租人才能使用。满足上述一条或数条标准的就可以认定为融资租赁；经营租赁是指除融资租赁以外的其他租赁。

对于承租人而言，在经营租赁下支付的租金（在出租人承担了承租人的某些费用的情况下，承租人应将该费用从租金总额中扣除）应当在租赁期内（包含免租期）按照直线法或其他合理的方法确认为当期损益；对于发生的初始直接费用，应当计入当期损益；或有租金在实际发生时计入当期损益。在融资租赁下，承租人要将租入资产按照租赁资产在租赁开始日公允价值与最低租赁付款额的现值较低者作为资产的入账价值，同时将最低租赁付款额作为长期应付款入账，两者之间的差额作为未确认融资费用，并将未确认融资费用在租赁期间内采用实际利率法进行分摊。租赁期内，承租人应当采用与自有固定资产相一致的折旧政策计提租赁资产折旧。对于发生的初始直接费用计入租赁资产的价值，或有租金在实际发生时则计入当期损益。租赁期届满时，承租人一般存在三种选择：返还租赁资产、优惠续租租赁资产以及留购租赁资产。

对于出租人而言，在经营租赁下收取的租金（在出租人承担了某些费用的情况下，应将该费用从租金总额中扣除）在租赁期内（包括免租期）按直线法或其他合理的方法确认为当期损益；出租人发生的初始直接费用，应当计入当期损益；或有租金应当在实际发生时计入当期损益。对于发生的融资租赁，在租赁期开始日，出租人应当将租赁开始日最低租赁收款额与初始直接费用之和作为应收融资租赁款的入账价值，同时记录未担保余值；将最低租赁收款额、

初始直接费用及未担保余值之和与其现值之和的差额确认为未实现融资收益。并按实际利率法将未确认融资收益在租赁期内各个期间进行分配。或有租金在实际发生时计入当期损益。

售后租回是一种特殊形式的租赁活动。无论是承租人还是出租人，均应按照会计准则的规定，将售后租回交易认定为融资租赁或经营租赁。出租人按照一般的租赁业务进行处理。承租人的处理会有所不同。售后租回交易形成融资租赁的情况下，资产售价与账面价值之间的差额予以递延，并按照该项租赁资产的折旧进度进行分摊，作为折旧费用的调整。如果售后租回交易认定为经营租赁的，资产售价与资产账面价值的差额应当予以递延，并在租赁期内按照与确认租金费用相一致的方法进行分摊，作为租金费用的调整。但是，有确凿证据表明售后租回交易是按照公允价值达成的，售价与资产账面价值的差额应当计入当期损益。

篇后案例

融资租赁和经营租赁的相关税务处理

《国家税务总局关于融资租赁业务征收流转税问题的通知》规定，对中国人民银行批准经营融资租赁业务的单位所从事的融资租赁业务，无论租赁的货物的所有权是否转让给承租方，均按照《中华人民共和国营业税暂行条例》的有关规定征收营业税，不征收增值税。其他单位从事的融资租赁业务，租赁的货物的所有权转让给承租方，征收增值税，不征收营业税；租赁的货物的所有权未转让给承租方，征收营业税，不征收增值税。补充规定中，还提到，有关部门批准的经营融资租赁业务的外商投资和外国企业开展的融资租赁业务，与经中国人民银行批准的经营融资租赁业务的内资企业开展的融资租赁业务同样对待，按照融资租赁征收营业税。

经营租赁租入的固定资产，因为资产的所有权归出租方，承租方发生并承担的固定资产改良支出只能作为递延资产（长期待摊费用）处理，并在剩余租赁期间与租赁资产尚可使用年限两者中较短的期间内，采取合理的方法合理单独计提折旧。同时，对于纳税人以经营租赁方式从出租方取得固定资产，其符合独立纳税人交易原则的租金根据收益期间均匀扣除。所以纳税人根据生产经营需要租入固定资产的，所发生的租赁费，可以据实扣除。

核心概念

租赁（lease）
融资租赁（financing lease）
经营租赁（operating lease）
售后租回（sale-leaseback）
最低租赁付款额（the minimum lease payments）
最低租赁收款额（the minimum lease collects）
或有租金（contingent rent）

思考题

1．融资租赁的判断标准是什么？
2．承租人对于融资租赁该如何进行会计处理？
3．如何在财务报告中披露租赁业务信息？
4．售后租回交易如何进行会计处理？

练习题

（一）单项选择题

1．下列各项中，不属于初始直接费用的有（　）。

A．佣金　　B．履约成本
C．差旅费　　D．租赁合同的印花税

2．或有租金支付时，如果以物价指数变动计算依据，则应记入的科目是（　）。

A．制造费用　　B．管理费用
C．销售费用　　D．财务费用

3．融资租入固定资产的入账价值是（　）。

A．应付租赁款
B．租赁开始日资产公允价值
C．应付租赁款加运杂费
D．租赁开始日租赁资产公允价值与最低租赁付款额的现值二者中较低者

4．某企业融资租入一台设备，租赁开始日租赁资产公允价值为 850 000 元，于每年年底支付租金，每次 300 000 元，分 4 年付清。假使年金现值系数为 3.312，

则该固定资产的入账价值为（　　）元。

A．850 000　　B．1 200 000　　C．700 000　　D．933 600

5．在租赁开始日，承租人通常应当将租赁开始日租赁资产公允价值与最低租赁付款额的现值两者中较低者作为租入资产的入账价值，将（　　）作为长期应付款的入账价值，并将两者的差额记录为未确认融资费用。

A．最低租赁付款额　　B．最低租赁收款额

C．最低租赁付款现值　　D．最低租赁收款额现值

6．租赁开始日是指（　　）。

A．承租人进行会计处理的日期

B．租赁各方就主要租赁条款做出承诺日

C．是指租赁协议日与租赁各方就主要租赁条款做出承诺日中的较早者

D．是指租赁协议日与租赁各方就主要租赁条款做出承诺日中的较晚者

7．承租人在融资租赁谈判和签订租赁合同过程中发生的、可直接归属于租赁项目的手续费、律师费、差旅费等初始直接费用，应当确认为（　）。

A．当期损益

B．租入资产价值

C．当期费用和租赁成本

D．其他应收款

8．某项融资租赁合同，租赁期为7年，每年年末支付租金1 000 000元，承租人担保的资产余值为 500 000 元，与承租人有关的 A 公司担保余值为100 000元，租赁期间，履约成本共500 000元，或有租金200 000元。独立于承租人和出租人、但在财务上有能力担保的第三方担保的资产余值为 300 000元，未担保余值为100 000元。就出租人而言，最低租赁收款额为（　　）元。

A．7 700 000　　B．20 900 000　　C．7 900 000　　D．3 400 000

9．承租人对融资租赁期间未确认融资费以（　　）分摊。

A．实际利率法　B．直线法　C．工作量法　D．加速折旧法

10．承租人以出租人的租赁内含利率为折现率将最低租赁付款额折现、且以该现值作为租赁资产入账价值的，应当将（　）作为未确认融资费用的分摊率。

A．租赁内含利率

B．合同利率

C．银行同期贷款利率

D．使最低租赁付款额的现值等于租赁资产公允价值的折现率

11．未担保余值，指租赁资产余值中扣除就（ ）而言的担保余值以后的资产余值。

A．承租人 B．承租人和出租人

C．第三方 D．出租人

12．2008 年 1 月 1 日，甲公司从乙公司经营租入设备一台。租赁期为 5 年，第 1 年免租金；第 2 年和第 3 年各支付租金 20 0000 元；第 4 年和第 5 年各支付租金 30 0000 元；租金总额共计 500 000 元。甲公司在租赁期的第 1 年和第 2 年应确认的租金费用分别为（ ）元。

A．0、100 000 B．0、200 000

C．0、125 000 D．100 000、100 000

13．未确认融资费用在租赁期内分摊时计入（ ）。

A．财务费用 B．销售费用 C．管理费用 D．制造费用

14．下列有关售后回租的论述中，错误的是（ ）。

A．当售后回租形成融资租赁时，售后回租的收益应在折旧期内平均分摊，以调整各期的折旧费用

B．当售后回租形成经营租赁时，售后回租的损失应在租期内按租金支付的比例来分摊

C．由于所售商品的主要控制权并未转移，因此，售后回租不能做收入确认

D．售后回租本质上是一种融资手段

15．如果售后租回交易形成一项融资租赁，售价与资产账面价值之间的差额应予递延，并按（ ）进行分摊，作为折旧费用的调整。

A．该项租赁资产的折旧进度 B．直线法

C．按照租金支付比例 D．工作量法

（二）多项选择题

1．在对租赁分确认融资租赁还是经营租赁时，应考虑（ ）。

A．承租人是否有租赁资产的优惠购买选择权

B．租赁期占租赁资产使用年限的比例

C．租赁期届满时，租赁资产所有权是否转移给承租人

D．租赁开始日最低租赁付款额或收款额与租赁资产公允价值的比率

2．租赁按照投资形式分类有下列几种形式（ ）。

A．售后租回 B．杠杆租赁 C．直接租赁 D．转租赁

3．下列关于经营租赁的特点，描述正确的是（ ）。

A．租赁资产性质特殊，如不做较大修整，只有承租人才能使用

B．出租人一般需要经营多次出租，才能收回对租赁资产的投资

C．承租人只是为了经营上的临时需要

D．租赁期满后，承租人有购买租赁资产的选择权

4．下列选项可以构成最低租赁付款额的有（　）。

A．或有租金

B．履约成本

C．承租人担保的资产余值

D．承租人应支付或可能被要求支付的各种款项

5．承租人在租赁业务中发生的下列各项费用中，属于履约成本的有（　）。

A．人员培训费　　B．维修费

C．印花税　　D．技术咨询和服务费

6．下列选项关于最低租赁收款额的说法错误的有（　）。

A．最低租赁收款额与最低租赁付款额在金额上是相等的

B．最低租赁收款额是在最低租赁收款额基础上加上独立于承租人和出租人的第三方对出租人担保的资产余值

C．最低租赁收款额要考虑或有租金和履约成本

D．最低租赁收款额是在最低租赁收款额基础上加上由承租人或与其有关的第三方担保的资产余值

7．如果承租人有购买租赁资产的选择权，所订立的购价预计将远低于行使选择权时租赁资产的公允价值，则最低租赁付款额应包括（　）。

A．购买价格

B．承租人应支付或可能被要求支付的各种款项

C．担保余值

D．或有租金

8．以下关于融资租赁业务正确的表述有（　）。

A．租赁期内为租赁资产支付的保险费属于履约成本计入当期损益

B．承租方为初始租赁合同支付的印花税属于初始直接费用计入资产价值

C．承租方或相关方担保的资产余值是指租赁开始日估计的租赁期满时资产的公允价值

D．或有租金计入承租人的当期损益

9. 承租人对于重大的经营租赁，应当在附注中披露下列信息（　　）。
   A. 资产负债表日后连续三个会计年度每年将支付的不可撤销经营租赁的最低租赁付款额
   B. 以后年度将支付的不可撤销经营租赁的最低租赁付款额总额
   C. 租入资产计提折旧信息
   D. 租赁过程中发生的或有租金以及履约成本
10. 未确认融资费用的分摊率可以选择（　　）。
   A. 出租人的租赁内含率
   B. 合同规定的利率
   C. 银行同期贷款利率
   D. 使最低租赁付款额的现值等于租赁资产公允价值的折现率
11. 关于出租人对未担保余值的处理说法正确的有（　　）。
   A. 出租人应当至少于每年年度终了，对未担保余值进行复核
   B. 未担保余值增加的，不做调整
   C. 有证据表明未担保余值已经减少的，应当重新计算租赁内含利率，将由此引起租赁投资净额的减少，计入当期损益
   D. 已确认损失的未担保余值得以恢复的，应当在原已确认的损失金额内转回，并重新计算租赁内含利率
12. 租赁业务中，下列应于实际发生时计入当期损益的有（　　）。
   A. 融资租赁中承租人发生的初始直接费用
   B. 经营租赁中承租人发生的初始直接费用
   C. 融资租赁中的或有租金
   D. 经营租赁中出租人发生的初始直接费用
13. 对于下列融资租赁事项，出租人需要在财务报告中披露的有（　　）。
   A. 未实现融资收益的余额
   B. 分配未实现融资收益所采用的方法
   C. 融资租赁资产的未担保余额
   D. 资产负债表日后连续三个会计年度内每年收到的最低租赁收款额及以后年度将收到的最低租赁收款额的总额
14. 承租人对于融资租赁，应当在附注中披露下列信息（　　）。
   A. 各类租入固定资产的期初和期末原价、累计折旧额
   B. 资产负债表日后连续三个会计年度每年将支付的最低租赁付款额，以及以后年度将支付的最低租赁付款额总额

C．未确认融资费用的余额

D．分摊未确认融资费用所采用的方法

15．下列关于融资租赁租赁期届满时的处理正确的有（　　）。

A．租赁期届满，承租人有三种选择返还租赁资产、优惠续租以及购买租赁资产

B．承租人将租赁资产返还时，不论是否存在担保余值或未担保余值账务处理相同

C．如果承租人行使优惠续租选择权，则视同该项租赁一直存在而做出相应的会计处理

D．承租人返还租赁资产，若租赁资产存在担保余值，不存在未担保余值时，如果收回资产的价值低于担保余值，出租人则应向承租人收取一定的补偿

（三）判断题

1．经营租赁是指实质上转移了与资产所有权相关的主要风险和报酬的租赁。（　）

2．承租人对经营租入的固定资产，应计提折旧。（　　）

3．在经营租赁下，如果出租人向承租人提供了免租期，由于在免租期内承租人不需要支付租金，因此也不必确认租金费用。（　　）

4．承租人对于经营租赁的资产不需要在资产负债表中列示，但是对于重大的经营租赁，应当在附注中披露相关信息（　　）

5．承租人对融资租赁固定资产计提折旧时折旧期间应与该租入资产的预计使用寿命相同。

6．承租人确定的最低租赁付款额与出租人确定的最低租赁收款额一定是相等的。（　　）

7．承租人应当在资产负债表中，将与融资租赁相关的长期应付款减去未确认融资费用的差额，分别在一年内到期的长期负债项目和长期负债项目中进行列示。（　　）

8．经营租赁下，承租人确认租金费用时不需要考虑免租期的影响。（　　）

9．直接租赁是指购置租赁资产所需资金全部由出租人垫付，并将购入资产租给承租人并收取租金的租赁业务。（　　）

10．经营租赁下，承租人对于租赁合同谈判期间发生的差旅费计入租赁资产的账面价值。（　）

11．融资租赁期届满，承租人留购租赁资产支付的价款，借记长期应付款

科目，贷记银行存款等科目。（ ）

12．融资租赁下，出租人对未实现融资收益应当在租赁期内各个期间进行分配，并采用实际利率法计算确认当期的融资收入。（ ）

13．融资租赁下，出租人应当至少于每年年度终了，对未担保余值进行复核。（ ）

14．售后租回交易形成融资租赁的，要将售价与资产账面价值之间的差额确认为当前收益。（ ）

15．如果售后租回交易认定为经营租赁的，售价与资产账面价值的差额应当予以递延，并在租赁期内按照与确认租金费用相一致的方法进行分摊，作为租金费用的调整。（ ）

（四）核算题

1. 2011 年 12 月 1 日，滨海公司与南开公司签订了一份生产设备租赁合同。合同主要条款如下：

（1）租赁标的物：甲生产设备。

（2）租赁期开始日：2012 年 1 月 1 日。

（3）租赁期：2012 年 1 月 1 日至 2013 年 12 月 31 日。

（4）租金支付方式：2012 年至 2013 年每年年末支付租金 4 000 000 元。

（5）租赁开始日，该设备的账面价值和公允价值均为 80 000 000 元，预计使用年限为 10 年。如无其他情况，出租人于租赁期届满收回该设备。租赁期届满后，南开公司收回该设备。

要求：根据上述资料，分别做出滨海公司和南开公司会计处理。

2．假设 2010 年 12 月 31 日，滨海公司向南开公司租入某项办公设备，签订了租赁合同，合同主要条款如下：

（1）租赁的标的物：某项办公设备

（2）起租日：2011 年 1 月 1 日

（3）租赁期：2011 年 1 月 1 日——2013 年 12 月 31 日，共 36 个月

（4）租金支付：自租赁开始日每隔 6 个月于月末支付租金 450 000 元

（5）该设备的保险、维护等费用均由滨海公司担负估计每年 50 000 元

（6）租赁合同规定的利率为 7%

（7）该设备在 2011 年 1 月 1 日的公允价值为 240 0000 元，该设备的估计使用年限为 5 年，期满无残值，承租人采用年限平均法计提折旧。

(8)租赁期届满时，滨海公司享有优惠购买该设备的选择权，购买价为 3 000 元，估计该日租赁资产的公允价值为 240 000 元。租赁期届满时，滨海公司预

计将购买该资产。

滨海公司在该项目租赁谈判和签订租赁合同过程中发生手续费、差旅费共计 3 000 元。

已知：利率为 7%，期数为 3 期的普通年金现值系数为 2.6243；利率为 7%，期数为 3 期的复利现值系数为 0.8163。

要求：根据以上经济业务，做出滨海公司账务处理。

3．滨海公司于 2010 年 12 月 10 日与南开公司签订了一份租赁合同租入设备，合同主要条款和其他有关条件如下：

（1）租赁标的物：A 生产设备。

（2）租赁期开始日：2011 年 1 月 1 日。

（3）租赁期：2011 年 1 月 1 日至 2013 年 12 月 31 日。

（4）租金支付：2011 年至 2014 年每年年末支付租金 800 万元。

（5）A 生产设备在 2010 年 12 月 31 日的公允价值为 3 100 万元，已使用 3 年，预计还可使用 5 年。

（6）租赁合同规定的年利率为 6%。

（7）2013 年滨海公司根据该设备所生产甲产品的年销售收入的 1%向乙公司支付经营分享收入。

（8）滨海公司在租赁谈判和签订租赁合同过程中发生可归属于租赁项目的手续费、差旅费 7 100 元。

其他资料：长江公司对该设备采用年限平均法计提折旧，预计设备寿命期满后预计净残值为 0。2013 年度滨海公司甲产品的销售收入为 2 000 万元。

已知：利率为 6%，期数为 3 期的普通年金现值系数为 2.6730；利率为 6%，期数为 3 期的复利现值系数为 0.8396。

要求：

（1）判断租赁类型，并说明理由。

（2）计算租赁资产入账价值和未确认融资费用。

（3）编制长江公司在租赁期开始日的有关会计分录。

（4）编制长江公司 2011 年至 2013 年与该项租赁业务相关的会计分录。

4．假设 2009 年 1 月 1 日，滨海公司将公允价值为 58 000 000 元全新办公用房一套，按照 60 000 000 元的价格售给乙公司，并立即签订了一份租赁合同，从南开公司租回该办公用房，租期为 4 年。办公用房原账面价值 58 000 000 元，预计使用年限为 25 年。租赁合同规定，在租期的每年年末支付租金 600 000 元。租赁期满后预付租金不退回，南开公司收回办公用房使用权（假设滨海公司和南开公司均在年末确认租金费用和经营租赁收入并且不存在租金逾期支付的情况）。

要求：（1）判断租赁类型并计算并分摊未实现售后租回损益；

（2）做出滨海公司出售并租回办公用房的会计分录以及分摊未实现售后租回损益的会计分录。

第九章　金融工具会计

【学习目标】

本章以我国财政部发布的四项与金融工具有关的会计准则，即《金融工具的确认和计量》、《金融资产转移》、《套期保值》和《金融工具列报》为依据，通过本章学习，了解金融工具的特征、分类；了解金融工具会计和财务报告列报；掌握金融工具特别是衍生金融工具的会计确认、计量；掌握公允价值套期、现金流量套期和境外经营净投资套期。

开篇案例

20 世纪 70、80 年代以来，随着布雷顿森林体系的解体，金融自由化和石油危机的强烈冲击使得金融市场中的风险和不确定性急剧增加，为规避和分散风险，防范未来融资的不确定性，金融创新层出不穷并在短短几十年内席卷全球。衍生金融工具也是在这一时期脱颖而出，成为世界经济的宠儿。毋庸置疑，衍生金融工具由于其杠杆性、产品设计灵活等特点以有效地分散风险，降低资本成本，提高经济效益。但近年来，英国皇家巴林银行倒闭、日本住友商社所遭受的巨额损失再到中航油违规操作购买原油期货造成巨额亏损等如此触目惊心的事件也表明衍生金融工具蕴含着巨大的风险。如何在金融市场中对衍生金融工具风险进行防范？如何进行会计处理？我们不得不关注。

第一节　金融工具会计概述

一、金融工具概念

金融工具是指形成一个企业的金融资产，并形成其他单位的金融负债或权益性工具的合同。具体包括：

（一）现金；

（二）在某一主体内拥有业主权益的证据；

（三）以下两种合同：

1. 使某一主体承担如下的合同义务：（1）将现金或其他金融工具交付给另一主体，或（2）在潜在不利的条件下与另一主体交换金融工具；

2. 将如下的合同权利转让给另一主体：（1）从该主体收取现金或其他金融工具，或（2）在潜在有利的条件与该主体交换其他金融工具。

金融工具的定义中涉及三个概念即金融资产、金融负债和权益性工具。金融资产是从金融工具持有者的角度来定义的，而金融负债和权益性工具则是从金融工具发行者的角度来定义的。

金融资产，指企业的下列某项资产：（1）现金；（2）持有的其他单位的权益工具；（3）从其他单位收取现金或其他金融资产的合同权利；（4）在潜在有利的条件下，与其他单位交换金融工具的合同权利；（5）将来须用或可用企业自身权益工具进行结算的非衍生工具的合同权利，企业根据该合同将收到非固定数量的自身权益工具；（6）将来须用或可用企业自身权益工具进行结算的衍生工具的合同权利，但企业以固定金融的现金或其他金融资产换取固定数量的自身权益工具的衍生工具合同权利除外。其中，企业自身权益工具不包括本身就是在将来收取或支付企业自身权益工具的合同。

金融负债，指企业的下列某项负债：（1）向其他单位交付现金或其他金融资产的合同义务；（2）在潜在不利的条件下，与其他单位交换金融工具的合同义务；（3）将来须用或可用企业自身权益工具进行结算的非衍生工具的合同义务，企业根据该合同将交付非固定数量的自身权益工具；（4）将来须用或可用企业自身权益工具进行结算的衍生工具的合同义务，但企业以固定金融的现金或其他金融资产换取固定数量的自身权益工具的衍生工具合同义务除外。其中，企业自身权益工具不包括本身就是在将来收取或支付企业自身权益工具的合同。

权益工具，指能证明拥有某个业主在扣除所有负债后的资产中的剩余权益的合同。

二、衍生金融工具的定义

一般地说，金融工具中，如现金、企业应收款和应付款、债务证券（就发行者而言即应付债券）或债权证券（就持有者而言属于短期或长期投资）、权益证券（普通股和各类优先股票，按现行资产负债表结构都归入股东权益），属于资产负债表的表内项目，在财务会计中已经学习过。所以在学习和研究本章时，主要针对现行会计未予确认的衍生金融工具的会计核算与报告问题。

衍生金融工具，即衍生金融产品，也称为金融衍生工具，有时也称衍生工具，也可称衍生品。衍生工具是指具有以下特征的金融工具或其他合同：（1）其价值随特定利率、金融工具价格、商品价格、汇率、价格指数、费率指数、信用等级、信用指数或其他类似变量的变动而变动，变量为非金融变量的，该变量与合同的任一方不存在特定关系；（2）不要求初始净投资，或与对市场情况变化有类似反应的其他类型合同相比，要求很少的初始净投资；（3）在未来某一日期结算。

衍生金融工具在形式上都是将在远期执行的经济合约。衍生金融工具一般以一个或几个基本金融工具作为标的，也就是说衍生金融是从基本金融工具派生来的。签约的目的，不仅能为交易者转移风险，即套期避险，还可利用合同期间标的变动的不确定性，伺机投机牟利。签约时不要求净投资，如用于套期保值的外汇远期合约；或只要求很少的净投资，如期权合约在签约时需交纳的期权费或权利金。衍生金融工具的持有者往往可以自由选择在未来某一日期结算交割，而且可以采用净额交割的方式，也就是按衍生工具的价值变动额进行结算，应该指出，净额交割极大地方便了投机活动。

三、衍生金融工具的分类

衍生金融工具包括的内容很多，从不同的角度可以进行不同的分类。比较常见的分类方法主要有：

（一）按照不同的交易方法与特点分类

按照衍生金融工具的交易方法和特点分类，衍生金融工具分为以下四类：

1．金融远期

金融远期是指合约双方同意在未来一定日期按一定价格交换金融资产的合约，主要由远期外汇合约、远期股票合约、远期利率协议等构成。

2．金融期货

金融期货是指买卖双方在有组织的交易所内以公开竞价形式达成的、在将来某一特定时间交收标准数量特定金融工具的合约，主要由外汇期货、利率期货、股票指数期货等构成。

3．金融期权

金融期权是指合约双方按约定价格在约定日期内就是否买卖某种金融工具达成的协议，主要由现货期权、期货期权和可转换债券、认股权证等构成。

4．金融互换

金融互换是指两个或两个以上当事人按共同商定的条件，在约定时间内交换一定支付款项的金融交易，主要由货币互换和利率互换构成。

（二）按照不同的使用方向分类

按照衍生金融工具的不同使用方向，衍生金融工具又可以分为以下三类：

1．股票市场中的衍生金融工具

股票市场中的衍生金融工具是指合约双方的交易都被限定于股票一级市场和二级市场，即股票市场中以合约为主要表现形式的跨期交易。运用于一级市场中的衍生金融工具主要是可转换债券和认股权证，运用于二级市场的衍生金融工具则主要是股票指数期货、股票指数期权以及在此基础上的混合交易合约。

2．外汇市场中的衍生金融工具

外汇市场中的衍生金融工具是指合约双方的交易被限定于与外汇有关的各类跨期业务，主要包括外汇远期、外汇期货、外汇期权、货币互换以及在此基础上的混合交易合约。

3．利率市场中的衍生金融工具

利率市场中的衍生金融工具是指以利率或者利率的载体（如债券）为基础工具的衍生金融工具，主要包括利率期货，利率期权、利率互换、远期利率协议以及在此基础上的混合交易合约。

（三）按照不同的交易性质分类

按照衍生金融工具的不同交易性质，衍生金融工具还可以分为以下两类：

1．远期交易性质的衍生金融工具

远期交易性质的衍生金融工具是指交易双方签订并履行的在将来某一日期按一定条件进行交易的合约，主要是金融远期、期货合约和互换合约。

2．选择权交易性质的衍生金融工具

选择权交易性质的衍生金融工具是指交易双方虽签约在未来进行交易，但合约购买方有权选择履行与否的合约，主要有期权合约、认股权证、可转换债券、利率上限、利率下限等。

衍生金融工具的分类不是一成不变的。随着衍生金融工具日新月异，上述分类的界限正在模糊，由两种、三种甚至更多不同种类衍生金融工具及其他金融工具经过变化、组合及合成过程创造出来的再衍生金融工具和合成衍生金融工具正在出现。而且，世界上一些大的金融机构还能够根据用户的特殊需要设计出相应的衍生金融工具并为之创造市场，这些因素都将影响刚刚确定的衍生金融工具的分类方法。

【课堂测试9-1】

1．金融衍生工具产生的直接动因是（　　）。

A．规避风险和套期保值

B．金融创新

C．投机者投机的需要

D．金融衍生工具的高风险高收益刺激

2．金融衍生工具依照（　　）可以划分为股票市场中衍生金融工具、外汇市场中衍生金融工具、利率市场中衍生金融工具。

A．不同使用方向　　B．不同交易性质

C．不同的交易方法与特点　　D．交易场所

3．下面不属于独立衍生工具的是（　　）。

A．可转换公司债券　　B．远期合同

C．期货合同　　D．互换和期权

4．金融衍生工具交易一般只需要支付少量的保证金或权利金就可签订远期大额合约或互换不同的金融工具，这是金融衍生工具的（　　）特性。

A．跨期性　　B．联动性

C．杠杆性　　D．不确定性或高风险性

第二节　金融工具确认与计量

本节主要解决衍生金融工具业务以及以套期为目的的金融工具业务的确认、计量和披露。

一、金融工具确认与计量

确认是将符合要素定义和确认标准的项目计入资产负债表或利润表的过程。确认金融工具的目的是为了把金融工具代表的权利、义务纳入资产负债表，相关的收益或损失纳入利润表，以避免把因合约标的物在金融市场上的价格变动而导致的风险和报酬反映在表外。会计确认的关键，除了符合财务报表要素的定义外，还必须符合确认的条件。一项符合要素定义的项目在符合以下条件时就应确认：（1）与该项目有关的未来经济利益将会流入或流出企业；（2）对该项目的成本或价值能可靠地加以计量。

（一）金融工具的确认

企业从事金融工具业务的结果不外乎有利或不利两种。金融工具代表了符合资产或负债定的权利或义务，因此，应该在财务报表中予以确认。在有利的情况下，金融工具的结算导致现金或其等价物的流入，或者收到金融资产或非金融资产，因此，它是代表可预期的未来经济利益的权利；反之，在不利的情况下，企业在金融工具结算时，需要支付现金、交付金融资产或非金融资产，即承担了可预期的经济利益的未来牺牲。它们符合资产、负债的基本特征。因此，当企业成为金融工具合约条款的一方时，应该在资产负债表内确认金融资产或金融负债。

1．金融工具的初始确认

当企业成为金融工具合同的一方时，应当确认一项金融资产或金融负债。金融资产在初始确认时，应将金融资产划分为四类：（1）以公允价值计量且其变动计入当期损益的金融资产，包括交易性金融资产和指定为以公允价值计量且其变动计入当期损益的金融资产；（2）持有至到期投资；（3）贷款和应收账款；（4）可供出售金融资产。

金融负债在初始确认时，应将其划分为交易性金融负债和指定为以公允价值计量且其变动计入当期损益的金融负债；或者其他金融负债。

2．金融工具的终止确认

金融资产满足下列条件之一时终止确认：（1）收取该金融资产现金流量的合同权利终止。（2）该金融资产已转移，且符合金融资产终止确认条件。

金融负债的现时义务全部或部分已经解除的，才能终止确认金融负债或其一部分。

（二）金融工具的计量

以公允价值计量衍生金融工具能够向财务报表使用者提供有用的会计信息。尤其是企业取得衍生金融工具时的成本很小甚至为零，与其公允价值相比，历史成本不能提供金融工具的价值。同时，以公允价值计量金融工具必然导致未实现损益，未实现损益的会计处理备受关注。

与会计初始确认和后续确认相对应，金融工具计量包括初始计量和后续计量。

1．初始计量

金融工具初始计量时按照取得时的公允价值计量。发生的交易费用，在计量金融工具时根据不同情况区别对待，详见表 9-1 所示。金融资产或金融负债的公允价值，通常以市场交易价格为基础确定。企业在从事金融工具业务时发生的可直接归属于购买、发行或处置金融工具新增的外部费用，属于交易费用。

2．后续计量

金融资产或金融负债公允价值变动形成的利得或损失，除与套期保值有关外，按如下规定处理。以套期为目的进行金融工具交易产生的未实现利得或损失依据套期保值的类型进行会计核算。

表 9–1

分类	初始计量	后续计量	对损益的影响
以公允价值计量且其变动计入当期损益的金融资产 / 负债	取得时的公允价值； 交易费用计入当期损益	公允价值	计入当期损益
持有至到期投资	取得时的公允价值； 交易费用计入初始确认金额	摊余成本	—
贷款和应收账款	取得时的公允价值； 交易费用计入初始确认金额	摊余成本	—
可供出售金融资产	取得时的公允价值； 交易费用计入初始确认金额	公允价值	发生时计入所有者权益，终止确认时计入损益
其他金融负债	取得时的公允价值； 交易费用计入初始确认金额	摊余成本	—

二、以投资为目的的金融工具的会计核算

以投资为目的的金融工具的会计核算主要指衍生金融工具的确认与计量。

（一）远期合约会计处理

远期合约是衍生工具的最基本的类别，常用于为特定目标的避险。企业在签订合约时，应同时确认一项金融资产和金融负债。作为投机目的远期合约，在初始确认后，以公允价值对远期合约进行后续计量。远期合约进行后续计量产生的利得或损失，计入当期损益。

【例 9-1】某公司预期某外币（FC）汇率将下跌。与外汇银行于 12 月 1 日签订了将于次年 1 月 30 日按 FC∶LC（本币）＝1∶0.2 100 的汇率卖出 FC1 000 000 的远期外汇合约。有关汇率如下表所示：

表 9–2

日期	即期汇率（FC：LC）	相对于 1 月 30 日的远期汇率（FC：LC）
12 月 1 日（交易日）	1：0.2 200	1：0.2 100
12 月 31 日（资产负债表日）	1：0.2 150	1：0.2 050
次年 1 月 30 日（结算日）	1：0.2 000	1：0.2 000

该公司有关该远期合约的会计处理为：

（1）12 月 1 日，签订出售 FC 的外汇远期合约：

借：应收远期合约　　210 000

　　贷：衍生工具——外汇远期合约　　210 000

（2）12 月 31 日，FC 汇率下降，确认外汇远期合约利得：

借：衍生工具——外汇远期合约　5 000

　　贷：期汇损益　　5 000

外汇远期合约收益＝1 000 000×（0.2100－0.2050）

（3）1 月 30 日，按约定汇率卖出 FC，收到 LC210 000

借：应付期汇合约　　210 000

　　贷：银行存款　　205 000

　　　　期汇损益　　5 000

外汇远期合约损益＝1 000 000×（0.2050－0.2000）

借：银行存款　　210 000

　　贷：应收期汇合约　　210 000

公司与汇率变动的预期与市场汇率走势一致，通过签订卖出外汇远期合约获利 LC10 000。

（二）期货会计处理

关于期货合约，以利率期货为例来说明其会计处理。利率期货是指买卖双方在期货交易所内通过公开竞价方式，买卖标准数量的特定金融证券合约的交易。利率期货的种类可分为：（1）短期信用工具，如短期国库券、商业票据等；（2）长期信用工具，如中长期国库券、房屋抵押债券等。我国目前主要是国债期货。

利率期货在场内进行，必须交纳保证金，由于采用盯市制度，每天都必须确认市场价格变动带来的损益，并按交易所要求补充追加保证金或可以提取相应的盈利。

需要说明的是，为了举例方便，在例子中仅给出了在会计结账日的核算办法，实际上，企业每天必须根据市场价格进行核算，并补充或提取保证金。期货交易形成的损益计入当期损益。

【例 9-2】某期货交易所和结算所会员，于 1 月 10 日购进 100 份面值为 1 000 000 美元的短期国债合约，买入时价格指数为 85，1 月末价格指数为 87，2 月末价格指数为 88，3 月份转出合约时价格指数为 87.5。在此期间，企业于立仓时交纳初始保证金 3 000 000 美元（保证金率为 3%），1 月末取出 500 000

美元。价格指数变动的每点价值为 25 美元。（价格指数是用 100 减去利率。如 90 就是利率在 10%的时候的价格指数，每一个变动点指的是利率变动 0.01%时价格指数的变动，如从 91 变到 89，价格指数降低了 200 个点，实际表示利率升高了 2%。）

（1）1 月 10 日，立仓，交纳初始保证金：

借：买入利率期货合约 100 000 000
　　贷：利率期货交易清算 100 000 000
借：应收保证金 3 000 000
　　贷：银行存款 3 000 000

（2）1 月末，合约价值上涨 25×200×100＝500 000

借：应收保证金 500 000
　　贷：利率期货经营损益 500 000

（3）1 月末，提取保证金 500 000

借：银行存款 500 000
　　贷：应收保证金 500 000

（4）2 月末，合约价值上涨 25×100×100＝250 000

借：应收保证金 250 000
　　贷：利率期货经营损益 250 000

（5）平仓时合约价值下降 25×50×100＝125 000

借：利率期货经营损益 125 000
　　贷：应收保证金 125 000
借：银行存款 3 125 000
　　贷：应收保证金 3 125 000

（6）平仓

借：利率期货交易清算 100 625 000
　　贷：卖出利率期货合约 100 625 000

其中，625 000＝25×250×100

借：卖出利率期货合约 100 625 000
　　贷：利率期货交易清算 625 000
　　　　买入利率期货合约 100 000 000

在本次交易中，企业盈利 625 000 美元。

（三）期权交易会计处理

在期权交易中，期权价格是通过期权的买卖双方在交易所内公开喊价的方式竞争形成的。它是期权卖方因承担履约义务而获得的利润，也是期权买方在出现最不利变化时所要承担的最大损失金额。

期权价格是标的物的现行市价与期权合约的执行（敲定）价格之差。它由两部分组成：内含价值和时间价值。即：期权价格＝内含价值＋时间价值。内含价值指某一时刻标的物市场价格与执行价格的差额。对于买入（看涨）期权，内含价值等于市场价值减去执行价格；对于卖出（看跌）期权，内含价值等于执行价格减去市场价格。

时间价值指期权价格超出内含价值的部分。一个期权通常以高于内含价值的价格出售的，高于内含价值的这一部分权利金，就是时间价值。时间价值的大小取决于期权剩余有效期的长短。期权的剩余有效期越长，其时间价值也就越大。时间价值也随到期的时间临近而减少，直至期满时间价值为零。

【例 9-3】某公司于 2013 年 1 月 2 日购入看涨期权。按敲定价格 100 购买 S 公司的 1 000 股股票。期权到期日为 2013 年 4 月 30 日。支付权利金（即期权价格）400。2013 年 3 月 31 日，公司股票价格涨至 120，期权的内含价值为 20 000。市场评估该期权时间价值为 100。4 月 1 日，公司转让该期权。

（1）2013 年 1 月 2 日，购入期权

借：衍生工具——股票看涨期权	400	
贷：银行存款		400

因为当日的期权市场价格与敲定价格相同，该期权的内含价值为零。期权的时间价值为 400。

（2）2013 年 3 月 31 日

借：衍生工具——股票看涨期权	20 000	
贷：公允价值变动损益		20 000
借：公允价值变动损益	300	
贷：衍生工具——股票看涨期权		300

（3）2013 年 4 月 1 日，按 120 转让期权

借：银行存款	20 000	
公允价值变动损益	100	
贷：衍生工具——股票看涨期权		20 100
借：公允价值变动损益	19 600	
贷：投资收益		19 600

（四）金融互换业务

跨国公司和金融企业是互换市场中的大户。对于这些企业来说，利用互换

管理资产可以避免金融市场上利率变动和汇价变动带来的巨大财务风险，使得企业资产和负债的利率差价能获得较好的匹配，并可以此设计、开发各种新型融资债券、筹措资金。金融企业最初参与互换是为了帮助跨国公司合理避税，并收取 0.5%～1%手续费。保险公司利用互换，将其应用到租赁业务，以利其开拓国际化业务的需要。养老金基金组织也在一定范围内采用金融互换，让其基金保值增值。当前，除跨国公司以外，出口信贷部门、政府机构也都十分热心参与这项互换金融交易活动。

互换一般可分为利率互换和货币互换两大类。利率互换是指同种债务货币以不同的利率进行调换的一种金融交易。货币互换是指在相同的利率水平下，以不同货币的债务进行调换的一种金融交易。随着互换技术的不断完善和复杂，互换创新形式不断涌现。在利率互换和货币互换的基础上，出现了涉及不同货币、不同利率的交叉货币利率互换。目前，互换形式层出不穷，主要有：期权互换、远期互换、指数互换、多边互换等。

互换交易的基本条件包括：（1）货币单位。最低货币交易单位是相当于1 000 万美元的货币金额；（2）交易币种。使用较多的交易货币有美元、日元、德国马克、英镑、瑞士法郎等；（3）合同期限。互换交易期限一般为 5 至 7 年，有的甚至超过 10 年；（4）资金利率。由双方参照市场利率商定；（5）偿还方式。经双方协商可采用多种形式，如分期偿还、到期一次还本付息、本利均等偿还等；（6）履约义务。交易双方互换债务、交换资金，双向契约制约双方未来履约义务，如果一方停止支付，另一方则当然可不履行义务；（7）中途解约。交易双方规定合同中途解约、互换终止的各项条件；（8）其他事项。除上述内容以外的其他有关内容，如适用的有关法律、支付中介人手续费、其他费用分配等。上述基本条件经双方商定后最终体现在互换合同上，签字后生效执行。

【例 9-4】滨海公司需要固定利率借款以固定筹资成本，而南开公司需要浮动利率借款。滨海公司信用等级为 AAA，而南开公司信用等级为 BBB。则市场给予两家公司的利率是不同的，具体如下：

滨海公司的固定利率为 9.8%，浮动利率为 LIBOR＋0.1%；南开公司的固定利率为 10.3%，浮动利率为 LIBOR＋1.5%。

可以看出，在固定利率市场上，滨海公司比南开公司的绝对优势为 0.5%，而在浮动利率市场上，滨海公司比南开公司的绝对优势为 1.4%，即滨海公司在浮动利率市场上有比较优势，而南开公司在固定利率市场上有比较优势，双方可以通过各自的比较优势为双方借款，然后互换。利率互换的过程如下：

滨海公司互换前利率为 9.8%，互换后为 9.4%，节约了 0.4%；南开公司互换前利率为 LIBOR＋1.5%，互换后为 LIBOR＋1.1%，节约了 0.4%。

可见通过利率互换，双方的筹资成本降低了 0.8%（9.8%＋LIBOR＋1.5%－9.4%－LIBOR－1.1%）最终达到共同降低筹资成本的效果，通过谈判，双方平均分享互换所带来的利益。即最终实际筹资成本为：滨海公司实际支付 9.4%的固定利率，而南开公司实际支付 LIBOR＋1.1%的浮动利率。

南开公司现金流量为：（1）发行公司债券，按年利率 10.3%向投资者支付利息；（2）根据与银行互换合同，获得 9.2%利息；（3）同时，向银行支付 LIBOR 利率的利息；（4）南开公司净现金流量为 LIBOR＋1.1%利息支出（10.3%＋LIBOR－9.2%），比它在浮动利率市场上筹资减少 0.4%利息支出［（LIBOR＋1.5%）－（LIBOR＋1.1%）］。

滨海公司现金流量为：（1）筹措资金，向贷款人支付 LIBOR＋0.1%年利息；（2）根据与银行互换合同，获得 LIBOR 利率的利息；（3）同时，向银行支付 9.3%利息；（4）滨海公司净现金流量为 9.4%（ LIBOR＋0.1%－LIBOR＋9.3%）利息支出，比它在固定利率市场上筹资减少 0.4%利息支出（9.8%－9.4%）。中介银行，熟悉市场行情，在双方公司均不知对方的情况下，与他们签订合同，每天对冲可能产生的外汇风险，并获得净现金流量为 0.1%利息收入（9.3%＋LIBOR－9.2%－LIBOR）。

从这笔互换交易中可知：一是滨海公司与南开公司两公司在债务本金不交换的情况下，债务利率即固定利率与浮动利率实现交换；二是这笔利率互换潜在总收益为 0.9%｛［（LIBOR＋1.5%）－（LIBOR＋0.1%）］－（10.3%－9.8%）｝，在交易三方中得到分配，其中滨海公司 0.4%，南开公司 0.4%，银行 0.1%。

【课堂测试 9-2】

1．属于衍生金融工具最基本的类别，常用于特定目标的避险是（　　）。

A．远期合约　　B．期货交易

C．金融互换　　D．期权交易

2．衍生金融工具属于交易性金融资产或金融负债，其采用的计量属性为（　　）。

A．现值　　B．公允价值

C．历史成本　　D．可变现净值

篇中案例

2004 年 12 月 31 日，ADL 公司出资 5 000 万澳元购买了 MER 公司的 100 000 股普通股，该公司的普通股只在悉尼证券交易所交易，而不在美国的任何一家证券交易所交易。2004 年 12 月 31 日的市场汇率是 0.57 美元＝1 澳元。为了管理的需要，公司将该股票作为可供出售的金融资产记账。为了规避股票价格下跌的风险，公司买入了 1 年期的远期合约，约定到期按 0.56 美元 / 澳元的价格卖出 5 000 万澳元。2005 年 9 月 30 日，公司卖出了股票，同时又买入了 2005 年 12 月 31 日到期的 5 000 万澳元远期购买合约。案例中的套期保值是现金流量套期保值还是公允价值套期保值？该套期保值是否高度有效？

第三节 套期会计

一、套期会计概述

套期，也称套期保值或避险，是指企业降低某些风险的经济行为。国际会计准则认为套期是指定一个或多个套期工具，以使其公允价值的变化，全部或部分地抵销被套期项目的公允价值或现金流量变化。我国《企业会计准则第 24 号——套期保值》规定的套期是指企业为规避外汇风险、利率风险、商品价格风险、股票价格风险、信用风险等，指定一项或一项以上套期工具，使套期工具公允价值或现金流量变动，预期抵销被套期项目全部或部分公允价值或现金流量变动。衍生工具和某些非衍生工具被用作套期避险的工具。

套期会计是一种特殊的会计处理方法，其核心是在同一会计期间对称地确认套期工具的利得（或损失）与被套期项目的损失（或利得），以体现套期保值效应。

在理解套期会计时，应注意把握以下三个要点：

（1）套期会计的特殊性——套期会计是一种针对“套期”的特殊会计；

（2）套期会计的综合性——套期会计同时涉及对套期工具和被套期项目的会计处理；

（3）套期会计的目的性——套期会计的目的在于对称地确认套期工具和被套期项目公允价值或现金流量变动形成的利得或损失，以保证企业锁定因被套期项目而产生的预期收益或预计损失。

二、套期关系的认定

通过套期活动，在套期工具与被套期项目之间形成套期关系，使套期工具公允价值或未来现金流的变动方向与被套期项目相反，进而有效地抵销特定风险导致的被套期项目价值变动可能带来的损失。

套期工具是企业为进行套期而指定的、其公允价值或现金流量变动预期可抵销被套期项目的公允价值或现金流量变动的衍生工具，对外汇风险进行套期还可以将非衍生金融资产或非衍生金融负债指定为套期工具。被套期项目主要包括使企业面临风险损失的资产、负债、尚未确认的确定承诺或很可能发生的预期交易。

（一）套期关系的指定与实施套期会计的条件

为了减少企业管理当局对套期关系认定进行职业判断时的失误和主观性，我国《企业会计准则第24号——套期保值》（CAS NO.24）规定了指定套期关系的条件。只有当以下五个条件同时具备时，方可指定一项套期关系，才能运用套期会计方法进行处理：

1．在套期开始时，企业对套期关系（即套期工具和被套期项目之间的关系）有正式指定，并准备了关于套期关系、风险管理目标和套期策略的正式书面文件。该文件至少载明了套期工具、被套期项目、被套期风险的性质以及套期有效性评价方法等内容。套期必须与具体可辨认并被指定的风险有关，且最终影响企业的损益。

2．该套期预期高度有效，且符合企业最初为该套期关系所确定的风险管理策略。

3．对预期交易的现金流量套期，预期交易应当发生的可能性很大，且必须使企业面临最终将影响损益的现金流量变动风险。

4．套期有效性能够可靠地计量，即被套期风险引起的被套期项目的公允价值或现金流量以及套期工具的公允价值能够可靠地计量。

5．企业应当持续地对套期有效性进行评价，并确保该套期在套期关系被指定的会计期间内高度有效。

（二）套期有效性分析

套期有效性反映了套期工具抵销被套期项目公允价值或现金流量变动的能力。套期有效性可以体现套期保值的效应，是验证套期关系是否有意义的重要标志。套期有效性的意义体现在套期工具和被套期项目的套期关系只有两者在整个报告期内的价值变动大部分能够抵销的情况下，才能认为该项套期达到了预期避险的目标，因而是一种有效的套期；否则，这种套期就是一种无效套期或不完全有效的套期。

套期有效性是可以量化的，CAS NO.24 对套期有效性标准的规定是：对有效的套期关系，被套期项目的可预期公允价值或现金流量的变动应全部为套期工具的相应变动所抵销，且实际结果应在 80%～125%的范围内，这个规定与国际通行的惯例一致。

运用套期会计的前提条件之一就是预计套期是高度有效的；要在后续期间持续地使用套期会计，还须在整个套期实施期间即一般至少要在年报或半年报中进行实际的套期有效性评价，只有当套期工具在实施中确实有效，能抵销被套期风险引起的损益或现金流量变动，才能继续使用套期会计。企业必须选择一种方法，在套期开始时和套期实施期间评估套期的有效性。

1．预期套期有效性的评价

常见的评价套期有效性方法有主要条款分析法和统计分析法两种。

（1）主要条款分析法

主要条款分析法是指如果套期工具和被套期项目的主要条款均能准确地匹配，那么就可以认定因被套期风险引起的套期工具和被套期项目公允价值或现金流量变动可以相互抵销，套期预期是高度有效的；反之则不是高度有效。在评估有效性时应考虑的主要条款包括：名义金额或本金、到期期限、内含变量、定价日期、商品数量、货币单位等。例如，指定 6 个月期、名义金额为 100 万美元的美元看涨期权作为 6 个月后到期、本金为 100 万的无息应付美元票据的套期工具，就是高度有效的套期。

（2）统计分析法

统计分析法包括回归分析法和比率分析法等方法。这些方法在评价套期有效性时，都要求先估计被套期项目和套期工具变动的时间序列数据，然后再进行统计分析。例如，在采用回归分析法评价套期有效性时，需要分析套期工具和被套期项目价值变动之间是否具有高度相关性，进而判断套期是否有效。CAS NO.24 解释里建议采用如下回归模型：

$$Y = kx + b + e$$

其中：y 代表套期工具的公允价值变动；

k 是回归直线的斜率，反映套期工具价值变动 / 被套期项目价值变动的比率；

b 是 y 轴上的截距；

x 代表被套期风险引起的被套期项目价值变动；

e是均值为零的随机变量，服从正态分布。

在运用线性回归分析确定套期有效性时，套期只有满足以下全部条件才能认为是高度有效的：①回归直线的斜率为负数，且数值应在－1.25～－0.8之间；②决定系数（R∧2）应大于0.96，该系数反映y和x之间的相关性，其数值越大，表明回归模型对观察数据的拟合越好，用回归模型进行预测效果也就越好；③整个回归模型的统计有效性（F-测试）必须是重大的。

2．实际的套期有效性评价

套期实施期间也要定期地（一般至少要在年报或半年报中）进行实际的套期有效性评价，最常用的评价方法是比率分析法。

比率分析法是指通过比较被套期风险引起的套期工具和被套期项目公允价值或现金流量变动的比率［这个比率有时也称为德尔塔比率（delta ratio）］，以确定套期是否有效的方法。它是在国外的实务界中发展起来的方法，专门用于应对准则关于在套期存续期间评价实际的套期有效性的规定。德尔塔比率的计算公式如下：

德尔塔比率＝套期工具公允价值或者现金流量变动额／被套期项目公允价值或者现金流量变动额

在计算德尔塔比率时，上述分子分母的位置也可以对调，即以被套期项目的变动额为分子，以套期工具的变动额为分母。当德尔塔一般都不会正好等于1。会计准则规定，只要德尔塔比率在80%至125%的范围内，就可以认定套期是高度有效的。例如，如果套期工具的公允价值损失是100，而被套期项目的公允价值利得是120，那么德尔塔比率就是100÷120＝83%或者120÷100＝120%，均在80%至125%的范围内，套期就可以被断定为高度有效。在运用比率分析法评价套期的实际有效性时，企业可以根据自身风险管理政策的特点选择以累积变动数（即自套期开始以来的累积变动数）为基础比较，或以单个期间变动数为基础比较。

【例9-5】假设2013年5月1日，一家公司签订了协议，原则上同意在2013年8月1日前，以现金2 500万美元出售公司的闲置设备并打算将这笔现金用于投资6个月期的国债，按复利计算，利率为5月1日的9%。由于公司担心5月1日到8月1日利率会下降，于是决定利用国债期货套期保值，买入了51张国债期货合约。正如公司担心的那样，国债的市场利率下降。以连续的复利计息利率，从2013年5月1日的9%，下降为6月30日的8%，继而又下降为8月1日的7%。这使得8月国债期货合约的价格发生了变化，如表9-3：

表 9-3　国债期货合约价格表

日期	报价	年贴现率	90 天贴现率	每份合约的价格	51 份合约的价格
5 月 1 日	91.22	8.78	2.195	USD978 050	USD49 880 550
6 月 30 日	92.16	7.84	1.960	USD980 400	USD50 000 400
8 月 1 日	93.16	6.84	1.710	USD982 900	USD50 127 900

从期货头寸里获取的收益，到 2013 年 6 月 30 日是 119 850 美元（50 000 400 －49 880 550），到 2013 年 8 月 1 日是 247 350 美元（50 127 900－49 880 550）。

公司通过比较期货合约的公允价值和预计利息收入变动的现值，评价套期保值效用，其结果见表 9-4：

表 9-4　套期保值效用分析

日期	2013 年 2 月 1 日的债利率	按复利计算，本金为 USD2 500 万的预期利息金额	预计利息额的累计变动	年利率 9% 时利息额变动值的净现值	期货合约的价值变动	德尔塔率
2013.5.1	9.00%	USD1 150 697				
2013.6.30	8.00%	USD1 020 269	USD130 428	USD124 810	USD119 850	96.00%
2013.8.1	7.00%	USD890 493	USD260 493	USD249 000	USD247 350	99.34%

由于德尔塔率在 0.8 到 1.25 这个范围内，所以 2013 年 6 月 30 和 2013 年 8 月 1 日的套期保值都是高度有效的。

鉴于比率分析法便于使用的特点，本章接下来的例题将主要采用比率分析法来评价套期有效性。

三、套期的类别及会计处理

（一）套期的类别

根据套期的对象和对冲风险的不同，套期活动可以分为三类：

1．公允价值套期

公允价值套期是指对源于某类特定风险的、将影响企业损益的公允价值变动风险进行的套期。可能指定为公允价值套期的被套期项目包括：已确认资产或负债、尚未确认的确定承诺，或该资产或负债、尚未确认的确定承诺中的可辨认部分。如用远期外汇合约对未确认的外币确定承诺、外币应收（应付）账款的外币风险所作的套期。

2．现金流量套期

所谓现金流量，是指未来的现金收付量，或称现金流入、流出量。现金流量套期是指对源于某类特定风险的、将影响企业损益的现金流量变动风险进行的套期。可以指定为现金流量套期的被套期项目包括：已确认资产或负债、很可能发生的预期交易。例如，对预期交易的外币风险所作的套期。

已确认的资产或负债承受的现金流量变动风险与已确认的资产或负债承受的公允价值变动风险不同，前者涉及现金流量，如受浮动利率影响的债权或债务的未来利息收入或利息支付；后者不涉及现金流量，仅仅是价格上的变动，如已入账存货未来的跌价损失。

预期交易可能承受的风险与已确认的资产或负债承受的风险也不相同。前者承受的基本上都是未来现金流量风险；后者承受的多数是未来公允价值变动的风险，少数属于现金流量风险，如浮动利率债券风险。再比如，企业在未来6个月里预计需要消耗100个单位的原材料，目前库存有40个单位，预期采购60个单位，在未来6个月内，原材料的价格存在波动，但库存的40个单位与预期采购的60个单位因价格变动所面临的风险并不一样，其中库存的40个单位的原材料所承受的是公允价值变动风险，而预期采购的60个单位原材料所承受的是现金流量风险。

3．境外经营净投资套期

所谓境外经营单位是指一个企业在国外设立的分公司、子公司或投资比例达不到控制程度的参股（联属）公司。在实践中母子公司之间还会有长期借贷，并不准备在短期内归还，这部分借贷也要视同投资处理。境外经营净投资套期是指对企业在境外经营单位净资产中的权益份额上的外汇风险进行的套期。

因为境外经营单位往往以所在国的货币为功能货币。例如，A国企业设在B国的经营单位，通常以所在国B币作为实用货币。因此，其期末报送A国的会计报表必须要折算为A币。此时按期末即期汇率进行折合，会产生汇率风险。通常总是资产大于负债，故相抵的结果总为净资产上产生的汇率风险。为了防止这种外汇风险的影响，投资企业常采用借入一笔贷款（非衍生金融工具）或购买一笔远期外汇合约（衍生金融工具）来规避。如果从账面看，境外经营单位的净资产就是投资单位的“长期股权投资”科目的内容，对前者防险，实质上就是对后者防险。

（二）不同类别套期的会计核算

1．公允价值套期及其会计核算

（1）CAS NO.24 对公司价值套期会计确认的有关规定

CAS NO.24 对公允价值套期会计确认有关规定是：

①套期工具为衍生金融工具的，其公允价值变动形成的利得或损失应当计

入当期损益；套期工具为非衍生金融工具的，其账面价值因汇率变动形成的利得或损失计入当期损益。

②被套期项目因套期风险所形成的利得或损失应当计入当期损益，同时调整被套期项目的账面价值。被套期项目按成本与可变现净值孰低进行后续计量的存货、按摊余成本进行后续计量的金融资产和可供出售金融资产，也应按此规定进行处理。

归纳一下，公允价值套期会计确认的要点应该包括：①期末应将被套期项目账面价值调整至公允价值，并将其公允价值变动导致的未实现利得或损失，计入当期损益；②将套期工具因公允价值变动产生的未实现利得或损失，也计入当期损益，以抵销被套期项目的损失或利得；③对于因套期的无效部分产生的套期工具的利得或损失与被套期项目的损失或利得之间的差异，应当计入当期损益。

如果出现以下情况之一，上述核算方法必须终止：①应用套期会计的必要条件不再满足；②套期工具到期、被出售、被终止或者已行使；③企业撤销了对套期关系的指定。

（2）公允价值套期会计核算

①对已确认的资产或者负债进行公允价值套期

当企业指定一项套期工具对某项已确认资产或负债的公允价值变动风险进行套期保值，且该项套期满足套期会计的必要条件时，那么，在套期关系存在的期间，已确认资产或负债的原有会计核算方法将被改变，转为按公允价值计价，且其公允价值变动计入当期损益。但是一旦套期关系结束，且该已确认资产或负债依然存在，则套期会计方法将终止。此时，该已确认资产或负债的账面价值将被视为新的成本基础，接下来的核算方法恢复原样。

【例 9-6】滨海公司于 4 月 1 日购入 100 股普通股股票，每股 100 元，作为可供出售金融资产管理。当年 12 月 31 日，股票价格涨至 125 元。滨海公司认为股票风险需要规避，锁定股票投资收益，公司购入该股票的看跌期权。次年 1 月 2 日，指定该期权为股票投资公允价值套期的套期工具。该期权使滨海公司拥有按 125 元卖出股票的选择权。签约日行权价格与市价相同。次年年底，股票价格降至 120 元。

公司做的相关会计分录如下：

（1）4 月 1 日，购入股票时

借：可供出售金融资产	10 000	
贷：其他货币资金		10 000

（2）12 月 31 日，当股票价格涨至 125 元时

借：可供出售金融资产 2 500

贷：资本公积 2 500

（3）次年 1 月 2 日，

借：被套期项目——可供出售金融资产 10 000

贷：可供出售金融资产 10 000

（4）次年年底，股票价格降至 120 元

借：套期损益 500

贷：被套期项目——可供出售金融资产 500

借：套期工具 500

贷：套期损益 500

【例 9-7】如果套期完全有效的话，被套期项目公允价值的减少或增加就可以通过套期工具公允价值的增加或减少完全抵销。

滨海公司决定为一批存货进行套期，以规避存货价格变动风险。该批存货的成本为 60 000 元，当前售价为 80 000 元。11 月 1 日，通过签订 3 个月期的远期合同，出售 80 000 元的同种存货，以锁定该存货在 3 个月后的价格。12 月 31 日，因存货价格下跌，存货跌价 5 000 元，远期合约获利 5 000 元。次年 1 月 31 日，存货价格再次下降，又跌价 3 000 元，远期合约获利 3 000 元。11 月 1 日远期合同价值为零。

滨海公司做的相关会计分录如下：

（1）11 月 1 日，签订远期合约：

借：被套期项目——库存商品 60 000

贷：库存商品 60 000

（2）12 月 31 日，套期工具和被套期项目的公允价值变动损益均计入当期损益，并按照损益金额调整二者的账面价值：

借：套期损益 5 000

贷：被套期项目——库存商品 5 000

借：套期工具——远期合同 5 000

贷：套期损益 5 000

（3）次年 1 月 31 日，远期合同到期，进行净额结算，存货按 72 000 元售出，收款存入银行：

借：套期损益 3 000

贷：被套期项目——库存商品 3 000

借：套期工具——远期合同 3 000
　　贷：套期损益 3 000
借：银行存款 8 000
　　贷：套期工具——远期合同 8 000
借：银行存款 72 000
　　贷：主营业务收入 72 000
借：主营业务成本 52 000
　　贷：被套期有项目——库存商品 52 000

滨海公司如果11月1日出售该批存货可获得毛利20 000元。经过使用衍生金融工具套期，3个月以后出售该批存货仍然获得了20 000元的毛利。

套期工具无效套期部分的价值计入当期损益。其他处理同套期完全有效的情形。

【例9-8】承【例9-7】，假设存货第一次跌价5 000元，远期增值4 600元；第二次跌价，存货跌价3 000元，远期增值2 400元。

相关的会计分录如下：

（1）11月1日，签订远期合约：

借：被套期项目——库存商品 60 000
　　贷：库存商品 60 000

（2）12月31日：

借：套期损益 5 000
　　贷：被套期项目——库存商品中 5 000
借：套期工具——远期合同 4 600
　　贷：套期损益 4 600

（3）次年1月31日，远期合约到期，进行净额结算，存货按72 000元售出，收款存入银行：

借：套期损益 3 000
　　贷：被套期项目——库存商品 3 000
借：套期工具——远期合同 2 400
　　贷：套期损益 2 400
借：银行存款 7 000
　　贷：套期工具——远期合同 7 000
借：银行存款 72 000
　　贷：主营业务收入 72 000

借：主营业务成本　　　　　　　　　　　　　52 000

　　贷：被套期有项目——库存商品　　　　　　　52 000

滨海公司在第一年末有无效套期部分 400 元，第二年远期结算和出售货物时又有无效套期部分 600 元，均在当期损益中确认。

②对确定承诺进行公允价值套期

所谓确定承诺是指企业与其他方签订的，在未来的某个特定日期或期间，以约定价格交换特定数量资源的协议，该协议具有法律约束力。根据现行的会计惯例，确定承诺必须等到交易实际发生，例如其中一方已发货时，才可以确认。然而，如果企业决定对确定承诺的某个特定风险进行套期，且套期满足采用套期会计方法的话，那么，会计准则允许将该确定承诺因被套期风险引起的公允价值变动累计额确认为一项资产或负债，并在企业履行了确定承诺之时，调整所取得的资产或所承担的负债的初始确认金额。对确定承诺的套期一般被视为公允价值套期，但是 CAS NO.24 允许将对确定承诺的外汇风险套期视为公允价值套期或者现金流量套期。

【例 9-9】滨海公司 2013 年 12 月 1 日与国外某供应商协议在 2014 年 1 月 31 日购买金额为 FC270 000 的设备，货款将于当日支付。同时，滨海公司签订了 60 天后购买 TC240 000 的期汇合同。有关汇率如下：

2013 年 12 月 1 日，60 天远期汇率：LC0.6125＝TC1，LC0.5454＝FC1；

2013 年 12 月 31 日，30 天远期汇率：LC0.5983＝TC1，LC0.5317＝FC1；

2014 年 1 月 31 日，即期汇率：LC0.57777＝TC1，LC0.5137＝FC1。

滨海公司以期汇合同对要买入的设备进行套期保值，以 2013 年 12 月 1 日 60 天远期汇率计算，FC270 000 大体等于 TC240 000，期汇合同的结算和确定承诺的实现在同一日，近年来 LC 对 TC 的价值变动与 LC 对 FC 的价值变动高度相关。

编制的会计分录如下：

（1）2013 年 12 月 1 日，这时的期汇合同公允价值为零，不做分录。

（2）2013 年 12 月 31 日，结账日记录期末汇率变动产生的影响，按 2013 年 12 月 31 日 30 天远期汇率计算，滨海公司买入的 TC240 000 的 LC 等值为 LC143 592（240 000×0.5983），按 2013 年 12 月 1 日汇率计算为 LC147 000（LC0.6125×240 000），差额 3 408（147 000－143 592）视同一种损失。另一方面，购买设备的确定承诺，按 2013 年 12 月 1 日计算的 LC 等值多出 LC3 699［（LC0.5454－LC0.5317）×270 000］，视同一种利得。会计处理如下：

借：套期损益——期汇合同损失　　　　　　　3 408

贷：套期工具——期汇合同 3 408

借：被套期项目——确定承诺 3 699

贷：套期损益——确定承诺利得 3 699

（3）2014 年 1 月 31 日：

首先记录汇率变动产生的影响。期汇合同的损失金额为 LC4 944［（LC0.5983－LC0.57777）×240 000］，确定承诺的利得为 LC4 860［（LC0.5317－LC0.5137）×270 000］.会计处理如下：

借：套期损益——期汇合同损失 4 944

贷：套期工具——期汇合同 4 944

借：被套期项目——确定承诺 4 860

贷：套期损益——确定承诺利得 4 860

记录购入的设备和支付的款项。

借：固定资产（270 000×LC0.5454） 147 258

贷：银行存款（270 000×LC0.5137） 138 699

被套期项目——确定承诺（4 860＋3 699） 8 559

记录期汇合同进行净额结算。

借：套期工具——期汇合同（3 408＋4 944） 8 352

贷：银行存款 8 352

③利用利率互换对固定利率的金融负债进行公允价值套期

在利用利率互换合约对带息金融资产或金融负债的利率风险进行套期时，一般是将金融资产或者金融负债的公允价值或现金流量变动中可归属于某个基准利率变动的部分指定为被套期项目。例如，某企业发行一笔固定利率为 8%的债券，那么，可以将这个固定利率表述为：

固定利率＝基准利率＋差价＝6%＋2%＝8%

如果该企业将一个互换合约指定为这笔债券的套期工具的话，那么被套期风险就是被套期负债由于基准利率的变动而发生的公允价值变动。此时，对套期有效性的评价就是比较互换合约的价值变动与被套期负债由于基准利率而导致的价值变动。如果互换合约也采用同样的基准利率，且其他主要条款也相符，那么套期就肯定是有效的。反之，套取的有效性肯定会遭到削弱。

基准利率的一个常见选择是 LIBOR（即伦敦银行间利率），但除此之外还有其他可选择的利率。企业的带息金融资产和金融负债的利率一般都不会正好等于某个基准利率，造成企业利率与基准利率之间的差价的原因有很多，其中最主要的是企业的信用评级.之所以将被套期风险限定在基准利率引起的风险，是因为企业很难找到恰好能够抵销其全部利率风险的互换对手，这是退而求其次的结果，但也是会计准则所允许的。

对利率互换合同的套期有效性判断是一个极其复杂的问题，我国会计准则和国际财务报告准则都没有提供特别的指南，只有美国财务会计准则委员会在其第 138 号准则里提出了一种简捷方法。该会计处理方法要求假设在利率风险（其包含生息资产和负债）和利率互换中不存在套期无效，这样的话，被套期项目价值的变动就等于计算出来的互换在各个时期的价值变动，从而无需计算有效性。当同时满足下列条件时，可以使用简捷的会计处理方法：

互换的名义金额与带息资产或负债的本金相符；

在套期关系开始的时候，互换的公允价值为零（这一条件不是场外互换的简捷会计处理方法需要满足的条件，因为场外互换需要预付款）；

在利率互换的每个支付日，结算净额的公式都是一样的；

被套期的带息资产或负债要么是不可以提前支付的，那么在提前支付时将受到严重罚款，以至于实际上不可能提前支付；

互换的变量所基于的指标与指定为被套期项目中的基准利率相符；

被套期的带息资产或负债，或者互换本身不存在异常的条款，不然，“不存在效用无效性”的假设就无法成立；

特定条件。对于公允价值套期：互换的到期日与带息资产或负债的到期日相符；互换的浮动利率不存在上限或者下限；互换的浮动利率的重新定价间隔足够频繁（一般为半年或者三个月），因此可以合理地假设支付或者收取的变动利息是按市场利率计算的。对于现金流量套期：在互换的期限内，浮动利率资产或者负债的所有利息收入或者利息支出都被指定为被套期项目，而超出互换的期限的利息支付都不能被指定为被套期项目；互换的浮动利率不能有利率上限或下限，除非浮动利率资产或负债有相应的上限或者下限；互换的重新定价日与浮动利率资产或者负债的重新定价日相符。

但是，如果套期不能满足上述采用简捷方法的所有条件的话，企业就必须分别计算互换合约和被套期项目的公允价值变动额，据此评价套期的有效性。套期会计仅能应用于套期的有效部分。

当企业指定一项互换合约作为固定利率金融资产或金融负债的套期工具时，企业应当将这个套期关系指定为公允价值套期。理由是，固定利率金融资产或金融负债的公允价值将随着市场利率的变化而上下波动。当利率上升时，固定利率金融资产或金融负债的公允价值下降；当利率下降时，固定利率金融资产或金融负债的公允价值上升。当市场利率发生波动时，收取固定利息、支付浮动利息的互换合约的公允价值变动恰好抵销了利率波动对固定利率金融资产或金融负债公允价值的影响。因此，在这种情况下，被套期项目的风险应该是金融资产或金融负债的公允价值变动风险。

相反，如果企业利用一项收取浮动利息、支付固定利息的互换合约作为浮动利率金融资产或者金融负债的套期工具，那么这个套期属于现金流量套期，因为套期将未来的浮动现金流量转化为固定金额的现金流量，从而消除了未来现金流量的不确定性。因此，在这种情况下，被套期项目的风险是该金融资产或金融负债的现金流量变动风险。

【例 9-10】滨海公司于 2013 年发行面值为 1 000 000，5 年期，固定利率 8%的公司债券。为避免市场利率下降的风险，滨海公司同日签订了 5 年期利率互换合同，将固定利率负债转换为浮动利率负债：

（1）滨海公司将从签约对方收到按 1 000 000 元固定利率 8%计算的金额。

（2）滨海公司向签约对方按 LIBOR 利率作为利率互换市场利率支付金额。最初，即 2013 年 1 月 2 日的市场利率为 6.8%。

互换结算日与利息支付日相同，为每年的 12 月 31 日。在每一个支付日（即结算日），滨海公司与签约对方计算市场利率和固定利率之间的差额，确定互换的价值。如果利率下降，对滨海公司而言，则互换的价值上升，滨海公司获得利得；同时，滨海公司在固定利率债券上遭受损失。

2013 年末，滨海公司支付公司债券利息。当日的市场利率出现严重下降。因此互换合同的价值上升。即：滨海公司将收到 80 000 元固定利息，同时按 LIBOR 利率支付利息 68 000 元。12 000 元为滨海公司在第一个付息日收到的差额。利率互换的市场价值增长 40 000 元。

滨海公司的有关会计处理如下：

（1）2013 年 1 月 2 日，发行公司债券：

借：银行存款　　　　　　　　　　1 000 000

　　贷：应付债券　　　　　　　　　　　1 000 000

（2）同日，签订互换合同：

借：应付债券　　　　　　　　　　1 000 000

　　贷：被套期项目——应付债券　　　　1 000 000

由于利率合同价值为零，因此无需记录。但需在备查登记簿中记录签订该项利率互换合同。

（3）2013 年 12 月 31 日，向投资人支付债券利息：

借：财务费用——互换交易费　　　　80 000

贷：银行存款　　　　　　　　　　80 000

（4）2013 年 12 月 31 日，收到互换合同第一年的差额 12 000 元：

借：银行存款　　　　　　　　　12 000

贷：财务费用——互换交易费　　　　12 000

（5）2013 年 12 月 31 日，记录互换合同升值：

借：套期工具——利率互换合同　　　40 000

贷：套期损益——利率互换合同利得　　40 000

同时，记录公司债券公允价值上升：

借：套期损益——债券公允价值损失　　40 000

贷：被套期项目——应付债券　　　　40 000

通过签订利率互换合同，滨海公司在互换资产上获利 40 000 元，减少财务费用、增加资产；同时，该公司在债券上则损失 40 000 元，增加财务费用、增加负债。

2．现金流量套期及其会计核算

（1）CAS NO.24 对现金流量套期会计核算的有关规定

CAS NO.24 对现金流量套期会计处理的具体规定是：

①将套期工具的利得和损失分为有效套期部分和无效套期部分，有效套期部分直接确认在所有者权益，无效套期部分计入当期损益。

②套期工具的利得和损失中有效套期分为以下两个金额中的较低者：第一，自套期关系开始以来，套期工具的累计利得和损失；第二，自套期关系开始以来，被套期项目的未来现金流量现值的累计变动额。

③直接确认在所有者权益的套期工具的利得和损失最后应当按如下方法转出：

首先，如果被套期项目为预期交易，且该预期交易使企业随后确认一项金融资产和金融负债的，原直接确认为所有者权益的相关利得或损失，应当在该金融资产和金融负债影响企业损益的相同期间转出，计入当期损益；

其次，如果被套期项目为预期交易，且该预期交易使企业随后确认一项非金融资产和非金融负债的，则企业可以选择以下两种方法之一，并作为会计政策在以后的会计期间一致执行：

原直接确认为所有者权益的相关利得或损失，应当在该非金融资产和非金融负债影响企业损益的相同期间转出，计入当期损益；

将原直接在所有者权益中确认的相关利得或损失转出，计入该非金融资产或非金融负债的初始计量金额。

如果被套期的预期交易预计不会发生了，那么直接计入所有者权益的利得或损失就必须立即转出，计入损益。另外，如果出现以下情况，就应当终止现金流量套期会计方法，但在套期有效期间直接计入所有者权益的利得或损失应当留待预期交易发生时再按上述方法转出：

①套期工具已到期、被出售、合同终止或者已行使；

②该套期不再满足运用套期会计方法的条件；

③对套期关系的指定被撤销。

（2）现金流量套期会计核算

①对未来预期交易的现金流量套期

在汇率剧烈波动和金融创新不断发展的经济环境里，很多企业不再局限于对已入账的资产负债项目及未入账的确定承诺项目进行公允价值套期，也广泛地对预期交易做相关的现金流量套期。

预期交易是尚未承诺却必须是“很可能发生”的事项。如企业预计的销售和预计的商品采购等。对“很可能发生的”的判断必须基于一些可观察的事实以及随后的情况，而不能仅仅依据管理层的意图，因为意图是无法验证的。所谓可观察的事实包括：

过去是否经常发生类似的交易；

企业完成该交易的财务能力及经营能力；

为了一个特定的活动投入了大量的资源（例如，在短期内就可以投入使用的制造设施，该设施仅能用于加工特定的商品）；

如果交易并未发生，企业将遭受多大程度的损失或者企业经营将遭到多大程度的破坏；

利用在特征上存在很大差异的其他交易达到相同的商业目的的可能性有多大（例如，如果一个主体打算筹集现金，它可以有几个途径，包括向银行借入短期贷款和发行普通股等）；

企业的商业计划。

因预期交易不同于确定承诺，确定承诺是未执行合约，但具有法律约束力，其履约可能性相当大；而预期交易虽然也是未发生的事项，但却没有确保其将来实际发生的法律保障手段，它并不产生义务或享有权利，没有像确定承诺交易中对交易进行价值调整的基础，所以在会计处理时仅考虑套期工具的价值变化。由于预期交易与确定承诺产生的风险敞口不同，因此其适用现金流量套期。具体的做法是将套期工具在套期期间的利得或损失分为有效套期部分和无效套期部分，有效套期部分计入所有者权益，无效套期部分计入当期损益；当预期交易实现后，套期工具的利得或损失中有效套期部分再从所有者权益中转出，视具体情况转入当期损益或调整相关资产或负债的取得成本。

②对浮动利率金融负债的现金流量套期

利率互换可以为企业浮动利率金融负债的现金流量进行套期保值。对于没有浮动利率生息资产、以前发行浮动利率债务的企业来说，因担心利率的不利变化会增加现金流出量，可购买“按固定利率支付、浮动利率收入”的互换合约，把浮动利率负债转换为固定利率负债，从而可以规避浮动利率所带来的现金流出量不确定的风险。

【例 9-11】2013 年 9 月，滨海公司拟于 2014 年 1 月购入 1 000 吨矿石。公司担心到购买时市场价格上涨，于是公司为该预期采购购入履约价格 1 550 元、2014 年 1 月交割的 1 000 吨矿石的期货合约。2013 年 12 月 31 日，2014 年 1 月交割的矿石价格为 1 575 元。2014 年 1 月，公司按市场价格每吨 1 575 元购入 1 000 吨矿石。

分析：公司拥有按照 1 550 元的价格购入矿石的权利和义务。该期货合约的标的物为矿石价格。如果在矿石价格高于 1 550 元，期货合约价值升高，因为公司可以按照 1 550 元的价格购入矿石。

公司的相关会计处理如下：

（1）2013 年 9 月，签约日不做会计分录。

（2）2013 年 12 月 31 日：

借：套期工具——期货合约　　25 000

　　贷：资本公积——其他资本公积　　25 000

（3）2014 年 1 月：

借：原材料　　1 575 000

　　贷：银行存款　　1 575 000

（4）同时，期货合约到期，进行净额交割：

借：银行存款　　25 000

　　贷：套期工具——期货合约　　25 000

此时，预期交易的结果对损益没有影响，因此，原已计入所有者权益的相关利得或损失暂不结转。

另假设该矿石被加工成产成品被出售。产成品成本 1 700 000 元，售价 2 000 000 元，会计处理如下：

（5）借：银行存款　　2 000 000

　　　贷：主营业务收入　　2 000 000

（6）借：主营业务成本 1 700 000

贷：库存商品 1 700 000

此时，对很可能发生的预期交易进行套期保值交易对企业损益产生影响。假如企业选择在该批被套期铁矿石影响企业损益的相同期间转出并计入当期损益，则对原已计入所有者权益的相关利得或损失，编制会计分录如下：

（7）借：资本公积——其他资本公积 25 000

贷：主营业务成本 25 000

【例9-12】南开公司决定用衍生工具对100 000吨商品的预期销售进行套期。公司计划在期末出售这批商品。期初时，公司签订衍生工具合同，为预期销售套期，其公允价值为零。衍生工具的名义数量也是100 000吨，其标的物的等级和相应的价格也与公司拥有的商品相同。衍生工具的结算和商品的出售在期末的最后一天发生。

套期开始时，该公司商品的预计售价总金额是1 100 000元。期末，衍生工具的公允价值增加25 000元，同时商品的预计售价减少25 000元。

会计处理如下：

（1）期初，签订衍生工具合约：

由于没有发生成本，不做分录。

（2）期末，套期工具的公允价值变动：

借：套期工具 25 000

贷：资本公积——其他资本公积 25 000

（3）确认销售收入：

借：银行存款 1 075 000

贷：主营业务收入 1 075 000

（4）对衍生工具进行净额结算：

借：银行存款 25 000

贷：套期工具 25 000

借：资本公积——其他资本公积 25 000

贷：主营业务收入 25 000

南开公司若在期初出售该批商品会收到1 100 000元现金流入，通过签订衍生工具合同，在期末公司仍然收到了1 100 000元的现金流入。

（3）境外经营净投资及其会计核算

对境外经营净投资的套期，应当按照类似于现金流量套期会计的规定处理。

①套期工具形成的利得或损失中属于有效套期的部分，应当直接确认为所有者权益，并单列项目反映。处置境外经营时，上述在所有者权益中单列项目反映的套期工具利得或损失应当转出，计入当期损益。

②套期工具形成的利得或损失中属于无效套期的部分，应当计入当期损益。

【课堂测试 9-3】

1．对已确认资产或负债、尚未确认的确定承诺，或该资产或负债、尚未确认的确定承诺中可辨认部分的公允价值变动风险进行的套期是（　　）。

A．套期保值　　B．公允价值套期

C．现金流量套期　　D．境外经营净投资套期

2．华南公司是境内国有控股大型化工类上市公司，其产品生产所需 MN 原材料主要依赖进口。近期以来，由于国际市场上 MN 原材料价格波动较大，且总体上涨趋势明显，该公司决定尝试利用境外衍生品市场开展套期保值业务，套期保值属该公司新业务，且须向有关主管部门申请境外交易相关资格。该公司管理层组织相关方面人员进行专题研究。主要方发言如下：

发言一：公司作为大型上市公司，如任凭 MN 原材料价格波动，加之汇率变动较大的影响，可能不利于实现公司成本战略。因此，应当在遵守国家法律法规的前提下，充分利用境外衍生品市场对 MN 原材料进口进行套期保值。

发言二：近年来，某些国内大型企业由于各种原因发生境外衍生品交易巨额亏损事件，造成重大负面影响。鉴于此，公司应当慎重利用境外衍生品市场对 MN 原材料进口进行套期保值，不应开展境外衍生投资业务。

发言三：公司应当利用境外衍生品市场开展 MN 原材料套期保值。针对 MN 原材料国际市场价格总体上涨的情况，可以采用卖出套期保值方式进行套期保值。

发言四：公司应当在开展境外衍生品交易前抓紧各项制度建设。对于公司衍生品交易前台操作人员应予特别限制，所有重大交易均需实行事前报批、事中控制、事后报告制度。

发言五：公司应当加强套期保值业务的会计处理，将对 MN 原材料预期进口进行套期保值确认为公允价值套期，并在符合规定条件的基础上采用套期会计方法进行处理。

假定不考虑其他有关因系。

要求：

根据上述资料，逐项判断华南公司发言一至发言五中的观点是否存在不当

之处；存在不当之处的，请分别指出不当之处，并逐项说明理由。

第四节 金融资产转移

金融资产转移是指企业（转出方）将金融资产让予或交付给该金融资产发行方以外的另一方（转入方）。伴随着金融资产转移的会计问题是金融资产的终止确认和终止计量。终止确认是指将金融资产或金融负债从企业的账户和资产负债表内予以转销。

一、金融资产转移的确认

企业在判断金融资产转移是否满足金融资产终止确认条件时，应当注重金融资产转移的实质。主要根据金融资产所有权和控制权是否发生转移为标准，决定金融资产的终止确认。

（一）企业金融资产转移分类

企业金融资产转移，按照转移的方式，包括下列两种情形：

第一，将收取金融资产现金流量的权利转给另一方。

第二，将金融资产转移给另一方，但保留收取金融资产现金流量的权利，并承担将收取的现金流量支付给最终收款方的义务，同时满足下列条件：（1）从该金融资产收到对等的现金流量时，才有义务将其支付给最终收款方。企业发生短期垫付款，但有权全额收回该垫付款并按照市场上同期银行贷款利率计收利息的，视同满足本条件。（2）根据合同约定，不能出售该金融资产或作为担保物，但可以将其作为对最终收款方支付现金流量的保证。（3）有义务将收取的现金流量及时支付给最终收款方。企业无权将该现金流量进行再投资，但按照合同约定在相邻两次支付间隔期内将所收到的现金流量进行现金或现金等价物投资的除外。企业按照合同约定进行再投资的，应当将投资收益按照合同约定支付给最终收款方。

金融资产转移还可分类为金融资产整体转移和部分转移。金融资产部分转移又分为三种具体情形：（1）将金融资产所产生现金流量中特定、可辨认部分转移，如企业将一组类似贷款的应收利息转移等。（2）将金融资产所产生全部现金流量的一定比例转移，如企业将一组类似贷款的本金和应收利息合计的一定比例转移等。（3）将金融资产所产生现金流量中特定、可辨认部分的一定比例转移，如企业将一组类似贷款的应收利息的一定比例转移等。

（二）金融资产终止确认的条件

金融资产终止确认包括所有权和控制权标准。

1. 所有权标准

企业已将金融资产所有权上几乎所有的风险和报酬转移给转入方的，终止确认该金融资产；保留了金融资产所有权上几乎所有的风险和报酬的，不应当终止确认该金融资产。企业在判断是否已将金融资产所有权上几乎所有的风险和报酬转移给了转入方时，应当比较转移前后该金融资产未来现金流量净现值及时间分布的波动使其面临的风险。企业面临的风险因金融资产转移发生实质性改变的，表明该企业已将金融资产所有权上几乎所有的风险和报酬转移给了转入方，如不附任何保证条款的金融资产出售等。企业面临的风险没有因金融资产转移发生实质性改变的，表明该企业仍保留了金融资产所有权上几乎所有的风险和报酬，如将贷款整体转移并对该贷款可能发生的信用损失进行全额补偿等。企业需要通过计算判断是否已将金融资产所有权上几乎所有的风险和报酬转移给了转入方的，在计算金融资产未来现金流量净现值时，应当考虑所有合理、可能的现金流量波动，并采用适当的现行市场利率作为折现率。

企业仍保留与所转移金融资产所有权上几乎所有的风险和报酬的，应当继续确认所转移金融资产整体，并将收到的对价确认为一项金融负债。该金融资产与确认的相关金融负债不得相互抵销。

2. 控制权标准

企业既没有转移也没有保留金融资产所有权上几乎所有的风险和报酬的，应当分别下列情况处理：

（1）放弃了对金融资产控制的，终止确认该金融资产。企业在判断是否已放弃对所转移金融资产的控制时，应当注重转入方出售该金融资产的实际能力。转入方能够单独将转入的金融资产整体出售给与其不存在关联方关系的第三方，且没有额外条件对此项出售加以限制的，表明企业已放弃对该金融资产的控制。

（2）未放弃对金融资产控制的，应当按照其继续涉入所转移金融资产的程度确认有关金融资产，并相应确认有关负债。继续涉入所转移金融资产的程度，是指该金融资产价值变动使企业面临的风险水平。

企业在判断金融资产转移是否满足金融资产终止确认条件时，应当注重金融资产转移的实质。例如，在附回购协议的金融资产出售中，转出方将予回购的资产与售出的金融资产相同或实质上相同、回购价格固定或是原售价加上合理回报的，不应当终止确认所出售的金融资产，如采用买断式回购、质押式回购交易卖出债券等。再如，转出方在金融资产转移后只保留了优先按照公允价值回购该金融资产的权利的（在转入方出售该金融资产的情况下），应当终止确认所转移的金融资产。又如，在采用保留次级权益或提供信用担保等进行信用增级的金融资产转移中，转出方只保留了所转移金融资产所有权上的部分（非几乎所有）风险和报酬且能控制所转移金融资产的，应当按照其继续涉入所转移金融资产的程度确认相关资产和负债。

企业既没有转移也没有保留金融资产所有权上几乎所有的风险和报酬，且未放弃对该金融资产控制的，应当充分反映保留的权利和承担的义务。

二、金融资产转移的计量

（一）金融资产整体转移

金融资产整体转移满足终止确认条件的，应当将下列两项金额计入当期损益：

（1）所转移金融资产的账面价值；

（2）因转移而收到的对价，与原直接计入所有者权益的公允价值变动累计额（涉及转移的金融资产为可供出售金融资产的情形）之和。

具体计算公式为：

金融资产整体转移形成的损益＝因转移收到的对价－所转移金融资产账面价值＋（或－）原直接计入所有者权益的公允价值变动累计利得（或损失）

因金融资产转移获得了新金融资产或承担了新金融负债的，在转移日按照公允价值确认该金融资产或金融负债（包括看涨期权、看跌期权、担保负债、远期合同、互换等），并将该金融资产扣除金融负债后的净额作为上述对价的组成部分。

企业与金融资产转入方签订服务合同提供相关服务的（包括收取该金融资产的现金流量，并将所收取的现金流量交付给指定的资金保管机构等），就该服务合同确认一项服务资产或服务负债。服务负债应当按照公允价值进行初始计量，并作为上述对价的组成部分。

因此，上述公式中的“因转移而收到的对价”的计算公式为：

因转移而收到的对价＝因转移交易实际收到的价款＋新获得金融资产的公允价值＋因转移获得服务资产的公允价值－新承担金融负债的公允价值－因转移承担服务负债的公允价值

【例 9-13】2013 年 1 月 1 日，滨海公司将持有的公司债券出售给南开公司，出售价格为 50 000 000 元，该债券公允价值为 49 600 000 元。该债券于 2012

年 1 月 1 日发行，面值 49 000 000 元，年利率 6%，利息按年支付。滨海公司持有其作为可供出售金融资产管理。

借：银行存款　　50 000 000
　　贷：可供出售金融资产　　49 600 000
　　　　投资收益　　400 000
借：资本公积——其他资本公积　　600 000
　　贷：投资收益　　600 000

【例 9-14】2013 年 11 月 3 日滨海公司购入三种普通股，每种股票在被投资企业的股权中比例少于 20%。初始成本 718 550 元构成为：A 公司股票为 259 700 元；B 公司股票为 317 500 元；C 公司股票为 141 350 元。2013 年 12 月 6 日收到 4 200 元 B 公司股票现金股利。2013 年 12 月 31 日 A、B、C 三个公司股票的公允价值分别为：275 000 元、304 000 元、104 000 元。2014 年 1 月 23 日，出售 A 公司股票，出售净收入 287 220 元。2 月 10 日购入 D 公司股票 20 000 股，每股 12.75 元，另外支付手续费、印花税等 1 850 元。2014 年 12 月 31 日公司持有的 B、C、D 三个公司股票的公允价值分别为：362 550 元、139 050 元、278 350 元。

该公司的相关会计分录如下：

（1）2013 年 11 月 3 日购入股票时：
借：可供出售金融资产　　259 700
　　贷：银行存款　　259 700

（2）2013 年 12 月 6 日，收到现金股利：
借：很行存款　　4 200
　　贷：投资收益　　4 200

（3）2013 年 12 月 31 日，公允价值变动损益：
借：资本公积——其他资本公积　　35 550
　　贷：公允价值变动损益　　35 550

（4）2014 年 1 月 23 日，出售 A 公司股票：
借：银行存款　　287 220
　　贷：可供出售金融资产　　259 700
　　　　投资收益　　27 520

（5）2014 年 2 月 10 日，购买 D 公司股票：
借：可供出售金融资产　　256 850
　　贷：银行存款　　256 850

（6）2014 年 12 月 31 日，公允价值变动损益：

借：公允价值变动损益　　99 800

　贷：投资收益　　99 800

（二）金融资产部分转移

金融资产部分转移满足终止确认条件的，将所转移金融资产整体的账面价值，在终止确认部分和未终止确认部分之间，按照各自的相对公允价值进行分摊，并将下列两项金额的差额计入当期损益：（1）终止确认部分的账面价值；（2）终止确认部分的对价，与原直接计入所有者权益的公允价值变动累计额中对应终止确认部分的金额之和。其中，原直接计入所有者权益的公允价值变动累计额中对应终止确认部分的金额，应当按照金融资产终止确认部分和未终止确认部分的相对公允价值，对该累计额进行分摊后确定。

（三）金融资产转移的担保物

企业向金融资产转入方提供了非现金担保物（如债务工具或权益工具投资等）的，企业和转入方：

1．如果转入方按照合同或惯例有权出售该担保物或将其再作为担保物的，企业应当将该非现金担保物在资产负债表中重新归类，并单独列示为一项资产。

2．转入方已将该担保物出售的，转入方应当就归还担保物义务，按照公允价值确认一项负债。转出方继续将担保物确认为一项资产。

3．企业违约，丧失了赎回担保物权利的，应当终止确认该担保物；转入方应当按照公允价值将该担保物确认为一项资产。转入方已出售该担保物的，转入方应当终止确认归还担保物的义务。

（四）未转移金融资产

不符合金融资产转移确认条件的金融资产，包括以下情形：

1．通过对所转移金融资产提供财务担保方式继续涉入的，应当在转移日按照金融资产的账面价值和财务担保金额两者之中的较低者，确认继续涉入形成的资产，同时按照财务担保金额和财务担保合同的公允价值（提供担保的取费）之和确认继续涉入形成的负债。财务担保金额，是指企业所收到的对价中，将被要求偿还的最高金额。在随后会计期间，财务担保合同的初始确认金额应当在该财务担保合同期间内按照时间比例摊销，确认为各期收入。因担保形成的资产的账面价值，应当在资产负债表日进行减值测试。

2．企业因卖出一项看跌期权或持有一项看涨期权，使所转移金额资产不符合终止确认条件，且按照摊余成本计量该金融资产的，应当在转移日按照收到的对价确认继续涉入形成的负债。所转移金融资产在期权到期日的摊余成本和继续涉入形成的负债初始确认金额之间的差额，应当采用实际利率法摊销，计入当期损益；同时，调整继续涉入所形成负债的账面价值。相关期权行权的，应当在行权时，将继续涉入形成负债的账面价值与行权价格之间的差额计入当期损益。

3．企业因持有一项看涨期权使所转移金融资产不满足终止确认条件，且按照公允价值计量该金融资产的，应当在转移日仍按照公允价值确认所转移金融资产，同时按照下列规定计量继续涉入形成的负债：

（1）该期权是价内或平价期权的，应当按照期权的行权价格扣除期权的时间价值后的余额，计量继续涉入形成的负债。

（2）该期权是价外期权的，应当按照所转移金融资产的公允价值扣除期权的时间价值后的余额，计量继续涉入形成的负债。

4．企业因卖出一项看跌期权使所转移金融资产不满足终止确认条件，且按照公允价值计量该金额资产的，应当在转移日按照该金融资产的公允价值和该期权行权价格之间的较低者，确认继续涉入形成的资产；同时，按照该期权的行权价格与时间价值之和，确认继续涉入形成的负债。

5．企业因卖出一项看跌期权和购入一项看涨期权（即上下期权）使所转移金融资产不满足终止确认条件，且按照公允价值计量该金融资产的，应当在转移日仍按照公允价值确认所转移金融资产；同时，按照下列规定计量继续涉入形成的负债：

（1）该看涨期权是价内或平价期权的，应当按照看涨期权的行权价格和看跌期权的公允价值之和，扣除看涨期权的时间价值后的金额，计量继续涉入形成的负债。

（2）该看涨期权是价外期权的，应当按照所转移金融资产的公允价值总额和看跌期权的公允价值之和，扣除看涨期权的时间价值后的金额，计量继续涉入形成的负债。

【例 9-15】滨海公司出售商品收到买方签发承兑的不带息的商业汇票，面值 351 000 元，期限 3 个月。相关销售收入符合收入确认条件。

如果持有至到期日，则有如下会计分录：

借：银行存款　　351 000

　　贷：应收票据　　351 000

如果向银行贴现，且银行保留了追索权，则表明滨海公司的应收票据贴现不符合金融资产终止确认条件，应将贴现所得确认为一项金融负债。假设滨海公司贴现净额为 340 000 元，则会计分录如下：

借：银行存款　　　　　　340 000

　　短期借款——利息调整　11 000

　　贷：短期借款——本金　　　351 000

【课堂测试 9-4】

1．甲公司为金融企业，2013 年发生下列有关经济业务：

（1）甲公司与乙金融资产管理公司签订协议，甲公司将其划分为次级类、可疑类和损失类的贷款打包出售给乙资产管理公司，该批贷款总金额为 16 000 万元，原已计提减值准备为 2 400 万元，双方协议转让价为 12 000 万元，转让后甲公司不再保留任何权利和义务。2013 年 2 月 20 日，甲公司收到该批贷款款项。

（2）2013 年 4 月 1 日，甲公司将其持有的一笔划分为可供出售金融资产的国债出售给丙公司，售价为 400 万元，年利率为 3.5%，出售时账面价值为 360 万元（其中成本为 320 万元，公允价值变动为 40 万元）。同时，甲公司与丙公司签订了一项回购协议，3 个月后由甲公司将该笔国债购回，回购价为到期日的公允价值。2013 年 7 月 1 日，甲公司按协议将该笔国债购回。

（3）2013 年 1 月 1 日，甲公司将持有的某公司发行的 10 年期公司债券出售给戊公司，经协商出售价格为 620 万元。同时签订了一项看涨期权合约，期权行权日为 2013 年 12 月 31 日，行权价为 700 万元。出售日根据相关信息合理预计行权日该债券的公允价值为 600 万元。

在 2012 年，该债券公允价值为 620 万元。该债券于 2011 年 1 月 1 日发行，甲公司同日按面值购入并将其作为可供出售金融资产核算。该债券面值为 600 万元，年利率为 6%（等于实际利率）。每年年末支付利息。

根据上述资料，甲公司下列会计处理中正确的有（　　）。

A．贷款打包出售给乙资产管理公司，甲公司应当终止确认该组金融资产

B．持有的国债出售给丙公司，甲公司应终止确认该组金融资产

C．持有的国债出售给丙公司，甲公司不应终止确认该组金融资产

D．将公司债券出售给戊公司，甲公司应当终止确认该金融资产

E．将公司债券出售给戊公司，甲公司不应当终止确认该金融资产

2．接上述资料，关于甲公司出售金融资产时的会计处理，下列项目中正确的有（　　）。

A．甲公司向乙金融资产管理公司出售贷款时，所转移金融资产的账面价值与因转移而收到的对价的差额 1 600 万元计入资本公积

B．甲公司向乙金融资产管理公司出售贷款时，应将收到的款项确认为

负债

C. 甲公司出售给丙公司的国债，应当确认投资收益 80 万元

D. 甲公司出售给丙公司的国债，收到的款项应确认为负债

E. 甲公司将持有的 10 年期公司债券出售给戊公司，确认投资收益 20 万元

第五节　金融工具列报

金融工具，包括金融工具在财务报表上的列示和相关信息的附注披露。符合金融工具定义与确认条件的项目在资产负债表上列示，但有关金融工具更详实的信息仍需在财务报表附注中披露，这些信息不仅是对表内列报的补充，而且还包括一些具有独立价值的重要资料。金融工具列报是金融工具会计处理的重要组成部分。

一、金融工具列示

企业发行金融工具，应当按照该金融工具的实质，以及金融资产、金融负债和权益工具的定义，在初始确认时将该金融工具或其组成部分确认为金融资产、金融负债或权益工具。企业发行的非衍生金融工具包含负债和权益成分的，应当在初始确认时将负债和权益成分进行分拆，分别进行处理。

除了金融资产和金融负债应当在资产负债表内分别列示，不得相互抵销。同时满足下列条件的，以相互抵销后的净额在资产负债表内列示：（1）企业具有抵销已确认金额的法定权利，且该种法定权利现在是可执行的；（2）企业计划以净额结算，或同时变现该金融资产和清偿金融负债。不满足终止确认条件的金融资产转移，转出方不得已转移的金融资产和相关负债进行抵销。

二、金融工具披露

企业在附注中披露已确认和未确认金融工具的有关信息。企业所披露的金融工具信息，应当有助于财务报告使用者就金融工具对企业财务状况和经营成果影响的重要程度做出合理评价。

1. 企业应当披露编制财务报表时对金融工具所采用的重要会计政策、计量基础等信息。

2. 披露金融资产或金融负债的账面价值。

3．对于不满足《企业会计准则第23号——金融资产转移》规定的金融资产终止确认条件的金融资产转移，企业应当披露相关信息。

4．企业应当披露与作为担保物的金融资产有关的信息。

5．企业披露每类金融资产减值损失的详细信息。

6．企业披露与违约借款有关的信息。

7．企业披露与每类套期保值有关的下列信息：（1）套期关系描述；（2）套期工具的描述及其在资产负债表日的公允价值；（3）被套期风险的性质。

8．企业按照每类金融资产和金融负债披露公允价值信息。

9．企业披露与金融工具有关的下列收入、费用、利得和损失。

10．企业应当披露与各类金融工具风险相关的描述性信息和数量信息。

（1）描述性信息，包括：风险敞口及其形成原因；风险管理目标、政策和过程以及计量风险的方法。

（2）数量信息，包括：资产负债表日风险敞口总括数据；资产负债表日风险集团信息。

11．企业披露与每类金融工具信用风险有关的信息。

12．企业按照类别披露已逾期或发生减值的金融资产的信息。

13．企业披露金融资产和金融负债按剩余到期日所做的到期期限分析，以及管理这些金融资产和金融负债流动风险的方法。流动风险，是指企业在履行与金融负债有关的义务时遇到资金短缺的风险。

14．金融工具的市场风险，是指金融工具的公允价值或未来现金流量因市场价格变动而发生波动的风险，包括外汇风险、利率风险和其他价格风险。

15．企业披露与敏感性分析有关的信息。

总体来看，金融工具列报披露的金融工具信息应具有相关性和可靠性；只有重要的金融工具才应予以披露；披露的金融工具信息应具有可理解性。

【课堂测试9-5】

找一家对金融工具披露的上市公司案例，讨论金融工具披露的内容。

本章小结

衍生金融工具，即衍生金融产品，也称为金融衍生工具，有时也称衍生工具，也可称衍生品。衍生工具是指具有以下特征的金融工具或其他合同：（1）其价值随特定利率、金融工具价格、商品价格、汇率、价格指数、费率指数、信用等级、信用指数或其他类似变量的变动而变动，变量为非金融变量的，该变量与合同的任一方不存在特定关系；（2）不要求初始净投资，或与对市场情况变化有类似反应的其他类型合同相比，要求很少的初始净投资；（3）在未来某一日期结算。衍生金融工具在形式上都是将在远期执行的经济合约。

当企业成为金融工具合同的一方时，应当确认一项金融资产或金融负债。金融资产在初始确认时，应将金融资产划分为四类：（1）以公允价值计量且其变动计入当期损益的金融资产，包括交易性金融资产和指定为以公允价值计量且其变动计入当期损益的金融资产；（2）持有至到期投资；（3）贷款和应收账款；（4）可供出售金融资产。

金融负债在初始确认时，应将其划分为交易性金融负债和指定为以公允价值计量且其变动计入当期损益的金融负债；或者其他金融负债。

金融资产和满足下列条件之一时终止确认：（1）收取该金融资产现金流量的合同权利终止。（2）该金融资产已转移，且符合金融资产终止确认条件。

金融负债的现时义务全部或部分已经解除的，才能终止确认金融负债或其一部分。

金融工具初始计量时按照取得时的公允价值计量。发生的交易费用，在计量金融工具时根据不同情况区别对待。后续计量时，金融资产或金融负债公允价值变动形成的利得或损失，除与套期保值有关外，按如下规定处理。以套期为目的进行金融工具交易产生的未实现利得或损失依据套期保值的类型进行会计核算。

套期会计是一种特殊的会计处理方法，其核心是在同一会计期间对称地确认套期工具的利得（或损失）与被套期项目的损失（或利得），以体现套期保值效应。根据套期的对象和对冲风险的不同，套期活动可以分为三类：1. 公允价值套期；2. 现金流量套期；3. 境外经营净投资套期。

金融资产转移是指企业（转出方）将金融资产让予或交付给该金融资产发行方以外的另一方（转入方）。伴随着金融资产转移的会计问题是金融资产的终止确认和终止计量。终止确认是指将金融资产或金融负债从企业的账户和资产负债表内予以转销。

符合金融工具定义与确认条件的项目在资产负债表上列示，但有关金融工具更详实的信息仍需在财务报表附注中披露，这些信息不仅是对表内列报的补充，而且还包括一些具有独立价值的重要资料。金融工具列报是金融工具会计处理的重要组成部分。

篇后案例

A 公司有 10 000 000 美元、期限 30 年、固定年利率 8%的抵押债务，每季度支付一次抵押债务利息。另外，该公司还投资了10 000 000美元，期限30年的高级公司债券，利率是LIBOR＋1%。A公司如何用利率互换来套期的？它属于公允价值套期还是现金流量套期？并做出相应的会计处理。

核心概念

金融工具（financial instrument）
衍生金融工具（derivative financial instrument）
金融资产（financial asset）
金融负债（financial liability）
套期关系（hedging relationship）
公允价值套期（fair value hedge）
现金流量套期（cash flow hedge）
境外经营净投资套期（hedge of a net investment in a foreign entity）

思考题

1．简要说明衍生金融工具的分类，如何确定衍生金融工具的确认和计量。
2．简要说明什么是利率互换。
3．什么是套期保值？从会计核算角度看，套期保值可以分成几个类别？
4．简要叙述公允价值套期与现金流量套期的差别？
5．简述金融工具的财务报告披露要求。

练习题

（一）单项选择题

1．下列各项中，不属于金融资产的是（　　）。
A．银行存款　　B．应收账款
C．债权投资　　D．权益工具
2．下列项目中属于衍生金融工具的是（　　）。
A．应付账款　　B．应付债券
C．应收账款　　D．期货合同
3．以公允价值计量的衍生金融工具，其公允价值变动额应计入的科目是（　　）。
A．资本公积　　B．投资收益

C．套期损益　　　　D．公允价值变动损益

4．两个或两个以上当事人按共同商定的条件，在约定时间内交换一定支付款项的金融交易叫做（　　）。

A．金融远期　　　　B．金融期货

C．金融期货　　　　D．金融互换

5．下列项目中不能作为被套期项目的是（　　）。

A．单项资产、负债

B．确定承诺或预期交易

C．一组具有类似特征的资产、负债，确定承诺或预期交易

D．净头寸总额

6．企业签订期货合约时交纳的保证金属于企业的（　　）。

A．资产　　　　B．负债

C．收入　　　　D．费用

7．下列哪一事项不属于金融资产转移？（　　）

A．企业以不附追索权方式出售金融资产

B．企业将金融资产出售，同时与买入方签订协议，在约定期限结束时按当日该金融资产的公允价值回购。

C．企业将金融资产出售，同时与买入方签订一项看跌期权合约（即买入方有权将该金融资产返售给企业），但从合约条款判断，该看跌期权是一项重大价外期权（即期权合约的条款设计，使得金融资产的买方极小可能会到期行权）。

D．企业将金融资产出售，同时与买入方签订协议，在约定期限结束时按当日该固定价格将该金融资产回购。

8．套期保值是指通过在现货市场和期货市场之间建立（　　）头寸，从而锁定未来现金流量的交易行为。

A．方向相同，数量不同　　　　B．方向相反，数量不同

C．方向相反，数量相同　　　　D．方向相同，数量相同

9．交易双方在场外市场上通过协商，按约定价格（称为“远期价格”）在约定的未来日期（交割日）买卖某种标的金融资产（或金融变量）的合约是（　　）。

A．金融期货合约　　　　B．金融远期合约

C．互换　　　　D．金融期权

10．下列说法错误的是（　　）。

A．期权又称选择权，是指其持有者能在规定的期限内按交易双方商定的价格购买或出售一定数量的基础工具的权利

B．看涨期权也称认购权，看跌期权也称认沽权

C．期权交易实际上是一种权利的单方面有偿让渡

D．金融期权与金融期货都是人们常用的套期保值工具，它们的作用与效果日渐趋同

11．套期保值是用较小的（　　）替代较大的现货价格波动风险。

A．期货价格风险　　B．基差风险

C．系统风险　　D．非系统风险

12．利率上升，期货价格（　　）。

A．趋跌　　B．趋涨

C．不变　　D．其他

13．在资产负债表日，对于衍生金融工具的公允价值高于其账面余额的差额，应借记的账户为衍生工具，贷记的账户为（　　）。

A．投资收益　　B．套期损益

C．汇兑损益　　D．公允价值变动损益

14．在资产负债表日，对于衍生金融工具的公允价值低于其账面余额的差额，应借记的账户为衍生工具，贷记的账户为（　　）。

A．投资收益　　B．套期损益

C．汇兑损益　　D．公允价值变动损益

15．下列衍生金融工具中，买卖双方在有组织的交易所内，以公开竞价的方式达成协议，约定在未来某一特定时间交割标准数量特定金融工具的交易合约是（　　）。

A．金融远期　　B．金融期货

C．金融期权　　D．金融互换

（二）多项选择题

1. 根据IAS39，衍生金融工具作为金融工具或合约，应同时具备三个特征，这三个特征是（　　）。

A. 该合约不要求初始净投资，或所要求的初始净投资相对于对预期市场条件具有类似反应的其他类型的合约要少

B. 该合约有一个或多个标的，且有一个或多个名义金额或支付条款或名义金额和支付条款均有

C. 该合约不一定在形成一个企业金融资产的同时形成另一个企业金融

负债

D．该合约的条款要求或允许净额结算

E．该合约不一定涉及金融资产

2．下列项目中不属于衍生金融工具的是（　　）。

A．银行存款　　B．应收票据

C．应付票据　　D．债权证券

E．期权合约

3．按照不同的交易方法与特点进行分类，衍生金融工具包括（　　）。

A．金融远期　　B．金融期货

C．金融期权　　D．金融互换

E．利率期货

4．下列各项中属于风险和收益对称的衍生金融工具有（　　）。

A．远期外汇合约　　B．股票期货

C．股票期权　　D．认股权证

E．利率互换

5．下列关于衍生金融工具的说法中正确的有（　　）。

A．拓宽了金融机构的业务

B．促进了金融市场的证券化

C．是以基本金融工具为标的或交易对象的

D．一般来说衍生金融工具就是远期金融合约

E．企业利用衍生金融工具就是为了进行套期保值

6．长宁股份有限公司于2006年12月1日销售一批商品，售价为$100 000、销售成本为75 000元，购销合同订明购货方应于2007年3月1日支付货款。长宁公司于2006年12月1日与外汇经纪银行签订一项按90天远期汇率向银行卖出$100 000的远期外汇合约，以避免这笔应收账款可能承受的外汇变动风险。长宁公司以人民币作为记账本位币。有关汇率为：2006年12月1日即期汇率$1=￥8.30，90天远期汇率$1=￥8.24。12月31日即期汇率$1=￥8.35，2007年3月1日即期汇率$1=￥8.40。下列说法正确的有（　　）。

A．长宁公司与外汇经纪银行签订的期汇合约是保值工具

B．长宁公司2006年12月1日确认的应收美元账款是被保值项目

C．长宁公司2006年12月1日确认的应收美元的入账金额为830 000元

D．长宁公司2006年12月1日确认的应付美元期汇合约款的入账金额

为 824 000 元

E．长宁公司 2006 年 12 月 31 日确认的期汇合约的外币折算损失为 5 000 元，应收美元账款的汇兑收益也为 5 000 元。

7．金融资产在初始确认时，分为（　　）。

A．以公允价值计量且其变动计入当期损益的金融资产

B．持有至到期投资

C．贷款和应收账款

D．可供出售金融资产

E．股票投资

8．对于现金流量套期，下列各项属于企业应当披露的与现金流量套期有关的信息有（　　）。

A．现金流量预期发生及其影响损益的期间

B．以前运用套期会计方法处理但预期不会发生的预期交易的描述

C．本期在所有者权益中确认的金额

D．本期从所有者权益中转出、直接计入当期损益的金额

E．本期无效套期形成的利得或损失

9．下列属于金融资产的有（　　）。

A．银行存款　　B．应收账款

C．债权投资　　D．权益工具

E．库存现金

10．下列各项属于金融负债的是（　　）。

A．库存现金　　B．银行存款

C．应付账款　　D．应付票据

E．应付债券

11．由于运用套期会计方法的不同，套期保值按套期关系可以划分为（　　）。

A．公允价值套期　　B．现金流量套期

C．境外经营净投资套期　　D．权益套期

E．商品套期

12．套期保值要规避的风险主要包括（　　）。

A．外汇风险　　B．利率风险

C．商品价格风险　　D．股票价格风险

E．信用风险

13．关于金融资产转移，下列项目中，不应当终止确认相关金融资产的有（　　）。

A．企业采用附加追索权方式出售金融资产

B．企业将金融资产出售，同时与买入方签订协议，在约定期限结束时按固定价格将该金融资产回购

C．企业将金融资产出售，同时与买入方签订看跌期权合约，但从合约条款判断，该看跌期权是一项重大价内期权

D．企业（银行）将信贷资产整体转移，同时保证对金融资产买方可能发生的信用损失进行全额补偿

E．企业以不附追索权方式出售金融资产

14．A 银行与 B 银行签订一笔贷款转让协议，A 银行将该笔贷款 90%的收益权按公允价值转让给 B 银行，该笔贷款公允价值为 1 100 万元，账面价值为 1 000 万元。假定不存在其他服务性资产或负债，转移后该部分贷款的相关债权债务关系由 B 银行继承，当借款人不能偿还该笔贷款时，B 银行不能向 A 银行追索。关于上述业务中对金融资产的整体转移和部分转移的判断及会计处理，下列说法正确的有（　　）。

A．上述业务属于部分转移金融资产

B．上述业务属于整体转移金融资产

C．金融资产部分转移满足终止确认条件的，应当将所转移金融资产整体的账面价值，在终止确认部分和未终止确认部分之间，按照各自的相对账面价值进行分摊

D．当金融资产部分转移满足终止确认条件时，应当将满足终止确认的部分从企业的账户及资产负债表上予以转销

E．只有金融资产满足整体转移确认条件时，才能终止确认该金融资产，并确认转移损益。

15．接上题，关于 A 银行将该笔贷款 90%的收益权转让给 B 银行，下列会计处理中正确的有（　　）。

A．已转移的贷款部分应分摊的账面价值为 900 万元

B．A 银行应确认的转移收益为 90 万元

C．A 银行不应确认转移损益

D．已转移的贷款部分应分摊的账面价值为 990 万元

E．未转移部分贷款的账面价值为 100 万元

（三）判断题

1．衍生金融工具的层出不穷对传统财务会计理论与实务产生了重大的影响和冲击，但是经过近些年来国际会计界的努力，关于衍生金融工具的会计确认、计量和报告的问题已经得到圆满解决。（ ）

2．衍生金融工具对传统会计计量的冲击主要表现在对历史成本计量属性的挑战。（ ）

3．企业利用衍生金融工具对以外币结算的应收账款进行套期，就是为了消除汇率变动可能给企业带来的风险。（ ）

4．在套期会计中，对预期交易的套期保值应采用现金流量套期会计处理程序，对确定承诺的套期保值是采用公允价值套期会计还是采用现金流量套期会计处理，可能有不同的的观点，但是有一点是可以肯定的，那就是预期交易和确定承诺都尚未确认。（ ）

5．企业用期汇合约对已购进资产进行套期保值，因规避了风险从而一定会增加企业的净收益。（ ）

6．某公司预计 2006 年下半年大约需要进口 300 吨大豆，现已库存 100 吨，估计尚需购买 200 吨。如果该公司采用期汇合约等金融工具对已有库存 100 吨原材料进行套期保值 ，属于公允价值套期；如果对将要购进的原材料 200 吨进行套期保值，则应属于现金流量套期。（ ）

7．外汇期货合约既可服务于套期保值目的，也可以用于投机。（ ）

8．用外汇期货进行投机和进行套期保值，有关会计处理基本没有区别，也就是说，投机交易的期货损益和保值目的的期货损益都直接计入当期损益。（ ）

9．与金融期货相比，金融期权的主要特征在于它仅仅是买卖权利的交换。（ ）

10．金融衍生工具的杠杆效应一定程度上决定了它的高投机性和高风险性。（ ）

11．从理论上说，期权出售者在交易中所取得的盈利是有限的，仅限于他所收取的期权费，而他可能遭受的损失却是无限的。（ ）

12．期货交易是指交易双方在集中的交易所市场以公开竞价方式所进行的非标准化期货合约的交易。（ ）

13．金融期体验是一种权利的交易，其价格受多种因素影响，但从理论上说，有两个部分组成即内在价值和风险价值。（ ）

14．套期保值的基本做法是：在现货市场上买进或卖出某种金融工具的同时，做一笔与现货交易品种、数量、期限相当但方向相反的期货交易，以期末来某一时间通过期货合约的对冲，从而规避现货价格变动带来的风险，实现保值的目的。（　）

15．金融期货合约是由期货交易所设计的一种对指定金融工具的种类、规格、数量、交收月份、交收地点都做出统一规定的标准化书面协议。（　）

（四）核算题

1．T 公司预期利率上升，于 4 月 1 日卖出 10 份面值为 1 000 000 元的短期国债期货合约，市场价格指数为 90；4 月 30 日价格指数为 91，5 月 31 日为 89，6 月份平仓时价格指数为 88。期货合约保证金是合约面值的 3%，价格指数变动的每点价值为 25 美元。

要求：根据上述经济业务，做出该公司的有关会计分录。

2．T 公司预期 S 公司的股票将上升，于 2004 年 7 月 1 日购入 200 股 S 公司股票的看涨期权，敲定价格为每股 70。支付权利金 240。2005 年 1 月 31 日期权到期。有关该看涨期权的价格如下表所示：

日期	股票市场价格	看涨期权时间价值
2004 年 9 月 30 日	77	180
2004 年 12 月 31 日	75	65
2005 年	76	30

要求：根据上述经济业务，做出该公司的有关会计分录。

3．甲集团为国有大型钢铁企业，近年来，由于受到金融危机以及下游产业需求下降的影响，产品市场不断下跌，企业经济效益持续下滑。为了充分利用期货市场管理产品价格风险，甲集团决定开展套期保值业务。

以下为其开展的一项关于螺纹钢的套期保值业务资料：

（1）2013 年 7 月 22 日，螺纹钢现货市场价格 5 480 元 / 吨。为防范螺纹钢下游需求减少而导致价格下跌，甲集团决定对现货螺纹钢 5 000 吨进行套期保值。于是，在期货市场卖出期限为 3 个月的期货主力合约 1 000 手（1 手 5 吨）。

（2）2013 年 10 月 20 日，螺纹钢现货市场价格为 5 320 元 / 吨，期货市场价格为 5 400 元 / 吨。当日，甲集团在现货市场卖出螺纹 5 000 吨，同时在期货市场买入 1 000 手螺纹钢合约平仓。

不考虑其他因素。

要求：

（1）判断甲集团采用的套期保值方式是买入套期保值还是卖出套期保值？

简要说明理由。

（2）简述套期保值的作用。

（3）假定该套期被指定为公允价值套期，简要说明会计处理的基本原则。

（4）计算甲集团开展套期保值业务在现货和期货两个市场盈亏相抵后的净值（不考虑手续费等交易成本，要求列出计算过程）。

（5）其他条件同上，假定 10 月 20 日，现货价格下跌到 5 320 元 / 吨，期货价格下跌仅 140 元，为 5 460 元 / 吨，计算甲集团开展套期保值业务在现货和期货两个市场盈亏相抵后的净值（不考虑手续费等交易成本，要求列出计算过程）。

4．某大型粮油综合企业集团于 2013 年 3 至 4 月间在东北产区收购了 5 万吨玉米。为规避玉米价格下跌风险，避免现货损失，该企业进入期货市场进行库存卖出套期保值操作。4 月 28 日企业以 2 300 元 / 吨价位卖出 C950 合约 5 000 手，手续费 6 元 / 吨，利息 110 元 / 吨。当时现货价格为 2 020 元 / 吨，现货尚未签订销售合同。后来，受金融危机影响，期货和现货价格果然下跌，至 8 月 17 日，期货价格下跌至 1 960 元 / 吨，而现货价格下跌至 1 850 元 / 吨；此时，该企业的现货销售完毕，同时在期货市场平仓出场。仓储费 16 元 / 吨，利息 30 元 / 吨。期货市场的盈利不但弥补现货市场的损失，而且还有盈余。

要求：

（1）从会计角度分析，该套期保值业务是公允价值套期还是现金流量套期？并说明理由。

（2）对该企业套期保值进行分析，填写下列表格。

现货市场		期货市场	
价格损失		价格盈利	
利息支付		利息支付	
仓储费		手续费	
现货亏损		期货盈利	
基差变化			

5．T 公司于 2004 年 12 月 31 日发行面值 10 000 000 元，利率 8%，两年期公司债券。同时，该公司与银行签订利率互换协议：按固定资产 8%收取利息，按 6 个月 LIBOR 利率支付利息。2004 年 12 月 31 日 LIBOR 利率为 7%。每隔 6 个月的 LIBOR 利率作为利率互换协议的浮动利率。T 公司指定该协议作公允价值套期工具，且符合套期有效性。6 个月的 LIBOR 利率、互换协议和债券公允价值如下表所示：

日期	6个月LIBOR利率	互换公允价值	债券公允价值
2004年12月31日	7.0%	—	10 000 000
2005年6月30日	7.5%	（200 000）	9 800 000
2005年12月31日	6.0%	60 000	10 060 000

要求：根据上述经济业务，做出该公司的相关会计分录。

第十章　物价变动会计

【学习目标】通过本章学习，了解物价变动的理论基础和基本模式，掌握物价变动会计主要模式的基本原理、基本程序和方法。

开篇案例

汉斯杂货店于2007年1月2日开始营业，收到的现金投资140 000元被立即用于购进存货。1月有一半的存货以120 000元的价格售出，并在月末才得以重置。1月31日，重置存货的成本为90 000元。1月份的经营利润该如何计算？

第一节　物价变动会计概述

一、物价变动及对会计的影响

（一）物价变动与物价变动会计

1．物价变动

物价反映商品和劳动力的价格在市场上的交换价值。同一商品或劳动力的价格不同于它们以前在同一市场上的价格（上涨或下跌），即为物价变动。在商品经济条件下，由于货币发行量超过商品流通正常需要量而造成的单位币值降低和商品价格上涨称为通货膨胀，表现为一般物价水平的持续上升和货币购买力的持续下降；反之称为通货紧缩。通货膨胀或通货紧缩使得不同时期相等数量的货币单位所计量的实物数量或劳动（时间）数量不等，货币计量单位与其他计量单位相互依存的比例关系遭到破坏，不同时期提供的会计信息失去了可比性，财务会计的计量基础受到严重的挑战，对以历史成本计价的传统财务会计形成了巨大的冲击，以历史成本为依据所提供的会计数据和财务比率难以为报表使用者提供有用的信息。

2．物价指数

物价指数是某一时期商品和劳务价格与基期的商品或劳务价格的比率。在市场经济中，商品、劳务的价格会由于各种原因而发生变动，可能表现为一定时期的物价高于或低于前一时期的物价。物价上涨时，一定数量的货币所购买的商品、劳务数量就会减少，反之，物价下降时，货币购买力则会上升。物价变动可分为一般物价变动和特定物价变动两种类型。

（1）一般物价变动

一般物价变动是指在通货膨胀或通货紧缩时，币值本身所发生的变动。一般物价变动通过计算物价变动的平均数来获得，即物价变动指数。物价变动指数是反映两个时期商品、劳务价格动态的指标。在计算一般物价指数时，要选择销售量大、价格变动趋势具有代表性的商品、劳务，根据其销售量确定在社会销售总量中的比重，并将该比重作为计算一般物价指数的权数，计算出各类商品的物价变动对一般物价水平的影响。一般物价指数的计算公式为：

一般物价指数＝（Σ报告期代表商品单价×权数／Σ基期代表商品单价×权数）×100%

物价指数的倒数用来表示货币的价值，即购买力。货币购买力指以一定数量的货币所能购买商品的数量或换取的劳务。例如，基期的物价指数为100，报告期的物价指数为125，说明在这一年里物价上涨了25%，货币购买力则下降了20%（1－100／125）。

（2）特定物价变动

特定物价变动指不反映货币本身价值的变动，它只是某一商品交换价值的变化，反映的是某一商品、劳务价格的变化。例如目前一吨钢材的价格为2 500元，一年后升到2 800元，只能说钢材价格上升了300元，但这并不说明货币购买力本身下降了，此时的一般物价指数还有可能是下降了。因而特定物价变动与一般物价变动的幅度并不是都一样，有的可能是相反的变动。

3．物价变动会计

利用一定的物价变动资料对企业原有方式提供的会计信息进行改动调整，或对会计的计量方式进行改进，以反映或消除物价变动对财务报告的影响，从而保证企业财务报表的使用者能够注意到物价变动对企业经营成果和财务状况等会计信息的影响。

物价变动会计是财务会计的一个分支，在很大程度上遵循着传统财务会计的基本理论，并对财务会计理论具有相当的修正和补充，形成了特有的会计理论。由于物价变动对传统财务会计理论和实务产生了巨大的冲击和影响，它不仅改变了币值不变的会计前提和历史成本原则及其他相关原则，而且动摇和否定了会计确认和计量过程中的两个根本要素——计量属性和计量单位，从而影响了会计信息质量，妨碍了会计目标的实现。

（二）物价变动对会计的影响

传统的财务会计是建立在历史成本的基础之上的，并且假设物价稳定。因此，当现实中物价发生剧烈变动时，就会对传统会计的核算基础形成冲击。表现在以下方面：

1．资产的真实价值难以体现

按照历史成本的要求，不论物价如何变动，资产和负债始终按取得时或承诺时的价格来计量，资产负债表中列示的金额为它们的未摊销成本。当物价持续上涨时，历史成本会低于编制报表时的市场价格，甚至差异很大。例如，某公司购入一块土地，历史成本为 1 000 000 元，几年后这块土地的市场价格为 5 000 000 元，但按历史成本原则，在报表上只能反映为 1 000 000 元的土地价值，并不反映土地的上涨收益。这样处理不能反映该土地资产的真实价值。

2．企业真实经营成果难以反映

按照历史成本原则，要求资产在其摊销时按历史成本转销，而利润的计量是当期市场价格计量的收入与按历史成本摊销的价值之差，这样在物价上涨时，当前较高的市场价格与较低的摊销成本之间的差异（即利润）就会显得较高，而这部分利润并不是企业经营努力的结果，而是由于物价上涨的结果，即持有利得，从而影响了对企业经营成果的正确评价。例如，假定某企业的年初购入一批商品，成本为 2 000 000 元，年末企业将商品出售得到 2 100 000 元，这时按历史成本计量的利润为 100 000 元。若此时，公司再购入一批同样的新商品，但其价格已上涨到 2 200 000 元，企业将收到的货款全部付出也不够购买新商品，必须再付出 100 000 元才能保持经营活动继续进行。可见公司非但没有赚钱，要维持生产反而需再投入 100 000 元。

3．企业会计信息的可理解性减弱

在历史成本会计下，资产总额是各个时点所取得资产的名义货币金额简单相加的结果，在物价变动时期，各时点的货币购买力不相同。例如，企业在年初持有存货 1 000 元，年内又购入存货 1 000 元。假定年初的物价指数为 100，年末的物价指数为 125，则不能简单地将年初的存货 1 000 元和年末的存货 1 000 元相加，因为年初的存货是以年初货币表示的，而年末的存货是以年末货币表示的。如果要使相加的结果富有意义，要么将年末的 1 000 元存货重新按年初货币表示为 800（1 000×100 / 125），与年初的 1 000 元存货相加得到 1 800 元，要么将年初的 1 000 元存货按年末货币表示为 1 250 元（1 000×125 / 1000），相加后得到 2 250 元。前者使资产总额都按年初货币表述，后者使资产都按年末货币表述，这样的数据才有实际意义。但是按照历史成本原则，资产总额为 2 000（1 000＋1 000），这一结果是缺乏实际意义的。

4．企业的再生产能力下降

在物价剧烈变动的情况下，历史成本会计报表已不能真实地反映企业的财务状况和经营成果，严重影响了企业会计信息的有用性，并产生了一系列不良的经济后果。由于我国的物价呈持续上涨的趋势，利润虚增和财务报表失实的现象一直十分严重。此外，企业按报表列示的虚假利润来分配，就会把一部分投入资本也作为利润分给投资者，企业的财力越来越弱。所得税也以虚假利益为基础计算和缴纳，使企业承受了不应有的纳税义务。虚盈实亏、虚利实亏已严重威胁企业的持续经营，削弱国民经济发展的后劲。

二、物价变动会计的理论基础

由于物价变动已严重影响了财务报告目标的实现，改革传统的以历史成本为计量基础、以币值不变假设为基本核算前提的会计模式势在必行。由于物价变动的影响主要体现在会计计量上失去相关性。如果不能恰当反映物价变动影响的利得或损失，则可能造成企业资本侵蚀，影响持续经营能力。于是，资本保全理论自然成为物价变动会计的理论基础。

资本保全是指在资本得到保持或成本得到补偿之后，多余的部分才可确认为收益。这实际上是确认收益的一个很重要的过程，即将资本和收益区分开来。

20 世纪 70 年代以前，资本保全概念并未得到会计界的重视，直到通货膨胀在 70 年代席卷主要西方工业国，严重影响了会计信息的质量时，这一概念才日益受到人们的重视。资本保全概念的关键是如何定义“资本”。一般来说，资本可分为财务资本和实物资本两个方面。

财务资本是指企业所有者投入企业的货币资本，它所代表的价值以货币数量表示，因此与传统会计中的净资产相同。

实物资本是指企业的实物资产，反映企业实际具有的生产能力或经营能力，而企业的生产经营能力一般以一定时期企业生产的产品或劳务的实物数量表示。

与资本定义相对应的是财务资本保全和实物资本保全。

财务资本保全是指企业只有当期末净资产的金额扣除所有者的投资和当

期对所有者的分配额后，超过当期期初净资产的金额时，其超出金额才是当期收益。财务资本保全是传统的资本保全概念，也是当前占主导地位的资本保全概念，它的一个优点是强调股东投资的货币或购买力未经调整的数量，因此，与受托责任概念更相关。

实物资本保全是指企业只有当期末实物生产能力或经营能力在扣除了当期对所有者的分配额和所有者的投资后，超过当期期初的实物生产能力或经营能力时，其超出金额才可确认为当期收益。实物资本保全概念的一个优点是它强调企业生产能力的保全，提足准备，从而有益于企业的长远发展。

三、物价变动会计计量模式

会计计量模式是计量单位与计量属性的有机结合，会计采用货币作为计量单位，计量单位主要解决名义货币与不变币值（一般购买力）货币的选择问题。通常将不考虑购买力变动的货币单位称为名义货币，而将具有相同购买力的货币单位称为不变币值货币。计量属性主要解决同一计量对象的不同货币表现问题，会计上除了可以用历史成本计量外，还要用其他计量属性，其中最重要的是现行成本。将两种计量单位和两种计量属性相结合，可以组成四种不同的会计模式：历史成本 / 名义货币会计、历史成本 / 不变币值会计、现行成本 / 名义货币会计、现行成本 / 不变币值会计，其中，后三种为物价变动会计模式。

（一）一般物价水平会计（历史成本 / 不变币值会计）

仍然保持历史成本的计量属性，以币值固定、购买力相等的货币作为计量单位，采用一般物价指数，将传统财务报表中各项会计数据换算调整为按购买力计价的企业财务状况和经营成果，目的是消除一般物价水平变动对财务报表的影响，所以又称一般购买力会计。

（二）现行成本会计（现行成本 / 名义货币会计）

这种模式以现行成本为计量属性，计量单位仍采用名义货币。现行成本一般采用重置成本，以现行成本代替历史成本计量资产有其消耗成本，可以消除现行成本与历史成本不一致时对会计报表的影响。

（三）现行成本 / 不变币值会计

这一模式不仅以现行成本为计量属性，而且还以购买力相同的货币作为计量单位，试图同时反映一般物价水平和特定物价水平变动的影响。

【课堂测试 10-1】

1. 显示物价变动程度的重要标志是（　　）。

A. 一般物价水平的高低　　　B. 个别物价水平的高低

C．一般物价水平的下降　　　　D．个别物价水平的变动

2．某企业原有资本200万元，投资时的一般物价指数为100，现在一般物价指数为110，而企业所拥有实物资产的物价指数为112，现出售该企业净资产的价格为250万元，按现行成本资本保全概念计算该企业的利润应为（　）万元。

A．50　　B．30　　C．26　　D．46

3．下列不属于物价变动会计模式的是（　）。

A．历史成本／名义货币会计　　B．历史成本／不变币值会计

C．现行成本／名义货币会计　　D．现行成本／不变币值会计

第二节　一般物价水平会计

一、一般物价水平会计的基本原理

一般物价水平会计反映一般物价水平发生变动对会计的影响，其显著的特点是改变了会计计量单位，将历史成本会计模式下的会计计量单位由名义货币改变为不变币值货币，而计量属性仍为历史成本。其主要特点可概括为：

（1）日常的会计核算方面，不需要进行特殊的或单独的会计处理；

（2）由于货币计量单位的改变，期末需要按一般物价指数对历史成本／名义货币单位下的会计报表数据进行调整，以消除物价变动的影响。

二、一般物价水平会计的基本程序

该会计模式的程序主要包括以下几个步骤：

1．划分货币性项目与非货币性项目；

2．把名义货币换算为不变币值货币；

3．计算货币性项目的购买力损益；

4．按一般物价水平重编会计报表。

（一）划分货币性项目和非货币性项目

货币性项目与非货币性项目受一般购买力变动的影响不同，因此，一般物价水平会计首先必须将会计报表项目区分为货币性项目与非货币性项目两类，再做不同的处理。

1．货币性项目

货币性项目是指在一般物价水平变动时，其金额固定不变，但其购买力发生变动的项目。货币性项目可分为货币性资产和货币性负债两类，货币性资产因物价变动，其实际购买力随之发生变动，例如，年初持有现金200元，年末也是200元，假定物价上涨一倍，年末的200元现金，其购买力仅为年初的一半，即相当于年初的100元。常见的货币性资产项目包括：货币资金、应收账款、应收票据、其他应收款和长期应收款等。货币性负债指将来必须支付固定金额货币的债务。常见的货币性负债主要包括：应付账款、应付票据、其他应付款、应付职工薪酬、应交税费和长期应付款等。

持有货币性资产和持有货币性负债所产生的购买力损益正好相反，当物价上涨时，持有货币性资产会使企业蒙受购买力损失，持有货币性负债会给企业带来购买力利得，因为企业可用购买力较低的货币偿付固定金额的债务。当物价下跌时，货币性资产和货币性负债所产生的购买力损益与物价上涨时正好相反。

需要强调的是，有时货币性项目与非货币性项目难以进行区分。譬如，预付账款，如果签订的合同中明确供货方提供固定数额的产品，就不会受货币购买力变动的影响，就属于非货币性项目。如果签订的合同中只明确一定金额的产品，这些产品的价格随着物价变动而变动，就会受到货币购买力变动的影响，这样的预付账款就属于货币性项目。预收账款也是如此。

2．非货币性项目

非货币性项目是指在一般物价水平发生变动时，其名义货币数额不是固定不变，而是随着一般物价水平的上涨而提高，随着一般物价水平的下降而降低。非货币性项目也可分为非货币性资产和非货币性负债，并可进而分为流动项目与非流动项目。如存货和固定资产都是非货币性资产，前者是非货币性流动资产，后者是非货币性非流动资产。

非货币性项目不会发生购买力损益，但在重编会计报表时，必须按一般物价指数予以调整。相反，货币性项目不需做调整，但要计算货币购买力损益。

货币性项目与非货币性项目的划分不同于流动性和非流动性项目的划分，有些流动性项目可能是非货币性的，例如存货；有些非流动性项目可能是货币性的，例如长期借款。而利润表上的所有项目都被认为是非货币性的。货币性和非货币性项目的划分如表10-1所示：

表 10-1　货币性项目与非货币性项目

资产	货币性	非货币性	负债和所有者权益	货币性	非货币性
流动资产：	√		流动负债：	√	
货币资金	√		短期借款	√	
交易性金融资产	√		交易性金融负债	√	
应收票据	√		应付票据	√	
应收账款	√		应付账款	√	
预付账款	√	√	预收账款	√	√
应收利息	√		应付职工薪酬	√	
应收股利	√		应交税费	√	
其他应收款	√		应付利息	√	
存货		√	应付股利	√	
一年内到期的非流动资产	√		其他应付款	√	
其他流动资产	√		一年内到期的非流动负债	√	√
流动资产合计			其他流动负债	√	
非流动资产：			流动负债合计		
可供出售金融资产	√		非流动负债：		
持有至到期投资	√		长期借款	√	
长期应收款	√		应付债券	√	
长期股权投资		√	长期应付款	√	
投资性房地产		√	专项应付款	√	
固定资产		√	预计负债	√	
在建工程		√	递延所得税负债	√	
工程物资		√	其他非流动负债	√	
固定资产清理		√	非流动负债合计		
生产性生物资产		√	负债合计		
油气资产		√	所有者权益：		
无形资产		√	实收资本		√
开发支出		√	资本公积		√
商誉		√	减：库存股		√
长期待摊费用		√	盈余公积		√
递延所得税资产		√	未分配利润		√
其他非流动资产		√	所有者权益合计		
非流动资产合计					
资产合计			负债和所有者权益合计		

（二）把名义货币换算为不变币值货币

非货币性项目所支配资产的数量不受币值变动的影响。例如，企业拥有一幢厂房，取得时的历史成本为 1 000 000 元，在编制资产负债表时，一般物价水平上涨了一倍，如果用此时的货币表示，它就值2 000 000元，因为货币的购买力下降了一半，贬值后的2 000 000元和原先的1 000 000元所能支配资产的数量相同。换言之，在编制不变币值货币资产负债表时，必须把非货币性项目的名义货币单位换算为相同的不变币值货币单位。

对不变币值货币的选择，可以有不同的方法。一般都采用重编报表当年的货币为不变币值货币，因一年中货币的购买力还会发生变动，又可分为“年初货币”、“年末货币”和“年末平均货币”等。通常采用年末货币为不变币值货币并以此来调整资产负债表中的非货币性项目，因为资产负债表反映的是年末的财务状况。但是采用年末货币为不变币值货币时，将会增加利润表的换算工作，因为该年中发生的收入和费用项目都必须加以换算。为简化利润表的换算工作，也有人建议用年平均货币作为不变币值货币，这样表中的许多项目就不必换算了。但不管怎样，在编制会计报表时必须使用相同购买力的货币单位。以下例题假定年末货币为不变币值货币。

换算的基本步骤为：（1）确定形成或取得某一项目的时间；（2）确定形成或取得该项目时的物价指数；（3）确定编表当时的物价指数；（4）计算换算系数；（5）进行换算。

非货币性项目涉及资产负债表和利润表，所以两表均需要调整。

1．资产负债表项目的调整

资产、负债项目的年末余额都需要经过调整，调整时的换算系数为：

换算系数＝本年年末物价指数／某项目形成或取得时的物价指数

年末余额调整数＝年末余额×换算系数

留存收益一般采用余额法加以调整，公式为：

留存收益＝（调整后资产合计数－调整后负债合计数）－调整后投入资本

2．利润表项目的调整

利润表项目通常被认为是非货币性项目，因而对营业收入、营业成本、销售费用等均需做出调整。

（1）营业收入、营业成本、除折旧费外的销售费用和所得税，一般都假定在一年内均匀地发生，故以当年的年平均物价指数作为上述换算公式的分母。

（2）折旧费是按固定资产原值计提的，其换算方式应与固定资产保持一致，即用取得固定资产时的物价指数作为分母。

企业的利润分配一般在年末进行，所有者权益变动表中本年度的利润分配金额已按年末时的货币价值反映，不需调整。

（三）计算货币性项目的购买力损益

货币性项目受到物价变动的影响。在通货膨胀期间，持有货币性资产会产生购买力损失，而持有货币性负债会产生购买力利得。

【例 10-1】滨海公司在一般物价指数为 100 时向南开公司借入 1 000 元，当物价指数为 120 时，滨海公司归还了这笔款项。这时，滨海公司得到 200 元的购买力利得，而南开公司产生了 200 元购买力损失。购买力损益计算如表 10-2：

表 10–2 购买力损益计算表

项目	年初滨海公司向南开公司借入	年末滨海公司向南开公司归还
现金流量	1 000	1 000
当时的物价指数	100	120
年末时的货币购买力	1 000×120／100＝1 200	1 000×120／120＝1 000

从上表可计算，购买力损益为 200 元（1 200－1 000）。

企业在调整会计报表时，可将年初货币性项目从年初货币调整为年末货币，再将年内发生的货币性项目的变动数从发生时的货币调整为年末货币，因为已将年末货币作为不变币值货币，所以年末的货币性项目就无需做出调整。最后，将年初净货币性项目（货币性资产－货币性负债）减去经调整的本年净货币性项目的变动数以及年末调整后的净货币性项目，其差额即为本期的货币购买力损益。

【例 10-2】滨海公司 2013 年 12 月 31 日拥有货币性资产 1 700 000 元，货币性负债 500 000 元；年初货币性资产 1 000 000 元，货币性负债 500 000 元；本年货币性资产因营业收入增加 4 000 000 元，因营业费用、所得税、购买存货分别支付 600 000 元、300 000 元、2 400 000 元。年初物价指数 120，年末物价指数 140，年平均物价指数 130。货币性项目分析及货币性项目购买力损益计算表如表 10-3 和表 10-4。

表 10–3 货币性项目分析 单位：元

项目	金额	项目	金额	项目	金额
期初货币性资产	1 000 000	期初货币性负债	500 000	期初货币性项目净额	500 000
营业收入	4 000 000				
减：销售费用	600 000				
购入存货	2 400 000				
所得税费用	300 000				
本期货币性资产增加（或减少）	700 000	本期货币性负债增加（或减少）	0	本期货币性项目净增加	700 000
期末货币性资产	1 700 000	期末货币性负债	500 000	期末货币性项目净额	1 200 000

表 10-4 货币性项目购买力损益计算表 单位：元

项目	历史成本 / 名义货币	调整系数	历史成本 / 不变币值货币	货币购买力损益
期初货币性资产	1 000 000	140 / 120	1 166 700	－166 700
期初货币性负债	500 000	140 / 120	583 300	＋83 300
期初货币性项目净额	500 000		583 400	－83 400
本期货币性项目净增加				
加：营业收入	4 000 000	140 / 130	4 307 700	－307 700
减：销售费用	600 000	140 / 130	646 200	＋46 200
购入存货	2 400 000	140 / 130	2 584 600	＋184 600
所得税	300 000	140 / 130	323 100	＋23 100
期末货币性项目净额	1 200 000		1 337 200	－137 200
货币性项目购买力净损益	1 200 000－1 337 200＝－137 200			

（四）按一般物价水平重编会计报表

【例 10-3】承接【例 10-2】，滨海公司 2013 年 12 月 31 日准备将财务报表按照一般购买力货币单位重新表述，有关资料如下：

（1）年初存货 2 000 000 是 2009 年均匀购入的，当年平均物价指数为 110，2013 年共购进存货 2 400 000 元，采用加权平均法计算发出存货价值；

（2）固定资产折旧 500 000 元，该固定资产于 2011 年 12 月购入，实际成本 2 500 000 元，当时物价指数为 110，使用年限 5 年，采用直线法计提折旧；

（3）收到投资者投入资本时的物价指数为 105；

（4）假设所得税为当年内均匀缴纳；

（5）年初物价指数为 120，年末物价指数为 140，年平均物价指数为 130；

（6）2013 年年末资产负债表、利润表如表 10-5 和表 10-6 所示。

表 10-5 资产负债表（简表）

编制单位：滨海公司 2013 年 12 月 31 日 单位：元

项目	年初数	年末数
货币性资产	1 000 000	1 700 000
存货	2 000 000	2 500 000
固定资产	2 000 000	1 500 000
资产合计	5 000 000	5 700 000
货币性负债	500 000	500 000
股本	3 500 000	3 500 000
留存收益	1 000 000	1 700 000
所有者权益合计	4 500 000	5 200 000
负债与所有者权益合计	5 000 000	5 700 000

表 10–6　利润表（简表）

编制单位：滨海公司　　　　2013 年　　　　单位：元

项目	本年金额
营业收入	4 000 000
减：营业成本	1 900 000
折旧费用	500 000
销售费用	600 000
利润总额	1 000 000
减：所得税费用	300 000
净利润	700 000

根据以上资料处理如下：

（1）区分货币性与非货币性项目，货币性项目与非货币性项目分析如表 10-3 所示：

（2）计算货币性项目购买力净损益见表 10-4 所示：

（3）按照一般物价水平调整利润表和资产负债表见表 10-7 和表 10-8 所示：

表 10–7　利润表调整　　单位：元

项目	本年金额（历史成本）	调整系数	本年金额（不变币值货币）
营业收入	4 000 000	140 / 130	4 307 700
减：营业成本	1 900 000	计算	2 437 800
折旧费用	500 000	140 / 110	636 400
销售费用	600 000	140 / 130	646 200
利润总额	1 000 000	计算	587 300
减：所得税	300 000	140 / 130	323 100
净利润	700 000	计算	264 200
减：货币性项目购买力损益			137 200
消除物价变动后净利润	700 000		127 000
年初留存收益			1 007 700
减：利润分配			
年末留存收益			1 134 700

表 10–8　资产负债表调整　　单位：元

项目	年初金额（历史成本）	调整系数	年初金额（不变币值）	年末金额（历史成本）	调整系数	年末金额（不变币值货币）
货币性资产	1 000 000	140 / 120	1 166 700	1 700 000	140 / 140	1 700 000
存货	2 000 000	140 / 110	2 545 500	2 500 000	140 / 130	2 692 300
固定资产	2 000 000	140 / 110	2 545 500	1 500 000	140 / 110	1 909 100
资产合计	5 000 000		6 257 700	5 700 000		6 301 400
货币性负债	500 000	140 / 120	583 300	500 000	140 / 140	500 000
股本	3 500 000	140 / 105	4 666 700	3 500 000	140 / 105	4 666 700
留存收益	1 000 000	倒轧计算	1 007 700	1 700 000	利润表中	1 134 700
所有者权益合计	4 500 000		5 674 400	5 200 000		5 801 400
负债与权益合计	5 000 000		6 257 700	5 700 000		6 301 400

（4）编制一般物价水平会计的资产负债表和利润表，见表 10-9 和表 10-10。

表 10-9　资产负债表（不变币值货币）

编制单位：滨海公司　　2013 年 12 月 31 日　　单位：元

项目	年初数	年末数
货币性资产	1 166 700	1 700 000
存货	2 545 500	2 692 300
固定资产	2 545 500	1 909 100
资产合计	6 257 700	6 301 400
货币性负债	583 300	500 000
股本	4 666 700	4 666 700
留存收益	1 007 700	1 134 700
所有者权益合计	5 674 400	5 801 400
负债与所有者权益合计	6 257 700	6 301 400

表 10-10　利润表（不变币值货币）

编制单位：滨海公司　　2013 年　　单位：元

项目	本年金额（不变币值货币）
营业收入	4 307 700
减：营业成本	2 437 800
折旧费用	636 400
销售费用	646 200
利润总额	587 300
减：所得税	323 100
净利润	264 200
减：货币性项目购买力损益	137 200
消除物价变动后净利润	127 000
年初留存收益	1 007 700
减：利润分配	
年末留存收益	1 134 700

三、一般物价水平会计的优缺点

一般物价水平会计是会计界为了消除物价变动对会计信息的影响而设计的方案之一，直到 1974 年以前，美国、英国、澳大利亚和加拿大的准则制定机构仍在研究按不变币值编制财务报表的问题。多年来，各界对一般物价水平会计的评价褒贬不一，概括起来如下：

（一）一般物价水平会计的优点

1．一般物价水平会计没有改变传统的历史成本计量基础，仅是将代表不同购买力的历史金额调整为固定购买力的金额。对于报表编制者来说，这种方法比较简单易行；对于信息使用者来说，其产生的结果比较容易理解。

2．由于所有企业都采用相同的由政府公布的物价指数来换算历史成本报表的数据，其结果具有客观性，并增强了不同企业之间财务报表的可比性。

3．按物价指数调整历史成本报表数据后，克服了历史成本报表计量单位不稳定的弊病，使同一企业不同时期的报表具有可比性，有助于信息使用者进行趋势分析。

（二）一般物价水平会计的缺点

1．一般物价水平会计所产生的信息的有用性令人怀疑。一般物价水平会计假定所有企业的资产和成本以及同一企业里的所有资产和成本都受到一般物价变动的同等影响，但这个假设显然与事实不符。企业的资产和成本可能更多的是受个别物价变动的影响而不是受一般物价变动的影响，因此，一般物价水平会计只能做到对交易和事项的重新表述，而不能做到对交易和事项的重新计量，由此产生的结果很难具有决策相关性。

2．一般物价水平会计所报告的货币性项目净额的购买力损益含义模糊。从评价管理层的业绩角度来说，将购买力损益归功于或归咎于企业管理层难以令人信服；从盈利预测的角度看，在通货膨胀时期，企业在期初持有的货币性净负债额越大，则反映出来的购买力利得金额就越高，但这对于预测未来的盈利趋势只能起误导的作用；从预测现金流量的角度看，购买力利得并不能为股利分派提供资金保证。

3．一般物价水平会计只是对历史成本数据的重新表述，因此，除了改革了计量单位，还继承了历史成本的所有缺陷。另外，一般物价水平会计对货币性项目和非货币性项目的分类多少带有主观随意性，易造成财务报表的不可比。

【课堂测试 10-2】

1．一般物价水平会计的计量单位一般是（　　）。

A．以期初名义货币为等值货币　　B．以期末名义货币为等值货币

C．期初名义货币　　D．期末名义货币

2．一般物价水平会计的计量属性是（　　）。

A．按一般物价水平换算的历史成本

B．按个别物价水平换算的历史成本

C．现行成本和个别物价水平变动

D．现行成本和一般物价水平变动

3．下列项目属于非货币性负债性质的是（ ）。

A．短期借款　　B．预收货款

C．应付账款　　D．应交税费

4．下列会计方法属于一般物价水平会计特有的方法是（ ）。

A．计算购买力损益

B．计算持有资产损益

C．编制通货膨胀会计资产负债表

D．编制通货膨胀会计利润及其分配表

5．在一般物价水平会计中对货币性项目换算调整时，需要进行换算调整的是（ ）。

A．期末名义货币金额　　B．期末等值货币金额

C．期初名义货币金额　　D．期初等值货币金额

篇中案例

A 公司于 2013 年 1 月 1 日建立并开始经营。由于物价上涨幅度较大，A 公司管理当局要求财务部门在按历史成本编制财务报表的同时，再提交一份按一般购买力会计编制的财务报表，以反映一般物价水平变动对会计信息的影响。A 公司 2013 年资产负债表及利润表如表 1 和表 2 所示：

表 1　资产负债表

编制单位：A 公司　　2013 年 12 月 31 日　　单位：元

项目	金额	项目	金额
货币性资产	800 000	流动负债	200 000
存货	285 000	长期应付款	260 000
固定资产	760 000	股本	225 000
无形资产	150 000	资本公积	1 150 000
		未分配利润	160 000
资产合计	1 995 000	负债及所有者权益	1 995 000

表 2　利润表

编制单位：A 公司　　2013 年 12 月　　单位：元

项目	金额	
营业收入	2 400 000	
营业成本	1 800 000	
毛利	600 000	
营业费用	40 000	
折旧	370 000	410 000
其他费用（包括所得税）	190 000	
净利润		

其他资料如下：

（1）2013 年物价指数资料如下：年初 100；8 月 31 日为 115；年末 123；全年平均 110。

（2）2013 年年初发行按每股价格 6 元，发行面值为 1 元的普通股 200 000 股，共得价款 1 200 000 元；6 月支付现金股利每股 1 元；同时，增发普通股 25 000 元，每股发行价 7 元。

（3）营业收入与营业费用为年内均匀发生，营业成本和期末存货均由年内购入，固定资产为年初一次性购入，负债均为货币性项目。

为财务部门做如下工作：

①选择稳值货币，并说明理由；

②编制一般物价水平会计的资产负债表和利润表，并计算购买损益；

③向公司管理层阐明历史成本会计与一般物价水平会计的差异，解释两种会计模式下财务信息的不同含义。

第三节　现行成本会计

一、现行成本会计基本原理

现行成本会计的基本原则是以现行成本代替历史成本作为财务报表的计量基础，以传统的名义货币为计量单位。实行现行成本会计主要应解决两个问题：一是合理估计各项资产、负债的现行成本，以便对报表项目进行重新计量；二是计算并报告现行成本变动额。由于现行成本会计实际上是对报表要素的重新计量，因此，对资产、负债的现行成本的估计应定期进行（一般至少一年一次），并调整相应账户的余额，作为编制期末财务报表的依据。

现行成本变动额源于资产负债的现行成本与历史成本之间的差异，如何报告现行成本变动额取决于对资本保持概念的理解。现行成本会计既可以基于货币财务资本保持观念，也可以基于实物资本保持观念。在货币财务资本保持观念下，现行成本变动额称为现行成本持有损益，应区分已实现现行成本持有损益和未实现现行成本持有损益，分别报告在现行成本利润表里。在实物资本保持观念下，由于资本被定义为实物生产能力，现行成本变动额应视为企业为维持年初的实物生产能力水平而必须再投入的金额；因此，现行成本变动额即持有损益应是资本的一部分，而不能作为资本的报酬，所以，现行成本变动额应在以现行成本为基础的资产负债表里报告，作为资本的调整项目。

二、现行成本会计的基本程序

现行成本会计的基本程序包括：（1）确定各项资产的现行成本；（2）计算各项非货币性资产的持有损益；（3）编制现行成本会计报表。

（一）确定各项资产的现行成本

资产计价，可以采取不同的方式，传统会计采用的是历史成本计量属性，即用取得一项资产时发生的各项耗费来表示一项资产的价值。在持有资产的期间，如果物价不发生变动，它能较正确地反映资产的价值，但是，若在这期间某项资产的价格发生了变动，例如，两年前购入的一台机器历史成本价为 100 000 元，现在同样一台机器在市场上的购入价格已升到了 200 000 元，但是资产负债表上仍表现为 100 000 元，与现实不相符。信息使用者根据这一信息就可能作出错误的决策。这时，企业就可以用这台机器的现行成本 200 000 元来表示资产的价值。

实际工作中，企业制造产品所需的生产资料，有些是市场上容易获得的大宗商品，企业容易获得相同质量和规格的同种商品。但有些商品如机器设备、厂房等，由于技术进步，制造工艺的革新，市场上出现的商品已不同于企业持有的商品。有些机器设备由于性能改进，生产能力的提高，价格也随之提高，仍以这些商品的现时价值作为企业持有资产的现行成本就不尽合理了。这时，可以用相同功能但具有不同服务潜能的新资产的成本，在调整服务潜能差异后，作为旧资产的现行成本。例如，某企业拥有一台机器，历史成本为 50 000 元，日产量 100 件。现行市场上出售的同类机器性能已有明显提高，日产量达到 160 件，其售价为 100 000 元，这时，旧机器的现行成本为 62 500 元（100 000×100÷160）。

还有一种情形是企业使用的生产资料不是从市场上购买，而是自行建造，现时市场也有同类产品。对于自制形成的资产，通常可按再生产现有资产所耗费的生产要素（如原材料、人工及制造费用）的金额作为它的现行成本，有时简称为重生产成本。

以现行成本计量资产遇到的另一个问题是，企业持有资产的品种规格往往成千上万，为每一品种规格确定现行成本显然手续繁杂。一些大企业可以将其持有的生产资料划分为若干类别，如钢材、木材等，然后采用分类价格指数将其换算为现行成本。但是在处理时，必须注意分类要恰当，分类太细，则不能达到简化工作的目的；分类太宽，确定的现行成本就太不准确。

现行成本的资料一般可以通过以下渠道获得：现行发票价格；供货方价目或报价单；能反映现行成本的标准制造成本；政府或其他权威部门提供的特种物价指数或分类物价指数；企业自行编制的某种或某类商品的物价指数。

（二）计算各项非货币性资产的持有损益

企业持有的非货币性资产现行成本和历史成本的差异称为持有损益，当企业持有资产的现行成本高于历史成本时，就称为持有利得，反之称为持有损失。货币性资产上不存在持有损益。

持有损益还可分为未实现的持有损益和已实现的持有损益。持有损益因资产的消耗和出售而实现，企业持有资产的现行成本发生变动，则为未实现持有损益。

【例 10-4】某企业期初购进商品 100 件，单位成本 50 元，期末将其中的 60 件出售，每件售价 80 元。当时每件的重置成本为 70 元，期末每件重置成本为 75 元。

持有利得＝60×（70－50）＋40×（75－50）＝2 200 元

其中，已实现持有利得＝60×（70－50）＝1 200 元

未实现持有利得＝40×（75－50）＝1 000 元

现行成本会计收益＝60×（80－70）＝600 元

（三）编制现行成本会计报表

编制现行成本在前面程序的基础上，主要编制资产负债表、利润表。

资产负债表中，除了非货币性项目用现行重置成本计价外，其他所有货币性项目均不需进行调整。

利润及利润分配表中，除销售成本、折旧费外，其他收支项目的金额已经代表了该期间的现行成本，也不需要进行调整，直接取自历史成本核算的金额。按照现行成本会计的要求，存货的销售成本应根据销售存货时的重置成本计算。由于本期存货购销频繁，为了简化核算，期末计算销售成本时，一般直接以期末的重置成本为依据确定。本期固定资产折旧计算，宜采用期末的重置成本为依据确定。虽然会增加费用，但收回的补偿资金多，有利于实物资本保全，对固定资产尤其如此。

【例 10-5】滨海公司 2013 年年初成立正式营业，有关资料如下：

本年度按传统会计历史成本 / 名义货币模式编制的资产负债表、利润表如表 10-11 和表 10-12 所示：

表 10–11 资产负债表

编制单位：滨海公司 2013 年 12 月 31 日 单位：元

资产	年初数	本年末	负债及所有者权益	年初数	本年末
库存现金	35 000	50 000	短期借款	100 000	160 000
应收账款	70 000	180 000	长期借款	500 000	489 675
其他货币性资产	55 000	90 000	股本	240 000	240 000
存货	200 000	240 000	留存收益	0	80 325
固定资产	220 000	176 000			
无形资产	260 000	234 000			
资产合计	840 000	970 000	负债及所有者权益合计	840 000	970 000

表 10–12 利润表

编制单位：滨海公司 2013 年 单位：元

项目	本年金额
营业收入	840 000
营业成本：	
期初存货	200 000
加：本年购货	616 000
减：年末存货	240 000
营业成本	576 000
毛利	264 000
销售费用（不含折旧费用）	46 000
管理费用（不含折旧费用及无形资产摊销）	29 000
折旧及摊销费	70 000
利润总额	119 000
减：所得税费用	29 750
净利润	89 250
加：年初留存收益	0
可供分配的利润	89 250
减：利润分配	
现金股利	8 925
年末留存收益	80 325

其他相关资料如下：

2013 年年末，期末存货按现行成本计算为 380 000 元；2013 年期初存货现行成本 200 000 元；

固定资产使用年限为 5 年，无残值，采用直线折旧；2013 年年末，设备和厂房等固定资产的现行成本为 280 000 元，2013 年年初，设备和厂房的成本

220 000 元；无形资产按 10 年摊销，2013 年年末的现行成本为 350 000 元，2013 年年初的成本为 260 000 元；销售成本以现行成本为基础，在年内均匀发生，现行成本为 608 000 元；本期购货的现行成本 788 000 元；销售费用及管理费用、所得税费用项目、其现行成本金额与以历史成本为基础的金额相同。

要求：根据上述资料，编制滨海公司 2013 年度现行成本基础的资产负债表和利润表。

（1）确定各项资产的现行成本如表 10-13：

表 10–13 非货币性项目现行成本

单位：元

项目	年初现行成本	年末现行成本	项目	年初现行成本	年末现行成本
存货	200 000	380 000	股本	240 000	240 000
固定资产	225 000	280 000			
减：累计折旧	0	56 000	留存收益	0	80 325
固定资产净值	225 000	224 000			
无形资产	260 000	350 000			
减：无形资产摊销	0	35 000			
无形资产净值	260 000	315 000			

（2）计算资产持有损益

2013 年年末未实现资产持有损益包括年末存货现行成本和历史成本的差额，年末固定资产、无形资产现行成本与历史成本的差额。

已实现资产持有损益是存货、固定资产、无形资产中，本期已转化为费用部分的现行成本与历史成本的差额。包括销货成本的现行成本与历史成本的差额、按现行成本计算的固定资产折旧费用与按照历史成本计算的固定资产折旧费用的差额和按现行成本计算的无形资产摊销费用与按照历史成本计算的无形资产摊销费用的差额，如表 10-14 所示：

表 10–14 2013 年年末资产持有损益计算

单位：元

项目		现行成本	历史成本	持有损益
期末未实现资产持有损益	期末存货	380 000	240 000	140 000
	期末设备和厂房净值	224 000	176 000	48 000
	期末无形资产摊余价值	315 000	234 000	81 000
	未实现资产持有损益合计	919 000	650 000	269 000
本年已实现资产持有损益	存货销售成本	608 000	576 000	32 000
	设备和厂房折旧	56 000	44 000	12 000
	无形资产摊销	35 000	26 000	9 000
	已实现资产持有损益合计	699 000	646 000	53 000
持有损益合计		1 618 000	1 296 000	322 000

（3）编制以现行成本为基础的财务报表

假设2013年年初资产持有损益如表10-15所示。

表10-15 2013年年初资产持有损益 单位：元

项目		现行成本	历史成本	持有损益
未实现资产持有损益	存货	200 000	200 000	
	设备和厂房净值	225 000	220 000	5 000
	无形资产摊余价值	260 000	260 000	
	未实现资产持有损益合计	685 000	680 000	5 000
已实现资产持有损益	存货销售成本	0	0	0
	设备和厂房折旧	0	0	0
	无形资产摊销	0	0	0
	已实现资产持有损益合计	0	0	0
持有损益合计		685 000	680 000	5 000

按照调整资料及2013年年初资产持有损益资料编制现行成本／名义货币模式会计报表，对于资产持有损益可以作为单独项目，列入资产负债表所有者权益中，也可以先合并计入留存收益中，再反映在所有者权益中。本例采用第一种作法。编制的现行成本的资产负债表和利润表如表10-16和表10-17所示：

表10-16 资产负债表（现行成本）

编制单位：滨海公司 2013年12月31日 单位：元

资产	年初数	本年末	负债及所有者权益	年初数	本年末
库存现金	35 000	50 000	短期借款	100 000	160 000
应收账款	70 000	180 000	长期借款	500 000	489 675
其他货币性资产	55 000	90 000	股本	240 000	240 000
存货	200 000	380 000	留存收益	0	27 325
固定资产	225 000	224 000	已实现资产持有损益	0	53 000
无形资产	260 000	315 000	未实现资产持有损益	5 000	269 000
资产合计	845 000	1 239 000	负债及所有者权益合计	845 000	1 239 000

表10-17 利润表（现行成本）

编制单位：滨海公司 2013年 单位：元

项目	本年金额
营业收入	840 000
减：营业成本：	608 000
毛利	232 000
减：销售费用（不含折旧费用）	46 000
管理费用（不含折旧费用）	29 000

续表

项目	本年金额
折旧及摊销费	91 000
利润总额	66 000
减：所得税费用	29 750
净利润	36 250
加：年初留存收益	0
可供分配的利润	36 250
减：利润分配	
现金股利	8 925
年末留存收益	27 325

三、现行成本会计的优缺点

现行成本会计在消除物价变动的影响方面起到了积极的作用，但是，在实际应用中也存在有一定的缺点，主要体现在：

（一）现行成本会计的优点

1．现行成本会计克服了一般物价水平会计模式中假设的所有企业和同一企业里的所有资产和负债都承受相同的物价变动影响的缺点，反映了个别物价变动的影响，其产生的会计信息更具有决策相关性。

2．在实物资本保全的观念下，现行成本变动额作为资本的调整额单独列报于股东权益部分，有利于揭示企业实物资本保全情况。由于未将现行成本变动额报告在损益表，可以避免纳税申报和股利分配上的误解，有利于企业保持生产能力，实现长足发展。

3．实行了现行成本会计，可提高企业内部各分部经营利润的可比性。企业中有些分部的经营性质类似，所使用的设备也类似，由于历史成本不同，历史成本折旧费用出现差异，导致经营利润失去可比性。现行成本模式有助于克服历史成本模式的这种缺陷。

（二）现行成本会计的缺点

1．现行成本会计的首要缺点是其产生的会计信息缺乏可靠性。现行成本的估计主要依赖管理层或会计人员的主观估计，因此，缺乏可验证性。

2．现行成本会计的另一个缺点是生成现行成本信息的代价太高。需要估计现行成本的资产大多都很难找到直接可应用的市场价格，收集估计现行成本所需的信息可能需要很高的代价，由此产生了信息效益是否大于信息成本的疑问。

【课堂测试 10-3】

1．在现行成本会计中，固定资产因物价上涨在年内增加的未持有损益是（　　）。

A．本年末较前一年末所增加的现时成本金额

B．本年末较前一年末所增加的历史成本金额

C．各年平均增加的现时成本金融

D．本年现行成本高于历史成本的差额

2．损益表中的销售成本，在采用现行成本会计模式下，可以按出售产品的（　　）进行调整。

A．年初现行成本　　　　B．年末现行成本

C．平均现行成本　　　　D．历史现行成本

3．在采用现行成本会计模式下，重编会计报表时需要计算（　　）。

A．货币性项目购买力变动净损益

B．资产持有利得

C．现行成本物价变动总额

D．非货币性项目购买力变动净损益

第四节　现行成本/不变币值会计

一、现行成本/不变币值会计的基本原理

现实经济生活中，个别物价变动与一般物价变动是同时并存的，因此，不论是现行成本会计模式还是一般物价水平会计模式都不能恰当全面地反映现实的经济状况。既能在财务报表反映个别物价变动的影响，又能反映一般物价变动的影响，这种模式就是现行成本 / 不变币值模式。所以，该模式是对会计计量的全面改革，它以现行成本代替历史成本为计量基础，以不变币值货币单位代替名义货币单位为计量单位，一方面克服现行成本模式不能反映一般购买力变动的缺陷，另一方面又克服不变币值模式不能反映非货币性项目个别物价变动的问题。

现行成本/不变币值会计的基本原理是在现行成本的基础上，按不变币值单位对现行成本财务报表进行重述。现行成本/不变币值财务报表对现行成本财务报表的改进主要体现在三个方面：

（1）资产负债表项目既要反映期末的现行成本，又要反映货币购买力的变动。

（2）现行成本变动额的计算应该剔除一般购买力变动的影响。

譬如，某企业2013年1月1日拥有一台设备，其实际成本为600 000元，当时的物价指数为120；2013年12月31日该设备的现行成本为800 000元，而此时的物价指数为132，则2013年未剔除一般购买力变动的现行成本变动额为200 000元（800 000－600 000）。这一增加额可分解为：一是因一般购买力变动即通货膨胀引起的现行成本增加额60 000元（600 000×132 / 120－600 000），这一现行成本增加额并非是实际的持有利得，而是因通货膨胀所产生的名义持有利得，又称为虚拟的持有利得；二是消除一般购买力变动即通货膨胀影响后的现行成本变动额140 000元（200 000－60 000），即实际的持有利得。

（3）利润表应包括货币性项目净额的购买力损益。

二、现行成本/不变币值会计的基本程序

现行成本/不变币值会计的基本程序包括六个步骤：（1）区分货币性项目与非货币性项目；（2）编制现行成本为基础的财务报表；（3）按照一般物价指数调整现行成本 / 名义货币财务报表项目；（4）计算货币性项目购买力净损益；（5）计算非货币性资产现行成本物价变动影响；（6）完成现行成本/不变币值的利润表，并与现行成本/不变币值的资产负债表相互核对，检查勾稽关系，现行成本/不变币值的资产负债表中的“留存收益”项目应与现行成本/不变币值的利润表中的“留存收益”项目相等。

【例10-6】沿用【例10-5】例题，滨海公司2013年历史成本 / 名义货币财务报表如表10-11和10-12所示。2013年年末物价指数为150，年初物价指数为130，年均物价指数为140，收到股本时的物价指数为100，固定资产购置时的物价指数为100，无形资产购置时的物价指数为102，本期购置存货均匀发生。

要求按照现行成本/不变币值编制滨海公司财务报表。

（1）区分货币性项目和非货币性项目。

（2）编制现行成本 / 名义货币资产负债表和利润表见表10-16和表10-17。

（3）按一般物价指数将现行成本 / 名义货币资产负债表和利益表调整为现行成本/不变币值资产负债表和利润表，如表10-18和表10-19所示：

表 10–18 资产负债表（现行成本/不变币值）

编制单位：滨海公司　　　　2013 年 12 月 31 日　　　　单位：元

项目	年初数（现行成本）	调整系数	年初数（现行成本 / 不变币值）	年末数（现行成本）	调整系数	年末数（现行成本 / 不变币值）
库存现金	35 000	150 / 130	40 384.62	50 000	150 / 150	50 000
应收账款	70 000	150 / 130	80 769.23	180 000	150 / 150	180 000
其他货币性资产	55 000	150 / 130	63 461.54	90 000	150 / 150	90 000
存货	200 000	150 / 130	230 769.23	380 000	150 / 150	380 000
固定资产	225 000	150 / 130	259 615.38	224 000	150 / 150	224 000
无形资产	260 000	150 / 130	300 000	315 000	150 / 150	315 000
资产合计	845 000		975 000	1 239 000		1 239 000
短期借款	100 000	150 / 130	115 384.62	160 000	150 / 150	160 000
长期借款	500 000	150 / 130	576 923.08	489 675	150 / 150	489 675
股本	240 000	150 / 100	360 000	240 000	150 / 100	360 000
留存收益	0		−77 307.7	27 325		229 325
已实现资产持有损益	0			53 000		
未实现资产持有损益	5 000			269 000		
负债及所有者权益合计	845 000		975 000	1 239 000		1 239 000

表 10–19 利润表（现行成本/不变币值）

编制单位：滨海公司　　　　2013 年　　　　单位：元

项目	本年金额	调整系数	本年金额(现行成本 / 不变币值)
营业收入	840 000	150 / 140	900 000
减：营业成本：	608 000	倒算	695 054.94
毛利	232 000		
减：销售费用（不含折旧费用）	46 000	150 / 140	49 285.71
管理费用（不含折旧费用）	29 000	150 / 140	31 071.43
折旧及摊销费	91 000	150 / 150	91 000
利润总额	66 000		
减：所得税费用	29 750	150 / 140	31 875
净利润	36 250		
加：年初留存收益	0		
可供分配的利润	36 250		
减：利润分配			
现金股利	8 925	150 / 150	8 925
年末留存收益	27 325		

（4）计算货币性项目购买力净损益，如表 10-20 所示。

表 10-20　货币性项目购买力净损益计算表　　单位：元

项目	调整前	调整系数	调整后金额	货币购买力损益
库存现金	35 000	150 / 130	40 384.62	−5 384.62
应收账款	70 000	150 / 130	80 769.23	−10 769.23
其他货币资金	55 000	150 / 130	63 461.54	−8 461.54
期初货币性资产小计	160 000		184 615.39	−24 615.39
短期借款	100 000	150 / 130	115 384.62	15 384.62
长期借款	500 000	150 / 130	576 923.08	76 923.08
期初货币性负债小计	600 000		692 307.7	92 307.7
期初货币性项目净额	−440 000		−507 692.31	67 692.31
本期货币性项目净增加				
加：营业收入	840 000	150 / 140	900 000	−60 000
减：销售费用（不含折旧）	46 000	150 / 140	49 285.71	3 285.71
管理费用（不含折旧）	29 000	150 / 140	31 071.43	2 071.43
本期购入存货	616 000	150 / 140	660 000	44 000
所得税	29 750	150 / 140	31 875	2 125
现金股利	8 925	150 / 150	8 925	0
本期货币性项目净增加	110 325		118 842.86	−8 517.86
库存现金	50 000	150 / 150	50 000	0
应收账款	180 000	150 / 150	180 000	0
其他货币性资产	90 000	150 / 150	90 000	0
期末货币性资产小计	320 000		320 000	0
短期借款	160 000	150 / 150	160 000	0
长期借款	489 675	150 / 150	489 675	0
期末货币性负债小计	649 675		649 675	0
期末货币性项目净额	−329 675		−388 849.45	59 174.45
货币性项目购买力净损益	−329 675−（−388 849.45）=59 174.45 收益			

（5）计算非货币性资产扣除一般物价变动影响后的资产持有损益，如表 10-21 所示。

表 10-21　非货币性资产本期扣除一般物价变动后的资产持有损益　　单位：元

项目	现行成本	调整系数	现行成本 / 不变币值	历史成本	调整系数	历史成本 / 不变币值	扣除一般物价变动的资产持有损益
期末存货	380 000	150 / 150	380 000	240 000	150 / 140	257 132.86	122 857.14
存货销售成本	608 000	倒算	695 054.94	576 000	倒算	633 626.37	61 428.57
期初存货	200 000	150 / 130	230 769.23	200 000	150 / 130	230 769.23	0
本期扣除一般物价变动后存货持有损益	122 857.14+61 428.57−0=184 285.71						184 285.71
期末设备和厂房净值	224 000	150 / 150	224 000	176 000	150 / 100	264 000	−40 000
设备和厂房折旧	56 000	150 / 150	56 000	44 000	150 / 100	66 000	−10 000
期初设备和厂房净值	225 000	150 / 130	259 615.39	220 000	150 / 100	330 000	−70 384.61

续表

项目	现行成本	调整系数	现行成本 / 不变币值	历史成本	调整系数	历史成本 / 不变币值	扣除一般物价变动的资产持有损益
本期扣除一般物价变后固定资产持有损益	−40 000＋（−10 000）−（−70 384.61）＝20 384.61						20 384.61
期末无形资产	315 000	150 / 150	315 000	234 000	150 / 102		−29 117.64
无形资产摊销	35 000	150 / 150	35 000	26 000	150 / 102		−3 235.29
期初无形资产	260 000	150 / 130	300 000	260 000	150 / 102		−82 352.94
本期扣除一般物价变动后无形资产持有损益	−29 117.64＋（−3 235.29）−（−82 352.94）＝50 000.01						50 000.01
非货币性资产本期扣除一般物价变动后资产持有损益							254 670.33

本期销售存货金额根据年初存货加本期购货减期末存货原则计算得到。本期销售存货现行成本 / 不变币值为：

200 000×150 / 130＋788 000×150 / 140－380 000×150 / 150＝695 054.94（元）

本期销售存货历史成本 / 不变币值为：

200 000×150 / 130＋616 000×150 / 140－240 000×150 / 140＝633 626.37（元）

（6）完成现行成本不变币值的利润表，并与资产负债表核对相符，如表10-22 所示：

表 10-22 利润表（现行成本/不变币值）

编制单位：滨海公司　　2013 年　　单位：元

项目	本年金额（现行成本）	调整系数	本年金额（现行成本 / 不变币值）
营业收入	840 000	150 / 140	900 000
减：营业成本	608 000	倒算	695 054.94
毛利	232 000	计算	204 945.06
减：销售费用（不含折旧费用）	46 000	150 / 140	49 285.71
管理费用（不含折旧费用）	29 000	150 / 140	31 071.43
折旧及摊销费	91 000	150 / 150	91 000
利润总额	66 000	计算	33 587.92
减：所得税费用	29 750	150 / 140	31 875
净利润	36 250	计算	1 712.92
加：货币性项目购买力净损益			59 174.45
非货币性资产本期扣除一般物价水平变动后资产持有利得			254 670.33
加：年初留存收益			−77 307.7
可供分配的利润	36 250	计算	238 250
减：利润分配			
现金股利	8 925	150 / 150	8 925
年末留存收益	27 325	计算	229 325

三、现行成本/不变币值会计的优缺点

现行成本/不变币值会计综合了一般物价水平会计和现行成本会计的一种会计模式，因此，它不可避免地具备了一般物价水平会计和现行成本会计的一些优缺点。除此以外，它还具备的优缺点为：

（一）现行成本/不变币值会计的优点

现行成本/不变币值会计的优点是它能够更好更全面地消除物价变动对会计信息的影响，提供了反映一般物价变动对货币性项目的影响的信息——货币性项目净额上的购买力损益，以及剔除了一般物价变动影响的个别物价变动信息——现行成本变动额（或资产持有损益），因此，这种模式在一定程度上增加了会计信息的决策相关性和可比性。

（二）现行成本/不变币值会计的缺点

现行成本/不变币值会计的缺点是提供现行成本/不变币值信息的成本比较高，且所带来的效益却不明显。另外，现行成本/不变币值信息比较难以为一般信息使用者所理解，造成他们在利用这类信息时产生一些混乱，甚至被误导。

【课堂测试 10-4】

1．在现行成本/不变币值会计模式中，确定企业收益的基础是（　　）。

A．现行价值　　B．一般物价指数

C．历史成本　　D．货币一般购买力

2．在采用现行成本/不变币值会计模式下，重编会计报表时不需要计算（　　）。

A．货币性项目购买力变动净损益

B．资产持有利得

C．现行成本物价变动总额

D．非货币性项目购买力变动净损益

本章小结

物价变动会计是财务会计的一个分支，在很大程度上遵循着传统财务会计的基本理论，并对财务会计理论具有相当的修正和补充，形成了特有的会计理论。由于物价变动对传统财务会计理论和实务产生了巨大的冲击和影响，它不仅改变了币值不变的会计前提和历史成本原则及其他相关原则，而且动摇和否定了会计确认和计量过程中的两个根本要素——计量属性和计量单位，从而影

响了会计信息质量，妨碍了会计目标的实现。

会计上除了可以用历史成本计量外，还要用其他计量属性，其中最重要的是现行成本。将两种计量单位和两种计量属性相结合，可以组成四种不同的会计模式：历史成本／名义货币会计、历史成本／不变币值会计、现行成本／名义货币会计、现行成本／不变币值会计，其中，后三种为物价变动会计模式。

一般物价水平会计反映一般物价水平发生变动对会计的影响，其显著的特点是改变了会计计量单位，将历史成本会计模式下的会计计量单位由名义货币改变为不变币值货币，而计量属性仍为历史成本。一般物价水平会计的基本程序：（1）划分货币性项目与非货币性项目；（2）把名义货币换算为不变币值货币；（3）计算货币性项目的购买力损益；（4）按一般物价水平重编会计报表。

现行成本会计的基本原则是以现行成本代替历史成本作为财务报表的计量基础，以传统的名义货币为计量单位。现行成本会计的基本程序包括：（1）确定各项资产的现行成本；（2）计算各项非货币性资产的持有损益；（3）编制现行成本会计报表。

现行成本/不变币值会计的基本原理是在现行成本的基础上，按不变币值单位对现行成本财务报表进行重述。现行成本/不变币值会计的基本程序包括六个步骤：（1）区分货币性项目与非货币性项目；（2）编制现行成本为基础的财务报表；（3）按照一般物价指数调整现行成本／名义货币财务报表项目；（4）计算货币性项目购买力净损益；（5）计算非货币性资产现行成本物价变动影响；（6）完成现行成本/不变币值的利润表，并与现行成本/不变币值的资产负债表相互核对，检查勾稽关系，现行成本/不变币值的资产负债表中的“留存收益”项目应与现行成本/不变币值的利润表中的“留存收益”项目相等。

篇后案例

A 公司于 2013 年 1 月 1 日购买了 2 辆装载车，每辆 3 000 000 元，估计可使用 5 年，无残值，按直线法计提折旧。

	一般物价指数	现行成本		一般物价指数	现行成本
2013 年 1 月 1 日	80	3 000 000	2014 年 7 月 1 日	100	2 500 000
2013 年 12 月 31 日	96	2 700 000	2014 年 12 月 31 日	120	3 200 000

其中一辆车于 2014 年 7 月 1 日出售，取得价款 2 600 000 元。编制三种会计计量模式：历史成本／不变币值会计、现行成本／名义货币会计、现行成本／不变币值会计的交易利润表。

核心概念

物价变动（prices changing）
物价指数（price index）
通货膨胀（inflation）
一般物价水平会计（general price-level accounting）
现行成本会计（current value accounting）
货币性项目（monetary item）
非货币性项目（non-monetary item）
持有损益（holding gain or loss）

思考题

1．物价指数如何计算？特别物价指数和一般物价指数的关系如何？
2．物价变动对会计的影响如何？
3．简述几种物价变动会计模式的含义？
4．简述一般物价水平会计的理论基础和基本程序？
5．简述现行成本会计的理论基础和基本程序？
6．简述现行成本/不变币值会计的理论基础和基本程序？
7．如何计算货币购买力损益？

练习题

（一）单项选择题

1．下列哪一项不是引起物价变动的原因（　　）。
A．劳动生产率的提高　　B．货币价值的变动
C．供应关系的变化　　D．人为破坏
2．可以充分全面地消除物价变动对会计影响的会计模式是（　　）。
A．历史成本 / 名义货币会计
B．历史成本 / 不变币值会计
C．现行成本 / 名义货币会计
D．现行成本 / 不变币值会计
3．在物价变动情况下，当子公司属于母公司的国外有机组成单位时，一般可采用（　　）重编会计报表。
A．先调整后折算法

B．先折算后调整法

C．边折算边调整法

D．调整和折算同时进行的办法

4．以历史成本和一般物价水平变动为计价基准的会计计量模式是（　　）。

A．现行成本／一般物价水平会计

B．现行成本会计

C．一般物价水平会计

D．历史成本／名义货币会计

5．当物价持续上涨时，传统财务会计为消除物价变动的影响，使在用的固定资产计入成本费用的磨损价值尽早回收，对固定资产折旧核算采取了（　　）。

A．平均年限法　　B．重置估价法

C．加速折旧法　　D．不提折旧法

6．物价持续上涨时，资产按历史成本计价必然会导致（　　）的虚增。

A．利润　　B．成本

C．收入　　D．价格

7．下列哪一项不属于货币性项目。（　　）

A．货币资金　　B．短期投资

C．在建工程　　D．应交税费

8．持有货币性资产，当物价上涨时要发生购买力（　　）。

A．利得　　B．损失

C．不变　　D．无法确定

9．持有货币性负债，当物价上涨时要发生购买力（　　）。

A．利得　　B．损失

C．不变　　D．无法确定

10．下列哪一项不属于非货币性项目。（　　）

A．存货　　B．应付票据

C．固定资产清理　　D．股本

11．现行成本会计的基本程序不包括（　　）。

A．确定各项资产的现行成本

B．计算各项非货币性资产的持有损益

C．将非货币性项目的金额按一般物价指数进行调整

D．编制现行成本会计报表

12．未实现持有损益指企业期末持有非货币性资产的现行成本（　　）历史成本的差额。

A．等于　　B．高于

C．低于　　D．无法确定

13．下列哪一项不属于现行成本会计的主要优点（　　）。

A．能为经济决策提供更相关的会计信息

B．未考虑货币性项目购买力变动对会计信息的影响

C．能全面评价企业的经营管理业绩

D．有利于实物资本保全

14．在通货膨胀会计中，对在流通中货币单位虽然不变，但其单位货币所含价值量不断改变的货币称为（　　）。

A．等值货币　　B．变动货币

C．名义货币　　D．记账货币

15．以所耗实物资本得到收回为计量基础确定的收益，属于（　　）。

A．营业收益　　B．会计收益

C．经济收益　　D．购买力收益

（二）多项选择题

1．物价变动会计可选择模式有（　　）。

A．一般物价水平会计

B．现行成本会计

C．历史成本／名义货币会计

D．现行成本／一般物价水平会计

E．变现价值会计

2．以下会计模式最终以名义货币为计价单位的有（　　）。

A．一般物价水平会计

B．现行成本会计

C．传统财务会计

D．现行成本／一般物价水平会计

E．变现价值会计

3．下列关于货币性项目的说法中正确的有（　　）。

A．持有货币性资产，物价上涨会带来购买力损失

B．持有货币性资产，物价下降会带来购买力损失

C．持有货币性权益，物价上涨会带来购买力损失

D．持有货币性权益，物价下降会带来购买力损失
E．持有货币性权益，物价上涨会带来购买力收益

4．非货币性项目的特点是（　）。
A．当以期末名义货币为等值货币对该项目期末金额按一般物价水平变动换算时，其换算后的金额有所改变，但原价值量不变
B．在一般物价水平会计核算中需对其是否具有货币性质或非货币性质加以划分
C．当以期末名义货币为等值货币对该项目期末金额按一般物价水平变动换算时，其换算后的金额不变
D．在一般物价水平变动中，该项目产生购买力损益
E．在一般物价水平变动中，该项目不产生购买力损益

5．在一般物价水平会计中，以期末名义货币为等值货币对传统财务会计报表的各项目的换算调整中，期末金额可不予换算的项目是（　）。
A．货币性资产项目　　B．非货币性资产项目
C．货币性权益项目　　D．非货币性权益项目
E．流动资产项目

6．关于一般物价水平会计核算内容的评价，下列说法正确的有（　）。
A．货币性项目购买力损益并不代表可以分配的收益
B．不同报表与一般物价水平变动的相关不尽相同
C．忽略了一般物价水平变动对同一企业不同资产的影响
D．解决了一般物价水平变动对不同性质报表项目的影响
E．以等值货币计量增加了企业不同时期有关会计数据的可比性

7．关于企业资产现行成本的确定，下列说法正确的有（　）。
A．收进的资产，按现时价格入账
B．销售的资产，按历史成本结转
C．领用的材料用品，按现行市场价格结转成本费用
D．在用固定资产，按现行市场价格计提折旧
E．库存的资产，随现行市场价格变动调整账面价值

8．在现行成本会计中，下列有关存货的核算说法正确的有（　）。
A．购进时按现行成本入账
B．销售时按历史成本结转销售成本
C．销售时按现行成本结转销售成本
D．领用时按现行成本注销有关存货账户

E．储存中的存货不随现行成本的变动调整其账面价值

9．现行成本会计的特征有（ ）。

A．以等值货币作为计价单位　　B．以名义货币作为计价单位

C．计量属性是历史成本　　D．计量属性是现行成本

E．以现行成本为基础确定企业的收益

10．在现行成本会计中，确定企业资产的现行成本依据有（ ）。

A．资产的历史成本

B．供货方的报价单

C．反映现行成本的标准制造成本

D．买方企业的估价

E．政府或其他权威部门公布的特种物价指数或分类物价指数

11．现行成本／不变币值会计与传统会计相比，改变的是（ ）。

A．计量属性

B．计量单位

C．以现行成本代替历史成本

D．以货币一般购买力代替了名义货币

E．计量期间

12．在现行成本／不变币值会计模式下，对于按照现行成本编制的报表，不需要按照一般物价指数调整的项目是（ ）。

A．存货　B．设备　C．股本　D．留存收益

E．折旧费用

13．一般物价水平会计具有如下特征（ ）。

A．以名义货币为计价单位

B．以等值货币为计价单位

C．历史成本与一般物价水平变动为计价基准

D．单独建立账户体系

E．不单独建立账户体系

14．在采用现行成本／不变币值会计模式时，计算的非货币性资产项目现行成本物价变动总额是由（ ）因素构成。

A．通货膨胀变动因素

B．现行成本变动因素

C．扣除通货膨胀后的变动因素

D．历史成本变动因素

E．重置成本变动因素

15．货币性项目，其价值是固定不变的货币数量，具体包括（ ）。

A．货币资金　　B．应收票据

C．固定资产　　D．存货

E．短期借款

（三）判断题

1．不管货币购买力如何变动，其代表的货币金额不会发生变化。（ ）

2．如果购销合同明确规定预收或预付的账款需要提供的是固定金额的商品，那么它们就属于货币性项目。（ ）

3．在通货膨胀情况，企业持有的货币性资产其现行成本高于历史成本的差额称为资产持有利得。（ ）

4．现行成本 / 不变币值会计是将历史成本不变币值会计和现行成本现行币值会计两种模式相结合。（ ）

5．在物价变动下外币报表的折算采用先调整后折算法是比较重视物价变动对母公司或总公司报告公司投资收益影响。（ ）

6．在物价变动情况下，当子公司属于经营的境外实体时，可以采用先调整后折算法重编会计报表。（ ）

7．现行成本 / 不变币值会计模式，综合了历史成本模式和不变购买力会计模式的优点，但重编会计报表的工作时比较繁琐，代价太高。（ ）

8．本期已实现的资产持有利得，应该归属于资产持有的各个期间，因此，按权责发生制原则，以前各期持有的未实现利得在本期实现的部分，应当在确认的本期净利润中扣除。（ ）

9．货币性项目购买力变动净损益，应在调整后的损益表中单列项目加以反映。（ ）

10．一般物价水平变动是由于货币本身价值发生变化引起的，它只能通过一般物价指数衡量。（ ）

11．货币性项目的金额不因为物价的变动而变动，所以各项目无须进行调整，对会计信息也没影响。（ ）

12．非货币性项目在一般物价水平变动时，金额总是随着一般物价水平的上涨而提高，随着一般物价水平的下跌而降低，所以说不会发生购买力损益，所以一般不需进行调整。（ ）

13．为了消除物价变动对会计信息的影响，对于企业所持有的各项资产、负债、收入与费用等，现行成本会计使用当期的一般物价指数或现行价值进行

重新计量。（　）

14．现行成本会计和传统财务会计模式相比，其计量单位和计量属性都发生了改变。（　）

15．在现行成本 / 不变币值会计中，由于价格变动导致的现行成本与历史成本之间的差异，作为持有损益计入所有者权益或作为当期损益处理。（　）

（四）核算题

1．M 公司资料如下：

（1）期初货币资金 67 200 元，流动负债（货币性）45 600 元，长期负债（货币性）60 000 元。期末货币资金 87 200 元，流动负债（货币性）52 100 元，长期负债（货币性）60 000 元。本期销售收入 528 000 元，销货成本 613 000 元，营业费用（折旧费除外）75 000 元，折旧费 8 600 元，所得税 19 500 元，现金股利 24 000 元。期初存货 300 000 元，期末存货 83 000 元。

（2）一般物价指数如下：期初 120，本期平均 125，期末 132，固定资产购入时 100。

（3）本期购入存货、销货、其他费用等均衡发生，股利分派在期末。

要求：编制按年末货币表示的购买力损益计算表（计算结果保留整数）。

2．P 公司采用现时成本会计核算，2007 年 12 月 31 日购进设备一台，原值 200 000 元，预计使用年限 5 年，无残值，直线法折旧，其现进成本每年增加 55 000 元，假设该公司每年年末计提并补提折旧费用。

要求：

（1）编制 2008 年 12 月 31 日按现时成本调整设备价值会计分录；

（2）编制 2008 年计提折旧和转入已实现损益会计分录；

（3）编制 2009 年 12 月 31 日计提折旧会计分录；

（4）编制 2009 年 12 月 31 日增加折旧和已实现损益会计分录。

3．N 公司 2009 年 12 月 31 日固定资产的账面余额为 800 000 元，其购置期间 2007 年 500 000 元，2008 年为 200 000 元，2009 年为 100 000 元。在这三年期间一般物价指数的变动情况分别为：2007 年 105，2008 年 120，2009 年 150。

要求：按一般物价指数调整固定资产的账面价值。

4．甲公司 2009 年年初货币性资产和货币性负债的账面余额分别为 450 000 元和 700 000 元。在 2009 年度，货币性资产增减净额为 30 000 元，货币性负债增减净额为－65 000 元，该年年初的一般物价指数 120，年末为 150。

要求：计算该年度货币性项目购买力变动净损益。

5．长城公司于 2010 年 12 月 31 日开始营业，当日它以每单位 40 元的价格购入1 000单位存货，这些存货一直被持有至2012年12月31日。该日，该公司又以每单位60元的价格购入1 000单位存货，并以每单位80元的价格售出1 500单位存货。假定这些交易是该公司发生的惟一交易，不考虑所得税的影响。

要求：

（1）用历史成本 / 名义货币方法和先进先出法存货计价方法计算经营利润额。

（2）用现时成本 / 名义货币方法，计算经营利润额。

（3）解释上述两种方法计算出的经营利润的差异。

6. 长江公司2006年12月31日的比较资产负债表（基于名义货币表述的历史成本）如下表所示：

比较资产负债表

单位：元

项目	2005年12月31日	2006年12月31日
货币资金	—	45 000
存货（分别为1 000单位和400单位）	50 000	20 000
资产总计	50 000	65 000
实收资本	50 000	50 000
留存收益	—	15 000
负债和所有者权益总计	50 000	65 000

2005年12月31日和2006年12月31日的一般物价水平指数分别为140和161。该公司在2005年12月31日以每单位50元的单价购入了1 000单位存货，并一直持有至2006年12月31日。2006年12月31日，有600单位的存货被售出，单价为75元，已收现。这些存当日的重置成本为每单位60元。假定以上这些是该公司发生的惟一交易，不考虑所得税的影响。

要求：分别使用以下4种会计计量模式，编制2005年12月31日与2006年12月31日的比较资产负债表和2006年利润表。

（1）历史成本 / 名义货币；

（2）现时成本 / 名义货币；

（3）历史成本 / 不变货币；

（4）现时成本 / 不变货币。

第十一章　企业清算会计

【学习目标】企业的经营会由于各种原因进入终结，从而需要清算处理。通过本章的学习，可以了解企业清算的原因，清算的类型；熟悉清算会计与财务会计的不同之处、清算会计的处理原则以及在解散清算下和破产清算下的处理程序有何不同；掌握解散清算和破产清算下的会计核算方法。

开篇案例

小王是某家股份有限公司的股东之一，该股份有限公司主要从事对外出口业务。最初几年，公司经营良好，小张每年都会得到年终分红。后来受国际环境的影响，公司经营决策出现失误，导致公司业务下滑，并出现严重亏损，公司只好辞退部分员工，以应对目前危机。公司也多次召开会议，管理人员有人提出停止经营，以避免更大的亏损，也有人认为危机是暂时的，随着国际环境的发展，总会出现利好的情景，到时公司就会转危为安。由于没有达成一致，公司继续维持经营，对于股东产生的损失也在增加。公司股东应该怎么办呢？

第一节　企业清算会计概述

一、企业清算的概念、类型和原因

（一）清算概念

企业清算是指企业解散或者宣告破产后，依照一定的程序了结公司事务，收回债权、清偿债务并分配剩余财产，最终使企业终止消灭的活动。企业清算是市场经济发展的必然产物，可以最大限度地保护债权人和投资者的利益。

（二）清算类型

企业清算一般可以分为解散清算和破产清算。

解散清算是指企业基于一定的合法事由进行解散，并进入清算程序，清理债权债务、处置剩余财产，并注销登记最终消灭其法律人格的行为。企业解散后缩小了企业的民事权利能力的范围，进入清算程序后，企业存续但不得开展与清算无关的经营活动。解散清算又分为自行解散清算和强制解散清算。自行解散清算是指企业按照自己的意愿所进行的清算行为，比如根据公司章程的规定自行解散；强制解散清算是指企业因违反行为而被主管机关依法责令关闭而进行的清算行为。

破产清算是指企业不能清偿到期债务，依据破产法的规定所进行的清算行为。破产是企业终止的另一种形式，往往是由于企业资不抵债或明显缺乏清偿能力，为了保护债权人和投资者的利益，按照一定的程序清偿债务，处置剩余资产的行为。

（三）清算原因

导致企业发生清算的原因有很多，根据《公司法》、《破产法》等的规定，主要有以下几种：

1．公司章程规定的营业期限届满或者公司章程规定的其他解散事由出现。在营业期限届满时，并不意味着公司必须解散，股东大会通过修改公司章程，公司可以继续存在；

2．股东会或者股东大会决议解散。当公司出现一些重大事故，比如出现重大自然灾害而不能恢复正常经营活动时，可以由股东会或股东大会决议解散。

3．因公司合并、分立需要解散。需要注意的是因合并、分立而解散公司，因其债权债务由合并、分立后继续存续的公司承继，在解散时不需要清算；如果公司债权债务无人承继的，在解散时应当清算。

4．依法被吊销营业执照、责令关闭或者被撤销。公司违反法律、行政法规被主管机关依法责令关闭或依法吊销营业执照的，应当解散；国有独资公司由国家授权投资的机构或者国家授权的部门做出解散的决定，该国有独资公司应即解散。

5．人民法院依法予以解散。公司经营管理发生严重困难，继续存在会使股东利益受到重大损失，通过其他途径不能解决的，持有公司全部股东表决权10%以上的股东可以请求人民法院解散公司。

6．企业法人不能清偿到期债务，并且资产不足以清偿全部债务或者明显缺乏清偿能力的，即发生了破产，需要进行清算。

篇中案例

最高人民法院对于如何判断企业破产做出如下的司法解释：

债务人不能清偿到期债务并且具有下列情形之一的，人民法院应当认定其具备破产原因：(一)资产不足以清偿全部债务；(二)明显缺乏清偿能力。相关当事人以对债务人的债务负有连带责任的人未丧失清偿能力为由，主张债务人不具备破产原因的，人民法院应不予支持。

下列情形同时存在的，人民法院应当认定债务人不能清偿到期债务：(一)债权债务关系依法成立；(二)债务履行期限已经届满；(三)债务人未完全清偿债务。

债务人的资产负债表，或者审计报告、资产评估报告等显示其全部资产不足以偿付全部负债的，人民法院应当认定债务人资产不足以清偿全部债务，但有相反证据足以证明债务人资产能够偿付全部负债的除外。

债务人账面资产虽大于负债，但存在下列情形之一的，人民法院应当认定其明显缺乏清偿能力：(一)因资金严重不足或者财产不能变现等原因，无法清偿债务；(二)法定代表人下落不明且无其他人员负责管理财产，无法清偿债务；(三)经人民法院强制执行，无法清偿债务；(四)长期亏损且经营扭亏困难,无法清偿债务；(五)导致债务人丧失清偿能力的其他情形。

二、清算会计的特点

清算会计属于财务会计的一个分支，但是它是企业处以终止经营状态的会计工作，与正常经营状态下的会计处理工作不同，与传统的财务会计处理工作相比具有自己一定的特点。

1．会计基本假设

企业进入清算程序后，原来的会计假设已经不再适用。企业清算后一般是由清算组或管理人接手处理清算企业处置资产、清偿债务并分配剩余资产的工作，会计主体由原来的清算企业改为清算组或管理人；企业清算后将终止一般的生产经营活动，最终归于消灭，持续经营假设不复存在，处置资产、清偿债务时无需对资产和债务按照流动性进行划分;清算会计期间一般以清算期为准，会计期间具有不确定性，不需要按期提供收益信息，会计期间会计分期假设也不再适用；在进行财产处置时一般会选择变现价值，而不再以历史成本为主。

2．会计目标

清算会计注重对于资产的处置和债务的偿还以及剩余资产的分配，向债权人、投资者以及人民法院等提供资产处置以及债务偿还的信息，以保证清算程序合法、公平的实施，维护各利益相关方的合法权益。

3．会计对象

清算会计核算的内容主要在于资产的变现处置、债务的偿还、剩余资产的分配、清算过程中产生的费用以及损益等经济活动，与传统财务会计的资金运动不同，没有循环的过程。

4．会计确认、计量以及报告

与传统的财务会计的确认、计量不同，清算会计注重的是资产变现时的可变现价值，以及负债实际偿还的价值。而且由于清算会计期间不涉及会计分期，记账基础以收付实现制为基础。在财务报告的内容、格式上也与传统财务会计有所不同。

三、清算会计的原则

清算会计作为传统财务会计的一个特殊分支，遵循传统财务会计的一般原则。但为了规范清算会计行为，维护债权人、债务人及投资人的合法权益，清算会计又有自己特有的原则。

1．合法性原则

破产会计应以法律规定为准绳，严格按破产法、公司法、民法通则、民事诉讼法等规定组织破产会计核算，对破产财产进行合法处置。企业破产及破产清算过程不仅是一种经济行为，更重要的是一种法律行为。破产企业的整个破产清算过程要在人民法院的监督之下按照规范的程序进行，因此，合法性原则是破产清算会计最基本的原则。

2．可变现净值原则

为了最大限度地保护债权人的利益，并兼顾债务人的利益，需要对破产企业的全部财产按可变现净值进行重新计价，而不论其破产清算前的账面价值是多少。对不具备偿债条件的财产（如待摊费用等）应一次转化为费用，根据变现后破产财产的数额偿付债务。

3．划分破产费用与非破产费用原则

企业在破产清算过程中，也会发生各种费用，包括破产财产管理费用、变卖费用、破产案件诉讼费用、债权人申报债权费用等，这些费用的支付直接关系到债权人的切身利益。因此，应正确划分破产费用和非破产费用，凡是为破产债权人的共同利益而支付的费用，应属于破产费用，于破产财产中支付；凡是债权人为个人利益而支付的费用，应属于非破产费用，不应于破产财产中支付。

4．对等偿债原则

在破产清算会计中，应依据破产法的有关规定，正确区分各种不同性质的债务，如担保债务、抵销债务、优先偿付债务、破产债务等，并分别按其债务与相应资产的对等关系，依据一定的顺序进行清偿。如以担保资产偿付担保债务，以抵销资产偿付抵销债务，以破产财产优先清偿优先偿付债务后，再偿付破产债务。这一原则能够充分维护不同债权人的合法权益。

【课堂测试 11-1】

1．企业清算一般有几种类型？

2．清算会计的会计假设与传统财务会计是否相同？

第二节 企业解散清算的会计处理

一、解散清算的基本程序

企业出现解散事由后，企业即进入清算程序，《公司法》中也做出相应规定，企业解散清算的程序大致如下：

（一）成立清算组

公司应当在解散事由出现之日起 15 日内成立清算组。有限责任公司的清算组由股东组成，股份有限公司的清算组由董事或者股东大会确定的人员组成。如果出现公司解散逾期不成立清算组进行清算的或者虽然成立清算组但故意拖延清算的以及违法清算可能严重损害债权人或者股东利益时，债权人可以向人民法院申请指定清算组，如果债权人未提起清算申请，公司股东也可以向法院申请。人民法院受理后，清算组成员可以从下列人员或者机构中产生：

1．公司股东、董事、监事、高级管理人员；

2．依法设立的会计师事务所、律师事务所、破产清算事务所等社会中介机构；

3．依法设立的会计师事务所、律师事务所、破产清算事务所等社会中介机构中具备相关专业知识并取得执业资格的人员。

清算组在清算期间行使下列职权：（1）清理公司财产，分别编制资产负债表和财产清单；（2）通知、公告债权人；（3）处理与清算有关的公司未了结的业务；（4）清缴所欠税款以及清算过程中产生的税款；（5）清理债权、债务；

(6) 处理公司清偿债务后的剩余财产；(7) 代表公司参与民事诉讼活动。

（二）登记债权

清算组应当自成立之日起10日内通知债权人，并于60日内在报纸上公告。债权人自接到通知书之日起30日内，未接到通知书的自公告之日起45日内，向清算组申报债权。债权人可以在公司清算程序终结前补充申报，清算组应予登记。债权人补充申报的债权，可以在公司尚未分配财产中依法清偿。清算组负有履行通知和公告的义务，由于清算组的原因导致债权人未及时申报债权而未获清偿，清算组成员对因此造成的损失承担赔偿责任。

债权人申报债权，应当说明债权的有关事项，并提供证明材料。清算组应当对债权进行登记。在申报债权期间，清算组不得对债权人进行清偿。

（三）执行清算

1. 清理财产

清算组在执行清算方案之前，需要对企业财产进行清理。清算范围包括公司经营管理的全部财产、公司享有的债权、公司解散时享有的股权以及公司享有的其他财产权利等，股东尚未缴纳的出资包括到期应缴未缴的出资以及分期缴纳尚未届满缴纳期限的出资也应作为清算财产。清算组在清理公司财产、编制资产负债表和财产清单后，发现公司财产不足清偿债务的，应当依法向人民法院申请宣告破产，从而进入破产清算；若清算组是由人民法院指定的则可以与债权人协商制作有关债务清偿方案。债务清偿方案经全体债权人确认且不损害其他利害关系人利益的，人民法院可依清算组的申请裁定予以认可。

2. 制定并执行清算方案

清算组清理财产、编制资产负债表以及财产清单后，需制定清算方案，并由股东大会或人民法院确认。清算方案规定了清算财产的估价方法和变卖方案、债务清偿顺序以及剩余财产的分配等。清算财产首先需要支付清算费用，然后支付职工的工资、社会保险费用和法定补偿金，其次缴纳所欠税款，清偿公司债务。对于剩余财产，有限责任公司按照股东的出资比例分配，股份有限公司按照股东持有的股份比例分配。清算期间，公司存续，但不得开展与清算无关的经营活动。公司财产在未按上述规定清偿前，不得分配给股东。

（四）注销登记

公司清算结束后，清算组应当制作清算报告，报股东会、股东大会或者人民法院确认，并报送公司登记机关，申请注销公司登记，公告公司终止。

二、解散清算的会计处理

企业进入解散清算，属于企业正常终止经营，不需要改变原有的账户体系，清算组只需要增设几个科目即可。包括“清算费用”、“清算损益”科目，若有土地转让业务，还需设置“土地转让收益”科目。其中，“清算费用”科目，主要核算过程中发生的各项费用，其账户结构为借方登记支付的各项清算费用，贷方登记清算终结时转入“清算损益”账户的金额；“清算损益”科目，主要核算清算过程中处置资产、确认债务等所产生的损失和收益以及被清算企业的所有者权益等，账户结构为借方登记处置资产或确认债务的损失、结转过来的清算费用以及从未分配利润账户转入的金额等，贷方登记处置资产或确认债务的收益、从转入原企业的所有者权益账户的余额以及结转的土地转让收益等；“土地转让收益”科目，主要核算清算企业转让土地使用权所取得的收入和发生的成本以及相关税费、以及以土地使用权转让所得支付的职工安置费用等。账户结构为借方登记转让成本、发生的相关税费以及从土地使用权转让收入中支付的职工安置费，贷方登记取得的转让收入，清算终结时，余额转入“清算损益”账户。

清算组在进行清算会计处理时，首先，需要全面清理财产，并编清理后的资产负债表和财产盘点表；然后，处置财产（包括变卖物资、收回债权等），偿还债务以及支付清算费用等；其次，结转清算费用，计算清算净收益，编制清算损益表和清算结束日的资产负债表；最后，归还投资各方的资本，并分配剩余财产和结平各账户。

【例 11-1】滨海公司有甲、乙、丙三方，所占投资比例分别为 30%，20%，50%。由于经营期满，于 2013 年 8 月 1 日解散公司，8 月 30 日清算结束。清算组在工作开始后，进行了全面的财产清查，根据财产清查结果编制了清算日的资产负债表，如下表 11-1 所示：

表 11–1　资产负债表

编制单位：滨海公司　　　　2013 年 8 月 1 日　　　　单位：元

资产类	期末余额	年初余额	负债及所有者权益类	期末余额	年初余额
流动资产：			流动负债:		
货币资金	1 615 625		短期借款	228 125	
应收票据	28 125		应付票据	62 500	
应收账款	181 875		应付账款	100 000	
其他应收款	50 000		应付职工薪酬	86 875	
存货	369 375		应交税费	50 000	

续表

资产类	期末余额	年初余额	负债及所有者权益类	期末余额	年初余额
流动资产合计:	2 245 000		流动负债合计	527 500	
非流动资产:			非流动流动负债:		
固定资产	542 500		长期借款		
无形资产	23 125		非流动负债合计		
非流动资产合计:	565 625		负债合计:	527 500	
			所有者权益:		
			实收资本	1 075 000	
			资本公积	256 250	
			盈余公积	334 375	
			未分配利润	687 500	
			待转清算损益	-70 000	
			所有者权益合计	2 283 125	
资产合计	2 810 625		负债和所有者权益合计	2 810 625	

其中，资产负债表有关项目的明细资料如下：货币资金为 1 615 625 元，其中；库存现金为 18 437 元，银行存款为 1 597 188 元 ；存货为 367375 元，其中：原材料为 125 000 元，库存商品为 218 750 元，包装物为 25 625 元；固定资产原值 1 862 500 元，已提折旧 1 320 000 元；实收资本 1 075 000 元，其中，甲、乙、丙投资额分别为 322 500 元、215 000 元、537 500 元。

1．处置财产物资、收回债权的核算

（1）将面值为 28125 元的应收票据贴现，贴现息为 281.25 元，贴现款为 27 843.75 元存入银行。编制的会计分录为：

借：银行存款　27 843.75

　　清算损益　　281.25

　　贷：应收票据　　28 125

（2）收回各项应收账款 181 875 元，存入银行。编制会计分录为：

借：银行存款　　181 875

　　贷：应收账款　　181 875

（3）收回其他应收款 50 000 元，存入银行。编制会计分录为：

借：银行存款　　50 000

　　贷：其他应收款　　50 000

（4）变卖各项存货，实际收到 459 080 元，应交增值税 78 043.6 元，所得款项存入银行。各项存货的账面价值分别为：原材料 125 000 元，库存商品 218 750 元，包装物 25 625 元。编制会计分录为：

借：银行存款　537 123.6

贷：原材料　　　　125 000

库存商品　　　　218 750

包装物　　　　25 625

清算损益　　　　89 705

应交税费——应交增值税（销项税额）78 043.6

（5）出售各项固定资产，收到价款 762 500 元存入银行。同时，交纳营业税 38 125 元。编制会计分录为：

借：固定资产清理　　542 500

累计折旧　　1 320 000

贷：固定资产　　　　1 862 500

借：银行存款　　　　762 500

贷：固定资产清理　　　　542 500

清算损益　　　　181 875

应交税费——应交营业税　38 125

（6）出售无形资产，收到价款 20 000 元，存入银行。同时交纳营业税 1 000 元。编制会计分录为：

借：银行存款　20 000

清算损益　4 125

借：无形资产　　2 3125

应交税费——应交营业税　1 000

（7）清算过程中应交的城市维护建设税 8 243.80 元，教育费附加 3 533.06。编制会计分录

借：清算损益　　　　11 776.86

贷：应交税费——应交城市维护建设税　8 243.80

——应交教育费附加　　3 533.06

2．支付清算费用、偿还债务的核算

（1）以银行存款 35 000 元，支付各项清算费用。编制会计分录为：

借：清算费用　　35 000

贷：银行存款　　35 000

（2）用银行存款支付应付职工工资和福利费。编制会计分录为：

借：应付职工薪酬　86 875

贷：银行存款　　　　86 875

（3）已现金元发放职工的遣散补助费用 311 250，现金不足的部分以银行存

款支付。编制会计分录：

借：库存现金　12 813

　贷：银行存款　　12 813

借：清算费用　　31 250

　贷：库存现金　　31 250

（4）以银行存款支付各种应交税费共计 179 545.46 元。编制会计分录为：

借：应交税费　179 545.46

　贷：银行存款　　　179 545.46

（5）以银行存款归还短期借款 228 125 元，支付借款利息 3 438 元。编制会计分录为：

借：短期借款　　228 125

　清算损益　　　3 438

　贷：银行存款　　231 563

（6）以银行存款支付不带息的应付票据本金 62 500 元。编制会计分录为：

借：应付票据　　62 500

　贷：银行存款　　　62 500

（7）以银行存款偿还应付账款 100 000 元。编制会计分录为：

借：应付账款　　100 000

　贷：银行存款　　　100 000

将清算费用转至清算损益账户。编制会计分录为：

借：清算损益　66 250

　贷：清算费用　　　66 250

3．计算清算损益、并编制清算损益表和清算结束日的资产负债表

结出清算损益账户余额为贷方 115 708.89 元，为净收益。按照有关规定，清算净收益视同利润，用来抵补以前年度亏损后再交纳所得税。滨海公司没有未弥补的年度亏损。将净收益按照 25%税率交纳所得税。编制会计分录为：

借：清算损益　　　28 927.22

　贷：应交税费——应交所得税　28 927.22

借：应交税费——应交所得税　　28 927.22

　贷：银行存款　　　　　28 927.22

将税后的清算净收益转入“利润分配——未分配利润”账户。编制会计分录为：

借：清算损益　86 781.67

贷：利润分配——未分配利润　86 781.67

根据上述清算结果，编制滨海公司清算损益表和清算结束日的资产负债表：

表 11–2　清算损益表

编制单位：滨海公司　　2013 年 8 月　　单位：元

项目	本期数	累计数
一、清算收益	271 580.00	271 580.00
二、清算损失	155 871.11	155 871.11
三、清算净收益	115 708.89	115 708.89
减：所得税费用	28 927.22	28 927.22
四、税后净利润	86 781.67	86 781.67

表 11–3　资产负债表

编制单位：滨海公司　　2013 年 8 月 30 日　　单位：元

资产：	金额	负债及所有者权益：	金额
货币资金	2 439 906.67	实收资本	1 075 000
		资本公积	256 250
		盈余公积	334 375
		未分配利润	774 281.67
		其中：清算损益	86 781.67
资产合计	2 439 906.67	**负债和所有者权益合计**	2 439 906.67

4．分配剩余资产、归还投资方资本并结平各账户

按照投资比例，计算投资方应收回的投资和分配的剩余资产，并以银行存款支付。并编制会计分录为：

甲：322 500＋（256 250＋334 375＋774 281.67）×30%＝731 972 元

乙：215 000＋（256 250＋334 375＋774 281.67）×20%＝487 981.33 元

丙：537 500＋（256 250＋334 375＋774 281.67）×50%＝1 219 953.34 元

借：实收资本——甲　322 500

——乙　215 000

——丙　537 500

资本公积　256 250

盈余公积　334 375

未分配利润　774 281.67

贷：银行存款　　　　　2 439 906.67

至此，滨海公司所有账户均已结平，企业解散清算结束，并注销登记。

【课堂测试 11-2】

1．如何成立清算组？其成员构成有哪些？

2．解散清算会计需要设置哪些账户？

第三节　企业破产清算的会计处理

一、破产清算的基本程序

企业进行破产清算的主要依据是2007年6月1日实施的《破产法》。该法是为规范企业破产程序，公平清理债权债务，保护债权人和债务人的合法权益，维护社会主义市场经济秩序而制定的。当企业法人不能清偿到期债务，并且资产不足以清偿全部债务或者明显缺乏清偿能力时，就可以按照规定清理债务。破产清算的基本处理程序如下：

（一）申请和受理

1．申请

债务人不能清偿到期债务，债权人可以向人民法院提出对债务人进行重整或者破产清算的申请。企业法人已解散但未清算或者未清算完毕，资产不足以清偿债务的，依法负有清算责任的人应当向人民法院申请破产清算。向人民法院提出破产申请，应当提交破产申请书和有关证据，还要提交财产状况说明、债务清册、债权清册、有关财务会计报告、职工安置预案以及职工工资的支付和社会保险费用的缴纳情况。人民法院受理破产申请前，申请人可以请求撤回申请。

2．受理

人民法院收到破产申请的，若申请人是债权人，人民法院应当自收到申请之日起五日内通知债务人，若债务人有异议可以提出申请，若没有，则需提交相关说明情况，法院需裁定是否受理，并将裁定结果送交申请人。

（二）指定管理人

人民法院裁定受理破产申请的，应当同时指定管理人。管理人可以由有关部门、机构的人员组成的清算组或者依法设立的律师事务所、会计师事务所、破产清算事务所等社会中介机构担任。人民法院根据债务人的实际情况，可以在征询有关社会中介机构的意见后，指定该机构具备相关专业知识并取得执业资格的人员担任管理人。管理人主要履行下列职责：接管债务人的财产、印章和账簿、文书等资料；调查债务人财产状况，制作财产状况报告；决定债务人的内部管理事务；决定债务人的日常开支和其他必要开支；在第一次债权人会议召开之前，决定继续或者停止债务人的营业；管理和处分债务人的财产；代表债务人参加诉讼、仲裁或者其他法律程序；提议召开债权人会议以及人民法院认为管理人应当履行的其他职责等。

（三）申报债权

人民法院受理破产申请时对债务人享有债权的债权人，需要在规定的期限内申报债权，管理人收到债权申报材料后，应当登记造册，对申报的债权进行审查，并编制债权表。债权表和债权申报材料由管理人保存，供利害关系人查阅。

（四）召开债权人会议

债权人会议的成员由依法申报债权的债权人组成，债务人的职工和工会的代表也要参加，对有关事项发表意见。债权人会议可以决定设立债权人委员会，由债权人代表和一名债务人的职工代表或者工会代表组成，成员不得超过九人。第一次债权人会议由人民法院召集，自债权申报期限届满之日起十五日内召开。以后的债权人会议，在人民法院认为必要时，或者管理人、债权人委员会、占债权总额四分之一以上的债权人向债权人会议主席提议时召开。

债权人会议行使下列职权：核查债权；申请人民法院更换管理人，审查管理人的费用和报酬；监督管理人；选任和更换债权人委员会成员；决定继续或者停止债务人的营业；通过重整计划；通过和解协议；通过债务人财产的管理方案；通过破产财产的变价方案；通过破产财产的分配方案以及人民法院认为应当由债权人会议行使的其他职权等。

（五）重整和和解

债权人申请对债务人进行破产清算的，在人民法院受理破产申请后、宣告债务人破产前，债务人或者出资额占债务人注册资本十分之一以上的出资人，可以向人民法院申请重整。在重整期间，经债务人申请，人民法院批准，债务人可以在管理人的监督下自行管理财产和营业事务。在重整期间，债务人的出资人不得请求投资收益分配。在重整期间，若有债务人的经营状况和财产状况继续恶化，缺乏挽救的可能性、债务人有欺诈、恶意减少债务人财产或者其他显著不利于债权人的行为以及由于债务人的行为致使管理人无法执行职务的情况出现时，经管理人或者利害关系人请求，人民法院应当裁定终止重整程序，并宣告债务人破产。

债务人可以直接向人民法院申请和解或在人民法院受理破产申请后、宣告债务人破产前，向人民法院申请和解，并提出和解协议，债务人不能执行或者不执行和解协议的，人民法院经和解债权人请求，应当裁定终止和解协议的执行，并宣告债务人破产。

（六）宣告破产进入清算

债务人被宣告破产后，债务人称为破产人，债务人财产称为破产财产，人民法院受理破产申请时对债务人享有的债权称为破产债权。

1．变价和分配破产财产

管理人应当及时拟订破产财产变价方案，提交债权人会议讨论，适时变价出售破产财产。变价出售破产财产一般应当通过拍卖进行，破产企业可以全部或者部分变价出售。企业变价出售时，可以将其中的无形资产和其他财产单独变价出售。破产财产在优先清偿破产费用和共益债务后，依照下列顺序清偿：

（1）破产人所欠职工的工资和医疗、伤残补助、抚恤费用，所欠的应当划入职工个人账户的基本养老保险、基本医疗保险费用，以及法律、行政法规规定应当支付给职工的补偿金；

（2）破产人欠缴的除前项规定以外的社会保险费用和破产人所欠税款；

（3）普通破产债权。破产财产不足以清偿同一顺序的清偿要求的，按照比例分配。

所谓的破产费用是指人民法院受理破产申请后发生的破产案件的诉讼费用、管理、变价和分配债务人财产的费用以及管理人执行职务的费用、报酬和聘用工作人员的费用等。共益债务则是指人民法院受理破产申请后因管理人或者债务人请求对方当事人履行双方均未履行完毕的合同所产生的债务、债务人财产受无因管理所产生的债务、因债务人不当得利所产生的债务、为债务人继续营业而应支付的劳动报酬和社会保险费用以及由此产生的其他债务、管理人或者相关人员执行职务致人损害所产生的债务以及债务人财产致人损害所产生的债务等。

2．终结破产程序

破产人无财产可供分配的或最后分配完后，管理人应当及时向人民法院提交破产财产分配报告，并提请人民法院裁定终结破产程序，人民法院应当自收到管理人终结破产程序的请求之日起十五日内做出是否终结破产程序的裁定。裁定终结的，应当予以公告。

3．注销企业登记

管理人应当自破产程序终结之日起十日内，持人民法院终结破产程序的裁定，向破产人的原登记机关办理注销登记，并于办理注销登记完毕的次日终止执行职务。但是，存在诉讼或者仲裁未决情况的除外。

二、破产清算的会计处理

在管理人接手破产企业之前，破产企业需要按正常会计核算方法编制资产负债表、年初至破产日的利润表以及科目余额表，并在管理人成立后办理相应的交接手续。管理人接手破产企业后，由于会计主体的改变，需要建立新的账户体系，然后按照相应的程序进行会计处理。具体如下：首先，将清算开始日原账户期初余额结转至新账户，并编制新的科目余额表；然后，处置破产财产、支付破产费用、偿还债务；其次，分配剩余财产并结平各账户；最后，编制清算财务报表，包括清算资产负债表、清算损益表、债务清偿表等。

需要注意的是在清算开始日就需要编制清算资产负债表，以反映管理人接手破产企业时的其资产债务情况，主要是由企业原有账户余额转入新账户编制而成的；清算期间根据需要则需编制清算资产负债表、清算财产表以及清算损益表等，清算财产表是清算资产负债表的附表，主要是对被清算企业在清算期间的期初账面余额、预计可变“预计可变现金额”现金额、本期变现金额和期末账面余额进行更加详细的反映，而清算损益表则是反映在清算期间发生的清算收益、清算损失以及清算费用等的情况；在清算终结日编制清算损益表和清算债务清偿表，清算债务清偿表是清算会计特有的报表，主要反映被清算企业债务清偿情况的报表。

（一）设置会计账户

管理人设置的新账户主要有三类，包括资产类、负债类以及清算损益类。

第一类，资产类科目，包括“库存现金”、“银行存款”、“应收票据”、“应收款”、“材料”、“半成品”、 “投资”、“固定资产”、“在建工程”和“无形资产”等科目；

第二类，负债类科目，包括“借款”、“应付票据”、“其他应付款”、“应付职工薪酬”、“应交税费”、“应付利润”、“应付债券”等科目；

第三类，清算损益类科目，包括“清算费用”、“土地转让收益”和“清算损益”等科目。

原账户的余额需要结转至新设置对应的账户中，并编制新的科目余额表。原账户与新账户的对应关系如表 11-4 所示：

表 11–4 新账户与原账户的对应表

类别	新开设账户	对应原账户
资产类	银行存款	银行存款、其他货币资金
	应收款	除应收票据以外的各种应收款项，如：应收账款、预付账款、其他应收款等
	材料	材料采购、原材料、包装物、低值易耗品、委托加工材料等
	半成品	生产成本、制造费用等
	投资	交易性金融资产、可供出售金融资产、持有至到期投资以及长期股权投资等
	固定资产	固定资产、累计折旧
	其他资产类账户与原账户核算内容相同	
负债类	借款	短期借款、长期借款
	其他应付款	除应付票据以外的各种应付款项，如：应付账款、预收账款、长期应付款、其他应付款等
	其他负债类账户与原账户核算内容相同	
清算损益类	清算费用	清算过程中发生的各项费用
	土地转让收益	企业转让土地使用权取得的收入以及土地使用权转让所得支付的职工安置费等
	清算损益	实收资本等所有者权益、递延所得税资产、递延所得税负债等其他科目

清算组可根据被清算企业的具体情况，增设、减少或合并某些会计科目。

（二）清算过程中主要账务处理

1．处置破产财产的账务处理

（1）处置破产财产主要涉及到收回应收款债权、变卖材料等存货、出售固定资产、在建工程以及转让无形资产、转让对外投资以及取得其他业务收入等；一般都需要按照实际取得的收入借记“银行存款”等科目，贷记相关处置资产的账面价值，差额借记或贷记“清算损益”科目，另外，在变卖材料等存货、出售固定资产、无形资产时发生的增值税、营业税等，借记“清算损益”科目，贷记“应交税费”科目；在收回应收款时，可能涉及到不能收回的坏账，在核销的时候，借记“清算损益”科目，贷记“应收款”科目；另外，在清算终结时，若有资产没有变现，则需要进行核销，将损失计入清算损益。

2．支付破产费用的账务处理

支付的破产清算费用，按照实际发生额，借记“清算费用”科目，贷记“银行存款”等科目。除此之外，支付破产清算费用，应严格执行债权人大会及人民法院核准的清算费用支出计划，不得超支。清算终结时，需要将清算费用转入“清算损益”科目。

3. 转让土地使用权、支付职工有关费用等的账务处理

企业的土地使用权可以分为无偿划拨取得和有偿转让取得两种。管理人在进行处理的时候要分情况进行。对于无偿划拨取得的土地使用权，在进行转让时，按实际取得的收入，借记“银行存款”等科目，贷记“土地转让收益”科目；对于有偿转让取得的土地使用权，因为破产企业取得时已经以无形资产入账，因此，在转让时，按实际取得的收入借记“银行存款”科目，按其账面价值贷记“无形资产”，差额则借记或贷记“土地转让收益”科目。

关于转让土地使用权的所得，首先应该用于破产企业员工安置费用，剩余的才列入破产企业财产。在支付员工安置费用时，按照实际支付金额，借记“土地转让收益”科目，贷记“银行存款”科目，如果土地转让所得不足以支付员工安置费用，则以其他的破产财产支付，按实际支付金额，借记“清算损益”科目，贷记“银行存款”等科目。在清算终结时，需要将土地转让净收益转入“清算损益”科目。

4. 偿还债务的账务处理：

破产财产收入优先支付破产费用后，按法定的顺序清偿债务，应分别以下情况进行处理：

（1）支付所欠职工工资和社会保险等，按照实际支付金额，借记“应付职工薪酬”科目，贷记 “银行存款”等科目。在清算过程中发生的支付给职工的各种费用，应直接进入清算费用，不通过“应付职工薪酬” 科目核算。

（2）交纳所欠的税费，按实际缴纳的金额，借记“应交税费”科目，贷记“银行存款”等科目。

（3）清偿其他破产债务，按人民法院裁定及实际清偿各种债务的金额，借记“其他应付款”、“借款”、“应付票据”等有关科目，贷记“银行存款” 等科目。

破产财产不足以清偿同一顺序的清偿要求时，应按比例分配。清算终结时，不足以清偿的债务，不再清偿，而终结予以注销。

5. 结转清算损益

清算终结时，应将有关科目的余额转入清算损益：

（1）将“清算费用”科目的余额转入清算损益，借记“清算损益”科目，贷记“清算费用”科目。

（2）将土地使用权转让净收益转入清算损益，借记“土地转让收益”科目，贷记“清算损益”科目。

（3）将需要核销的各项资产等转入清算损益，借记“清算损益”科目，贷记“材料”、“无形资产”、“投资”等科目。

（4）依据人民法院裁定将应予注销的不再清偿的债务转入清算损益，借记“应付票据”、“其他应付款”、“借款”等科目，贷记“清算损益”科目。

（5）如实际清算收入小于清算费用，应立即终止清算程序，未清偿的破产债务不再清偿，如果还有剩余，则按照规定上交有关机关或向股东分配，借记“清算损益”科目，贷记“银行存款”等科目。

清算终结时，有关科目的余额及清算损益的余额全部为零。

【例 11-2】滨海公司由于经营不善，严重亏损，不能清偿到期债务，于 2013 年 7 月 16 日经法院宣告破产，当日管理人接管后，设置了新的账户，编制会计分录将原账户的余额转入新账户（结转过程略），注销旧账。结转后编制的科目余额表如表 11-5 所示，

表 11–5 科目余额表

2013 年 7 月 16 日 单位：元

总账科目	借方余额	贷方余额
库存现金	4 350	
银行存款	362 500	
应收票据	53 940	
应收款	676 889	
材料	279 850	
半成品	108 750	
库存商品	212 077	
投资	1 038 200	
固定资产	1 267 300	
在建工程	696 000	
无形资产	725 000	
借款		2 541 850
应付票据		640 900
其他应付款		1 328 490
应付职工薪酬		1 173 050
应交税费		1 164 060
清算损益	1 423 494	
合计	6 848 350	6 848 350

假设滨海公司不存在担保的资产和担保的债务等情况，各项债务的确认数与账面金额一致。管理人编制 2013 年 7 月 16 日的清算资产负债表（见表 11-6）。

表 11–6　清算资产负债表

编制单位：滨海公司　　　　2013 年 7 月 16 日　　　　单位：元

资产	账面金额	预计可变现净值	债务及清算净损益	账面金额	确认数
用作担保的资产：			有担保的债务：		
…			…		
合计：			小计		
普通资产：			普通债务：		
货币资金	366 850		应付职工薪酬	1 173 050	1 173 050
应收款项	730 829		应交税费	1 164 060	1 164 060
实物资产	2 563 977				
投资	1 038 200		其他普通债务	4 511 240	4 511 240
有转让价值的无形资产	725 000				
			小计	6 848 350	6 848 350
			债务合计	6 848 350	6 848 350
			清算净损益：		
合计	5 424 856		清算净收益	−1 423 494	
资产总计	5 424 856		债务及清算净损益合计	5 424 856	

该企业清算过程中发生的主要账务如下：

1．收回应收款、应收票据等债权的核算

（1）收回应收款 510 400 元，存入银行，应收款的账面余额为 676 889 元。编制的会计分录为：

借：银行存款　510 400
　　清算损益　166 489
　　贷：应收款　　　676 889

（2）收回各种应收票据合计 45 820 元，应收票据的账面余额为 53 940 元。编制会计分录为：

借：银行存款　45 820
　　清算损益　　8 120
　　贷：应收票据　　　53940

2．变卖材料、半成品等存货的核算

（1）变卖各种材料的收入合计 217 500 元，收回的应交增值税为 36 975 元，并存入银行。各种材料的账面价值为 279 850 元。编制会计分录为：

借：银行存款　　254 475
　　清算损益　　62 350
　　贷：材料　　　　279 850
　　　　应交税费——应交增值税（销项税额）　36 975

（2）处置各种半成品的收入合计 87 000 元，收取的增值税为 14 790 元，并存入银行。各种半成品的账面价值为 108 750 元。编制会计分录为：

借：银行存款　　101 790

　　清算损益　　21 750

　　贷：半成品　　108 750

　　　　应交税费——应交增值税（销项税额）　　14 790

（3）处置各种产成品的收入合计 205 900 元，收取的增值税为 35 003 元，并存入银行。各种产成品的账面价值为 212 077 元。编制会计分录为：

借：银行存款　　240 903

　　清算损益　　6 177

　　贷：库存商品　　212 077

　　　　应交税费——应交增值税（销项税额）　　35 003

3．变卖固定资产和在建工程的核算

（1）处置各项固定资产的收入合计 1 080 250 元，存入银行，各项固定资产的账面净值为 1 267 300 元。编制会计分录为：

借：银行存款　　1 080 250

　　清算损益　　187 050

　　贷：固定资产　　1 267 300

（2）处置各项在建工程的收入合计 626 400 元，存入银行，各项在建工程的账面净值为 696 000 元。编制会计分录为：

借：银行存款　　626 400

　　清算损益　　69 600

　　贷：在建工程　　696 000

（3）处置固定资产和在建工程的应交的营业税为 85 332.5 元。编制会计分录为：

借：清算损益　　85 332.5

　　贷：应交税费——应交营业税　　85 332.5

4．转让无形资产的核算

（1）处置无形资产的收入 928 000 元，存入银行。无形资产的账面价值为 725 000 元。编制会计分录为：

借：银行存款　　928 000

　　贷：无形资产　　725 000

　　　　清算损益　　203 000

（2）处置无形资产应交的营业税为 46 400 元。编制会计分录为：

借：清算损益　46 400
　　贷：应交税费——应交营业税　46 400

5. 转让对外投资的核算

转让对外投资的收入为 912 050 元，存入银行。各种投资的账面价值为 1 038 200 元。编制会计分录为：

借：银行存款　912 050
　　清算损益　126 150
　　贷：投资　1 038 200

6. 转让土地使用权的核算

（1）转让原无偿取得的未入账土地，实际取得价款为 2 218 500 元，按规定应纳的营业税为 110 925 元。编制的会计分录为：

借：银行存款　2 218 500
　　贷：土地转让收益　2 218 500
借：土地转让收益　110 925
　　贷：应交税费——应交营业税　110 925

（2）将转让土地使用权所得支付未参加养老、社会保险的离退休职工的退休费用和医疗保险费用 593 050 元，以银行存款支付。编制会计分录为：

借：土地转让收益　593 050
　　贷：银行存款　593 050

（3）通过银行转账结算，用土地使用权转让所得支付职工安置费用 1 160 000 元。编制会计分录为：

借：土地转让收益　1 160 000
　　贷：银行存款　1 160 000

7. 计算应交相关税费的核算

由于处置各项资产应交纳的城市维护建设税 23 060 元，教育费附加为 9 883 元。编制会计分录为：

借：清算损益　32 942.56
　　贷：应交税费——应交城市维护建设税　23 059.79
　　　　　　　　——应交教育费附加　9 882.77

8. 支付破产费用的核算

以银行存款支付办公费、破产企业财产管理费、审计费、聘用工作人员报酬等清算管理费用以及破产诉讼费用共计 1 260 920 元。编制会计分录为：

借：清算费用　1 260 920

贷：银行存款 1 260 920

9．支付所欠职工薪酬

支付应付的各项福利费用 408 900 元，支付工资 764 150 元，其中 4 350 元以现金支付，其余以银行存款支付。编制会计分录为：

借：应付职工薪酬 1 173 050

贷：库存现金 4 350

银行存款 1 168 700

10．上交所欠税款的核算

以银行存款支付所欠的全部税款 1 526 4298.06 元。编制会计分录为：

借：应交税费 1 526 428.06

贷：银行存款 1 526 428.06

11．清偿其他破产债务的核算

由于破产财产不足以清偿其他破产债务，因此按照比例确定各债务的偿还金额。编制会计分录为：

清偿比例＝银行存款余额÷其他破产债务余额×100%＝1 571 989.94÷4 511 240×100%＝34.85%

依据清偿比例，计算各有关破产债务的金额如下：

借款为 2 541 850×34.85%＝885 834.73 元

应付票据为 640900×34.85%＝223 353.65 元

其他应付款为 1 571 989.94－885 834.73－223 353.65＝462801.56 元

借：借款 885 834.73

应付票据 223 353.65

其他应付款 462801.56

贷：银行存款 1 571 989.94

12．将清算费用、结转至清算损益账户

（1）将“清算费用”账户余额转至“清算损益”账户。编制会计分录为：

借：清算损益 1 260 920

贷：清算费用 1 260 920

（2）土地转让净收益 354 525 元，转至“清算损益”账户。编制会计分录为：

借：土地转让收益 354 525

贷：清算损益 354 525

13．注销不再清偿债务的核算

注销的借款为 2 541 850－885 834.73＝1 656 015.27 元

注销的应付票据为 640 900－223 353.65＝417 546.35 元

注销的其他应付款为 1 328 490－462 801.56＝865 688.44 元

注销的其他债务金额转入“清算损益”账户，编制会计分录为：

借：借款　　1 656 015.27

　　应付票据　　417 546.35

　　其他应付款　　865 688.44

　　贷：清算损益　　2 939 250.06

至此，所有的账户余额已经结清，其中“清算损益”账户的借方、贷方合计数分别均为 3 496 775.06 元。

最后，根据上述账务处理结果，编制清算结束日（9 月 10 日）的清算损益表和清算债务清偿表。

表 11-7　清算损益表

编制单位：滨海公司　　2013 年 7 月 16 日至 9 月 10 日　　单位：元

项目	预计数（略）	本期数	累计数
一、清算收益		−2 235 855.06	−2 235 855
二、清算费用		1 260 920	1 260 920
三、土地转让净收益		354 525	354 525
其中：土地转让收入		2 218 500	2 218 500
安置职工支出		1 160 000	1 160 000
四、清算净收益		−3 142 250.06	−3 142 250

表 11-8　债务清偿表

编制单位：滨海公司　　2013 年 9 月 10 日　　单位：元

债务项目	账面金额	确认金额	偿还比例	实际需偿还金额	本期偿还金额	累计偿还金额	尚未偿还金额
有担保的债务：							
…							
小计							
普通债务：							
应付职工薪酬	1173050	1173050	100%	1173050	1173050	1173050	0
应交税费	1526428.06	1526428.06	100%	1526428.06	1526428.06	1526428.06	0
借款	2541850	2541850	34.58%	2541850	885834.73	885834.73	1656015.27
应付票据	640900	640900	34.58%	640900	223353.65	223353.65	417546.35
其他应付款	1328490	1328490	34.58%	1328490	462801.56	462801.56	865688.44
小计	7210718.06	7210718.06		7210718.06	4271468	4271468	2939250.06
合计	7210718.06	7210718.06		7210718.06	4271468	4271468	2939250.06

在清算的过程中管理人可以根据需要编制清算资产负债表、清算财产表以及清算损益表等。

【课堂测试 11-3】

1．有资格提出破产清算的申请人包括（　　）。

A．债权人　B．债务人　C．投资者　D．有清算责任的人

2．管理人可以有谁担任？

3．破产财产的清偿顺序是怎样的？

本章小结

企业清算是指企业解散或者宣告破产后，依照一定的程序了结公司事务，收回债权、清偿债务并分配剩余财产，最终使企业终止消灭的活动。企业清算可以分为解散清算和破产清算。清算会计与传统的财务会计在会计假设、会计对象、会计目标以及会计确认、计量以及报告上都有所不同。解散清算是指企业基于一定的合法事由进行解散，并进入清算程序，清理债权债务、处置剩余财产，并注销登记最终消灭其法律人格的行为。解散清算事由出现后就可以进入清算程序，首先，成立清算组，然后登记债权，其次，执行清算，最后，注销登记。在解散清算下进行账务处理时，不需要设置新的账户体系，但是需要增加"清算费用"、"清算损益"等账户，清算组在进行清算会计处理时，首先，需要全面清理财产，并编清理后的资产负债表和财产盘点表；然后，处置财产、偿还债务以及支付清算费用等；其次，结转清算费用，计算清算净收益，编制清算损益表和清算结束日的资产负债表；最后，归还投资各方的资本，并分配剩余财产和结平各账户。解散清算下，当资产不足以偿还债务时，会进入破产清算。破产清算是指企业不能清偿到期债务，依据破产法的规定所进行的清算行为。破产清算下，需要向法院提出申请，受理后，法院即指定管理人，处理破产清算事宜，最终注销登记。破产清算会计需建立新的账户体系，并将原来的账户余额结转至新账户，编制新的科目余额表。管理人对破产财产处置后需要支付破产费用、偿还债务，若有剩余即可进行剩余财产分配。清算开始日、清算期间以及终结日需根据需要编制相应的清算财务报表。

篇后案例

2013 年 3 月 18 日，由八家中国的银行组成的债权人委员会已向江苏省无锡市中级人民法院提交了对无锡尚德太阳能电力有限公司（下称"尚德电力"）进行破产重整的申请。2013 年 3 月 20 日，尚德电力控股有限公司发布公告称，"经江苏省无锡市中级人民法院裁定，尚德电力在国内的子公司、全球四大光伏企业之一的无锡尚德太阳能电力有限公司（下称"无锡尚德"）

将实施破产重整。”

无锡尚德重整案第一次债权人会议，3 月 22 日在无锡举行，共有 460 位债权人代表参会。尚德重整管理人代表，向全体债权人通报了管理人团队进驻尚德两月以来的工作进展，并选举产生了由七人组成的债权人委员会，中国银行股份有限公司无锡高新区支行被指定为债委会主席。截至 5 月 15 日，共有 529 家债权人申报债权。到 5 月 20 日，管理人已经完成审查结论的债权人共 300 家，确认债权 33.16 亿元，否决债权 1.25 亿元。

为维护无锡尚德资产整体运营价值，管理人在报请无锡中院批准后，已专门聘用无锡国联负责管理无锡尚德在重整期间的营业事务。破产重整半年多后，10 月 8 日，重整管理人组织评议小组对最终参与竞聘的无锡国联集团和江苏顺风光电科技有限公司投送的重整方案进行综合评分，结果后者暂定为战略投资候选人。10 月 9 日，管理人召开债权人委员会会议，就投资人招募情况进行通报。战略投资候选人暂定后，管理人将积极与债权人沟通，抓紧起草重整计划方案，加快推进重整进程。11 月 12 日，在无锡尚德举行的第二次债权人大会上，400 多位债权人在此次会议上投票，决定是否接纳顺风光电为无锡尚德的重组方。

2013 年 12 月 19 日晚间，顺风光电将 25 亿元现金打入无锡尚德管理人账户，加上此前 5 亿元的保证金，顺风光电以 30 亿元的价格收购无锡尚德最终尘埃落定。

资料来源；中国凤凰财经网。

核心概念

企业清算（enterprise liquidation）
破产清算（bankruptcy liquidation）
破产费用（bankruptcy expenses）
清算费用（liquidation expenses）
清算损益（liquidation gain or loss）

思考题

1. 企业进行清算的原因是什么？
2. 企业清算会计与一般财务会计有什么不同？
3. 破产清算的基本程序是怎样的？

4．解散清算的会计处理与破产清算的会计处理有何不同？

练习题

（一）单项选择题

1．破产清算的管理人由（　　）。

A．股东大会指定　　B．董事会指定

C．人民法院指定　　D．债权人指定

2．债务清偿表的编制时间是（　　）。

A．清算开始日　　B．清算结束日

C．清算期间的每个月末　　D．有关部门需要时

3．清算时在进行土地使用权转让时，应该通过（　　）账户核算。

A．清算费用　　B．土地转让收益

C．固定资产清理　　D．清算损益

4．破产清算偿还债务时，所欠税款的偿还顺序优于（　　）。

A．破产费用　　B．共益债务

C．所欠职工工资　　D．所欠货款

5．支付的破产清算费用，按照实际发生额，借记（　　）科目，贷记“银行存款”等科目

A．清算费用　　B．清算损益

C．管理费用　　D．营业外支出

6．用以记录被清算企业在破产清算期间处置资产、确认债务等发生的损益，被清算企业的所有者权益，应在（　　）科目反映。

A．清算损益　　B．待处理财产损益

C．营业外收入　　D．清算费用

7．变卖材料等存货时，应按实际变卖收入和收取的增值税额，借记“银行存款”等账户，按账面价值贷记“材料”等账户，按收取的增值税额，贷记“应交税费”账户，实际账面价值和变卖收入的差额，则计入（　　）账户。

A．清算费用　　B．清算损益

C．营业外收入　　D．主营业务收入

8．公司应该在解散事由出现的（　　）日内成立清算组，逾期未成立的，可以由人民法院指定。

A．10　　B．15　　C．25　　D．30

9．清算过程中，支付给职工的各种费用应该通过（　　）账户核算。

A．清算损益　B．清算费用

C．管理费用　D．应付职工薪酬

10．企业在破产清算会计核算时，对于不能变现的资产，应该计入（　　）。

A．清算费用　B．营业外支出

C．营业外收入　D．清算损益

11．破产清算中，原“应付账款”账户的余额要转入（　）账户。

A．清算损益　B．其他应付款

C．应付票据　D．借款

12．破产清算中，原“其他货币资金”账户余额要转入（　　）账户。

A．库存现金　B．银行存款

C．应收票据　D．应收款

13．破产清算中，在转让无形资产时发生的营业税，应借记（　）账户，贷记“应交税费——应交营业税”科目。

A．营业税金及附加　B．清算损益

C．清算费用　D．管理费用

14．债权人会议成员是由（　　）组成的。

A．债权人　B．投资者

C．管理人　D．职工

15．破产清算中，原“短期借款”账户余额要转入（　　）账户。

A．借款　B．应付票据

C．其他应付款　D．清算损益

（二）多项选择题

1．下列关于企业清算的原因，说法正确的有（　）。

A．营业期届满　B．股东大会决议解散

C．人民法院予以解散　D．上级部门责令关闭

2．人民法院受理解散清算后，清算组成员可以从下列人员或者机构中产生（　　）。

A．公司股东

B．董事监事

C．高级管理人员

D．依法设立的会计师事务所中具备相关专业知识并取得执业资格的人员

3．下列属于管理人需要履行的职责有（　　）。

A．接管债务人的财产、印章和账簿、文书等资料

B．调查债务人财产状况，制作财产状况报告

C．决定债务人的日常开支和其他必要开支

D．管理和处分债务人的财产

4．清算期间发生的下列费用可以计入破产费用的有（ ）。

A．聘用工作人员的费用 B．破产案件诉讼费

C．审计评估费 D．财产管理费

5．管理人接手破产企业后，新设置的“投资”账户，由下列哪些账户合并而成（ ）。

A．长期股权投资 B．交易性金融资产

C．可供出售金融资产 D．投资收益

6．下列关于“清算损益”账户说法中，正确的有（ ）。

A．核算清算过程中处置资产、确认债务等所产生的损失和收益以及被清算企业的所有者权益等

B．借方登记处置资产或确认债务的损失、结转过来的清算费用以及从未分配利润账户转入的金额等

C．贷方登记处置资产或确认债务的收益、从转入原企业的所有者权益账户的余额以及结转的土地转让收益等

D．清算结束日，该账户存在余额

7．下列关于“土地转让收益”账户的账户结构说法正确的有（ ）。

A．借方登记转让成本、发生的相关税费以及从土地使用权转让收入中支付的职工安置费

B．贷方登记取得的转让收入

C．借方登记取得的转让收入

D．清算终结时，该账户余额转入“清算损益”账户

8．债权人自接到通知书之日起（ ）日内，未接到通知书的自公告之日起（ ）日内，向清算组申报债权。

A．10 B．20 C．30 D．45

9．清算组在清算期间行使下列职权（ ）。

A．清理公司财产，分别编制资产负债表和财产清单

B．通知、公告债权人

C．清缴所欠税款以及清算过程中产生的税款、清理债权、债务、处理公司清偿债务后的剩余财产

D．处理与清算有关的公司未了结的业务

10．“半成品”账户核算的内容是由下列哪些账户合并的（　　）。

A．生产成本　　B．制造费用

C．原材料　　D．材料成本差异

11．新设置的“材料”账户是由下列账户合并而来（　　）。

A．原材料　　B．材料采购

C．包装物　　D．低值易耗品

12．对于转让土地使用权净收益，应该借记（　　）账户，贷记（　　）账户

A．清算费用　　B．土地转让收益

C．清算损益　　D．营业外收入

13．清算组在执行清算方案之前，需要对企业财产进行清理，范围包括（　　）等。

A．公司经营管理的全部财产　　B．公司享有的债权

C．公司解散时享有的股权　　D．公司享有的其他财产权利

14．清算期间，属于人民法院、主管机构等部门在规定期限内编制的报表有（　　）。

A．清算资产负债表　　B．清算财产表

C．债务清偿表　　D．清算损益表

15．人民法院受理破产申请后发生的下列（　　）称为共益债务。

A．债务人财产受无因管理所产生的债务

B．债务人财产致人损害所产生的债务

C．因债务人不当得利所产生的债务

D．为债务人继续营业而应支付的劳动报酬和社会保险费用以及由此产生的其他债务

（三）判断题

1．公司经营管理发生严重困难，继续存在会使股东利益受到重大损失，通过其他途径不能解决的，持有公司全部股东表决权10%以上的股东可以请求人民法院解散公司。（　　）

2．清算会计的会计假设与传统财务会计的会计假设是一样的。（　　）

3．解散清算进行债权登记时，债权人必须在规定的期限内进行申报，超过期限的，清算组不予登记。（　　）

4．清算组应当对债权进行登记，在申报债权期间，清算组不得对债权人

进行清偿。（　　）

5．企业进入破产清算后，会计主体仍是原来的破产企业。（　　）

6．债务人不能清偿到期债务，债权人可以向人民法院提出对债务人进行重整或者破产清算的申请。（　　）

7．债权人申请对债务人进行破产清算的，在人民法院受理破产申请后、宣告债务人破产前，债务人或者出资额占债务人注册资本十分之一以上的出资人，可以向人民法院申请重整。（　　）

8．解散清算会计处理不需要建立新的账户体系，破产清算会计处理需要建立新的账户体系。（　　）

9．在清算结束日，“清算费用”账户余额需要结转至“清算损益”账户，结转后没有余额。（　　）

10．破产清算会计下，管理人接手破产企业后，设置的“银行存款”账户与原来账户核算内容相同。（　　）

11．无论何种方式取得的土地使用权，在进行土地使用权转让时的账务处理是一样的。（　　）

12．关于转让土地使用权的所得，首先应该用于破产企业员工安置费用，剩余的才列入破产企业财产。（　　）

13．破产财产在优先清偿破产费用和共益债务后，才能够清偿其他债务。（　　）

14．破产财产不足以清偿同一顺序的清偿要求时，应按比例分配。清算终结时，不足以清偿的债务，不再清偿，而终结予以注销。（　　）

15．清算债务清偿表是清算会计特有的报表，主要反映被清算企业债务清偿情况的报表。（　　）

（四）核算题

1．滨海公司因不能清偿到期债务，而被债权人申请人民法院宣告破产，管理人经破产清算后，就该公司财产的分配提出了分配方案。首先，用公司财产 200 000 元支付破产清算费用；对公司所欠职工工资和劳动保险费用 1 600 000 元，从债务人财产中优先支付 1 200 000 元；公司欠缴税款 4 000 000 元，从剩余债务人财产中缴纳；公司财产在支付清算费用、职工工资和劳动保险费用后结余 1 500 000 元，由公司债权人按债权比例分配。你对该分配方案有何看法，并指出哪些不符合法律规定。

2．滨海公司有甲乙两个股东，持股比例分别为 20%和 80%。2013 年 9 月 1 日，按照公司章程规定的经营期满，甲乙双方一致决定终止经营，即日起办理解散清算，9月31日清算结束。管理人对公司解散清算过程如下：

解散清算日，根据全面清查财产的结果，编制了清算开始日的资产负债表如下：

资产负债表

编制单位：滨海公司　　　　2013年9月1日　　　　单位：元

项目	期末余额	项目	期末余额
流动资产：		流动负债：	
货币资金	1 250 000	短期借款	250 000
应收账款	200 000	应付账款	100 000
其他应收款	50 000	应付职工薪酬	100 000
存货	400 000	应交税费	50 000
流动资产合计	1 900 000	流动负债合计	500 000
非流动资产：		所有者权益	
固定资产	750 000	实收资本	2 000 000
无形资产	250 000	未分配利润	400 000
非流动资产合计	1 000 000	所有者权益合计	2 400 000
资产总计	2 900 000	负债及所有者权益合计	2 900 000

解散期间，发生了如下业务（假定不考虑相关税费等的影响）：

（1）收回应收款175 000元，25 000元确认为坏账，无法收回。

（2）清理收回职工水电费50 000元。

（3）处置存货，原材料账面价值100 000元，售价105 000元，库存商品300 000元，售价225 000元。处置收入全部存入银行。

（4）变卖所有固定资产，取得收入900 000元，其中固定资产原值1 250 000元，累计折旧500 000元。

（5）出售专利取得收入150 000元。

（6）归还全部短期借款。

（7）清偿应付账款90 000元，有 10 000元确实无法支付。

（8）支付所欠职工工资100 000元。

（9）缴清所欠税费50 000元。

（10）支付清算期间发生的各项清算费用，共计100 000元，已用银行存款支付。

（11）将“清算损益”账户余额转入“利润分配”账户。

要求：编制上述业务的会计分录。

3. 其他资料同上题，编制清算结束日的资产负债表，并分配剩余资产。

4．滨海公司是天津市南开区工商行政管理局登记的工业企业。因为资不抵债，拟向法院申请破产，聘请注册会计师代理破产中的事务。注册会计师了解到：

（1）南开公司是滨海公司的债权人之一，曾经因追索 10 000 000 元货款而在 1 个月前起诉过该企业，此案尚在审理中；

（2）滨海公司欠当地中国工商银行 20 000 000 元，贷款时曾提供一套生产设备作抵押，该设备的价值为 8 000 000 元；

（3）滨海公司曾为甲公司向当地中国农业银行一笔 10 000 000 元贷款作保证人，现在甲公司尚未偿还该笔贷款。

要求：向法院申请破产时，注册会计师该提供哪些材料？南开公司与该企业的尚未审结的诉讼该如何处理？中国工商银行的贷款该如何处理？

主要参考文献

[1]《企业会计准则（2006）》：经济科学出版社 2006 年版

[2]《国际会计准则（2002）》：中国财政经济出版社 2000 年版

[3] 韩传模主编. 高级财务会计[M]. 北京：经济科学出版社，2007 年.

[4] 梁莱歆. 高级财务会计[M]. 北京：清华大学出版社，2011 年.

[5] 王竹泉. 高级财务会计[M]. 北京：机械工业出版社，2009 年.

[6] 王竹泉、王荭、高芳. 高级财务会计[M]. 大连：东北财经大学出版社，2010 年.

[7] 谢瑞峰、张志凤. 高级财务会计[M]. 北京：社会科学文献出版社，2007 年.

[8] 耿建新、杜美杰、续芹. 高级会计学[M]. 北京：北京大学出版社，2009 年.

[9] 张爱芹. 高级财务会计[M]. 北京：对外经济贸易大学出版社，2009 年.

[10] 张劲松、李瑛. 高级财务会计[M]. 北京：科学出版社，2008 年.

[11] 尚洪涛 王宛秋. 高级财务会计[M]. 北京：清华大学出版社，2008 年.

[12] 中华人民共和国破产法

[13] 中华人民共和国企业所得税法

南开大学出版社网址：http://www.nkup.com.cn

投稿电话及邮箱： 022-23504636　　QQ：1760493289

QQ：2046170045(对外合作)

邮购部： 022-23507092

发行部： 022-23508339　　Fax：022-23508542

南开教育云：http://www.nkcloud.org

App：南开书店 app